OLDENBOURG GRUNDRISS DER GESCHICHTE

OLDENBOURG
GRUNDRISS DER
GESCHICHTE

HERAUSGEGEBEN
VON
JOCHEN BLEICKEN
LOTHAR GALL
HERMANN JAKOBS

BAND 22

BYZANZ

VON

PETER SCHREINER

2., überarbeitete Auflage

R. OLDENBOURG VERLAG
MÜNCHEN 1994

Die Deutsche Bibliothek – CIP-Einheitsaufnahme

Oldenbourg – Grundriß der Geschichte / hrsg.
von Jochen Bleicken ... – München : Oldenbourg.
Literaturangaben

NE: Bleicken, Jochen [Hrsg.]; Grundriß der Geschichte

Bd. 22. Schreiner, Peter: Byzanz. – 2., überarb. Aufl. – 1994

Schreiner, Peter:
Byzanz / von Peter Schreiner. – 2., überarb. Aufl. – München :
Oldenbourg, 1994
(Oldenbourg – Grundriß der Geschichte ; Bd. 22)
ISBN 3-486-53072-0

Satz: primustype Robert Hurler GmbH, Notzingen
Druck: grafik + druck, München
Bindearbeiten: R. Oldenbourg Graphische Betriebe GmbH, München

ISBN 3-486-53072-0

VORWORT DER HERAUSGEBER

Die Reihe verfolgt mehrere Ziele, unter ihnen auch solche, die von vergleichbaren Unternehmungen in Deutschland bislang nicht angestrebt wurden. Einmal will sie – und dies teilt sie mit manchen anderen Reihen – eine gut lesbare Darstellung des historischen Geschehens liefern, die, von qualifizierten Fachgelehrten geschrieben, gleichzeitig eine Summe des heutigen Forschungsstandes bietet. Die Reihe umfaßt die alte, mittlere und neuere Geschichte und behandelt durchgängig nicht nur die deutsche Geschichte, obwohl sie sinngemäß in manchem Band im Vordergrund steht, schließt vielmehr den europäischen und, in den späteren Bänden, den weltpolitischen Vergleich immer ein. In einer Reihe von Zusatzbänden wird die Geschichte einiger außereuropäischer Länder behandelt. Weitere Zusatzbände erweitern die Geschichte Europas und des Nahen Ostens um Byzanz und die Islamische Welt und die ältere Geschichte, die in der Grundreihe nur die griechisch-römische Zeit umfaßt, um den Alten Orient und die Europäische Bronzezeit. Unsere Reihe hebt sich von andern jedoch vor allem dadurch ab, daß sie in gesonderten Abschnitten, die in der Regel ein Drittel des Gesamtumfangs ausmachen, den Forschungsstand ausführlich bespricht. Die Herausgeber gingen davon aus, daß dem nacharbeitenden Historiker, insbesondere dem Studenten und Lehrer, ein Hilfsmittel fehlt, das ihn unmittelbar an die Forschungsprobleme heranführt. Diesem Mangel kann in einem zusammenfassenden Werk, das sich an einen breiten Leserkreis wendet, weder durch erläuternde Anmerkungen noch durch eine kommentierende Bibliographie abgeholfen werden, sondern nur durch eine Darstellung und Erörterung der Forschungslage. Es versteht sich, daß dabei – schon um der wünschenswerten Vertiefung willen – jeweils nur die wichtigsten Probleme vorgestellt werden können, weniger bedeutsame Fragen hintangestellt werden müssen. Schließlich erschien es den Herausgebern sinnvoll und erforderlich, dem Leser ein nicht zu knapp bemessenes Literaturverzeichnis an die Hand zu geben, durch das er, von dem Forschungsteil geleitet, tiefer in die Materie eindringen kann.

Mit ihrem Ziel, sowohl Wissen zu vermitteln als auch zu selbständigen Studien und zu eigenen Arbeiten anzuleiten, wendet sich die Reihe in erster Linie an Studenten und Lehrer der Geschichte. Die Autoren der Bände haben sich darüber hinaus bemüht, ihre Darstellung so zu gestalten, daß auch der Nichtfachmann, etwa der Germanist, Jurist oder Wirtschaftswissenschaftler, sie mit Gewinn benutzen kann.

Die Herausgeber beabsichtigen, die Reihe stets auf dem laufenden Forschungsstand zu halten und so die Brauchbarkeit als Arbeitsinstrument über eine längere Zeit zu sichern. Deshalb sollen die einzelnen Bände von ihrem Autor oder einem anderen Fachgelehrten in gewissen Abständen überarbeitet werden. Der Zeitpunkt der Überarbeitung hängt davon ab, in welchem Ausmaß sich die allgemeine Situation der Forschung gewandelt hat.

Jochen Bleicken Lothar Gall Hermann Jakobs

A Sandra Origone, Genova

INHALT

VORWORT

„Es gibt keinen Bereich europäischer Geschichte, der dem Bewußtsein des Gebildeten so fremd, so nebelhaft, so fern ist wie Byzanz“ schreibt E. R. Curtius in seinem „Büchertagebuch“ (Bern-München 1960, 43). Byzanz wird bis heute vielfach ausschließlich als Inbegriff servilen Hoflebens und eines autoritären Kaisertums gesehen. Ein weit verbreitetes Schulgeschichtsbuch weiß nichts anderes zu vermelden, als daß wir „noch heute ein solches Staatssystem als Byzantinismus bezeichnen“. Trotz einer Fülle von Darstellungen über das Byzantinische Reich, die in den letzten Jahrzehnten erschienen, ist das Negativbild dieses Staates, welche eine bis ins Mittelalter reichende Tradition hat, noch längst nicht beseitigt.

Welches Wagnis es bedeutet, Geschichte und Kultur eines mehr als tausendjährigen Reiches auf knapp zweihundert Seiten zu schildern, wird jedermann einleuchten. Hauptziel ist es, Sachinformationen über den byzantinischen Staat in all seinen Erscheinungsformen zu geben. Da die politische Geschichte dank zahlreicher anderer Abhandlungen leicht zugänglich ist, wurden an dieser Stelle nur die ganz allgemeinen Entwicklungslinien gezeichnet, das Gewicht aber auf jene Bereiche gelegt, die zusammenfassend bisher nur selten oder nie behandelt wurden, wie Verwaltung oder Sozial- und Wirtschaftsgeschichte. Der Autor ist sich bewußt daß die diachronische Gliederung nicht dem gesamthistorischen Ablauf entspricht, Phänomene und Tendenzen aber besser erkennen läßt, als wenn sie von Vorgängen der politischen Geschichte überdeckt werden. Trotz der Forderung, Byzantinistik als historische, philologische und kunsthistorische Gesamtdisziplin zu sehen, ist entsprechend dem Leserkreis dieser Reihe dem historischen Bereich der Vorrang gegeben, während Einblicke in Literatur und Kunst gewissermaßen nur am Rande geboten werden konnten. Da dieser Band auch eine „Einführung in die Byzantinistik“ darstellen soll, wird im 2. Teil ausführlicher auf Methode, Forschungs- und Quellenlage eingegangen. Sosehr an vielen Stellen Probleme der Kulturinterferenz hervorgehoben wurden, verbot der zur Verfügung stehende Raum, eine eigentliche „Kontroversdarstellung“ zu unternehmen. Im Mittelpunkt stehen immer die Erscheinungen des Byzantinischen Reiches, die nur selten an solchen anderer Staaten gemessen werden. Eine vertiefte Behandlung verschiedener Fragen der Verwaltungs- und Wirtschaftsgeschichte wäre nur unter Heranziehung der griechischen Originalquellen möglich gewesen, besonders etwa im Bereich der sozialen Verhältnisse auf dem Lande; sie mußte daher unterbleiben und von einer allgemeinen Schilderung mit weiterweisender Literatur ersetzt werden.

Im Darstellungs- und Forschungsteil wurde die bis 1984 erschienene Literatur verwendet, nur ausnahmsweise (im bibliographischen Teil) noch Titel aus dem Jahr 1985. Entsprechend dem überwiegenden Benutzerkreis dieser Reihe, der die zitierten Werke an den Seminar- und Universitätsbibliotheken auch zur Verfügung haben sollte, wurden entlegene Arbeiten, vor allem aus Osteuropa und Griechenland, wesentlich seltener zitiert als dies sonst in der Fachdisziplin üblich ist und, wenn möglich, durch Nennung von Überblicksreferaten in westeuropäischen Sprachen ersetzt. Die Zahl der im 3. Teil genannten Werke ist auf ein Minimum reduziert, um Darstellung und Forschungsbericht einen größeren Raum zu gewähren.

Ich möchte es nicht versäumen, einer Reihe von Freunden und Kollegen, die mir bei der Abfassung des Bandes behilflich waren, meinen Dank auszusprechen. L.-M. Hans, meine erste Berliner Schülerin, nunmehr Assistentin am Seminar für Alte Geschichte der Universität Freiburg, Johannes Fried, mein früherer Kölner und jetziger Frankfurter mediävistischer Kollege und G. Weiß, mein früherer Kölner Mitarbeiter, haben den gesamten Text durchgelesen. W. Stromer von Reichenbach (Universität Erlangen-Nürnberg) und V. von Falkenhausen (Universität Pisa) nahmen sich des wirtschaftsgeschichtlichen bzw. verwaltungsgeschichtlichen Teiles an. V.-H. Elbern (FU, Berlin) und Chr. Hannick (Universität Trier) halfen mit, in den Kapiteln über Kunst und Musik allzu grobe Irrtümer zu vermeiden, und W. Hahn (Universität Wien) kontrollierte den numismatischen Abschnitt. Meine Mitarbeiterin, Frau cand. phil. D. Gundert, schuf in bewährter Weise eine lesbare Druckvorlage. Ein besonderer Dank aber gilt H. Jakobs, der mit einfühlsamer Kritik das Werk von Anfang an begleitete und wertvolle Ratschläge gab, als es darum ging, das gesamte Manuskript zu kürzen und den Normen der Reihe anzupassen.

Der Verfasser sieht sein Ziel erreicht, wenn dieser Band zu einer vorurteilsfreieren Betrachtung der byzantinischen Welt beiträgt und gerade im Kreise von Schule und Universität dafür Voraussetzungen schafft.

Köln, November 1985 Peter Schreiner

VORWORT ZUR 2. AUFLAGE

Eine zweite Auflage stellt für eine byzantinistische Publikation keine Selbstverständlichkeit dar. Obwohl die erste Auflage von Kritik und Publikum wohlwollend aufgenommen wurde, war es für den Verfasser doch nicht annehmbar, eine zweite Auflage *unverändert* an die Öffentlichkeit zu geben, auch wenn die Überarbeitung länger auf sich warten ließ, als man dies Lesern, Herausgebern der Reihe und Verlag zumuten kann.

Mit dieser Überarbeitung ist in vielen Teilen ein neues Buch entstanden, das eine weitere Benützung der ersten Auflage nicht mehr geraten erscheinen läßt. Das Grundgerüst der Einteilung blieb bewahrt, doch wurden mehrere Kapitel hinzugefügt und andere völlig umgeschrieben. Die Empfehlungen und Ratschläge der Kritiker und zahlreicher Leser wurden weitgehend berücksichtigt, jedenfalls soweit der Charakter der Reihe davon nicht grundsätzlich berührt wurde. Eine wesentliche Umgestaltung erfuhr der bibliographische Teil, in dem bis Sommer / Herbst 1993 erschienene Studien enthalten sind. Er kann nun auch selbständig benutzt werden, da wichtige Arbeiten auch dann aufgenommen wurden, wenn diese in Teil I und II nicht ausdrücklich behandelt wurden. Umgekehrt wurden, um die Bibliographie zu entlasten, Arbeiten, denen im gegebenen Rahmen nur einen punktuelle Bedeutung zukommt, ausschließlich an der betreffenden Stelle im Forschungsteil zitiert. Auf manche Werke wird, allerdings ohne wertendes Urteil, bereits im Darstellungsteil verwiesen, auch um dem Leser Anhaltspunkte für bestimmte Meinungen zu geben. Da zahlreiche Titel mehreren Sektionen zugeteilt werden können, für den Haupteintrag aber eine eindeutige Entscheidung nötig ist, wurde – erstmals in dieser Reihe – versucht, durch numerierte Verweise jeweils am Beginn einer Sektion auch auf diese Titel aufmerksam zu machen.

Die Problematik, umfangreiche Arbeiten knapp und kritisch zu skizzieren, blieb auch in dieser Auflage bestehen, und manche vielleicht etwas ungerechte Beurteilung, an der sich Kritiker schon in der ersten Auflage stießen, war wohl auch jetzt unvermeidlich. Urteil und Wertung können eine Nachprüfung und Lektüre des Originals nicht ersetzen, sondern sollen vielmehr dazu anregen. Auch aus diesem Grunde wurden in dieser Auflage nach Möglichkeit Titel beiseite gelassen, die schwer erreichbar sind oder in Sprachen abgefaßt wurden, die dem überwiegenden Leserkreis dieser Reihe unbekannt sind. Nur bei ganz grundlegenden Arbeiten wurden hiervon Ausnahmen gemacht. Eine solche Auswahl ist vor allem dann nicht immer leicht, wenn es gilt, die Geschichte der slawischsprachigen Völker oder auch Griechenlands zu behandeln. Leser in diesen Ländern mögen Verständnis dafür haben, daß diese Darstellung (trotz des internationalen Charakters der Byzantinistik) in eine Reihe eingebunden ist, die in erster Linie auf den deutschsprachigen Benutzer ausgerichtet ist.

In den acht Jahren, die zwischen der Fertigstellung der ersten und der zweiten Auflage vergingen, hat die byzantinistische Forschung zum Teil ganz erhebliche Fortschritte gemacht, auf die im 9. Kapitel des Forschungsteiles verwiesen ist. Aber auch der Verfasser sieht, veranlaßt durch fremde und eigene Studien, manche Fragen und Probleme z. T. grundsätzlicher Art – Periodisierung, Volkskultur, Alltagsleben, literarische Genera und vieles mehr – in einem etwas anderen Licht. Der Leser braucht daher nicht erstaunt zu sein, wenn er in derselben Sache in dieser zweiten Auflage eine der ersten gegenüber unterschiedliche Bewertung findet.

Mein Dank gilt allen Mitarbeitern meines Institutes, die viele Monate lang neben zahlreichen anderen redaktionellen Belastungen unter dieser Neubearbeitung gelitten haben, vor allem Frau stud. phil. Sonja Güntner, die die Hauptlast der Computerarbeit trug. Besonderen Dank schulde ich meiner Mitarbeiterin Cordula Scholz M. A., die trotz ihrer zeitraubenden Arbeit als Redaktionsassistentin der Byzantinischen Zeitschrift den Computerausdruck dieses Textes überprüfte und auf zahlreiche inhaltliche und stilistische Ungereimtheiten aufmerksam machte.

Köln November 1993

I. Darstellung

EINLEITUNG: DAS PHÄNOMEN BYZANZ

Byzanzbegriff

Der vorliegende Band beschäftigt sich mit der Geschichte und Kultur des byzantinischen Staates, der erst in unserem Jahrhundert als Teil der europäischen Staatenwelt des Mittelalters Berücksichtigung fand. Das Byzantinische Reich hat keinen festen Anfangspunkt, es ist nie, wie die westeuropäischen Staaten, im geläufigen Sinn „entstanden". Griechische Sprache und Kultur lebten weiter. Das Christentum drang erst langsam in die staatlichen Institutionen ein und gelangte nie zu derselben Verbindung mit allen Lebensbereichen wie im Westen. Die östliche Kirche trennte sich in Struktur und Frömmigkeitsbegriff zunehmend vom Westen und geriet in der dogmatischen Auseinandersetzung in immer schärferen Gegensatz zum Papsttum. Die Wirtschaft erlitt während der Völkerwanderung und des Arabersturmes Einbußen, die sich aber immer wieder ausgleichen ließen. Bis ins 11. Jh. stellte Byzanz gegenüber dem Westen, aber auch der arabischen Welt eine mächtige wirtschaftliche Einheit dar, war Inbegriff von Glanz und Luxus.

Begriff und Bedeutung der Hauptstadt

Diese Entwicklung basierte auf der Ausstrahlungskraft des Kaisertums, der zentralen Administration und auf dem unveränderten Mittelpunkt des Reiches, der über Jahrhunderte einzigen Großstadt in Ost und West: Konstantinopel. Da viele Erscheinungen des byzantinischen Lebens nur hier nachweisbar sind, bezeichnet mit Recht der (freilich antike) Name dieser Stadt, Byzantion / Byzanz, ein ganzes Reich und eine ganze Kultur. Kein mittelalterlicher Staat war auf Dauer so eng mit einem Ort verbunden wie dieses Reich, vergleichbar nur mit dem alten Römischen Reich und seinem Mittelpunkt Rom, als dessen Nachfolger Byzanz sich betrachtete: to kratos tōn Romaiōn – das Reich der Rhomäer.

Wandel des Staates

Viele Strukturen des staatlichen und gesellschaftlichen Gefüges erfuhren durch die Araberstürme und die Auseinandersetzungen im Balkanraum eine grundlegende Wandlung. Byzanz wurde zu einem Staat, der seine Kräfte aus dem weitgehend von freien Grundbesitzern bewohnten Land rekrutierte. Formen der Abhängigkeit begegnen in größerem Umfang erst wieder Ende des 10. Jh., und sie haben eine ganz andere Genese als scheinbar gleichgelagerte Arten der Unfreiheit im Westen. Auf Byzanz ist auch der viel bemühte Feudalismusbegriff am besten überhaupt nicht oder doch nur mutatis mutandis anzuwenden.

Kontinuität und Tradition

Zum Phänomen Byzanz gehört seine lange Existenz aus der Antike bis in die Mitte des 15. Jh., obwohl es, weit stärker als die westlichen Staaten, immer aufs neue lebensbedrohenden feindlichen Angriffen ausgesetzt war. Es überstand diese Stürme nicht nur dank seiner wirtschaftlichen Regenerationsfähigkeit, sondern auch durch eine Anpassung an die neuen Gegebenheiten und die Überlegenheit einer traditionsreichen Diplomatie. Byzanz blieb über tausend Jahre der konstante Faktor einer sich ständig wandelnden Mittelmeerwelt, Verbindungsglied zwischen dem islamischen Orient, den slawischen Völkern und den romanischen Anliegerstaaten des Mittelmeeres. Trotz seiner ungebrochenen Kaisertradition von Augustus über Konstantin den Großen bis Konstantin XI. war Byzanz kein verdorrter Rest der Alten Welt. Vielmehr hat Byzanz eine Entwicklung durchgemacht und war, bei vielfach gleichen Bezeichnungen in Gesellschaft, Wirtschaft und Verwaltung, im 15. Jh. etwas ganz anderes als im 4. Jh. Aus diesem Grunde darf sich die Beschäftigung mit Byzanz nicht allein auf die politische Geschichte beschränken, sondern muß eine Gesamtschau aller kulturhistorischen Faktoren beinhalten.

A. DIE ZEITLICHEN UND GEOGRAPHISCHEN GRENZEN. DIE BEDEUTUNG KONSTANTINOPELS ALS HAUPTSTADT

Eroberung Konstantinopels als Endpunkt

Die Grenzen von Raum und Zeit, in denen sich Geschichte vollzieht, werden erst den späteren Generationen bewußt. Unumstritten ist der Endpunkt der byzantinischen Geschichte: die Eroberung Konstantinopels durch die Osmanen am 29. Mai 1453. Zwar haben einige Reichsteile (Gebiete in der Peloponnes und an der Nordküste des Schwarzen Meeres) und das Trapezuntinische Kaiserreich bis 1460/61 überlebt und manche Autoren arbeiteten unter den Türken noch bis zum Ende des Jahrhunderts in den alten Traditionen weiter, doch mit dem Verlust der Hauptstadt und dem Ende des Kaisertums ist Byzanz als staatliches Gebilde und Kulturträger verschwunden.

Anfänge des Staates

Nicht ganz so eindeutig liegen die Anfänge dieses Staates. Von einer Staatwerdung im juristischen Sinn kann nicht gesprochen werden, da sich das Reich als Nachfolger des Imperium Romanum betrachtete und dabei auch den Anspruch auf die verlorene Westhälfte nie aufgegeben hat. So dürfen wir also nur nach dem Zeitpunkt für einen Neuansatz innerhalb der Entwicklung des Römischen Reiches fragen. Es ist oft das Jahr 395 angeführt worden, die sogenannte Reichsteilung durch Kaiser Theodosios. Auch auf das Jahr 476, das Ende des Kaisertums in der westlichen Reichshälfte, hat man hingewiesen. Weit häufiger aber nahm man den Beginn des Byzantinischen Reiches unter Justinian (527–565) an, da dieser noch einmal Teile der westlichen Hälfte unter seiner Herrschaft vereinigte, durch Gesetzgebung, Bautätigkeit, Eroberungspolitik, aber auch in der Staatsauffassung die Antike abschloß und gleichzeitig Grundlagen für die späteren Jahrhunderte schuf.

Traditionellerweise sieht man in der Grundsteinlegung Konstantinopels 324 durch Konstantin oder der Einweihung der Stadt am 11. Mai 330 auch den Anfang des byzantinischen Staates. Damit erhielt der griechische Osten einen eigenen politischen Mittelpunkt, der zu einem zentralen Faktor bei der Formierung eines eigenständigen Reiches wurde, dessen Christianisierung mit der Person Konstantins verbunden war. Zäsur und Neubeginn, die nicht gleichzeitig einen entscheidenden Wandel oder Umbruch beinhalten, sind auch in das Bewußtsein der Byzantiner getreten: Konstantin gilt als der erste christliche Kaiser, dem sich alle folgenden Herrscher verpflichtet fühlen, oder, wie es eine unter vielen Chroniken ausdrückt: „Konstantin, der große, der heilige, der erste Kaiser und Gründer Konstantinopels“. Diese auf Kaiser und Konstantinopel bezogene Betrachtungsweise muß allerdings in hohem Maße der Diskussion unterworfen werden *(s. u. S. 120)*.

Zeitliche Gliederung

Ähnlich wie man in der westeuropäischen Geschichte von einem Früh-, Hoch- und Spätmittelalter spricht, läßt sich auch der Verlauf der byzantinischen Geschichte in drei Perioden untergliedern. Die erste erstreckt sich, wenn man von der obigen diskutablen Festlegung ausgeht, von der Regierungszeit Konstantins bis in den Beginn des 7. Jh. Zwischen 565 (Tod Justinians) und 641 (Tod des Herakleios) vollzogen sich in Südosteuropa und im östlichen Mittelmeerraum Wandlungen, die das Bild Europas grundlegend veränderten: Ansiedlung der Slawen, endgültige Besiegung der Perser, aber gleichzeitig das Vordringen der Araber. Diese Ereignisse lenkten nicht nur die politische Geschichte des Reiches in andere Bahnen, sondern beeinflußten auch die soziale, wirtschaftliche und militärische Entwicklung. Die mittelbyzantinische Epoche endet nach der am meisten verbreiteten Ansicht mit der Eroberung Konstantinopels durch die Kreuzfahrer 1204. Allerdings ist dieser Endpunkt, der sich allein von der politischen Geschichte her begründen läßt, nicht ganz befriedigend. Bereits im 11. Jh. und zunehmend im 12. Jh. zeigen sich starke Veränderungen im wirtschaftlichen und gesellschaftlichen Gefüge, in denen Ursachen für die Eroberung von 1204 und den Untergang im 15. Jh. liegen. So ließe sich das Ende der mittelbyzantinischen Zeit auch um 1100 ansetzen. Trotzdem stellt das Jahr 1204 einen markanten Punkt dar: das Reich wurde zersplittert und regenerierte sich erst wieder mit der Rückgewinnung der Hauptstadt 1261. In diesen Jahrzehnten hatte sich aber auch die Umgebung geändert: im Westen der Untergang der Stauferherrschaft und die Vormachtstellung Frankreichs, im Norden die Bildung eines Serbischen und eines Bulgarischen Reiches, im Osten des Reiches die Herrschaft der Goldenen Horde, im Süden der Zerfall der seldschukischen Macht. Diese dritte Periode, an deren Ende Byzanz, territorial gesehen, nahezu zum Stadtstaat wird, dauerte bis 1453.

Frühbyzantinische Epoche

Mittelbyzantinische Epoche

Spätbyzantinische Epoche

Geographische Komponenten

Die geographische Lage des Byzantinischen Reiches zwischen Europa und Asien bedingt auch seine historische Bedeutung. Byzanz war auf der einen Seite zum Mittelmeer hin orientiert, dessen östlicher Teil lange Zeit ausschließlich von den Byzantinern beherrscht und verteidigt wurde, es ist zugleich aber auch ein Festlandstaat, der als Hauptteile Kleinasien und die Balkanhalbinsel umfaßte, beide freilich untereinander und mit dem Mittelmeer durch das Schwarze Meer verbunden. Wenn man von Ägypten, das bald verlorenging (642), absieht, überwiegen bei weitem die gebirgigen Landesteile und die Hochflächen. Die Verteidigung war ganz von der geographischen Lage geprägt. Kein anderer mittelalterlicher Staat besaß eine so umfangreiche Küstengrenze. Entscheidende Bedeutung kam daher der Sicherung der Inseln zu, da Kriegs- und Handelsflotte auf küstennahe Strecken angewiesen waren. Nur der Norden des Landkomplexes besaß in der Donau eine natürliche Grenze. Auch das kleinasiatische Festland, gesichert durch die in Geschichte und Epos vielbehandelte „Ostgrenze“ oder „Euphratgrenze“, bot verwundbare Stellen: einerseits die armenische Hochebene, über die Sasaniden und Seldschuken vordrangen, andererseits die kilikische Ebene, die zum Einfallstor besonders für die Araber wurde. Das Wegenetz hatte militärisch und wirtschaftlich das Festland hinreichend erschlossen, während die Küstenstrecke solange gesichert war, wie eine funktionsfähige Kriegsflotte existierte (bis ins 11. Jh.). Die verbindenden Komponenten dieses geographisch heterogenen Reiches waren das Mittelmeer und das Schwarze Meer. Byzantinische Geschichte ist daher in allen Bereichen auch eine Geschichte der Mittelmeerwelt. Da Byzanz im Laufe der Jahrhunderte eine zunehmende territoriale Minderung erfuhr, ist historische Geographie hier die Geschichte nicht eines Entfaltungs-, sondern eines Schrumpfungsprozesses.

Territoriale Veränderungen

Das Reich besaß seine größte Ausdehnung in der Mitte des 6. Jh., als durch die Goten- und Vandalenkriege Justinians die nordafrikanische Küste (bis Septem / Ceuta), das gesamte Italien (nebst den Inseln Sardinien und Korsika) sowie Teile der südspanischen Küste (bis zum Guadalquivir) und die Balearen unter die Herrschaft des oströmischen Kaisers kamen. Obwohl sich Justinian nicht allein auf die Rückeroberung beschränkte, sondern die wiedergewonnenen Gebiete durch die Anlage von Militärbauten sicherte, überstieg die Grenzverteidigung die Kräfte des Reiches. Als erstes wurden große Teile Italiens seit 568 von den Langobarden erobert, während in den folgenden Jahrzehnten der Balkanraum von Slawen und Awaren überflutet wurde und ganz oder teilweise dem Reich verloren ging. Auch im äußersten Westen war die byzantinische Position nicht haltbar: schon 625 gab es keinen Besitz mehr in Spanien. Die stärksten territorialen Einbußen aber erlitt Byzanz im 7. und 8. Jh. durch das Vordringen der Araber: Palästina, Ägypten (642), die nordafrikanischen Küstenstreifen bis Ceuta (711) und Teile Kleinasiens. Im 9. Jh. setzte wieder ein Ausdehnungsprozeß ein, der seinen Höhepunkt am Ende der Regierungszeit des Kaisers Basileios II. (976–1025) erreichte: Donau, Euphrat und Araxes waren wieder Grenzen; Zypern, Kreta und die Gebiete zwischen Antiocheia und Laodikeia gehörten erneut zum Reich. Sizilien allerdings, das im 9. Jh. in mehreren Etappen von einem nordafrikanischen Emirat aus erobert worden war, blieb verloren, und die Herrschaft in Unteritalien beschränkte sich auf Apulien und Kalabrien. Das mittelbyzantinische Reich kam zur Zeit seiner größten Ausdehnung nicht an die Grenzen der justinianischen Epoche heran. Unmittelbar auf diesen Höhepunkt folgte der rapide territoriale Verfall. In der 2. Hälfte des 11. Jh. wurden weite Teile Kleinasiens von den Seldschuken erobert, und die Ostgrenze am Euphrat gehörte damit der Vergangenheit an, während die unteritalienischen Reichsteile an die Normannen fielen. Nach dem Tode Manuels I. (1180) errangen Serben und Bulgaren die Selbständigkeit, und die nördliche Reichsgrenze lag wieder ähnlich wie zu Beginn des 10. Jh. Die stärksten gebietsmäßigen Veränderungen aber brachte der 4. Kreuzzug (1204) mit sich. Byzanz hat in der 2. Hälfte des 13. Jh. und im 14. Jh. Thrakien, Teile Nordgriechenlands und der Peloponnes, aber auch Städte an der bulgarischen Schwarzmeerküste wieder zurückgewonnen. Weit schwerer wog dagegen der Verlust Kleinasiens in den ersten Jahrzehnten des 14. Jh. durch das Vordringen der Osmanen. Byzanz war nun kein geographisch zusammengehörendes Staatsgebilde mehr; die einzelnen Teile waren nur mehr auf dem Seeweg miteinander verbunden – ein Umstand, der angesichts der seit dem 14. Jh. fast vollständig fehlenden eigenen Flotte besonders ins Gewicht fiel. In der Mitte des 15. Jh. beschränkte sich der Staat auf die Hauptstadt selbst, einige Küstenstädte am Schwarzen Meer (Sozopolis, Mesembria), Selymbria (am Marmarameer) und einige peloponnesische Orte (Mistras, Monembasia, Patras). Byzanz war in seinen letzten Jahrzehnten kein „Reich" mehr im Sinne eines territorialen Gebildes, sondern zusammengeschrumpft auf Städte (mit kleinem Hinterland), welche durch die politische und kulturelle Verbindung mit Konstantinopel am Leben erhalten wurden. Es war zum Stadtstaat geworden.

Bedeutung Konstantinopels

Das Schicksal des Reiches war zu allen Zeiten mit Konstantinopel verbunden. Die topographische Position dieser Stadt an der Nahtstelle zwischen Europa und Asien war von zentraler Bedeutung für die Geschicke des Staates. Mit der Gründung der Stadt als zweitem Zentrum neben Rom verschob sich aber, auch in geographischem Sinn, der Schwerpunkt des Reiches. Rom war im Mittelpunkt des Imperium Romanum gelegen, Konstantinopel an der östlichen Peripherie [195]. Als aber im 5. Jh. Mailand und Ravenna an Roms Stelle traten, festigte sich das Übergewicht Konstantinopels und der östlichen Reichshälfte. Es gewann noch an Bedeutung, sobald Antiocheia, von zahlreichen Erdbeben heimgesucht, zu einer vergleichsweise unwichtigen Provinzstadt absank. Justinian schließlich hat die städtebaulichen Voraussetzungen geschaffen, die Konstantinopel zu einer Großstadt machten, und es blieb nach der Übernahme Alexandreias durch die Araber (642) die einzige im gesamten Mittelmeerraum. Eine volle Beherrschung dieses Raumes aber war von dieser Position aus nicht mehr möglich. Die rasche Zurückdrängung der Byzantiner aus Nordafrika und Spanien findet von dieser Seite her eine zusätzliche Erklärung, ebenso aber auch, daß sie in den der Hauptstadt näher gelegenen Gebieten des Balkans und Kleinasiens im 9. Jh. wieder festen Fuß fassen konnten. Der Verlust des Einflusses im westlichen Mittelmeer wurde in gewissem Sinn ausgeglichen durch die sichere Seeherrschaft im Schwarzen Meer, dessen Kontrolle durch die Lage Konstantinopels bedingt war. Kontinuität und Erhaltung des Reiches waren weitgehend an Konstantinopel gebunden. Die Stadt war politischer, geistiger, kirchlicher und wirtschaftlicher Mittelpunkt. Ihr Bestand war gesichert durch die Fortifikationswerke. Wer Konstantinopel in seiner Hand hatte, war Herr des Byzantinischen Reiches. Keiner anderen Stadt des Altertums oder des Mittelalters kam, auch von den Einwohnerzahlen her [427], eine vergleichbare Position zu, weder Athen noch Rom, weder Paris noch London, schon weil letztere Städte sind, die mit der historischen Entwicklung und Bedeutung ihrer Umgebung wuchsen, während Konstantinopel fast von Anfang an als neuer Mittelpunkt eines schon bestehenden Staates geschaffen wurde. Konstantinopel war das Byzantinische Reich in nuce.

B. DIE GRUNDLINIEN DER POLITISCHEN ENTWICKLUNG

1. Die frühbyzantinische Zeit (4.–6. Jahrhundert)

Die politische Geschichte des Byzantinischen Reiches beginnt der traditionellen Festlegung nach mit dem Kaisertum Konstantins des Großen, seiner Gründung Konstantinopels und der Zulassung des Christentums als einer der Staatsreligionen (313). Entscheidende administrative und wirtschaftliche Grundlagen aber gehen bereits auf Diokletian (284–305) zurück: die Einteilung in Diözesen und Provinzen und eine Geldreform. In einem zwanzigjährigen Kampf gegen das System der Tetrarchie – der Aufteilung des Reiches unter zwei Augusti und zwei Caesares – hatte er die Einheit des Imperium wiederhergestellt und den Grundsatz des ungeteilten Kaisertums als verpflichtendes Erbe hinterlassen, ebenso wie sein Eingreifen in kirchliche Auseinandersetzungen (314 Donatistenstreit, 325 Einberufung des ersten ökumenischen Konzils) die entscheidende Rolle des Kaisers im Rahmen der Kirche begründete.

Konstantin der Große

Konstantin wußte jedoch das Ideal der Reichseinheit nicht mit dem Prinzip der Sicherung der Dynastie zu verbinden, und das Fehlen einer Nachfolgeregelung bei seinem Tod (337) führte bis 353 zu einem Doppelreich seiner Söhne Konstans (im Westen) und Konstantios (im Osten). Außenpolitisch sind die folgenden Jahrzehnte gekennzeichnet durch Grenzkriege gegen die Sasaniden („Perser“) im Osten und die Alemannen und Franken im Westen. Wie wenig auch die christlichen Reformen Konstantins gesichert waren, zeigt die kurze, aber tiefreichende Reaktion des Heidentums unter Kaiser Julian (361–363). Mit Julians Tod hat die „konstantinische Dynastie“ bereits ihr Ende gefunden. Kaiser Jovian (363–364) ersparte dem Reich einen weiteren Zweifrontenkrieg und schloß unter Gebietsverzichten Frieden mit Persien. Vorboten neuer Wirren kündigten sich von Norden her an: die von dem immer noch rätselhaften Reitervolk der Hunnen ausgelöste Völkerwanderungsbewegung, die nicht mehr nur Grenzzonen, sondern auch Kernbereiche bedrohte. Die Osthälfte hatte die Gefahr durch den Einfall der Westgoten zuerst zu spüren bekommen. Kaiser Valens verlor 378 in der Schlacht (bei Adrianopel) gegen sie das Leben. Sein aus Westspanien gebürtiger Nachfolger Theodosios I., einer der bedeutendsten Herrscherpersönlichkeiten der Spätantike, gab den Goten gegen einen Dienst als „foederati“ Niederlassungsrecht und Land. Damit war im Osten die Germanengefahr zunächst gebannt. Da der Kaiser selbst überwiegend in Konstantinopel ansässig war, trug diese Präsenz auch zur Festigung der neuen Hauptstadt bei. Weitreichend sind auch seine Maßnahmen in der Kirchenpolitik: die von ihm 381 einberufene Synode in Konstantinopel schuf die Voraussetzung für die kirchliche Vorrangstellung der neuen Hauptstadt und machte das nikänische Glaubensbekenntnis für alle Reichsteile verbindlich. Erlasse der Jahre 391 / 392 verboten jede Art des heidnischen Kultes. Ihre Durchführung war in den verschiedenen Reichsteilen unterschiedlich, das Imperium

Nachfolge Konstantins

Völkerwanderung

Theodosios I.

seit diesem Jahr keineswegs einheitlich christlich. Vielmehr wurde ein Christianisierungsprozeß eingeleitet, der erst in der zweiten Hälfte des 6. Jh. seinen Abschluß fand.

Theodosios war es wohl bewußt, daß seine Politik nur einen vorübergehenden Frieden geschaffen hatte und die Probleme des riesigen Reiches von einer Person nur schwerlich gelenkt werden konnten. Im Jahr 395 hinterließ er die beiden Reichshälften seinen Söhnen Arkadios (Osten) und Honorius (Westen), womit keine Reichsteilung im eigentlichen Sinn vorgenommen wurde, sondern die „Fortsetzung einer längst bestehenden Verwaltungsteilung" (Demandt). Wesentlich für die späteren Jahrhunderte war dabei, daß die Provinzen Dakien und Makedonien dem Osten zugeschlagen wurden. Im Balkanraum ist diese Grenze am Drina-Fluß bis heute fast unverändert die kulturelle Trennlinie zwischen lateinischem Westen und orthodox-byzantinischem Osten. Die Aufteilung war im Jahre 395 nur als vorübergehende Maßnahme gedacht; es wurden nicht zwei Reiche, sondern nur zwei Reichsteile geschaffen, deren Verwaltung *gegenseitig* noch bestimmte Maßnahmen (z. B. bei der Ernennung der Konsuln) treffen konnte, und in der Tat stellte eineinhalb Jahrhunderte später Justinian die Reichseinheit wieder her. Doch hat der Verlauf der politischen Ereignisse des 5. Jh. den westlichen Teil so tiefgreifend verändert, daß er im 6. Jh. nur mehr gewaltsam und vorübergehend mit dem Osten verbunden werden konnte. Insofern kommt der Entscheidung des Theodosios doch eine sehr weitreichende Bedeutung zu, die es dieser Darstellung erlaubt, daß sie sich von nun an nur mehr der östlichen Hälfte zuzuwendet.

sog. Reichsteilung 395

Der Osten war besonders in der 1. Hälfte des 5. Jh. schweren Angriffen ausgesetzt. Bald nach dem Tod des Theodosios (395) verwüstete der Westgote Alarich Makedonien und Thrakien. Der Friede konnte nur durch eine Verstärkung des gotischen Elementes im Heer erkauft werden, doch führte diese Maßnahme schon um 400 zu einer allgemeinen antigermanischen Gegenreaktion, die nunmehr mit der Entfernung der Goten zu militärischen Umstrukturierungen führte. Alarich selbst verließ schon 401 den pannonischen Raum, so daß für kurze Zeit dem Reich Ruhe gegönnt war. Die Sicherheit im Balkanraum und im Hinterland Konstantinopels blieb nur von kurzer Dauer. Die Byzantiner hatten es nun mit einem wesentlich gefährlicheren Gegner als den Goten zu tun: den Hunnen, die zwischen 409 und 450 die nördlichen Teile des Reiches bis zur Hauptstadt mit Raubzügen überfielen. Erst die Niederlage dieses Feindes im Westen auf den katalaunischen Feldern (451) und der Tod Attilas (453) befreiten Byzanz auch von dieser Geißel. Zu diesen außenpolitischen Problemen, die insgesamt gesehen freilich mit denen des Westens nicht vergleichbar sind, traten religionspolitische Auseinandersetzungen um Fragen der verschiedenen Naturen in Christus. Es wäre völlig falsch, diese Probleme als bloße innerkirchliche Auseinandersetzung abzutun. Sie hatten Auswirkungen auf breite Schichten der Bevölkerung und konnten das ohnehin diffizile Gebilde des Vielvölkerstaates bis in seine Grundfesten erschüttern, in gewissem Sinn vergleichbar den religiösen Kämpfen des 16. Jh. in Europa.

Goten

Hunnen

Religionspolitische Streitigkeiten

Die zweite Hälfte des 5. Jh. war von zahlreichen Unruhen fremdstämmiger (germanischer und isaurischer) Führer des byzantinischen Heeres beherrscht, unter denen der Alane Aspar und der Isaurier Tarasikondo, letzterer seit 474/76 Kaiser (mit dem Namen Zenon), besonders hervorragten. Im selben Jahr 476 wurde Romulus Augustulus, Kaiser in der Westhälfte, von dem Skiren Odovakar abgesetzt. Zenon, Kaiser des Ostens, hat gegen die Usurpation nichts unternommen, da Odovakar die Oberherrschaft des Kaisers anerkannte und seine eigene Herrschaft schweren Anfeindungen seitens rivalisierender isaurischer Stämme ausgesetzt war. Die innere Schwäche des Reiches suchte der Führer der ostgotischen Kontingente in Moesien, Theoderich, auszunutzen, doch gelang es Zenon in einer geschickten diplomatischen Mission, ihm die Vertreibung des gemeinsamen Feindes Odovakar anzuvertrauen. Mit dem auf diese Weise bewirkten Abzug der Goten aus dem Balkanraum 488 war für die östliche Reichshälfte das Germanenproblem für immer beendet. Nach der Beseitigung Odovakars 493 begründete Theoderich jedoch ein selbständiges Ostgotenreich in Italien, das erst Justinian ein halbes Jahrhundert später zerschlug.

Ende des Weströmischen Reiches

Ostgotenreich in Italien

Zenons Nachfolger Anastasios (491–518), ein Hofbeamter, schuf durch seine Maßnahmen in der Finanz- und Wirtschaftspolitik die Voraussetzung für die Erfolge Justinians. Die kurze Regierungszeit Justins (518–527) wird zurecht als Vorstufe der Epoche Justinians, seines Neffen, betrachtet. Justin, ein illyrischer Bauer aus der Gegend des späteren Justiniana Prima (wohl Caričin Grad, zwischen Niš und Skopje, wo Justinian geboren wurde), war im militärischen Dienst bis zum Befehlshaber der Palasttruppen aufgestiegen und ließ sich nach Anastasios' Tod von Senat und Volk zum Kaiser akklamieren. Im Gegensatz zu seinem Vorgänger stand er fest auf seiten der Anhänger des Konzils von Chalkedon, und diese Haltung hat ihm in der Hauptstadt von Anfang an Sympathie eingebracht. Da Justin kaum lesen und schreiben konnte und somit den Problemen der Reichsführung nicht voll gewachsen war, nahm er als Berater seinen gebildeten Neffen Justinian. Nach dem Tode Justins 527 ging die Alleinherrschaft problemlos in die Hände Justinians über.

Anastasios und Justin I.

Justinian ist nicht nur eine der bedeutendsten Herrscherpersönlichkeiten der oströmischen, sondern auch der europäischen Geschichte. Er zählt zu den literarisch und theologisch am besten gebildeten byzantinischen Kaisern, so daß er daher mit Tatkraft und Kenntnis jene kulturellen Leistungen fördern konnte, die seine Epoche bis heute kennzeichnen, während seine politischen Maßnahmen rasch den Stürmen der Zeit zum Opfer fielen. Mit der Niederschlagung des Nika-Aufstandes (benannt nach dem Siegesruf „nika") im Januar 532 brach er entscheidend den Einfluß der Zirkusparteien. Er beendete den Krieg mit den Sasaniden und schloß, gegen hohe Tributzahlungen, 532 mit Großkönig Hosrau I. einen „ewigen" Frieden, der zwar nur bis zum Jahre 540 währte, aber trotzdem in diesem Zeitraum Rückeroberungen im Westen ermöglichte. Als erstes erfolgte 534 die Wiedergewinnung des vandalischen Nordafrika. Eigentliches Ziel aber war die Beseitigung der Ostgotenherrschaft in Italien. Der magister militum Belisar

Justinian (527–565)

Nika-Aufstand

Rückgewinnung Nordafrikas

griff 535 Sizilien an; ein byzantinisches Heer sicherte Dalmatien, um einen für möglich gehaltenen ostgotischen Abzug nach Pannonien zu verhindern. In raschem Zug eroberte Belisar Unter- und Mittelitalien, wurde aber dann, seit März 537, ein Jahr lang in Rom von den Goten belagert. Erst als ein zusätzliches byzantinisches Kontingent die Goten im Norden angriff und Rimini von den Byzantinern eingenommen wurde, ließen die Goten von der Belagerung Roms ab. 540 übergab König Witigis Ravenna an die Byzantiner und wurde als Gefangener nach Konstantinopel gebracht. Im selben Jahr brach Hosrau den 532 geschlossenen Frieden und fiel in Syrien ein. Erst 545 kam ein diesmal auf nur fünf Jahre begrenzter Friedensschluß zustande. Die persische Invasion, die auf einer Absprache zwischen Witigis und Hosrau beruhte, gab der Ostgotenherrschaft nochmals neuen Aufschwung und verwickelte die Byzantiner in einen zwölfjährigen Kleinkrieg gegen den neu gewählten König Totila. Zudem waren seit 550, mit Ablauf des Friedens, die Byzantiner auch wieder in Kämpfe mit den Persern verstrickt, die erst 562 mit dem „fünfzigjährigen" Frieden ihr Ende fanden. Dagegen errang der armenische Feldherr Narses im Jahr 552 den entscheidenden Sieg über Totila, der in der Schlacht (bei Spoleto) tödlich verwundet wurde. Doch gänzlich gebrochen war die Kraft der Ostgoten noch nicht. Sie erkoren den Feldherrn Teja zu ihrem König, gegen den 553 in der Schlacht am Vesuv das oströmische Heer ein letztes Mal antrat und das Schicksal der Ostgoten nun endgültig besiegelte. Justinian konnte sich jetzt dem westgotischen Spanien zuwenden. Ein Flottenunternehmen des Patrikios Liberius brachte im Jahr 554 große Teile der spanischen Mittelmeerküste unter byzantinische Oberhoheit und sicherte die Kontrolle über die Durchfahrt in den Atlantischen Ozean, bedeutsam wegen der Verbindung mit dem wirtschaftlich wichtigen Britannien. Obwohl sich Justinian (in der Novelle 30, 11, 2 aus dem Jahr 536) auf die „alten Römer" berief, die bis zu den Grenzen beider Ozeane geherrscht hätten, war die Rückeroberung *ganz* Spaniens sicher nie sein Ziel. Justinian erstrebte die Einheit aller Mittelmeerländer unter der Herrschaft des oströmischen Kaisers. Er hat dieses Ziel erreicht, das Mittelmeer wurde zu einer Binnensee des Reiches, zur „See der Romäer", wie es in arabischen Quellen heißt. Er schuf zum letzten Mal ein Gesamtreich, das den lateinisch-germanischen Westen und den griechischsprachigen Osten umfaßte.

Rückgewinnung Italiens

Spanische Küste byzantinisch

Während sich die Eroberungen Justinians schon im Laufe des folgenden halben Jahrhunderts als nicht haltbar erwiesen, blieben die Leistungen auf dem Gebiete der Kultur und des Rechts bestehen: eine neue Stadtplanung in Konstantinopel, wenngleich sie ohne die von Konstantin und besonders Theodosios II. geschaffenen Grundlagen nicht denkbar ist, die Hagia Sophia als über die Jahrhunderte hin sichtbares Zeichen der Epoche Justinians und die Gesetzeskodifikationen, durch die das römische Recht bis in unsere Zeit tradiert wurde.

Bauten in Konstantinopel

Gesetzgebungswerk

Handel

Die Sicherung des Mittelmeeres und der Friede mit Persien gaben auch Handel und Wirtschaft neuen Aufschwung, in Verbindung mit Zentralasien und China (unter Vermittlung persischer Zwischenhändler), aber auch in Ausweitung auf neue Zonen wie das östliche Afrika (Äthiopien) und den Indischen Ozean. Konstantinopel erwies sich jetzt erstmals als idealer Mittelpunkt eines neuen Welthandels, der für kurze Zeit unter der pax Justineanea aufblühte und in dem Byzanz die führende Rolle spielte.

Religiöse Probleme

Ungelöst blieb auch unter Justinian das Glaubensproblem. Seine konsequent chalkedonensische Kirchenpolitik sicherte ihm die Unterstützung des Papstes und erleichterte die Eroberungen im lateinischen Westen. Syrien, Ägypten und Armenien standen dagegen als überwiegend monophysitisch weitgehend in Opposition. In allen seinen Maßnahmen zeigte sich Justinian als konsequent christlicher Herrscher, durch den die Verbindung von Kirche und Staat in besonderem Maße betont und gefestigt wurde.

Langobardengefahr

Awarenangriff

Ansiedlung der Slawen

Bald nach Justinians Tod haben neue Völkerschaften, aber auch die diplomatische Ungeschicklichkeit der Nachfolger das Werk des Kaisers binnen kurzem zunichte gemacht. Bereits 567 besiegten die Awaren im Bunde mit den Langobarden die in Pannonien ansässigen Gepiden, Bundesgenossen der Byzantiner, und nahmen deren Gebiete ein, während die Langobarden bereits ein Jahr später (568) in Oberitalien einfielen. Die Awaren verwüsteten von nun an trotz immer wieder erhöhter Tributzahlungen fast Jahr für Jahr die nördlichen Provinzen des Reiches, eroberten selbst große Städte wie Sirmium und plünderten das Land, bis sie 626 an den Mauern Konstantinopels ihre erste große Niederlage erlitten. Auf die Dauer war es weit folgenreicher für das Reich, daß im Bunde mit den Awaren auch slawische Stämme die Donau überschritten und sich in allen Gebieten der Balkanhalbinsel, einschließlich Griechenlands, ansiedelten.

Sasanidenkriege

Exarchat von Ravenna und Karthago

Neben die andauernde Abwehr im Norden trat wieder als zweiter Kriegsschauplatz der Osten in Erscheinung. In einer Fehleinschätzung der eigenen Macht und des Kräfteverhältnisses verweigerte Kaiser Justin II. (565–578) im Jahr 572 die erst 562 vereinbarten Tributzahlungen an die Sasaniden. Mit einer Unterbrechung zwischen 590 und 602 dauerte dieser Krieg bis zum Jahr 627. Die ganze Sorge der Nachfolger Justinians (Justin, Tiberios, Maurikios) galt den beiden Fronten im Norden und Osten, demgegenüber Italien und der westliche Mittelmeerraum kaum eine Unterstützung erfuhren, da die finanziellen und personellen Mittel des Reiches ganz der awarisch-persischen Auseinandersetzung vorbehalten waren [vgl. 240]. Die Langobarden konnten daher in raschem Zug bis Campanien vordringen und eine Reihe von Herzogtümern gründen. Trotzdem gelang es Maurikios, die byzantinische Herrschaft in Ober- und Mittelitalien in einer neuen administrativen und militärischen Einheit zusammenzufassen, die die Bezeichnung Exarchat (mit dem Zentrum in Ravenna) erhielt, eine Maßnahme, die derselbe Kaiser auch für den nordafrikanischen Bereich (in Karthago) durchführte.

Friede mit den Sasaniden

Eine Usurpation im Sasanidenreich zwang Hosrau II. 590 zur Flucht nach Byzanz. Oströmische Truppen verhalfen ihm 591 zum Sieg über seine Gegner und zur Wiedereinsetzung in die Herrschaft. Er schloß Frieden mit Maurikios und fühlte sich dem Kaiser wie einem Vater verpflichtet. Als daher 602 der Armeeoffizier Phokas das Kaisertum an sich riß (602–610) und Maurikios töten ließ, glaubte sich Hosrau an keine Vereinbarungen mehr gebunden und überzog unter dem Vorwand persönlicher Rache Kleinasien mit Krieg. Diesen Wirren, in denen das Reich beinahe untergegangen wäre und die erheblich zur Zerstörung der spätantiken Ordnung in Gesellschaft und Wirtschaft beitrugen, bereitete Herakleios, der Sohn des karthagischen Exarchen, 610 ein Ende. Obwohl die moderne Forschung zu Recht den Schleier des Mythischen von seiner Gestalt genommen hat und ihm eine grundlegende Reichsreform, die lange als Schlüssel seines politischen und militärischen Erfolges galt, nicht zuzuschreiben ist, gehört er doch zu den größten Herrscherpersönlichkeiten der byzantinischen Geschichte, der in seiner langen Regierungszeit (gest. 641) der fast unvermeidlichen Vernichtung des Reiches Einhalt gebot.

Herakleios (610-641)

Kriege mit Sasaniden

Das Vordringen der Perser nach Kleinasien, Syrien und Palästina, die Eroberung Jerusalems und der Raub des Hl. Kreuzes (614), nicht zuletzt aber der Einfall in Ägypten (619) mit seinen wirtschaftlichen Folgen, veranlaßten Herakleios 619 zu einem Waffenstillstand mit den Awaren und zu einem Perserfeldzug, der nach langen Vorbereitungen (bis 623) und verschiedenen Vorstößen 627 mit der Vernichtung des Gegners endete. Damit war die letzte Byzanz ebenbürtige Großmacht ausgeschaltet, während die Awaren, nach einem mit den Persern organisierten, 626 vor den Mauern Konstantinopels aber fehlgeschlagenen Angriff, künftig von Einfällen Abstand nahmen.

Awaren vor Konstantinopel

Gründe für den Erfolg

Die Gründe für die militärischen Erfolge des Herakleios bleiben wegen der dürftigen Quellenlage unklar. Er hat wohl Umstrukturierungen in der Heeresorganisation vorgenommen, in denen die Anfänge der späteren administrativen Reformen (Themenordnung) liegen. Auch Veränderungen in der Finanzverwaltung, die durch Konzentrierung zu größeren Einnahmen führten, sind wahrscheinlich. Sicher ist, daß die Kirche dem Kaiser Gelder zur Verfügung stellte und ein kreuzzugähnlicher religiöser Impetus die persischen Feldzüge begleitete.

Trotz allen Erfolgs ist das politische Werk des Herakleios von großer Tragik überschattet. Die raschen Eroberungen im Osten hatten Leerräume geschaffen, die administrativ und vor allem militärisch nicht ausgefüllt werden konnten. In diese Bereiche drangen seit 634 die Araber vor, eroberten 638 Jerusalem, und 642 schließlich kam mit Alexandreia das gesamte Ägypten in arabische Hand. Damit beginnt ein ganz neues Kapitel der byzantinischen Geschichte, da wirtschaftliche, soziale und administrative Veränderungen – schon erkennbar in den vorausgehenden Jahrzehnten – in der Folge der arabischen Eroberungen den Staat umgestalten und die mittelbyzantinische Periode einleiten.

Vordringen der Araber

2. Die Mittelbyzantinische Zeit (7.–12. Jahrhundert)

Für das 7. und 8. Jh., in dem – veranlaßt durch die arabischen Einfälle und die dauernde Festsetzung von Slawen und Bulgaren im Balkanraum – das Reich einen entscheidenden Wandel durchmachte, ist die Quellenlage weit weniger günstig als für die vorausliegenden und auch die folgenden Jahrhunderte. Es hat sich daher eingebürgert, von den „dunklen Jahrhunderten" zu sprechen. Wir haben zwar Nachrichten über verschiedene Fakten der politischen Geschichte, aber fast alle Vorgänge auf wirtschaftlichem, gesellschaftlichem und kulturellem Gebiet bleiben weitgehend hypothetisch. Die Ergebnisse der Veränderungen treten uns im 9. Jh. entgegen, aber wie es im einzelnen dazu gekommen ist, entzieht sich vielfach der Kenntnis.

Dunkle Jahrhunderte

Die Araber drangen mit einer Schnelligkeit vor, die alles bisher Bekannte in den Schatten stellte. Schon 640/41 betraten arabische Truppen erstmals Kleinasien und gelangten bis hinter die Tauruskette. 644 kam der Feldherr Muawija bereits nach Amorion im Inneren Kleinasiens. Bis zum Jahr 679, als es zu einem Friedensschluß kam, überzogen fast jährlich muslimische Armeen kleinasiatisches Gebiet. Da die Araber gleichzeitig auch das sasanidische Reich eroberten und weiter nach Zentralasien vordrangen, entstand den Byzantinern im Osten ein neuer und gefährlicher Nachbar. Die rasche Umverteilung von Heereseinheiten (themata) in die besonders gefährdeten Gebiete, die zum Ausbau der sogenannten „Themenordnung" führte, hat die Kerngebiete Kleinasiens vor einer völligen Zerstörung bewahrt. Zwischen 674 und 678 belagerten die Araber in regelmäßigen Abständen Konstantinopel selbst, und nur der Einsatz der byzantinischen „Wunderwaffe", des griechischen Feuers [939; 942; 944], hat die Gefahr, wenigstens vorübergehend, abgewendet. In den folgenden Jahren war es an der Donaugrenze wieder unruhig geworden. Die Chazaren verdrängten das Turkvolk der Bulgaren von seinen Sitzen am Asowschen Meer, das teilweise die untere Donau überschritt und sich in jener Region niederließ, die auch heute noch ihren Namen trägt. Kaiser Konstantin IV. war nicht in der Lage, den Eindringlingen Widerstand entgegenzusetzen und schloß daher 681 jenen Frieden, der die Geburtsstunde des bulgarischen Staates darstellt. Die Nähe zur kulturellen Großmacht Byzanz und das Vorhandensein einer zahlenmäßig überlegenen slawischen Unterschicht hat diesem Staat sehr bald ein eigenes und selbständiges Gepräge gegeben.

Erfolge der Araber

Griechisches Feuer

Gründung des bulgarischen Staates

Die schon kurz vor dem Untergang der herakleianischen Dynastie (711) einsetzende Periode der Unruhen, während derer die Araber auch die nordafrikanischen Reichsteile eroberten und das Heer die Kaiserwahl wieder allein an sich zog, wurde durch die Revolte Leons beendet, der aus Nordsyrien, nicht Isaurien (so die ältere Literatur) stammte, und sich 717 zum Kaiser krönen ließ. Eine lange Regierungszeit (bis 741) schuf die Grundlagen dafür, daß seine Familie vier Generationen lang die Geschicke des Reiches lenkte. Gleich zu Beginn seiner Herrschaft vereitelte er eine arabische Belagerung Konstantinopels, und auch in den folgenden Jahren gelang es ihm, den fast jährlichen Vorstößen immer wieder Einhalt zu gebieten. Diese Politik setzte sein nicht minder fähiger Sohn Konstantin V. (741–775) fort, wobei mit der Beseitigung der Omajadendynastie durch die Abbassiden (750) und der Verlegung der Hauptstadt des Kalifats von Damaskus nach Bagdad eine gewisse Erleichterung für das Reich eintrat, die bis Anfang des 9. Jh. anhielt. Statt dessen entstand den Byzantinern im rasch erstarkten Bulgari-

Leon III. (717–741)

schen Reich für die folgenden 250 Jahre ein neuer Feind, gegen den allein Konstantin neun große Feldzüge führte. Nach Meinung der byzantinischen Chronistik und der theologischen Literatur gelten freilich Leon und Konstantin als Gegner der religiösen Bilder und besonders des Mönchtums. Leon hat sich, erstmals 726, gegen die Anbringung bestimmter Darstellungen gewandt, und unter Konstantin, der 754 eigens eine Synode einberief, haben sich die Auseinandersetzungen noch verstärkt. Bereits sein Sohn Leon IV. (775 – 780) setzte diese Politik kaum mehr fort. Im Vergleich mit den äußeren Bedrängnissen war der Bildersturm aber kein zentrales Problem.

Bilderstreit

Die Kämpfe mit Arabern und Bulgaren bedeuteten eine Lebens- und Überlebensfrage für das Byzantinische Reich, und es war dementsprechend unvermeidlich, daß den davon nicht betroffenen Gebieten eine geringere Aufmerksamkeit zuteil wurde. Dazu gehört in erster Linie Italien. Soweit es nicht von den Langobarden besetzt war, unterstand es der Befehlsgewalt des Exarchen von Ravenna, während Sizilien, zunächst als Provinz, seit Ende des 7. Jh. in der Folge der Verwaltungsveränderungen ein eigenes sogenanntes „Thema", davon unabhängig war. Trotz aller Anstrengungen reichten die Kräfte des Exarchats alleine nicht aus, um der kriegerischen Angriffe der Langobarden Herr zu werden. Da der Landweg zum Truppentransport aus dem Reich durch die Niederlassung der Slawen abgeschnitten und die Flotte zum Schutz der Ägäis vor den Arabern eingesetzt war, blieb Italien weitgehend auf sich allein gestellt. In dieser Situation vertrat neben dem Exarchen zunehmend der Bischof in Rom die Interessen der nichtlangobardischen Bevölkerung. Obwohl die Byzantiner Italien wenig Aufmerksamkeit schenkten, haben sie trotzdem alles daran gesetzt, Einnahmen aus diesem Land zu erhalten. Besonders kritisch gestaltete sich das Verhältnis Italiens zu Byzanz durch die fiskalischen Maßnahmen Kaiser Leons, der um 730 auch den Kirchenbesitz mit Steuern belegte und so den Protest des Papstes hervorrief. Die antiikonoklastische Propaganda hat daraus eine Maßnahme gegen den bilderfreundlichen Bischof in Rom gemacht, während in Wirklichkeit der Kaiser das Geld für die Araberfeldzüge verwendete. Trotz allem aber zeigten sich die Päpste bis in die Mitte des 8. Jh. immer noch als loyale Untertanen des Reiches. Die Eroberung Ravennas durch die Langobarden 751 erwies die Schwäche des byzantinischen Reiches, und die Hoffnung der italischen Bevölkerung ruhte auf dem römischen Bischof. Vor diesem Hintergrund ist die historische Reise des Papstes Stephan II. ins Frankenreich 753/54 zu sehen. Den Franken fiel es von diesem Zeitpunkt an zu, die Rolle der Byzantiner in Ober und Mittelitalien zu übernehmen. Es ist heute schwer auszumachen, ob das Hilfegesuch an die Franken ganz ohne Wissen der Zentrale in Konstantinopel geschah. Die fränkisch-päpstliche initiative wurde in Byzanz nicht positiv bewertet, da wohl gerade zu diesem Zeitpunkt der Kaiser die kirchlichen Provinzen Kalabrien, Sizilien und Illyricum der römischen Kirche wegnahm, sie dem konstantinopolitanischen Patriarchat zuwies und so den römischen Stuhl eines Teils seiner Einnahmen beraubte [218; 219; 232]. Noch mehr als Pippin griff sein Sohn Karl die Politik des defensor auf

Italienpolitik

Eroberung Ravennas durch die Langobarden

und schloß sie 774 mit der Eroberung der Hauptstadt Pavia erfolgreich ab. Den Langobarden blieb nur das Herzogtum Benevent und das Fürstentum Salerno erhalten. Die territorialen Gewinne, die durch Karl an Rom fielen – im wesentlichen der Dukat von Rom, das ehemalige Exarchat von Ravenna und die Pentapolis – bildeten den Kern des Kirchenstaates, während die übrigen langobardischen Gebiete den Franken zufielen. Der ursprüngliche Inhaber der Territorien, das byzantinische Reich, wurde übergangen, unternahm aber auch nie den Versuch der Rückeroberung.

Karl der Große

Im Byzantinischen Reich hat nach dem Tode Konstantins V. und der kurzen Herrschaft seines Sohnes Leon IV. erst wieder die Regentschaft Eirenes, der Mutter des unmündigen Konstantin VI., zu Veränderungen geführt. Gegen eine starke Opposition auch in Kreisen des Klerus führte sie mit den Beschlüssen des Konzils von 787 die Bilderverehrung wieder ein, ohne daß freilich die dogmatische Auseinandersetzung ganz hätte beigelegt werden können.

Wiederherstellung des Bilderkultes (787)

Der kirchenpolitische Erfolg war für Eirene wohl mit ein Grund, die Herrschaft nicht an ihren Sohn abzugeben, und nur mit Mühe konnte Konstantin die Ausrufung zum Alleinkaiser durchsetzen (790). Seine militärischen Mißerfolge gegen die Bulgaren, aber auch eine von mönchischen Kreisen hochgespielte Eheaffäre machten es Eirene leicht, 797 ihren Sohn gefangennehmen und blenden zu lassen. Sie hatte bis zu ihrem Sturz 802 die Alleinherrschaft inne, während der es ihr durch Senkung von Steuern und Zöllen (gegen die Interessen des Staates) gelang, die Sympathien weiter Kreise der Bevölkerung und des Mönchtums zu erhalten.

Ihre Herrschaft ging in die allgemeine europäische Geschichte ein, weil im Jahr 800 durch die Kaiserkrönung Karls des Großen die politische Trennung zwischen Ost und West besiegelt wurde. In den Augen der Byzantiner war dieser Akt eine Usurpation, während in der Interpretation Karls und des Papstes Leo III. das Kaisertum in Ostrom, da von einer Frau besetzt, „vakant“ war. In Byzanz war man an Usurpatoren gewöhnt, in den letzten Jahrhunderten besonders an solche, die von Italien aus ihr Glück versuchten. Karl der Große aber hatte nicht die mindeste Absicht, den Zug in den Osten anzutreten. Das bei dem Chronisten Theophanes überlieferte Gerücht über ein Eheprojekt zwischen Eirene und Karl stammt aus Kreisen, die die Kaiserin gezielt diffamieren wollten. Obwohl in Verhandlungen (810 und 814) der Kaisertitel Karls als persönliches Prädikat von Byzanz anerkannt wurde, war die Problematik damit keineswegs aus der Welt geschafft. Das Zweikaiserproblem, die Rivalität zwischen den Alleinansprüchen des byzantinischen Kaisers und den aus der Krönung Karls abgeleiteten Rechten der Kaiser des westlichen Reiches, bestimmte bis zum 4. Kreuzzug (1204) als neuer ideologischer Faktor die Politik.

Krönung Karls des Großen

Zweikaiserproblem

Nach der Entmachtung Eirenes versuchte ihr Nachfolger Nikephoros die inneren und äußeren Angelegenheiten des Reiches wieder in den Griff zu bekommen. Neben der Ordnung der Finanzen, die besonders auch den Klosterbesitz berührte, gehörte dazu vor allem die Auseinandersetzung mit den Bulgaren, die wegen der Vernichtung der Awaren durch Karl den Großen (796) ihren Hauptgegner verloren hatten und in Khan Krum (803–814) eine ihrer größten Herrscherpersönlichkeiten besaßen. Ihm gelang 811 durch einen Hinterhalt die Vernichtung der byzantinischen Armee und die Tötung des Kaisers. Nur der unerwartete Tod des Khan 814 und die Vereinbarung eines dreißigjährigen Friedens durch seinen Nachfolger Omurtag haben Byzanz vor Schlimmerem bewahrt.

Niederlage gegen Bulgarien

Die Niederlage gegen die Bulgaren rief wieder die Erinnerung an die Kriegerkaiser Leon III. und Konstantin V. wach und brachte den Strategen des anatolischen Thema, Leon V., an die Macht. Er verhalf mit der Synode von 815 der bilderfeindlichen Strömung erneut zum Durchbruch, der sich auch seine Nachfolger Michael und Theophilos verschrieben, ohne daß freilich die Breitenwirkung der Maßnahmen und der Diskussion mit denen der ersten Phase zu vergleichen wäre.

Zweite Phase des Bilderstreites

Revolte des Thomas

Unter Michael II. (820–829) geriet das Reich wegen der Erhebung des Thomas (vielleicht Slawe aus Kleinasien und Inhaber hoher Militärämter) in eine schwere innenpolitische Krise, die erst mit Hilfe des den Bulgarenkhan Omurtag zugunsten des legitimen Kaisers 823 überwunden wurde. Thomas hatte Soldaten aller Ränge unter sich vereinigt und stieß bei seinem Kampf gegen Steuerdruck und Beamtenwillkür auf breite Sympathie in der Bevölkerung, nicht nur auf dem Lande, sondern auch in den Städten. Der Aufstand war keine soziale Revolte, sondern weit eher eine Kraftprobe zwischen Provinz und Hauptstadt. In Michaels Regierungszeit fällt auch die arabische Eroberung Kretas (zwischen 823 und 828) und die Landung von Truppen aus dem nordafrikanischen Emirat der Aglabiten (Hauptstadt Qairuan nahe dem antiken Karthago) in Sizilien, die im Verlaufe von etwas mehr als 70 Jahren die ganze Insel arabisch werden ließ. Theophilos (829–842), Michaels Sohn, hatte daher an zwei arabischen Fronten gleichzeitig Krieg zu führen. Schicksalhaft blieb eine vom Kaiser und vom Kalifen selbst geführte Schlacht 838 bei Dazimon (südöstl. von Amaseia), die nach der byzantinischen Niederlage zur Einnahme von Ankara und Amorion, der Heimatstadt der regierenden Dynastie führte, aber gleichzeitig auch eine Wende im gesamten Kriegsgeschehen mit sich brachte. Die militärische Aufwärtsentwicklung des Reiches, die nach 842 unter der Regentschaft der Theodora (für Michael III.) einsetzte, ist sicher nicht mit dem Ende des Bilderstreites (seit 843) in einen kausalen Zusammenhang zu bringen, da diese Bewegung niemals die Nation geteilt oder Einfluß auf die Verteidigung genommen hat. Weit eher waren es innere Spannungen im Kalifat, der Verlust einer arabischen Flotte im Seesturm, vor allem aber fähige Berater und Feldherrn, die dem Reich wieder zum Aufstieg verhalfen. Es gelang eine Landung von Truppen auf Kreta (843/44), ein Flottenvorstoß nach Ägypten (853) und unter Theodoras Sohn Michael ein auch im Epos verherrlichter Sieg gegen den Emir von Melitene (863), während gleichzeitig die Slawenstämme der Peloponnes in den byzantinischen Staatsverband eingegliedert wurden. Im selben Jahr 863 erfolgte die Entsendung der Brüder Konstantin (Kyrill) und Method nach Mähren, deren politisch motiviertes Missionswerk im Westen zwar scheiterte, später im süd- und ostslawischen Raum aber für Byzanz um so reichere Früchte trug. Die Christianisierung

Kreta arabisch

Arabische Eroberung Siziliens

Siege gegen die Araber

Kyrill und Method

der Bulgaren nach der Taufe des Khan Boris (zwischen 864 und 866) hat zwar die Gefahr dieses Reiches für Byzanz noch lange nicht beseitigt, aber die Voraussetzungen für eine vertiefte Byzantinisierung geschaffen.

Christianisierung der Bulgaren

Zwischen 850 und 870 tritt Byzanz aus einer über zweihundertjährigen Isolierung heraus und steht am Beginn der bedeutendsten Periode seiner Geschichte, die untrennbar mit der Kaiserdynastie der Makedonen verbunden ist. Sie hatte fast 200 Jahre, bis zum Jahr 1056, Bestand und trug erheblich zu einer Kontinuität in der Administration und der militärischen Führung bei. Begründet hat die Dynastie Basileios, ein thrakischer Bauernsohn (armenischer Provenienz), der um 810 (oder eher um 830) in der Nähe Adrianopels, im Thema „Makedonien“, geboren wurde, dank seiner körperlichen Fähigkeiten und seiner Intelligenz in der Hauptstadt Karriere machte und als Vertrauter Kaiser Michaels III. aufgenommen wurde. 866 zum Mitkaiser ernannt, ließ er 867 Kaiser Michael ermorden und sich selbst zum Kaiser ausrufen.

Basileios I. (867–886)

Zu den großen Persönlichkeiten in der 2. Hälfte des 9. Jh. gehört ohne Zweifel Patriarch Photios, den Basileios zwar 867 absetzen ließ, aber um 875 wieder in Ehren aufnahm und 877 erneut mit dem Patriarchenthron betraute. Photios hatte entscheidenden Anteil am Missionierungswerk in Großmähren und Bulgarien, sowie an der Festigung der kirchlichen Vorrangstellung Konstantinopels in der Auseinandersetzung mit Rom. Er leistete aber auch einen bedeutenden Beitrag zur Kultur der makedonischen Epoche und des Reiches im ganzen. Als einer der belesensten und kenntnisreichsten Gelehrten verfaßte er literarische Kritiken und Inhaltsangaben zu antiken, patristischen und byzantinischen Autoren, von denen eine große Anzahl nur durch seine Zusammenstellung überhaupt bekannt geblieben ist, und trat gleichzeitig auch als profilierter Theologe hervor.

Photios

Die militärischen Aktionen konzentrierten sich vorwiegend auf den Osten, wo Erfolge gegen die politisch-religiöse Sekte der Paulikianer ein Vorgehen gegen die Araber erst ermöglichten. 873 erreichten byzantinische Truppen wieder die Euphratgrenze. In Sizilien dagegen verlor die byzantinische Herrschaft immer mehr an Boden, während die Rückeroberung von Bari (von 840 bis 870 arabisches Emirat) ein Werk der Truppen Kaiser Ludwigs II. war, auch wenn die Stadt 876 unter Ausnutzung der Thronwirren nach Ludwigs Tod in einer Militäraktion wieder an Byzanz kam.

Paulikianer

Italien

Basileios' Sohn, Leon VI. (886–912), von Photios erzogen, gehörte zu den gebildetsten byzantinischen Herrschern und trat auch selbst als Autor hervor. Er ließ die bereits unter seinem Vater begonnene griechische Übersetzung des justinianischen Gesetzgebungswerkes, das wegen seiner Abfassung in lateinischer Sprache schon seit dem 7. Jh. nicht mehr verständlich war, vollenden [569, S. 17 ff.] und veranlaßte zudem eine Novellensammlung. Seiner administrativen Tätigkeit ist eine vom Hofbeamten Philotheos verfaßte Liste der Ämter und Ehrenstellen [14], die eine der wichtigsten Quellen zur Kenntnis der byzantinischen Staatsverwaltung darstellt, und das „Buch des Stadteparchen“ [2, Bd. 33] mit einzigartigen Angaben über Handel und Handwerk zu verdanken.

Leon VI. (886–912)

Bulgarischer Staat unter Symeon

In der Außenpolitik hatten sich wieder einmal die Probleme von der Ostgrenze an die Nordgrenze verschoben. 893 übernahm Zar Symeon (bis 927) die Herrschaft der Bulgaren. Er war in Konstantinopel erzogen worden und beherrschte nicht nur die griechische Sprache, sondern auch die Diplomatie der Byzantiner. Unter seiner Person erfuhr das Bulgarische Reich eine Welle der Byzantinisierung in Form der Übernahme byzantinischer Institutionen und Zeremonien am Hofe. Dieser bewußt praktizierte, starke Einfluß hat, neben der Christianisierung, sicher auch erheblich zur Nivellierung der protobulgarischen Oberschicht und der damit verbundenen Stärkung der slawischen Bevölkerung beigetragen. Das politische Ziel des Zaren war die Schaffung eines byzantinisch-bulgarischen Reiches, dem er aber trotz zahlreicher kriegerischer Begegnungen zu Lebzeiten Leons nicht näher kam.

Dynastische Probleme

Leons ganze Sorge galt der Erhaltung der Dynastie. Da drei Ehen kinderlos geblieben waren, ging er gegen seine eigenen gesetzlichen Vorschriften eine vierte Ehe ein und geriet in ein schweres Zerwürfnis mit der Kirchenführung, das nach byzantinischer Art freilich mit der Absetzung des Patriarchen endete. Konstantin, der Sohn aus der umstrittenen Ehe, wurde 911 zum Mitkaiser gekrönt.

Auseinandersetzung mit Bulgaren

Nach Leons Tod (912) gab dessen Bruder Alexander (912–913) durch Verweigerung der Tribute Zar Symeon einen Anlaß zum Eingreifen. In einem intrigenreichen Spiel, bei dem der einst von Leon abgesetzte Patriarch Nikolaos Mystikos eine zweifelhafte Rolle spielte, glaubte Symeon seinem Ziel einer Vereinigung der beiden Reiche schon nahe zu sein, als im August 913 die Einnahme der Hauptstadt schließlich doch scheiterte. Bis zu seinem Tode 927 fiel er fast jährlich in das Reichsgebiet ein, brachte die serbischen Slawenstämme unter seine Botmäßigkeit und erreichte im Westen sogar die Adria.

Während der Minderjährigkeit des Kaisers Konstantin VII. und der Regentschaft seiner Mutter lag die Politik in den Händen militärischer Führer, unter denen schließlich ein Flottenkommandant armenischer Provenienz, Romanos Lakapenos, den Sieg davontrug, indem er nicht nur seine Tochter mit Kaiser Konstantin VII. verheiratete, sondern sich auch 920 zum Mitkaiser krönen ließ. Bald drängte er, nach der Ausrufung zum Hauptkaiser, den legitimen Kaiser in die Rolle des Mitkaisers ab und lenkte die Geschicke des Reiches bis 944. Der Tod Symeons (927) und ein Friedensschluß mit dessen Sohn Peter erlaubten Byzanz wieder Unternehmungen an der Ostgrenze. In dem Armenier Johannes Kurkuas hatte das Reich einen der größten Feldherrn seiner Geschichte, der seit 931 die Feldzüge gegen die Araber leitete und durch seine Eroberungen ab 940 in Mesopotamien und Syrien die Reichsgrenze wieder über den Euphrat hinaus ausdehnen konnte. Den Höhepunkt bildete die Einnahme Edessas, in dem sich das wundertätige Christusbild befand, welches nun (944) im Triumphzug nach Konstantinopel gebracht wurde. Romanos Lakapenos hat sich aber auch um die inneren Probleme des Reiches gekümmert und in seiner Gesetzgebung versucht, die byzantinische Landbevölkerung, die zunehmend dem Druck reicher Grundbesitzer und hoher Beamter ausgesetzt war, in Schutz zu nehmen, eine Politik, die auch Kon-

Erfolge gegen Araber

Gesetz gegen die „Reichen“

stantin VII., und ebenso sein Enkel, Basileios II., freilich ohne großen Erfolg, weiterführten.

Kulturelle Blüte unter Konstantin VI.

Die Alleinherrschaft Konstantins (944–959) nach der Absetzung des Romanos stellt einen Höhepunkt in der kulturellen Entwicklung des Reiches dar. Konstantin, bis 944 aus dem politischen Leben zurückgedrängt, hatte sich ganz seinen literarischen und antiquarischen Studien hingegeben und um sich einen Kreis von Gelehrten gesammelt, die das Material für große Sammelwerke und Enzyklopädien bereitstellten und auf diese Weise Zeugnisse des antiken und des byzantinischen Lebens der Nachwelt überlieferten. Obwohl auch unter Konstantins Herrschaft die Auseinandersetzungen an der Ostgrenze weitergingen, war der Kaiser selbst alles andere als ein Mann des Krieges, und er vermehrte stärker und erfolgreicher das Ansehen des Staates mittels diplomatischer Aktionen und Kontakte zu auswärtigen Völkern, von denen auch verschiedene seiner Werke Zeugnis [2, Bd. 1] ablegen. Die Ausgestaltung des höfischen und kirchlichen Zeremoniells im 10. Jh., zu dem Konstantin selbst durch die Abfassung des „Zeremonienbuchs" [3; 4] beitrug, hat Byzanz für mehr als ein Jahrhundert zum glänzendsten Staat des mittelalterlichen Europa werden lassen, zu einem begehrenswerten Vorbild, dessen Ausstrahlungskraft unerreichbar blieb.

Nach der kurzen Regierungszeit von Konstantins Sohn Romanos II. (959–963), aus dessen Ehe mit Theophano drei Kinder, Basileios, Konstantin und Anna, hervorgegangen waren, heiratete die Kaiserin einen der fähigsten Generäle, Nikephoros Phokas, den die byzantinischen Chroniken als asketischen Krieger, Liutprand von Cremona als Zerrbild eines menschlichen Wesens zeichneten. Er hatte schon 961 Kreta zurückerobert und konnte 969 Antiocheia dem byzantinischen Staatsverband angliedern. In der Gesetzgebung nahm er entsprechend seiner Provenienz als kleinasiatischer Magnat die Maßnahmen gegen die Großgrundbesitzer wieder zurück, ging aber auch gegen die Bereicherung der Kirche und der Klöster vor. In der Auseinandersetzung mit Otto I. nach dessen Kaiserkrönung 962 zeigte er sich allen Forderungen gegenüber, im besonderen in der Bitte um eine purpurgeborene Prinzessin für die Ehe mit Otto II., hart.

Rückeroberung Kretas

Nikephoros und Otto I.

Die durch die Einforderung lange vergessener Tribute 965 wieder aktuell gewordene bulgarische Frage, glaubte Nikephoros lösen zu können, indem er den Kiever Fürsten Svjatoslav mit dem Krieg gegen die Bulgaren beauftragte, der der Bitte so nachhaltig folgte, daß er Bulgarien nicht mehr verließ. In der Auseinandersetzung mit Svjatoslav bestand die erste Aufgabe des neuen Kaisers, Johannes Tzimiskes (969–976), der auf Anstiften der Theophano seinen Vorgänger ermordet hatte. Er vertrieb den russischen Fürsten und brachte rasch die Bulgaren zur Anerkennung der byzantinischen Herrschaft. Seine überragenden Feldherrnqualitäten zeigten sich auch an der Ostgrenze, wo er über Damaskus bis Kaisareia in Palästina vordrang, die Eroberung Jerusalems (als heiligen Ortes des Islam?) aber nicht wagte.

Svjatoslav in Bulgarien

Eroberungen in Syrien

Als er nach der Rückkehr aus Palästina 976 einer schweren Krankheit erlag, war zwar der legitime Thronfolger Basileios II., Sohn des Romanos, im regierungsfähigen Alter, doch hatten die kleinasiatischen Magnaten kein Interesse, ihn auf dem Kaiserthron zu sehen. Über zwölf Jahre lang mußte er sich gegen verschiedene Prätendenten, die sich auch gegenseitig bürgerkriegsähnliche Kämpfe lieferten, zur Wehr setzen. Die letzte große Auseinandersetzung gewann der Kaiser nur dank fremder Unterstützung: der Kiever Großfürst Vladimir sandte eine Hilfstruppe (družina), die Basileios zur unumstrittenen Herrschaft verhalf. Als Preis für die Unterstützung erhielt Vladimir Anna, purpurgeborene Schwester des Basileios, zur Frau (988), unter der Verpflichtung, den orthodoxen Glauben anzunehmen und die Missionierung im Lande durchzuführen.

Christianisierung Rußlands

Unter dem Eindruck der inneren Wirren war es schon 986 zu einem Aufstand in Makedonien gekommen, an dessen Spitze der Sohn eines lokalen Statthalters, Samuel, stand, der das bulgarische Land der byzantinischen Herrschaft zu entreißen trachtete. Der Kampf gegen Samuel, der neben Krum und Symeon zu den großen bulgarischen Herrscherpersönlichkeiten zählt, dauerte, mit Unterbrechungen, fast 30 Jahre. Er hatte sein Reich bis an die Adria und nach Mittelgriechenland ausgedehnt und in Ohrid ein neues Zentrum errichtet. Erst 1014 errang Basileios den endgültigen Sieg, der ihm den Beinamen „Bulgarentöter" eintrug. Im Streit um Samuels Nachfolge verzehrten sich die letzten Kräfte des Bulgarischen Reiches, so daß es Basileios 1018 kampflos zu einer Provinz des byzantinischen Staates machen und die übliche Verwaltungsstrukturierung (Themenverfassung) durchführen konnte, die nahezu 170 Jahre Bestand hatte. Basileios II. ist als der große Kriegerkaiser in die Geschichte eingegangen. Unter ihm besaß, von Syrien bis zur Donau reichend, der mittelbyzantinische Staat seine weiteste Ausdehnung. Eine strenge Finanzpolitik und die Gewinnung von Samuels Staatsschatz in Ohrid hat trotz der ständigen Kriege das Reich nicht ruiniert. Allerdings war wohl nur ein Staatsmann und Krieger wie Basileios imstande, es zusammenzuhalten.

Basileios II. und Samuel von Bulgarien

Bulgarien byzantinische Provinz

Beginn des Niedergangs des Byzantinischen Reichs

Mit dem Tod des Basileios (1025) setzte der Niedergang des Reiches ein. Basileios starb kinderlos; sein Bruder Konstantin VIII. regierte nur drei Jahre und ließ als Erben die beiden Töchter Zoe und Theodora zurück, durch welche die Dynastie noch mühevoll etwas mehr als dreißig Jahre am Leben erhalten wurde. Aber wie in allen Zeiten der Schwäche eines Kaiserhauses bestimmten wieder die schon aus der frühbyzantinischen Zeit bekannten Faktoren Heer, Volk und Senat und die dahinter stehenden Gruppierungen die Nachfolge. Während im 10. Jh. sieben Kaisernamen zu verzeichnen sind, von denen vier derselben Dynastie angehörten, treffen wir allein im Zeitraum zwischen 1025 und 1081 auf 13 Kaiser. Schwer wog, daß die wirtschaftliche und soziale Struktur in der byzantinischen Provinz durch ein Übergewicht des Großgrundbesitzes und eine Verarmung weiter Bevölkerungsschichten in Mitleidenschaft gezogen wurde. Die Folgen wirkten sich rasch aus: Rückgang der Steuereinnahmen durch den Verlust des Kleingrundbesitzes und Minderung der Wehrkraft des Reiches, da vielen Soldaten die wirtschaftliche Basis entzogen war, wenn sie ihren Besitz nicht mehr halten konnten. Es ergab sich daher die Notwendigkeit zur Anwerbung fremder Truppen, die

Söldner

nicht nur am Staatsbudget zehrten, sondern auch keine persönliche Verbindung zu dem Land besaßen, das sie verteidigen sollten. Gerade zu dieser Zeit kamen neue Gefahren auf das Reich zu: die Seldschuken in Kleinasien und die Normannen in Italien. Beide stellen Hauptkomponenten in der byzantinischen Politik bis 1204 dar und haben erheblich, vielleicht sogar entscheidend, zur Veränderung der Mittelmeerwelt in diesem Zeitraum beigetragen. Die Seldschuken, ein Turkvolk, dessen Krieger, einst von den Arabern in Dienst genommen, die militärische Führung im Kalifat an sich gerissen hatten, faßten bald nach der byzantinischen Niederlage bei Mantzikert 1071 Fuß und gründeten ein eigenes Herrschaftsgebiet mit dem Zentrum in Ikonion, das die Bezeichnung Sultanat von Rum, d. h. romäisches (byzantinisches) Sultanat, trug und bis in die 2. Hälfte des 13. Jh. Bestand hatte.

Seldschuken in Kleinasien

Weit behutsamer vollzog sich das Vordringen der Normannen: Um 1000 halfen bewaffnete, normannische Pilger (auf dem Weg nach Jerusalem) dem langobardischen Grafen von Salerno, die Stadt von den Arabern zu befreien [*266*]. Der Ruhm ihrer Kriegstaten führte zu Anwerbungen von verschiedenen Seiten, aber erst unter Robert Guiscard kam es, dank päpstlicher Unterstützung auf der Synode von Melfi (1059), zu einer eigentlichen Herrschaftsbildung. Er eroberte ohne wesentliche Gegenwehr die byzantinischen Gebiete Unteritaliens, sein Bruder Roger I. erreichte 1061 Messina. Allein Bari verblieb den Byzantinern, wurde jedoch 1071 – im selben Jahr hatten die Seldschuken den byzantinischen Kaiser in Mantzikert geschlagen – von den Normannen ebenfalls erobert. Damit war im Laufe eines Jahrzehnts die Italia Byzantina im staatlichen Sinne verschwunden und sollte, trotz der Versuche Kaiser Manuels I. im 12. Jh., auch nicht mehr wiedererstehen. Byzantinische Kirchenstruktur und orthodoxe Liturgie lebten dagegen unter der griechischen Bevölkerung weiter bis ins 13. Jh., und es entwickelte sich sogar eine beachtenswerte, eigenständige griechische Kultur. In der Folge gelang Roger in dreißigjähriger Auseinandersetzung mit den Arabern die von den Byzantinern vergeblich erstrebte Eroberung Siziliens.

Normannengefahr

Ende der Italia Byzantina

Neben Normannen und Seldschuken hatten sich die Byzantiner im Norden mit halbnomadischen Steppenvölkern auseinanderzusetzen, die durch die Annektierung des bisher als Pufferzone wirkenden Bulgarien zu Nachbarn des Reiches geworden waren. Vor allem die Petschenegen, denen sich auch Teile der Uzen und Kumanen anschlossen, durchstreiften den südrussischen Raum, drangen über die Donau in byzantinisches Gebiet vor und erreichten 1078 sogar Adrianopel. Angehörige dieser Völker wurden aber auch, wie einst die Germanen, ins Heer aufgenommen und kämpften gegen ihre eigenen Stammesgenossen.

Steppenvölker an der Nordgrenze

Ungeachtet der kriegerischen Auseinandersetzungen und zahlreicher wirtschaftlicher Probleme entwickelte sich im 11. Jh. in Konstantinopel eine immer mehr verfeinerte Stadtkultur, die zum Anziehungspunkt für die großen Grundbesitzer auf dem Lande und den hohen Klerus in der Provinz wurde. Es entstanden zahlreiche literarische und gelehrte Zirkel, die das höfische Leben im 11. und 12. Jh. charakterisieren. Michael Psellos, Konstantin Leichudes und Johannes Mauro-

Glanz Konstantinopels

pus zählen zu den bekanntesten Vertretern, die den Glanz der Hauptstadt im 11. Jh. ausmachten.

Nach 1028 war es keinem Herrscher mehr geglückt, die eigene Nachfolge für längere Zeit zu sichern oder eine Dynastie aufzubauen. Unter der Regierung des schwachen Michael VII. (1071–1078) suchte das Heer wieder seine Kandidaten für das Kaiseramt zu präsentieren. Den Sieg trug, nach langem Ringen, Alexios Komnenos davon, der mit seiner Thronbesteigung 1081 als Vertreter der Militäraristokratie eine neue Ära einleitete. Die wesentlichen Probleme, mit denen sich Alexios und seine Nachfolger auseinanderzusetzen hatten, waren: die Begegnung mit den Normannen, den Kreuzfahrern und den italienischen Seestädten, der Kampf gegen die Seldschuken, Petschenegen und Kumanen, die zunehmende Geldnot mit den damit verbundenen wirtschaftlichen Folgen und Zwangsmaßnahmen, und nicht zuletzt das Fehlen einer einsatzfähigen und wirksamen Kriegsflotte.

Alexios I. Komnenos (1081-1118)

Als Robert Guiscard 1081 die Belagerung von Dyrrhachion (Durazzo) ins Werk setzte, war die mangelnde Flotte für die Byzantiner der Grund, sich an Venedig als Bündnispartner zu wenden. Die Stadt gehörte zwar formell zum Byzantinischen Reich, hatte aber stets eine selbständige Politik geführt und sah in den Normannen ebenfalls den Hauptfeind, der mit einem Brückenkopf in Durazzo den freien Zugang zur Adria behindern konnte. Die Folgen der venezianischen Hilfe für Byzanz waren allerdings erheblich. Venedig ließ sich in einem Vertrag (1082) Handelsrechte in verschiedenen Teilen des Reiches sichern, Zollnachlässe gewähren und ein Handelsquartier in Konstantinopel zuweisen.

Handelsvertrag mit Venedig

Trotz des venezianischen Eingreifens blieb die Normannengefahr akut, schwerer aber wogen die Kämpfe gegen die Petschenegen an der Donaugrenze und gegen die Seldschuken in Kleinasien. Alexios hatte dafür mehrfach aus dem Westen Söldner angeworben und deshalb auch Kontakte mit Papst Urban II. angeknüpft, der auf Grund übertriebener Darstellungen und falscher Informationen über die Unterdrückung der Christen und eine Behinderung des Pilgerverkehrs seit dem Vordringen der Seldschuken seit der Mitte des 11. Jh. eine militärische Unterstützung für die Byzantiner anregte. Allerdings lag der Aufruf des Papstes 1095 an die Ritterschaft, an einem „Kreuzzug" zur Befreiung der heiligen Stätten teilzunehmen, nicht in Alexios' Interessen und Absichten. Er hatte an militärisch erfahrene Söldner gedacht, die er in die eigenen Truppen einreihen konnte und die von byzantinischen Feldherrn befehligt werden sollten. Statt dessen trafen 1096 militärisch nicht ausgerüstete Scharen unter fremder Führung ein, deren Durchzug bis Konstantinopel schon zu schweren Konflikten geführt hatte. Nicht minder kompliziert gestaltete sich die staatsrechtliche Seite, da Byzanz im Prinzip keine lehns- und vasallenrechtlichen Bindungen kannte. Trotzdem hat Alexios die Form eines Lehenseides entwickelt und diesen auch bei fast allen Führern des Kreuzzugs durchgesetzt. In der Praxis freilich bereitete die Rückgabe eroberter Städte an den Kaiser immer wieder Schwierigkeiten, ganz abgesehen davon, daß die unzureichende militärische Ausrüstung und Schulung zu häufigen Niederla-

Kreuzzugsbewegung

gen führten, die der byzantinischen Seite angelastet wurden und den Begriff der *perfidia Graecorum* entstehen ließen. Byzanz hatte die Bürde der Kreuzheere noch zweimal zu ertragen, 1147 und 1189. Zusammenfassend gesagt haben die Kreuzzüge die Probleme des Reiches nur vermehrt und das Verhältnis zu den westlichen Staaten erheblich verschlechtert, da sich dort mittels der Propaganda Mißtrauen und Haß auch in solchen Schichten der Bevölkerung verbreiteten, die bisher nie etwas von Byzanz gehört hatten. Späteren Plänen, das Byzantinische Reich zu beseitigen, war ein guter Nährboden bereitet.

Petschenegengefahr

Neben den Seldschuken hatte sich Alexios auch weiter mit den Petschenegen auseinanderzusetzen, die 1087 bis zum Marmarameer, 1090 sogar bis an die Mauern Konstantinopels kamen. Im Bunde mit den Kumanen erteilte er ihnen im folgenden Jahr eine Niederlage, doch blieben sie weiterhin eine Gefahr. Die ständige Kriegsführung an zwei Fronten, überwiegend von Söldnern durchgeführt, und die vertraglich zugesicherte Versorgung der Kreuzfahrer führten zu Finanzproblemen, die durch Münzverschlechterungen und die Einführung von zusätzlichen Steuern gelöst wurden, während die Landbevölkerung in erhöhtem Umfang zu Naturalleistungen sowie Hand- und Spanndiensten herangezogen wurde. Die Ausweitung des Handels dank der Verbindung mit italienischen Städten führte aber auch zu weiteren Staatseinnahmen, so daß bei der Übernahme der Regierung durch Alexios' Sohn Johannes die Finanzlage nicht allzu schlecht gewesen sein dürfte.

Wirtschaftliche und finanzielle Probleme

Auf den von Alexios geschaffenen, relativ soliden Grundlagen konnte Johannes II. (1118–1143) seine Politik aufbauen, über die wir wegen der ungünstigen Quellenlage nur wenige Einzelheiten kennen. Durch eine vernichtende Niederlage 1122 verloren die Petschenegen jede weitere Bedeutung. Auch in Serbien hat er die byzantinische Herrschaft wieder durchgesetzt. Seine größten Erfolge erzielte er jedoch im Osten durch die Eroberung kilikischer Festungen (die sich in Händen einer aus Armenien vertriebenen Fürstenfamilie befunden hatten) und vor allem der Rückgewinnung von Antiocheia, das die Kreuzfahrer an sich gerissen hatten. Gegen das in Sizilien und Unteritalien unter Roger II. (1101–1154) erstarkte Normannenreich trat er mit den deutschen Königen Lothar und Konrad III. in ein Bündnis ein. Sein plötzlicher Tod auf einem Kriegszug (1143), der letztlich wohl Palästina zum Ziel hatte, machte allen Plänen ein Ende.

Erfolge an der Ostgrenze

Antinormannisches Bündnis

Mit der Nachfolge betraute er unter Umgehung eines älteren Sohnes den erst achtzehnjährigen Manuel, der zu den glanzvollsten Persönlichkeiten gehört, die je den byzantinischen Kaiserthron innehatten. Kunst, Kultur und höfisches Leben erreichten wieder einen Höhepunkt, wie er seit den Tagen Konstantins VII. nicht mehr gesehen worden war. In seinen politischen Intentionen griff er zurück auf die Pläne Basileios' II. und sogar Justinians: den Versuch, die Einheit des Imperiums unter Einschluß Italiens wieder herzustellen. Er beachtete nicht, daß sich die wirtschaftliche Lage des Reiches und vor allem die gesamtpolitische Situation geändert hatten. Zudem war ihm in Kaiser Friedrich I. ein Gegner

Manuel I. (1143–1180)

erwachsen, der ihm an Verständnis für Realpolitik überlegen war und der, wie Otto I., die Idee des römischen Kaisertums wieder in allen Bereichen verfocht.

Der 2. Kreuzzug

Die Ankunft des zweiten Kreuzzugs (1147) hielt Manuel zunächst von seinem ursprünglichen Plan, der Normannengefahr zu begegnen, ab. Roger II. hat indessen im selben Jahr Griechenland überfallen und die thebanischen Seidenarbeiter nach Sizilien deportiert. Als Manuel nach dem Ende des kurzen Kreuzzugs (1149) die antinormannische Politik aufnahm, geschah es vor dem Hintergrund einer gesamteuropäischen Politik, in der Byzanz nur *einen* Faktor darstellte. Es kam zu einer Koalition zwischen Byzanz, den Staufern und Venedig einerseits und Normannen, Welfen, Frankreich, Ungarn und serbischen Fürsten andererseits. Solche Verbindungen, die sich auch mit verändertem Teilnehmerkreis (sogar unter Einbeziehung russischer Fürsten) noch mehrfach in den nächsten Jahrzehnten wiederholten, stellten ein Charakteristikum der Politik im 12. Jh. dar und zeigen, wie sehr Byzanz nun von den Interessen anderer Staaten abhängig war. Die antinormannischen Pläne verzögerten sich zunächst durch den Tod des deutschen Königs Konrad III. (1152). Als 1154 Roger II. starb, sah Manuel die Zeit gekommen, die Normannen im Alleingang anzugreifen. 1155 landete eine byzantinische

Niederlage in Italien

Flotte in Ancona, aber schon 1156 wurden die byzantinischen Truppen vom neuen Normannenkönig Wilhelm I. besiegt, und im Frieden von 1158 gab Manuel faktisch seine Position in Italien auf.

Ungarnpolitik

Auf der anderen Seite griff Manuel 1161 in die ungarischen Thronstreitigkeiten ein, wozu ihm die verwandtschaftlichen Beziehungen mütterlicherseits ein Anrecht zu geben schienen. Hier war, nach einem mühevollen Kleinkrieg, der Erfolg nicht unbedeutend: Der ungarische Thronfolger Bela wurde in Byzanz mit Manuels Tochter Maria vermählt und war somit zunächst präsumptiver Nachfolger Manuels, bis die späte Geburt eines Sohnes, Alexios II. (1169), den Plan einer Vereinigung Ungarns mit dem Byzantinischen Reich zunichte machte. Der Erfolg in Ungarn verbesserte auch die byzantinische Position in Serbien, wo sich nach wechselvollen Auseinandersetzungen der Großžupan Stephan Nemanja 1172 Kaiser Manuel unterwarf.

Erfolge im Osten

1158 und 1159 gewann Manuel große Teile Kilikiens zurück, die nach den Erfolgen Kaiser Johannes' II. wieder an die armenischen Herrscher gefallen waren, und unterwarf erneut das antiochenische Fürstentum. Damit war die Voraussetzung für ein Vorgehen Manuels gegen den Seldschukensultan Kilidsch Arslan gegeben, das 1161 mit einem byzantinischen Sieg und der Unterwerfung des Sultans endete. Erst 1175 brach letzterer, gestützt auf die diplomatische Verbindung mit Friedrich I., den Frieden und zwang Manuel zu jenem Feldzug, der 1176 bei Myriokephalon mit einer der größten Niederlagen der byzantinischen Geschichte endete.

Inzwischen hatten sich auch in der Politik mit den westlichen Mächten Veränderungen ergeben. Die Beziehungen mit Venedig hatte Manuel selbst abgebrochen,

Vertreibung der Venezianer

als er 1171 die venezianischen Kaufleute aus dem Reich vertrieb. Mit dem Frieden, der 1177 zwischen Friedrich I. und Papst Alexander III. in Venedig geschlossen wurde, brach auch die letzte Hoffnung eines Einflusses in Italien zusammen. Der byzantinische Kaiser strebte nun Kontakte zu Frankreich an, die zu einer Eheschließung der Tochter Ludwigs VII. (Anna) mit Alexios II. führten (1180). Sein Tod noch im selben Jahr verhinderte weitergehende Pläne.

Er hinterließ einen zwölfjährigen Sohn, für den die Mutter die Regentschaft übernahm. Schon 1182 riß ein Verwandter des Kaisers, Andronikos Komnenos, eine der abenteuerlichsten Gestalten der byzantinischen Welt überhaupt, die Macht an sich, ließ die Regentin und ein Jahr später auch den jungen Kaiser ermorden. Andronikos ist als tyrranischer Herrscher in die byzantinische Geschichte eingegangen. Er versuchte mit Gewaltmaßnahmen den Adel zu unterdrücken und verjagte außerdem die lateinischen Händler aus dem Lande. Unter seiner kurzen Herrschaft eroberten die Ungarn das dalmatinische Gebiet, die Serben lösten sich aus dem byzantinischen Reichsverband, und den Normannen gelang es, Dyrrhachion und Thessalonike zu erobern (1185). Die grausame Verurteilung vieler seiner Gegner, in denen er angesichts der auch auf die Hauptstadt zukommenden Normannengefahr potentielle Kollaborateure sah, führte zu einer Revolte, die den Kaiser das Leben kostete.

Gewaltherrschaft des Andronikos

Mit dem Sturz des Andronikos kamen in Isaak II. Angelos (1185–1195) und seinem Bruder Alexios III. (1195–1203) Vertreter des Landadels an die Regierung, die in allen Angelegenheiten den Forderungen der Aristokratie nachkamen, besonders in der Vergabe von Land und Ämtern. Das folgenschwerste Ereignis in diesem Zeitraum war der Verlust Bulgariens, der 1186 durch einen Aufstand der Brüder Peter und Asen (als Folge harter byzantinischer Naturaltribute) eingeleitet und 1187 auch von Byzanz als Realität anerkannt wurde. Die Eroberung Jerusalems durch Saladin im selben Jahr führte zu einem neuen Kreuzzug, an dessen Spitze Kaiser Friedrich I. stand. Obwohl Isaak 1189 alles tat, um einen Marsch Friedrichs durch byzantinisches Gebiet zu verhindern (wenngleich trotz einer weit verbreiteten Meinung ein Vertrag mit Saladin nicht existierte), mußte er 1190 das Heer schließlich doch übersetzen lassen. Der Tod des deutschen Kaisers in den Fluten des Kalykadnos (bei Seleukeia) hat Byzanz vor weiteren Problemen bewahrt.

Verlust Bulgariens (2. Bulg. Reich)

Der 3. Kreuzzug

In der Vereinigung des deutschen und des normannischen Reiches durch Heinrich VI. seit seiner Krönung 1194 in Palermo entstand dem Byzantinischen Reich ein Gegner, wie es ihn seit Jahrhunderten nicht mehr gegeben hatte. Ein innerbyzantinisches Komplott – die Vertreibung und Blendung Isaaks durch Alexios 1195 – hat die Gefahr noch vergrößert, da Isaaks Tochter Eirene mit Heinrichs Bruder Philipp von Schwaben verheiratet war. Ein Angriff Heinrichs wurde durch Geldzahlungen, die die Bevölkerung in Form des „Alamanikon" („Deutschensteuer") aufzubringen hatte, aber auch durch die Mahnungen Papst Coelestins III. abgewendet. Der plötzliche Tod des deutschen Kaisers 1197 verschaffte Byzanz noch einmal eine kurze Atempause.

Heinrich VI. und Byzanz

Sein Tod verzögerte aber auch die rasche Durchführung eines vierten Kreuzzuges, doch Innozenz III., Coelestins Nachfolger, war bedacht, das Unternehmen

Sein Tod verzögerte aber auch die rasche Durchführung eines vierten Kreuzzuges, doch Innozenz III., Coelestins Nachfolger, war bedacht, das Unternehmen nicht scheitern zu lassen. Er kann, nach allem, was wir heute wissen, für die fatalen Folgen nicht verantwortlich gemacht werden, auch wenn er sie nachher halbherzig billigte, und ebensowenig kann die alleinige Schuld Venedig und dessen Dogen Enrico Dandolo zugeschoben werden, wenngleich verschiedene Gesichtspunkte für ein aktives Eingreifen der führenden Schicht der Lagunenstadt sprechen. Venedig war, vor allem nach dem Aufstieg der Rivalin Genua, immer mehr auf das Handelszentrum Konstantinopel angewiesen. Die verschiedenen Lateinerpogrome in der 2. Hälfte des 12. Jh. zeigten aber die Unsicherheit der Lage, so daß Venedig ein gewisses Interesse haben mußte, Byzanz als politischen Faktor auszuschalten. Venedig konnte, da es Schiffe und Gelder bereitstellte, leicht die Meinung im Kreuzfahrerheer bestimmen. Nicht unwesentlich war auch der Hinweis auf die unendlichen Reliquienschätze Konstantinopels, die umso begehrenswerter erschienen, als sie zudem vielfach in Gold und Silber gefaßt waren. Demgegenüber war das Erscheinen Alexios IV., des Sohnes des vertriebenen Isaak II., der den Kreuzfahrern jeden Wunsch zu erfüllen versprach, wenn er seine Rechte in Konstantinopel zurückbekäme, nur ein Vorwand für die Ablenkung des 4. Kreuzzuges. Als die Kreuzfahrerflotte im Juni 1203 Konstantinopel erreicht hatte, floh Alexios III. Sein Bruder Isaak und dessen Sohn Alexios IV. bestiegen den Thron, doch konnten sie die den Venezianern gegebenen Versprechungen nicht erfüllen. Das Volk in Konstantinopel wehrte sich gegen eine drohende Fremdherrschaft und vertrieb im Januar 1204 die beiden Schützlinge Venedigs. Alexios V., Schwiegersohn Alexios' III., bestieg für kurze Zeit den Thron, bis die Kreuzfahrer unter Führung Venedigs im April 1204 die Stadt eroberten.

Der 4. Kreuzzug und die Eroberung Konstantinopels

3. Die Spätbyzantinische Zeit (13.–15. Jahrhundert)

Der vierte Kreuzzug stellt einen tiefen Einschnitt in der Geschichte der östlichen Mittelmeerwelt dar. Er begründete die Großmachtstellung Venedigs, hat aber auch durch die Zersplitterung des Byzantinischen Reiches in einzelne Teile die Regeneration des Ganzen ermöglicht. Das Gesamtreich war am Ende des 12. Jh. wirtschaftlich und politisch erschöpft. Da gewaltsam alte Ordnungen zerstört worden waren, konnte von einem Teilstück aus, nämlich Nikaia, der Neuaufbau beginnen.

Aufteilung des Byzantinischen Reiches

Die Aufteilung des Reiches wurde von Enrico Dandolo diktiert. Er setzte Balduin von Flandern gegen den Führer des Kreuzzugs, Bonifaz von Montferrat, als Herrscher eines lateinischen Kaiserreiches durch, das (neben Teilen Konstantinopels) Thrakien, die kleinasiatische Küste des Marmarameeres und Westkleinasien umfaßte. Bonifaz von Montferrat wählte sich Thessalonike mit Teilen Makedoniens und Thrakiens als Herrschaftsbereich. Mittelgriechenland und die Peloponnes wurden unter anderen Heeresführern aufgeteilt, die in loser Abhängigkeit zum Kaiserreich standen. Neben der von Anfang an existierenden Rivalität der Fürstentümer ergaben sich rasch Probleme wegen der mangelnden Zuwanderung aus den westlichen Mutterländern, so daß sprachlich und gesellschaftlich schnell das einheimische griechische Element überwog [600]. Venedig, auf Teile Konstantinopels, die Inseln und einzelne Hafenstädte beschränkt, hatte mit diesen Problemen nicht zu kämpfen und konnte daher den Bestand seines Imperiums über Jahrhunderte hinweg sichern.

Mit der Eroberung Konstantinopels waren Hof und Beamtenstab nach Nikaia geflohen, wo (wohl im August 1204) Theodoros I. Laskaris zum Kaiser ausgerufen wurde. Sein Reich umfaßte jene Teile Kleinasiens, die nicht in den Händen der Seldschuken waren, etwa in einer Linie von Milet bis nahe Ankara und von dort gerade nach Norden bis zum Schwarzen Meer; die in lateinischem Besitz befindlichen Teile (s. o.) kamen erst unter Johannes III. Dukas Vatatzes (1225) an die Griechen.

Reich von Nikaia

Aber nicht nur in Nikaia bildete sich ein Zentrum der griechischen Opposition gegen die Lateiner. Ein Verwandter der Kaiser Isaak und Alexios, Michael Angelos, gründete in Epiros einen Herrschaftsbereich, der auch die Adriaküste von Naupaktos bis nördlich Durazzo umfaßte. Das Ende der byzantinischen Herrschaft über Konstantinopel brachte auch im Pontosgebiet Veränderungen mit sich. Die Enkel des Andronikos I. waren nach dem Sturz ihres Großvaters (1185) an den georgischen Königshof gebracht worden, wo die Königin Thamar (1184–1212) 1204 die Gelegenheit nutzte, den beiden Prinzen entlang der Schwarzmeerküste (mit Trapezunt als Mittelpunkt) einen eigenen Herrschaftsbereich zu verschaffen.

Reich von Epiros

Reich von Trapezunt

Im Hintergrund der drei griechischen und der verschiedenen lateinischen Staaten standen Serbien und Bulgarien einerseits und die Seldschuken andererseits. Die griechischen Mächte und die Bulgaren hatten ein gemeinsames Ziel: Konstantinopel den Lateinern zu entreißen. Bulgariens Zar Kalojan war schon 1205 nahe am Ziel, als er die Lateiner besiegte und König Balduin gefangennahm. Ein rascher Friedensschluß zwischen Balduins Bruder Heinrich und Theodor Laskaris von Nikaia, vor allem aber der Tod Kalojans 1207 bannten zunächst die bulgarische Gefahr. Im Kampfe mit den Seldschuken entschieden 1211 die Waffen für den Kaiser in Nikaia. Nach dem Tod Heinrichs 1216 verlor das lateinische Kaiserreich zunehmend seine Bedeutung. Im Kampf mit den Komnenen in Trapezunt schnitt ihnen Theodor Laskaris 1214 buchstäblich den Weg nach Konstantinopel ab, indem er die Gebiete westlich von Sinope am Schwarzen Meer annektierte.

Rivalitäten unter den Staaten

Ein bedeutsamer diplomatischer Erfolg war die Weihe des serbischen Erzbischofs Sava 1219 in Nikaia, das hiermit, in der Nachfolge Konstantinopels, als Zentrum der Orthodoxie betrachtet wurde. Diese Maßnahme galt freilich auch gleichzeitig der Rückendeckung gegen das Reich von Epiros. Hier weitete Michaels Halbbruder Theodoros (1215–1230) seine Macht zunächst nach Thessalonike aus, das er 1224 einnahm und wo er sich zum „Kaiser der Rhomäer“ ausrufen ließ. Es erwuchs ihm jedoch im bulgarischen Zaren Ivan Asen II., der seit 1218

Erfolge des Nikänischen Reiches

herrschte, ein energischer Gegner. Mit der Gefangennahme des Theodor in der Schlacht bei Klokotnica 1230 durch die Bulgaren schied Epiros als politischer Faktor aus, obwohl es in bescheidenen Grenzen und mit lokaler Bedeutung bis 1338 weiterexistierte, ehe Kaiser Andronikos III. auch den Restbestand annektierte. Damit war Nikaia als einziger griechischer Staat von Bedeutung übriggeblieben. Auch Zar Ivan Asen II. hat diese Tatsache respektiert und bei der Schaffung eines eigenen Patriarchats, wie schon früher die Serben, nun ebenfalls mit Nikaia Kontakt gesucht (1235). Darüber hinaus wurde die kirchliche Verbindung auch durch eine Ehe zwischen Ivans Tochter Helena und Theodoros, dem Sohn des nikänischen Kaisers Johannes III. Dukas Vatatzes bekräftigt. Entscheidend für die absolute Vorrangstellung Nikaias wurden Einfälle der Mongolen zwischen 1236 und 1244, die Bulgarien und das Seldschukenreich tributpflichtig machten. Unter außenpolitischem Aspekt erwähnenswert sind die von Zeit zu Zeit geführten Unionsverhandlungen mit dem Papst, die aber immer an der Frage der Rückgabe Konstantinopels scheiterten, und die Freundschaft zu Kaiser Friedrich II., mit dessen Tochter Konstanze Johannes Dukas eine zweite Ehe schloß, ferner die Eroberung der lateinischen Gebiete in Kleinasien, weiter Teile Thrakiens, Makedoniens und Epiros' und (1246) sogar Thessalonikes. Als Johannes III. Dukas 1254 starb, war Nikaia neben Trapezunt als einziges der nach 1204 entstandenen staatlichen Gebilde noch übriggeblieben, da Epiros und das lateinische Kaisertum kaum mehr zählten.

Rückgewinnung Konstantinopels

Michael Palaiologos war es vorbehalten, Konstantinopel selbst zurückzugewinnen. Aus alter Familie stammend hatte er schon unter Johannes III. und dessen Sohn Theodoros II. Laskaris (1254–1258) verschiedene Militärämter inne. Nach dem Tode des Theodoros verdrängte er Johannes IV. Laskaris, der noch im Kindesalter stand, und ließ sich 1259 zum Kaiser ausrufen. Der Sieg bei Pelagonia in

Sieg bei Pelagonia

Makedonien im selben Jahr gegen Manfred von Sizilien, Michael von Epiros und Guillaume de Villehardouin von Achaia (Peloponnes), unterstützt vom serbischen König Uroš I., beseitigte den Makel der Usurpation, verschaffte ihm weitere Gebietsgewinne und gab ihm durch die Gefangennahme des Fürsten von Achaia ein Pfand, welches ihm einige Jahre später weite Teile der Peloponnes einbrachte. Die Schlacht bei Pelagonia hat den Fortgang der byzantinischen Geschichte entscheidend bestimmt, ebenso wie die Rückgewinnung der alten Hauptstadt, die nahezu kampflos in die Hand der Byzantiner fiel, als sie im Sommer 1261 der kaiserliche General Alexios Strategopulos von Schutztruppen entblößt fand und kurzerhand einnahm.

Ursachen für den Erfolg Nikaias

Es bleibt die Frage, wieso der Sieg gerade dem Nikänischen Reich gegönnt war. Die politische und intellektuelle Elite Konstantinopels hatte sich von Anfang an dorthin gerettet, so daß Nikaia ein Konstantinopel im Exil darstellte, zumal seit es nach 1208 auch Sitz des Patriarchen wurde. Die kirchliche Anerkennung durch die Serben und Bulgaren unterstützte die Autorität des Staates. Die geographische Lage, abseits von den Wirren der Kämpfe in Thrakien und Makedonien, hat die Entwicklung Nikaias weiter begünstigt. Von besonderer Bedeutung aber war sicherlich die organisierte agrarwirtschaftliche Ausnützung des Landes in Form der Vergabe für militärische und administrative Dienstleistungen, da auf diese Weise eine gut funktionierende Armee aufgebaut wurde sowie eine kleine Flotte, die nur im Marmarameer und an der kleinasiatischen Küste zu wirken brauchte. Die Beschränkung auf einen kleinen Raum und das Ausschöpfen aller darin liegenden Möglichkeiten, die national griechische Geschlossenheit des Volkskörpers und der darauf gründende Anspruch, alleiniger Erbe des Byzantinischen Reiches zu sein, haben Nikaia zu seiner Größe verholfen.

Byzanz als neue Großmacht

Mit der Rückgewinnung der Hauptstadt übernahm das Reich wieder die Probleme einer Großmacht, die noch vermehrt wurden durch die Politik abendländischer Mächte, es aus seiner überraschend gewonnenen Position zu verdrängen. Während Nikaia im wesentlichen nur mit den unmittelbaren Nachbarn in politischer Verbindung stand, war das Reich nun wieder in internationale Konstellationen eingegliedert. Kaiser Michael hatte die nahezu unlösbare Aufgabe, den ganzen ehemaligen Besitz des Byzantinischen Reiches von 1204 wieder zurückzugewinnen und sich gleichzeitig seiner Gegner zu erwehren. Er errang weitere Erfolge gegen die Herrscher von Epiros, und gewann Gebiete in der Peloponnes und an der bulgarischen Schwarzmeerküste. Bulgarien war dabei nur durch Verbindungen des Kaisers mit den Tataren der Goldenen Horde in Schach zu halten. Nicht unwesentlich war auch die Eroberung Euboias (in Etappen bis 1280), während Mittelgriechenland, Attika und große Teile der Nord- und Westpeloponnes fränkisch blieben. Der Einfluß Venedigs wurde zurückgedrängt gegenüber Genua, das schon 1261 weitreichende Konzessionen erhielt, die die Grundlage für die Vorherrschaft im Schwarzmeer und die ständige Rivalität zur Markusrepublik bildeten.

Gegner des Reiches

Das Hauptproblem der Politik Michaels bestand allerdings in der Abwehr der Gegner: zunächst Manfred von Sizilien, der wegen verwandtschaftlicher Bindungen Ansprüche auf Westgriechenland erhob, dann Karl von Anjou, der seit 1266 mit dem Sieg über Manfred auch dessen politisches Erbe übernahm und selbst nach dem Kaisertum in Konstantinopel strebte. Die Verbindung Michaels mit Ludwig dem Heiligen, dem Bruder Karls, und die Unterzeichnung der Kirchenunion 1274 verhinderten einen unmittelbaren Angriff. Als 1278 der Tod des Fürsten von Achaia, Guillaume de Villehardouin, Karl zum Herrn über dessen peloponnesische Besitzungen machte und 1281 Papst Martin IV., ein Franzose, Kaiser Michael exkommunizierte, war für Karl die Eroberung des Byzantinischen Reiches beschlossene Sache. Ein Aufstand in Sizilien am Ostersonntag (29. März) 1282, mit byzantinischem Geld von Manfreds Schwiegersohn, Peter III. von Aragon, betrieben, die „Sizilianische Vesper", zerstörte alle Pläne Karls. Niemals mehr hat seitdem ein westlicher Herrscher versucht, Konstantinopel zurückzuerobern. Aber auch Byzanz konnte den Erfolg nicht nutzen, da Kaiser Michael schon im Dezember desselben Jahres starb.

Sizilianische Vesper

Folgen der Politik Michaels

Mehr als zwanzig Jahre lang hat Michael ausschließlich den Gegner im Westen abgewehrt und dabei auch die bescheidenen Ansätze eines staatlichen

Wohlstandes, die sich am Ende des Nikänischen Reiches zeigten, aufgebraucht. Der Aufbau einer Flotte, die Bezahlung der Söldner, nicht zuletzt auch die Finanzierung der Sizilianischen Vesper führten zu einer erheblichen Wertminderung der Goldwährung. Weitgehend vernachlässigt wurde unter Michael der kleinasiatische Reichsteil, dem das Palaiologenreich seinen Aufstieg verdankt. Der wirtschaftliche und soziale Niedergang dieses Kernlandes trug erheblich dazu bei, daß es im 14. Jh. so rasch unter verschiedenen Turkstämmen aufgeteilt wurde. Zeitgenossen und Nachwelt haben diese Politik Michaels getadelt; es ist aber schwerlich zu übersehen, daß ihm die Gesetze seines außenpolitischen Handelns überwiegend von anderen diktiert wurden. Darin unterscheidet sich seine Epoche wesentlich von der seines großen, ebenfalls westlich orientierten Vorgängers Manuels I.

Verlust Kleinasiens

Die lange Regierungszeit seines Sohnes Andronikos' II. (1282–1328) ist gekennzeichnet vom Aufstieg der nördlichen Nachbarn Serbien und Bulgarien und dem fast vollständigen Verlust Kleinasiens an die Türken. Der Friede mit Serbien konnte nur durch verwandtschaftliche Bindungen (Ehe der Eudokia, der Schwester des Kaisers, mit König Milutin) hergestellt werden (1299). Bulgarien, das sich vom Druck der Tataren befreit hatte, besetzte zu Beginn des 14. Jh. Hafenstädte am Schwarzen Meer. In Kleinasien hatte sich, noch im Laufe der 2. Hälfte des 13. Jh., unter mongolischem Druck das seldschukische Sultanat aufgelöst, und verschiedene bisher unterdrückte Turkstämme machten sich als Emirate selbständig. Schon vor 1300 überschritten sie ungehindert die Grenze zum kleinasiatischen Byzanz, darunter auch die Osmanen, die sich gewissermaßen im Angesicht Konstantinopels in Bithynien niederließen, aber erst durch Osman (gest. um

Fehlen einer Kriegsflotte

1324) historische Bedeutung gewannen. Da Michael VIII. die Kriegsflotte, einst die Stärke des kleinen Nikänischen Reiches, nicht mehr gefördert hatte, war nun unter Andronikos selbst eine Verteidigung der Küstenlinien und der Propontis ohne fremde Hilfe nicht mehr möglich. Bei den Landtruppen bediente er sich überwiegend auswärtiger Söldner [526]. In der Auseinandersetzung zwischen Andronikos II. und seinem gleichnamigen Enkel, der nach der Herrschaft strebte,

erster Bürgerkrieg

entbrannte zwischen 1321 und 1328 ein Bürgerkrieg, in welchem sich der alte Kaiser mit den Serben, der junge mit den Bulgaren verband. Die eigentlichen Sieger in der Auseinandersetzung, die 1328 mit der Thronbesteigung des Enkels Andronikos III. endete, waren Serben und Osmanen. Stephan Uroš III. schlug 1330 den bulgarischen Zaren Michael Šišman und legte den Grundstein für die serbische Vormachtstellung in den folgenden Jahrzehnten. Die Osmanen dagegen eroberten in den dreißiger Jahren die Landstriche bis zur Propontis. Am Ende der kur-

rel. Streitigkeiten

zen Regierungszeit des Andronikos (gest. 1341) kam es zu heftigen religiösen Streitigkeiten um eine „Hesychasmus" (von gr. hēsychia, „Ruhe") genannte Form der Mystik, die in der folgenden Zeit mehrere Synoden beschäftigte und in Mönchtum, Kirche und Staat zu erheblichen Spannungen führte.

erneuter Bürgerkrieg

Mit dem Tode des Andronikos brach ein neuer Bürgerkrieg aus, da sich sein Vertrauter, Johannes Kantakuzenos, einer der reichsten Männer seiner Zeit, gegen den noch unmündigen Sohn, Johannes V., und dessen Mutter, Anna von Savoyen, zum Kaiser ausrufen ließ. Auf Grund sozialer Spannungen, für die auch das Hochkommen der Aristokratenschicht um den Usurpator mitverantwortlich gemacht werden kann, kam es zu der als Zelotenaufstand bekannten Revolte in Thessalonike, die erst 1350 niedergeschlagen wurde und die für längere Zeit zu einer faktischen Unabhängigkeit der Stadt geführt hatte. In Serbien ließ sich Stephan Dušan 1346 zum Zaren ausrufen und strebte danach, das Byzantinische Reich mit dem seinen zu vereinen. In einer kurzen Atempause nach 1347, als Kantakuzenos Konstantinopel erobern konnte, kam es zu einem Handelskrieg mit Genua, der 1352 mit einer byzantinischen Niederlage endete.

Zelotenaufstand in Thessalonike

Im Jahr 1354 hatten türkische Scharen (im Auftrag der Osmanen, doch nicht mit diesen identisch) erstmals die Dardanellen überquert und ließen sich auf thrakischem Gebiet nieder. Dies wirkte sich umso verhängnisvoller aus, als mit dem Tode Stephan Dušans (1355) auch die serbische Macht zerfiel. 1369 eroberten Söldnertruppen des Osmanensultans bereits Adrianopel. Zwei Jahre später erlitt das serbische Heer an der Marica eine vernichtende Niederlage, und einer osmanischen Unterwerfung der serbischen Teilstaaten stand nichts mehr im Wege. Die endgültige Entscheidung über das Schicksal der Balkanstaaten fiel freilich erst mit der Schlacht auf dem Amselfeld (1389), die die serbischen Könige zu Vasallen der Osmanen machte. Das Bulgarische Reich erlebte dagegen unter Zar Ivan Alexander (1331–1371) und Ivan Šišman (1371–1395) eine letzte Blüte, die sich eher auf kulturellem als auf politischem Gebiet auswirkte, bis es mit der Eroberung der Hauptstadt Tŭrnovo (1393) in die Hände der Osmanen fiel.

Türken in Thrakien

Ende des Bulgarischen Reiches

Gewissermaßen im Schatten der großen Ereignisse hatten sich im 14. Jh. albanische Stämme im Hinterland von Durazzo zu verschiedenen Lokalherrschaften zusammengeschlossen und drangen von hier aus in weite Gebiete Mittel- und Südgriechenlands vor, wo ihnen in den folgenden Jahrzehnten eine bedeutende Rolle besonders im Kampf gegen die Türken zukam.

Albaner

Der Untergang des Bulgarischen Reiches hat den Aufstieg der jenseits der Donau gelegenen rumänischen Fürstentümer (Walachei, Moldavien) gefördert, sie zu einem Bollwerk gegen die Osmanen gemacht und eine byzantinisch-orthodoxe Kultur entstehen lassen, die gerade nach dem Fall Konstantinopels (1453) von erheblicher Bedeutung war.

Walachei und Moldavien

Kaiser Johannes V. (1341–1391) hatte erkannt, daß eine Rettung aus eigenen Kräften nicht mehr möglich war, aber seine Bemühungen um Hilfe aus dem Westen blieben trotz einer Reise nach Ungarn (1365–1367) und Italien, wo er 1369 in Rom sogar zum römischen Glauben konvertierte, ohne Erfolg. Ein Umsturzversuch seines Sohnes Andronikos IV., der sich mit den Osmanen verband (1373), und die wenig später (1376) mit Hilfe der Genuesen geglückte Usurpation verschlimmerten noch die allgemeine Lage. Wenn das Reich überhaupt noch Bestand hatte, so verdankte es dies seiner immer noch funktionierenden Landwirtschaft, einer Beteiligung der führenden Byzantiner am internationalen Handel, der Seeuntüchtigkeit der Osmanen und vor allem den Besitzungen in der

Johannes V. in Italien

Peloponnes mit dem Zentrum in Mistras („Despotat von Morea"), dessen kulturelle Blüte im Gegensatz zur Situation des Staates stand.

Kaiser Manuel II. im Westen

Während der langen Herrschaft Kaiser Manuels II. (1391–1425) wurde durch ein unerwartetes Ereignis dem Reich noch einmal eine Gnadenfrist gegeben. Nicht die Reise des Kaisers in den Westen (Italien, Frankreich, England) zwischen 1399 und 1403 erbrachte die erwartete Hilfe, sondern die Schlacht bei Ankara (1402), in der die mongolischen Truppen des Timur Lenk die Osmanen schlugen und damit die vorübergehende Auflösung des Staatsverbandes einleiteten. Das osmanische Element war aber zu diesem Zeitpunkt bereits zu stark, um ganz ausgeschaltet werden zu können, Byzanz dagegen zu schwach, um die Situation vorteilhaft auszunutzen, und die nichtosmanischen Emirate in Kleinasien, bisher mehr oder weniger unter osmanischer Botmäßigkeit stehend, fanden nun Gelegenheit, sich von den Fesseln zu lösen. Trotzdem dauerte es zwanzig Jahre, bis sich der Osmanische Staat konsolidiert und seit Sultan Murad II. (1421–1451) wieder in etwa die frühere Stärke erreicht hatte.

Mongolischer Sieg über Osmanen

Kirchenunion

Obwohl die westlichen Mächte zunehmend den Ernst der Situation erkannten, war eine Hilfe immer noch an die Kirchenunion geknüpft. Als diese 1439 in Anwesenheit des Kaisers Johannes VIII. (1425–1448) in Florenz zustande kam, war jede Unterstützung wegen der Stärke des Osmanischen Reiches und des Widerstandes gegen die Union in Byzanz selbst unwirksam. Gleichzeitig gaben verschiedene italienische Fürsten ihre technischen Kenntnisse in Festungsbau und Artillerie an die Osmanen weiter, während Venezianer und Genuesen ihnen Schiffe zur Verfügung stellten.

Osmanische Erorberungen

Das Byzantinische Reich schrumpfte indessen mehr und mehr zusammen. Seit dem dritten Jahrzehnt wurde regelmäßig nun auch die Peloponnes verwüstet, 1430 fielen Thessalonike und Jannina, 1442 wurde Konstantinopel belagert. Die Niederlage von Varna (1444) besiegelte alle Hoffnungen auf eine erfolgreiche Hilfe seitens westlicher Nationen. Auch den Osmanen war längst klar geworden, daß das Byzantinische Reich so lange bestand, bis Konstantinopel erobert war. Mehmed, seit 1451 Sultan, betrachtete die Einnahme der Stadt daher als primäres Ziel. Mit der Unterwerfung des letzten Gegners im eigenen Reich, des Sultans von Qaraman (Südkleinasien), machte er sich den Rücken frei (Frühjahr 1451). Im Laufe des Jahres 1452 wurde mit dem Bau von Festungen am Bosporos die Eroberung vorbereitet und im Frühjahr 1453 die Belagerung zu Wasser und zu Lande eingeleitet. Nach weniger als zwei Monaten fiel Konstantinopel am 29. Mai 1453. In verschiedenen Feldzügen der nächsten Jahre eroberte Mehmed die Städte der Peloponnes, bis schließlich 1460 auch Mistras zur Kapitulation gezwungen wurde. Ein Jahr später bereitete ein Feldzug nach Trapezunt auch diesem letzten griechischen Reich ein Ende. Byzanz lebte von nun an nur mehr in der orthodoxen Kirche und als große Idee fort [148; 184].

Einnahme Konstantinopels 1453

C. WIRTSCHAFTS- UND SOZIALGESCHICHTE

1. Währungssystem

Dem Währungssystem kommt eine besondere Bedeutung zu, da sich in Byzanz der überwiegende Teil aller Leistungen auf der Basis der Geld-, nicht der Naturalwirtschaft vollzog. Es geht im wesentlichen auf die Maßnahmen Konstantins des Großen zurück, der den Goldsolidus als 72. Teil des Pfundes (327,45 g) und somit ein (praktisch nie erreichtes) Idealgewicht von 4,55 g festlegte. Für diese Münze, die nur selten tatsächliches Zahlungsmittel war, begegnet seit dem 8. Jh. der Name Nomisma, seit dem 11. Jh. auch Hyperpyron (auf Grund der Verwendung von Feuer, griech. pyr, bei der Herstellung). Daneben trat das Silber-Miliaresion zu ebenfalls 4,55 g (bei einer wissenschaftlich nicht gesicherten Relation zum Gold, wohl 1:12), das zunächst keine Rolle für den Geldverkehr spielte. Die verbreitetste Münze war der von Diokletian geschaffene Kupferfollis (aus *follis*, Beutel, in dem sich versiegelt die Münzen befanden), der seit Anastasios (498) als fester Währungsbestandteil in Relation zum Gold neu fixiert wurde (in der mittelbyzantinischen Entsprechung von einem Nomisma zu 12 Miliaresia oder 288 folleis). Der Wert des Nomisma blieb im wesentlichen bis ins 10. Jh. stabil. Die Silberwährung erfuhr unter Herakleios (615) durch die Einführung des bis Ende des 7. Jh. im Umlauf befindlichen Hexagramms (zu *hexi*, sechs, da es rund 6,5 g wog) eine Veränderung, deren umstrittene Hintergründe am ehesten in einer Reduzierung des Goldumlaufes zum Zwecke der Finanzierung der Perserkriege (oder einem Silberüberfluß) zu suchen sind. Leon III. ersetzte es durch eine neue Silbermünze, die in der Folge eine zwischen 1: 12 und 1: 18 schwankende Relation zum Gold einnahm. Eine erste Münzverschlechterung fällt in die Zeit des Nikephoros Phokas (963–969) mit der Einführung des Tetarteron („Viertelmünze“), zwar von gutem Goldgehalt, aber gewichtsmäßig etwas geringer, das bis zum Ende des 11. Jh. im Umlauf war und ursprünglich vielleicht gedacht war, die hohen Kosten der arabischen Feldzüge des 10. Jh. und verminderte Steuereinnahmen auszugleichen. Alexios I. schuf 1092 in Verbindung mit einer Münz- und Steuerreform neben dem Nomisma eine neue mit Silber und Kupfer vermischte Goldmünze (*nomisma trachy*), welche das immer stärker abgewertete Tetarteron ersetzte, um so Engpässe in der Goldbeschaffung, verursacht wohl durch das Vordringen der Seldschuken, zu beseitigen. Die neue Münze bestand das gesamte 12. Jh. über und hatte wohl nicht unerheblichen Anteil an der Belebung des Handels in der Komnenenzeit.

Goldsolidus

Münzverschlechterung

Schon unter Michael VIII. war der Goldwert des Hyperpyron auf 14–15 Karat (gegenüber 20 in der Komnenenzeit) gesunken, um in der Mitte des 14. Jh. schließlich 11 Karat zu erreichen, wobei das Gewicht durch Vermehrung anderer Metallanteile aufrecht erhalten wurde. In einer letzten Münzreform ließ Andronikos IV. (1376–1379) große Silbermünzen (zu 8,44 g) prägen, die rund zehn Jahre später

Ende der Goldwährung

den Goldsolidus gänzlich verdrängten. An die Stelle des Nomisma als Leitwährung, dem „Dollar des Mittelalters" [LOPEZ in: 173, Nr. VII], war seit Beginn des 14. Jh. der venezianische Dukat und der Silbergrosso im Außen und Binnenhandel getreten.

2. STEUERN

allg. Steuersystem

Das frühbyzantinische Besteuerungswesen geht auf Diokletian zurück, der um 290 das System der *iugatio-capitatio* einführte, bei dem in einem komplizierten Verfahren die Steuer nach Bodenqualität (*iugum* als Flächeneinheit für 1000 Pfund Saatgut) und bearbeitenden Personen (*caput*) festgesetzt und daraus eine steuerliche Gesamtveranlagung errechnet wurde. Wesentlich ist dabei, daß es sich um ein Steuer*system* handelte, der Einzelsteuern untergeordnet waren. Das System wurde allerdings nicht in allen Reichsteilen in gleicher Weise angewandt: Afrika, Syrien und Ägypten hatten eine getrennte Kopf- und Grundabgabe, während in den übrigen Provinzen die kombinierte Veranlagung angewandt wurde [401]. Ein gut funktionierender Verwaltungsapparat gewährleistete die Eintreibung, von der am meisten die Landbevölkerung betroffen war. Neben die regulären Steuern traten zu allen Zeiten Sondersteuern, die sich als besonders belastend erwiesen. Die frühbyzantinische Zeit kannte mindestens 11 direkte Steuern und mehrere indirekte (Zölle, Gebühren, Strafgelder). Hauptsteuer war die Annona für den Unterhalt von Armee und Beamten sowie zur Versorgung der Großstädte, seit dem 5. Jh. in Geld, im 7. und 8. Jh. auch wieder in Naturalien, abzuleisten. Damit verbunden war die *coemptio* (griech. *synōnēton*, *synōnē*), der Zwangskauf von Nahrungsmitteln zu festgelegten Preisen. Grundbesitzer traf zusätzlich das *aurum tironicum*, die Adärierung der Verpflichtung, Soldaten zu stellen. Eine Art Gewerbesteuer im 4. und 5. Jh., das *chrysargyron* (da in Gold und Silber statt Kupfer zu entrichten) wurde als wirtschaftsfeindliche Belastung von Kaiser Anastasios 498 wieder abgeschafft. Auch die unteren, weitgehend grundbesitzlosen Schichten des Stadtvolkes wurden in einer uns unbekannten Form wohl ebenfalls zu einer Art Kopfsteuer herangezogen [vgl. 401, S. 173, 320 und 443; MATSCHKE, Grundeigentum, 103, für die spätbyzantinische Zeit]. Daneben existierten die festgesetzten unentgeltlichen Dienstleistungen (*munera*), die sich für die gehobenen Schichten der frühbyzantinischen Stadt durch die Verpflichtung zur Ausrichtung von Spielen oder der Errichtung von Bauten besonders gravierend auswirkten.

Steuerarten

Veränderungen im Steuersystem

Die mittelbyzantinische Zeit bringt gewisse Veränderungen im Besteuerungssystem mit sich. Zu Beginn des 9. Jh. begegnet erstmals als Terminus die Herdsteuer (*kapnikon*), die (als Kopfsteuer) jede auf dem Land ansässige Familie zu bezahlen hatte. Sicherlich auf die gleiche Zeit geht die Grundsteuer (*dēmosion*) zurück, obwohl sie in den Dokumenten erst weit später genannt ist. Da auch die *iugatio-capitatio* zunächst nach Person und Boden berechnet wurde, liegt, abgesehen vom Namen, kein allzu wesentlich erscheinender Unterschied zum diokletianischen System vor; doch bedarf es hier noch weiterer Untersuchungen, die durch die Quellenarmut besonders erschwert werden. Neben die Grundsteuer trat die bereits von früher her bekannte *annona*, die nun *synōnē* genannt wird und ebenso wie das *kapnikon* auch von abhängigen Pächtern bezahlt werden mußte. Die Steuerleistungen waren in Katastern festgelegt. Als erschwerend für den Landbesitzer erwies sich in frühmittelbyzantinischer Zeit die gemeinsame Steuerhaftung der ganzen Dorfgemeinde, die eine Art Gegenseitigkeitshaftung im Falle von Landflucht darstellte, dergestalt, daß die Steuerzahlung für verlassene Grundstücke den Nachbarn übertragen wurde. Generelle Ausnahmen von der Steuerpflicht existierten nicht, und es waren ihr auch Kirchen und Klöster unterworfen, die nur durch kaiserlichen Gunsterweis in gewissem Umfang freigestellt werden konnten. Für die tatsächliche Höhe der Steuer gibt es kaum Hinweise. Ein vereinzeltes Beispiel (Anf. 9. Jh.) nennt zwei Miliaresia (ca. 1/6 Nomisma) für das *kapnikon*. Die Grundsteuer betrug ziemlich regelmäßig 1/24 des jeweiligen Bodenwertes.

Die Erhebung der Steuern geschah innerhalb der Themen, die dazu in Steuerbezirke eingeteilt waren, durch *dioiketai* oder *praktores* (Steuereinnehmer), die dem *genikon logothesion*, der zentralen Rechnungsstelle (vgl. S. *54*) verantwortlich waren. Sie forderten zunächst (bis ins 10./11. Jh.) in staatlichem Auftrag die Steuern ein und sind daher in gewissem Sinn als Beamte anzusehen, ehe der Staat seit dem 11. Jh. die Steuern zunehmend an Privatpersonen (zu deren Verantwortung) verpachtete.

3. Gesellschaftliche Entwicklung auf dem Lande

Steuerdruck

Zu allen Epochen haben die steuerlichen Maßnahmen den Kleingrundbesitzer am härtesten getroffen. Um dem Steuerdruck zu entgehen, begaben sich in frühbyzantinischer Zeit Bauern in zahlreichen Regionen (vor allem in Kleinasien und Syrien quellenmäßig greifbar) unter den Schutz eines Großgrundbesitzers (*patronus*), der die Steuerlast im Tausche gegen eine persönliche Abhängigkeit übernahm (Patroziniumsbewegung), eine Erscheinung, die uns auch in mittelbyzantinischer Zeit wieder entgegentritt (s. u.). Kaum weniger häufig war die Landflucht, die Übersiedlung in die Großstadt und damit verbunden meist ein Untertauchen im Proletariat. Der Eintritt ins Kloster, um materiellem Druck zu entgehen, wurde gesetzlich immer mehr eingeschränkt.

Bearbeitung des Landes

Seit Diokletian bestimmte der *colonus* das Bild des Landes in frühbyzantinischer Zeit. Die spätrömische Gesetzgebung versteht darunter den Landpächter, der nominell frei ist, aber das Land, dem er beigeschrieben ist (*adscripticius*) nicht verlassen durfte und bei einer Veräußerung des Landes auch an andere Personen überging, unbeschadet dessen, daß er auch eigenes Land besitzen konnte. Daneben gab es auf dem Lande noch Sklaven, deren Zahl freilich mit der Ausweitung des Kolonats immer mehr abnahm, da letzteres durch die Eigenständigkeit der Bewirtschaftung besser den Bedürfnissen auf dem Lande entgegenkam. Trotz der sozial unbefriedigenden Situation sind größere Aufstände der Landbevölkerung in frühbyzantinischer Zeit nirgends erwähnt.

Mit Beginn der mittelbyzantinischen Zeit gingen die Landwirtschaftsgebiete in Syrien, Palästina und Ägypten an die Araber verloren, Kleinasien war jährlichen Plünderungen ausgesetzt, und in Griechenland, Makedonien und Thrakien waren Slawen seßhaft geworden, ohne daß eine völlige Vertreibung der Landbevölkerung anzunehmen ist. Umsiedlungsmaßnahmen der Kaiser – Armenier in verschiedene Reichsteile, Slawen nach Kleinasien und griechische Bevölkerung in slawische Gebiete (9. Jh.) – verursachten ethnische Verschiebungen [339 a]. Die sozialen Auswirkungen zeigen sich im Bauerngesetz (*nomos georgikos*), das um 700 (in den Grundlinien) vielleicht im slawisch-byzantinischen Mischbereich entstanden ist. Das Gesetz basiert auf dem freien (Klein-)Bauern, dem in seltenen Fällen Sklaven als Hilfskräfte zur Verfügung standen, wobei, wie andere Quellen zeigen, auch Großgrundbesitz weiterhin existierte. Da das Bauerngesetz kein Reichsgesetz war, sondern nur lokale Bedeutung in der Hand der Provinzrichter hatte, ist der Übergang vom Kolonat zum freien Bauern quellenmäßig nicht erfaßbar. Nur in den Balkanländern war die alte Agrarstruktur von Slawen und Awaren zerstört worden, und ehemalige Pächter nahmen ihr Land nun zum freien Besitz. Möglicherweise haben die persischen und arabischen Einfälle in Kleinasien Analoges bewirkt. Es erscheint aber unwahrscheinlich, daß die Institution des ans Land gebundenen Pächters gänzlich verschwand, und ein Weiterleben im Parökentum der mittelbyzantinischen Zeit (s. u.) ist gut vorstellbar.

Freies Bauerntum

Landpächter

Militärgüter

Neben dem freien Bauern gab es auch Besitzungen, die an den Militärdienst gebunden waren und als Stratiotengüter (*ktēmata stratiōtika*) bezeichnet werden. Obwohl sie erst in einer Quelle des Jahres 947, zur Zeit ihres langsamen Verschwindens, erstmals erwähnt werden, ist ihre Entstehung wohl im 7. oder 8. Jh. anzunehmen, als durch die politischen Umwälzungen Land frei wurde. Alle Hinweise auf eine gesetzliche Einrichtung fehlen und sind von der Genese her unwahrscheinlich, eine Verbindung mit den Gütern der Grenzsoldaten (*limitanei*) der Antike verbietet die völlig veränderte Grenzsituation seit dem 7. Jh. Am ehesten gehen die Militärgüter zurück auf den freien Landerwerb von Soldaten durch Ersparnisse aus der Soldzahlung. Sie befinden sich damit nur in einem zeitlichen, nicht aber kausalen Zusammenhang mit der Entstehung der Themen. Da im 10. Jh. ein Teil des Gutes an den Wehrdienst gebunden und eine bestimmte Mindestgröße für eine hinreichende Ausrüstung des Inhabers zu Wasser oder zu Lande festgesetzt war, muß zu irgendeinem Zeitpunkt eine Fixierung im Hinblick auf Erbpflicht und Unveräußerlichkeit stattgefunden haben.

Verdrängung des freien Bauerntums

Schon seit dem 9. Jh. wurden sog. Soldatengüter, aber auch der freie Bauernbesitz, trotz gesetzlicher Maßnahmen, die erst seit dem 10. Jh. bekannt sind, in zunehmendem Umfang von den „*dynatoi*" (Mächtige, Einflußreiche) aufgekauft, den hohen Militär- und Verwaltungsbeamten, aber auch Bischöfen und Äbten. Wirtschaftliche Schwierigkeiten und der Steuerdruck ließen erneut eine Art Patroziniumsbewegung entstehen, die mit einer Clan- und Gruppenbildung um einflußreiche Personen Hand in Hand ging. Die Kaiser haben die aus dem Verlust des Kleinbesitzes und der Soldatengüter entstehenden Gefahren erkannt (wie insgesamt 22 Erlasse zeigen), konnten sich aber gegen die *dynatoi* letztlich nicht durchsetzen. Der in den Status eines Abhängigen geratene Bauer wird als *paroikos* bezeichnet und begegnet mit dieser Bezeichnung erstmals Anfang des 9. Jh. beim Geschichtsschreiber Theophanes. Seine soziale Stellung ist umstritten, doch dürfte er nie in völliger persönlicher Unfreiheit gelebt haben.

Charistikariat

Zu einer Konzentrierung des Besitzes in den Händen der „Mächtigen" trug auch das Charistikariat bei, die Vergabe verfallener oder wirtschaftlich schwacher Klöster an Privatpersonen (Laien oder Kleriker), die seit der Mitte des 10. Jh. aus Gesetzen bekannt ist und im 12. Jh. ihren Höhepunkt und ihr Ende erreichte. Der Klosterbesitz, einschließlich der damit verbundenen Personen, wurde von Charistikariern als eine Art Pfründe betrachtet und führte zu erheblichen Mißständen, die aus der staatlichen und kirchlichen Rechtsprechung ersichtlich sind.

Pronoia

Im 12. Jh. begegnet in der „Pronoia" (Fürsorge, Unterhalt) eine weitere Form der Besitzvergabe, unter der man die Übertragung von Land und Leuten einschließlich eines Teils oder aller damit verbundenen Steuern an hochrangige Militärpersonen, zunächst ohne Erbrecht, versteht. Die auf dem Besitz arbeitenden Personen trugen die Bezeichnung *paroikoi* (s. o.) und hatten ihre steuerlichen Abgaben statt an den Staat nun dem Inhaber der Pronoia als Entlohnung für dessen Staatsdienst zu entrichten. Es ist dabei keineswegs immer klar, inwieweit Land und Leute übertragen wurden oder ausschließlich die Steuereinnahmen. In jedem Fall war die Freizügigkeit der Paröken erheblich eingeschränkt, da die Pronoiare ihr Rentengut als persönlichen Besitz behandelten, ganz abgesehen von der Durchlöcherung der staatlichen Finanzautorität, insofern das Hoheitsrecht der Finanzeinnahme zu einer privaten Angelegenheit gemacht wurde.

Landvergabe durch den Staat

Diese Entwicklung setzte sich im 13. und 14. Jh. fort, wobei wir vor allem aus dem Nikänischen Reich hinreichend Informationen besitzen. Der Staat vergab aus Eigen- und Kirchenbesitz (nunmehr meist vererbbares) Land an Offiziere, aber auch hohe Beamte. Diese Form der Entlohnung bleibt auch nach der Rückeroberung Konstantinopels (1261) typisch für die spätbyzantinische Zeit. Die Gewinnung neuer Gebiete durch die Siege gegenüber Epiros und den Lateinern förderte den großzügigen Umgang der Kaiser mit Privilegien, in die auch umfangreiche Schenkungen an die Klöster eingeschlossen waren. Bei der Landvergabe war in vielen Fällen ein ausdrücklicher Verzicht (*exkusseia*) auf bestimmte Steuern ausgesprochen. Die zunehmende Verkleinerung des Reiches seit Anfang des 14. Jh. führte bei kaum verminderter Pronoia-Vergabe zu einem Ausverkauf des Staatslandes und einer wachsenden Einbuße an Steuereinnahmen. In spätbyzantinischer Zeit lebte, wie auch im 11. und 12. Jh., der Großteil der Landbevölkerung als Pächter mit dem fiskalischen Status des Paröken. Eigenbesitz war weiterhin möglich, ebenso die Abwanderung von Familienangehörigen, wenn eine Gewähr für die Weiterbestellung des Pachtlandes gegeben war. Soziale Abstufungen unter den Pächtern sind ebenso sicher wie die Existenz von Landarbeitern und Hilfspersonal, die sich von Unfreien wenig unterschieden. Trotzdem sind Massen rechtloser Abhängiger auf dem Lande eine Phantasievorstellung. Untersuchungen zeigen, daß die Paröken an der Pflege des Landes interessiert waren, um den Überschuß aus ihren Anbauergebnissen als eigenen Gewinn auf den Märkten verkaufen zu können. Das spätbyzantinische Dorf beherbergte aber nicht nur Paröken-Bauern, sondern verfügte darüber hinaus über gewerbliche Kleinproduktion zur Deckung des Eigenbedarfs.

Parökentum

4. Gesellschaftliche Entwicklung in der Stadt

In frühbyzantinischer Zeit war der Ostteil des Römischen Reiches weit mehr von der Stadtkultur bestimmt als der Westen, und die Stadtbevölkerung stellte daher auch einen entscheidenden sozialen Faktor für das Reichsganze dar.

Soziale Schichten

Die Stadt war bis ins 15. Jh. gekennzeichnet von einer Dreiteilung in eine reiche Oberschicht (*plusioi*: hohe Beamte, reiche Landbesitzer, hoher Klerus), eine Mittelschicht (*mesoi*: kleine Beamte, Literaten, Kaufleute, Handwerker, niederer Klerus) und eine Unterschicht (*penētes:*Tagelöhner, Sklaven). Eine Mobilität innerhalb dieser Schichten war immer gegeben.

Zirkusparteien

Eine große Rolle spielten in allen frühbyzantinischen Städten die schon aus der Kaiserzeit bekannten Zirkusparteien (*factiones*) der Grünen, Blauen, Roten und Weißen, von denen die beiden letzteren in byzantinischer Zeit keine Bedeutung mehr hatten. Sie trugen die Bezeichnung *meros* (oder auch *dēmos* bzw. pluralisch *dēmoi*) *tu prasinu* bzw. *benetu*, zu übersetzen mit „Mitglieder (nicht: Demen) der Grünen / Blauen". Die Parteien, an deren Spitze der *dēmarchos* stand, waren nicht besonders zahlenstark (etwa im Jahr 602 in Konstantinopel 1500 Grüne und 900 Blaue). Nicht zu verwechseln damit sind die jeweiligen Anhänger einer Gruppierung, die die Hippodrome füllten. Eine konstante, quellenmäßig erkennbare Verbindung von Zirkusparteien mit den sozialen Schichten der Stadt oder mit religiösen Bewegungen ist nicht gegeben, wohl aber haben die einzelnen Kaiser jeweils verschiedene Parteien deutlich begünstigt. Aus der gegenseitigen Rivalität der Zirkusparteien heraus entstanden im 5. und 6. Jh. zahlreiche Revolten, die sich immer an Vorkommnissen im Hippodrom entzündeten, in der Folge aber häufig soziale, personal und staatspolitische Spannungen ausnutzten. Nur im Falle des Nika-Aufstandes (532) haben wir es mit einer gemeinsamen Aktion der Zirkusparteien gegen den Kaiser zu tun. Der Verlust des Ostens an die Araber und der allgemeine Niedergang der Stadtkultur seit dem 7. Jh. ließ die Bedeutung der Zirkusparteien zunehmend schwinden, obwohl sie in Konstantinopel noch bis ins 12. Jh. als protokollarische Institution nachweisbar sind.

In mittelbyzantinischer Zeit blieb Konstantinopel die einzige Großstadt des Reiches. Auch Thessalonike kann nicht zum Vergleich herangezogen werden, schon weil für diese Epoche nur wenig Nachrichten zur inneren Geschichte existieren. Wie im frühen Byzanz war die Stadt Anziehungspunkt für die Bewohner des ganzen Landes, die sich in der Hauptstadt größeren Erfolg versprachen. Die sich notwendig ergebenden sozialen Spannungen brachten, ausgenützt von politischen Clans (*hetaireiai*), immer wieder Unruhen mit sich, die zur Absetzung von Kaisern führten. Die Mobilität innerhalb der gesellschaftlichen Schichten scheint noch stärker als in frühbyzantinischer Zeit gewesen zu sein. Den Korporationen der Handwerker (zu denen auch Träger von Dienstleistungen zählen) kommt nun eine erhöhte Bedeutung zu, die ihren Ausdruck auch in der Miteinbeziehung ins Kaiserzeremoniell findet. Trotz fehlender Nachrichten dürfte die gesellschaftliche Bedeutung der Handwerkerschicht auch in anderen, kleineren Städten jener in Konstantinopel vergleichbar gewesen sein.

Gruppenbildungen

Korporationen

In spätbyzantinischer Zeit bieten die byzantinischen Städte (neben Konstantinopel nunmehr auch Thessalonike, Mistras, Jannina, Monembasia) dank vermehrten Quellenmaterials ein differenziertes soziales Bild. Vorherrschend wird jetzt, noch mehr als im 11. und 12. Jh., der im Militär oder Hofdienst stehende und dem Kaiser eidlich verbundene Grundbesitzer, welcher von seinen Einkünften aus dem Land lebend, in der Stadt wohnt und seine Einnahmen auch in der Stadt investiert (Häuser, Geschäfte, Wertgegenstände). Die Konzentrierung der Beamten und kaiserlichen Würdenträger in den wenigen Städten eines nur kleinen Landes hat die Gruppen- und Clanbildungen erheblich gefördert. Das Handwerk war wohl kaum mehr in Korporationen zusammengefaßt, so daß auch unmittelbare Beteiligung am politischen Geschehen nicht mehr gegeben war. Im Ganzen gesehen ist die Kluft zwischen Land- und Geldaristokratie einerseits und der übrigen Bevölkerung andererseits, der „Menge des Volkes“ und den „Oberen“ größer geworden als in früheren Jahrhunderten, obwohl das Stadtvolk in der Volksversammlung auch weiterhin an politischen Entscheidungen – nur in Form der Zustimmung, nicht der Entscheidung – beteiligt werden konnte.

Besonderheiten in spätbyz. Zeit

Gesondert von der allgemeinen sozialen Lage der Städte ist der Zelotenaufstand in Thessalonike (1342–1350) – ausgehend von einer als „Eiferer“ (*zēlōtai*) bezeichneten Gruppe – zu betrachten. Ihr Kern ist im Bereich der organisierten (?) Hafenarbeiter zu sehen, die 1342 die Übergabe der Stadt an Johannes Kantakuzenos, der als Vertreter des Großgrundbesitzes galt, verhindern wollten. Die Führungsschicht der Zeloten bestand jedoch aus Adeligen, die mit dem regierenden Kaiserhaus der Paläologen in Verbindung waren, so daß von sozialen Auseinandersetzungen nicht die Rede sein kann, und auch keine Parallelität zu Aufständen in italienischen Communen besteht. Obwohl soziale Spannungen im Hintergrund nicht zu leugnen sind, gehört der Aufstand als eine Sonderform des Bürgerkrieges in diesem Jahrzehnt eher in den Bereich der Machtpolitik als der Sozialgeschichte.

Zeloten in Thessalonike

5. Handwerk und Produktion

Das städtische Handwerk war eine der Hauptsäulen der byzantinischen Wirtschaft, wenigstens bis ins 12. Jh. Produktion und Verkauf waren in vielen Fällen nicht getrennt, und auch die Dienstleistungen wurden zur handwerklichen Tätigkeit gezählt, wie etwa das Transportgewerbe, die Bediensteten in den Bädern, Personen, die mit dem Heilgewerbe in Verbindung standen, aber auch Notare. Die spezialisierten Formen des kaiserzeitlichen Handwerks bestanden großenteils auch in frühbyzantinischer Zeit weiter. Petrikovits [ZPE 43, 1981, 285–306 und AAWG 122, 1981, 63–139] hat aus lateinischen Quellen zwischen der Zeit Diokletians und dem 6. Jh. 208 Bezeichnungen ermittelt, darunter 53, die nur in dieser Epoche belegt sind. Die Handwerker waren in *collegia* zusammengefaßt, doch ist es höchst fraglich, ob auch in der Osthälfte des Reiches (wie im Westen, wo die Versorgungslage anders beschaffen war) Zunftzwang und Erblichkeit bestanden, da der Codex Iustinianus keine einzige dieser Zwangsbestimmungen aufgenommen hat. Im Gegensatz zur mittelbyzantinischen Zeit war die politische Aktivität der *collegia* gering und auch Verbindungen zu den Zirkusparteien sind nicht nachweisbar. Zwischen dem 7. und dem 9. Jh. fehlen fast alle Angaben über das Handwerk und dessen Organisationsformen. Immerhin wurden im Jahre 695 die Handwerker zur Finanzierung eines Flottenzuges und 776 zur Leistung eines Treueides (auf Konstantin VI.) herangezogen. Die organisatorische Durchführung beider Maßnahmen legt die Existenz von *collegia* nahe. Es ist damit zu rechnen, daß auch gewisse handwerkliche Fertigkeiten in diesen Jahrhunderten untergingen. Umgekehrt fallen in diese Periode die Erfindung des griechischen Feuers, des Signalsystems von der Ostgrenze zur Hauptstadt (falls es nicht nur eine gelehrte Erfindung darstellt) und, während der Auseinandersetzung mit Arabern und Bulgaren, auch Umstellungen in den Waffen, die sich den neuen Gegnern anpaßten. Der Aufbau einer Kriegsflotte an zahlreichen Stellen des Reiches hat die damit verbundenen Handwerkszweige gefördert, wobei unbekannt ist, inwieweit hieran auch staatliche Großbetriebe beteiligt waren.

Korporationen

Eparchenbuch

Dank dem Eparchenbuch, einer für den Stadtpräfekten (Eparchen) Konstantinopels erlassenen Sammlung von Gewerbebestimmungen [2, Bd. 33], verfügen wir für das 10. Jh. über eine breitere Informationsbasis zu Handwerk und Produktion. Da nur jene Gewerbe aufgenommen sind, an deren Überwachung der Staat besonderes Interesse hatte, lag die tatsächliche Zahl der Betriebe oder Dienstleistungseinrichtungen weit höher. Es werden, in der Reihenfolge des Buches, angeführt: Notare, Gold- und Silberschmiede, Geldwechsler, verschiedene Zweige der Seiden(waren)hersteller und -verkäufer, Luxusstoffhändler, Parfümhändler, Seifenhändler, Sattler, Wachs- und Gewürzhändler, Bäcker, Fleisch- und Fischhändler, Kneipenbesitzer, Abdecker, verschiedene Zweige des Baugewerbes (Zimmerleute, Gipser, Marmorhauer, Tüncher). Einzelne Kapitel enthalten Festlegungen über Verkaufsbedingungen oder die Rechte ausländischer Händler, der Paragraph über das Baugewerbe geht auf Arbeitsverträge und das Verbot der Abwerbung ein. Es ist fraglich, ob die Sammlung vollständig ist, da wichtige Zweige, die ohne staatliche Aufsicht nicht denkbar sind, fehlen, wie die Metallhandwerke oder das Marinewesen. Man kann nicht annehmen, daß für diese fehlenden Bereiche allein staatliche Manufakturen zuständig waren. Alle im Eparchenbuch genannten Handwerkszweige sind als Korporationen aufgeführt, doch gibt es keinen Hinweis auf Zwangsmitgliedschaft oder Erblichkeit. Auch bleibt offen, ob sämtliche Handwerksbetriebe zu Korporationen zusammengeschlossen waren oder nur solche, die auf Grund ihrer Waren und Dienste von besonderer Bedeutung für die Allgemeinheit gewesen sind. Es findet sich auch keine Quelle, die im einzelnen Einblick in die interne Organisation einer Korporation gibt. Eine Kontinuität der Korporation von der frühbyzantinischen Zeit bis ins 10. Jh. ist nicht nachweisbar, aber, auch unter Hinweis auf die aus dem 8. Jh. genannten Beispiele, in hohem Grad wahrscheinlich.

Korporationen und Kaiserzeremoniell

Der wirtschaftliche Aufschwung, den die makedonische Dynastie einleitete, ließ schon im 9. Jh. das Handwerk zu neuer Bedeutung kommen. Seit dem 10. Jh. hatten die Korporationen auch ihren Platz im Kaiserzeremoniell, im 11. Jh. waren sie anwesend bei der Ausrufung der Kaiser und auch in Revolten verwickelt. Seit Konstantin X. (1059–1067) waren ihre Vertreter in den Senat aufgenommen, und Alexios I. hat über die dabei nötige Eidleistung eine Novelle herausgegeben.

Niedergang der Korporationen

Bereits in der Komnenenzeit scheinen die Korporationen an Bedeutung verloren zu haben, ohne daß auf einen Niedergang des Handwerks insgesamt zu schließen ist. Verkauf und Verarbeitung von Seidenprodukten [428] haben durch die Herstellung dieser Ware bei Arabern und Normannen gelitten, obgleich auf diesem Gebiet Byzanz sicher über die besseren Techniken verfügte, wie die Deportation der thebanischen Seidenarbeiter durch Roger II. zeigt. Das zunehmende Edelmetalldefizit kann auch zu Einschränkungen im Gold und Silberschmiedehandwerk geführt haben. Bereits ein Text des 10. Jh. zeigt das Eindringen branchenfremder Personen in das Gewerbe [466], und es scheint, daß die Oberschicht (*dynatoi*) auch in diesem Bereich Fuß faßten. Ohne Auswirkung auf das Schicksal der Handwerksbetriebe waren, wenigstens bis zum 13. Jh., die Handelsprivilegien an westliche Staaten, da sie an die Quartiere gebunden waren, diese selbst aber keinen Platz für ein Handwerk boten, während die Einfuhr von Fertigprodukten (besonders im Bereich der Bekleidung) erst im Laufe des 13. Jh. eine Konkurrenz dargestellt haben dürfte.

Die Weiterexistenz von Korporationen in spätbyzantinischer Zeit ist, wenn überhaupt, nur mehr in sehr veränderter Form anzunehmen. Auch die Vereinigung der Hafenbediensteten, die im Zelotenaufstand in Thessalonike eine Rolle spielte (s. o.), kann man schwerlich als *collegium* im mittelbyzantinischen Sinn auffassen. Die technische Überlegenheit des Westens in Verbindung mit einem weitreichenden Handelsnetz haben zumindest das städtische Handwerk zurückgedrängt, während die der Eigenversorgung dienenden dörflichen Handwerkszweige weniger oder überhaupt nicht betroffen waren. Viele Berufe, die für das alltägliche Leben unentbehrlich waren, fanden fast nie einen Niederschlag in den

Quellen, etwa Färber, Walker, Kürschner, Schlosser u. a., obwohl die Ergebnisse ihrer Arbeit (etwa Schlösser, Schlüssel) noch erhalten sind.

Es fehlen weitgehend schriftliche Hinweise auf staatliche Betriebe. Für die Seidenherstellung sind sie (neben Privatbetrieben) als sicher anzunehmen, und manche Stoffe enthalten noch eingewebt den Namen der jeweiligen Kaiser. Funde von Waffenteilen auf dem Areal des Kaiserpalastes in Konstantinopel lassen auf kaiserliche Werkstätten schließen. Kirchliche und weltliche Luxusgegenstände, wie sie etwa im Schatz von San Marco vereint sind, gehen auf Aufträge in staatlichen Werkstätten zurück. Metallgewinnung und -verhüttung müssen ebenso in staatlicher Hand gewesen sein wie der militärische Schiffbau. Es existiert aber keine Information über diese lebensnotwendigen Bereiche des Staates.

6. Handel

„Internationales" Handelsnetz

Der Osten des Mittelmeerraumes versorgte schon in der Antike die übrigen Teile des Reiches vor allem mit Luxuswaren (Gewürze, Drogen, Farben, Stoffe, Edelmetallprodukte), sei es aus eigener Herstellung, sei es als Vermittler aus noch östlicher gelegenen Regionen. Bereits im 5. Jh. sind oströmische Handelskontakte zu weit auseinanderliegenden Gebieten wie England und China feststellbar. Allein in Nordchina fanden sich 22 Goldmünzen der Kaiser Leon (457) bis Herakleios (641) [390]. Zwar führten die beiden Endstrecken der Seidenstraße ins Byzantinische Reich (Trapezunt, Tarsos), doch lag der unmittelbare Zugang zu den Waren des fernen Ostens auf dem Landweg in Händen der Sasaniden. Versuche Justinians, durch Kontakte mit den Äthiopiern (Reich von Axum) unmittelbar an die begehrten Produkte heranzukommen, scheiterten im großen und ganzen an der Monopolstellung sasanidischer Händler. Direkte Kontakte bestanden dagegen zu Indien und Ceylon, wo der Handel mit Gewürzen und Edelhölzern vorherrschend war. Rohstoffe wurden vor allem in Syrien verarbeitet. Bedeutsam war auch der Export von Metallwaren, wie die russischen Kurganfunde zeigen. Edelmetalle, aber auch Eisen boten die ständig von Sasaniden und Byzantinern umkämpften Gebirgszonen Kaukasiens und Armeniens. Blei und Zinn wurden bis ins 7. Jh. aus England eingeführt und mit Getreide und Gold bezahlt [360]. Im 6. und 7. Jh. sind Handelsfahrten auf allen Mittelmeerrouten nachweisbar, und auch das Schwarze Meer (mit Cherson auf der Krim als wichtigem Stützpunkt) war gleichermaßen in den Warenverkehr miteinbezogen.

Seidenraupenzucht

Von besonderer Bedeutung für den früh- und mittelbyzantinischen Handel war die Einführung der Seidenraupenzucht unter Justinian, der Überlieferung nach im Jahre 552. Das überwiegende Staatsmonopol, wohl aber auch besondere technische Fähigkeiten bei der Herstellung haben den Byzantinern bis ins 10. Jh. den Absatzmarkt gesichert, ehe die Araber selbst die Seidenraupenzucht übernahmen (Nordafrika, Spanien, Sizilien).

Versorgung der Bevölkerung

Weit weniger Nachrichten gibt es über die normalen Produkte des Lebens. Hauptlieferant für Getreide war bis zur Eroberung (640) Ägypten, das auch Konstantinopel versorgte, ehe in einer erstaunlich raschen Produktionsumstellung Thrakien und der Schwarzmeerraum an seine Stelle traten [502]. Auch Trockenhülsenfrüchte (die dem Brot beigemischt wurden) sowie Öl, Wein und der Fischfang (mit seinen Nebenprodukten) spielten eine große Rolle bei der Ernährung der Bevölkerung. Die verschiedenen Hungerrevolten in frühbyzantinischer Zeit, vor allem in den Großstädten, zeigen die Schwierigkeiten einer hinreichenden Lebensmittelversorgung. Für die Bekleidung der durchschnittlichen Bevölkerung waren Wolle, Flachs und Leinen (aber, wenn überhaupt, erst in spätbyzantinischer Zeit Baumwolle) von größerer Bedeutung als die Seide, obwohl die Quellen darüber kaum etwas verlauten lassen.

Handelserschwernisse

Araber-, Awaren- und Bulgarenkriege brachten im 7. und 8. Jh. Einschränkungen im Handel mit sich, führten aber keineswegs zu einem Stillstand. Wegen der vielfachen Unterbrechung der Handelsrouten zu Lande kam dem Seehandel (nun mit kleinen, beweglichen Schiffen) längs der Ägäisküsten und vor allem im Schwarzen Meer eine besondere Bedeutung zu. Das Verschwinden städtischen Lebens in großem Umfang gilt nur für den Balkanraum. In Kleinasien nahmen die Städte an Fläche ab und beschränkten sich oft nur auf ein ummauertes Kastell, aber es gibt keinen Grund, auch diesen Niederlassungen Handel und Wirtschaftsleben ganz abzusprechen.

Kommerkiarioi

Die im 7. und 8. Jh. rasch wechselnden Grenzen erschwerten die Kontrolle des Außenhandels immer mehr, so daß das Büro des *comes commerciorum* (Leiter des Grenzhandels) wohl aufgelöst und an seine Stelle das System der Kommerkiarioi (Zolleinnehmer) trat. Ihre Funktion ist durch jüngste Untersuchungen weniger klar definiert als dies früher der Fall zu sein schien. Sie sind nur durch ihre Siegel, einige Hundert an Zahl, bekannt und erweisen sich im 7. und 8. Jh. auf Grund ihrer Titel als hohe Beamte, die in ihren Niederlassungen (*apothēkai*) nicht nur Exporte und Importe kontrollierten, sondern auch (wohl mit der Militärverwaltung in Verbindung stehende) Naturalabgaben einzogen.

Fernhandel

Es bleibt aber fraglich, ob aus der Einrichtung der *apothēkai* gefolgert werden muß, daß der byzantinische Händler nicht mehr in die Ferne reiste und statt dessen an den Zollstellen die Waren vom ausländischen Zwischenhändler entgegennahm. Da diese Stellen wohl in erster Linie eine Bedeutung für die militärische Versorgung hatten, ist nicht anzunehmen, daß sie auch alle dem Warenverkehr mit dem Ausland dienten. Der byzantinische Fernhändler ist wohl eher aus den Quellen als aus der Wirklichkeit verschwunden. An den Orten berühmter Heiliger gab es Handelsmessen (Jahrmärkte), im 8. Jh. bereits in Ephesos, aber auch in Trimithos auf Zypern. Diese Insel, seit 689 vertraglich ausgehandeltes Niemandsland zwischen Arabern und Byzanz, entwickelte sich zu einer Art Freihandelszone und handelspolitischer Drehscheibe zwischen Ost und West [236]. Die Mehrzahl der Messen (Trapezunt, Sinope, Chonai, Myra) ist allerdings im 7. und 8. Jh. noch nicht belegt.

Messen

Vorrechte ausländischer Händler

Bestimmte Vorrechte für ausländische Kaufleute, die in eigenen Häusern (*mitata*) untergebracht waren, sind erst seit dem 9. Jh. bekannt, als eine Verletzung solcher Abmachungen gegenüber den Bulgaren (896) Anlaß für eine langwierige kriegerische Auseinandersetzung war [481]. Im 10. Jh. kamen verschiedene Verträge mit den Russen zustande [484]. Auch die Araber betrieben Handel und besaßen (seit 718) sogar eine Moschee in Konstantinopel. Venedig hatte seit spätestens 992 Handelsverträge, Amalfi wohl früher. Die Juden, die wegen ihrer Sonderstellung manche Gemeinsamkeiten mit den Ausländern hatten, besaßen ein Quartier in Konstantinopel (seit dem 5. Jh.) und an anderen Orten des Reiches. Da die justinianeische Gesetzgebung das Zinsnehmen grundsätzlich gestattete (und die Kirche es nur den Geistlichen verbot), kam ihnen im Bereich des Handels und der Geldgeschäfte nicht jene Bedeutung zu, die sie im Westen hatten.

Juden

Italiener

Eine erhebliche Veränderung des Handels brachte der byzantinisch-venezianische Vertrag von 1082 mit sich, der die Venezianer vom zehnprozentigen Ein- und Ausfuhrzoll (Kommerkion) befreite, ihnen ein Handelsrecht an allen Orten (ausgenommen das Schwarze Meer) und ein Quartier in Konstantinopel zubilligte. Weniger privilegiert waren Pisaner (1111) und Genuesen (1170), die sich mit 4% Kommerkion und Quartieren allein in Konstantinopel begnügen mußten. Demgegenüber waren byzantinische Händler benachteiligt, die vom Kommerkion nur dann befreit waren, wenn sie mit Venezianern Handel trieben.

Kreuzfahrerstaaten

Auf Grund der Niederlassungen in den Kreuzfahrerstaaten seit Anfang des 12. Jh. stand den westlichen Kaufleuten ein umfangreiches Handelsnetz zur Verfügung. Die Byzantiner wurden zunehmend in die Rolle des Klein- und Binnenhändlers zurückgedrängt. Der vergrößerte Absatzmarkt ist aber (trotz sinkender Zolleinnahmen) der byzantinischen Wirtschaft zugute gekommen und trug nicht zum Ruin des Reiches bei: Byzanz als Agrarstaat konnte die Produkte seiner Landwirtschaft – Öl, Oliven, Wein, Getreide, Korinthen, Fisch, Käse, Honig, Wachs – gegen Holz, Metalle (Gold, Silber, Eisen, Kupfer) und Tuchsorten verkaufen. Da die westlichen Schiffe auch nichtbyzantinische Orte anliefen, müssen nicht alle in westlichen Dokumenten genannten Waren ins Byzantinische Reich gebracht worden sein (etwa Holz und Tuche in die Kreuzfahrerstaaten), sondern können auch einem Weiterverkauf durch die Byzantiner gedient haben. Der uns unbekannte Umfang des ausschließlich byzantinischen Schwarzmeerhandels läßt eine Reihe von Möglichkeiten zu.

Westlicher Fernhandel

In spätbyzantinischer Zeit nahm der Umfang des Fernhandels westlicher Nationen noch weiter zu und wurde durch Privilegien der Kaiser (auf der Suche nach Bündnispartnern) gefördert. Der Mangel an eigenen Schiffen schuf den Ausländern einen zusätzlichen Vorteil. Auch der Schwarzmeerraum stand nun Venezianern und vor allem Genuesen in vollem Umfang offen. Beide Stadtstaaten verfügen, seit dem 14. Jh., über vervollkommnete Buchungspraktiken und sichere Geldgeber. Byzanz war über den Geldwechsler oder Kleinbankier hinaus nie zu bankähnlichen Institutionen gelangt und hat bargeldlosen Verkehr nur in einzelnen Fällen nach westlichem Vorbild übernommen. In den Gesellschaften zur gegenseitigen Haftung bei Handelsunternehmen tauchten im 14. und 15. Jh. auch Griechen als Beteiligte auf, fast nie jedoch allein, sondern neben Angehörigen westlicher Nationen. Bemerkenswert ist, daß spätestens seit der 2. Hälfte des 14. Jh. Mitglieder der byzantinischen Oberschicht in den Handel einstiegen. Der Reichtum verschiedener Familien (bei ständig vermindertem Landbesitz), der sie auch zu Privatbankiers westlicher Kaufleute werden ließ, mochte aus Handelseinnahmen resultieren, obgleich sichere Beweise fehlen. Zu spät übernahmen die Byzantiner in einzelnen Bereichen (und nur in der Hauptstadt nachweisbar) westliche Handelsinnovationen, zu unbedeutend ist ihre Währung geworden, als daß sie etwas anderes als kleine Handelspartner werden konnten.

Reichtum byzantinischer Familien

Der Bereich des Klein- und Binnenhandels war den Byzantinern geblieben. Die Kaiser förderten ihn durch die Vergabe von Zoll- und Handelsprivilegien an bestimmte Städte (Jannina, Phanarion, Pegai und vor allem Monembasia). Hierdurch entstand eine bescheidene Konkurrenz zu den Vorteilen westlicher Kaufleute, allerdings auch zweierlei Recht für Händler derselben Nation. Die Haupthandelsgüter der Byzantiner lagen weiterhin in landwirtschaftlichen Produkten, die nicht nur für den Export, sondern auch für den Verbrauch im eigenen Lande genügend vorhanden waren. Byzanz war auch am Ende seiner Tage nicht zu einem Armenhaus geworden.

Binnenhandel

7. Löhne und Preise

Quellenprobleme

Angaben über Löhne und Preise haben sich nur spärlich und punktuell erhalten, so daß weiterreichende Schlußfolgerungen über die Kaufkraft besonders bei den unteren und mittleren Schichten kaum möglich sind. Für die Preise verschiedener Produkte und Gegenstände besitzen wir inzwischen einige Hunderte Hinweise, weit weniger dagegen für Entlohnungen [384; 395; 397], wobei sich aus der Zeit bis zum 7. Jh. und im 14. und 15. Jh. die meisten Hinweise finden. Eine stabile Phase der Preisentwicklung vom 4. bis in die Mitte des 6. Jh. wird von einer bis wenigstens Anfang des 9. Jh. (Finanzreformen des Kaisers Nikephoros I.?) reichenden Periode der Schwankungen abgelöst. Zwischen dem 10./11. Jh. und dem späten 13. Jh. zeichnet sich wieder eine Konstanz ab (vor allem im Bereich der „Leitpreise" Getreide und Boden), obwohl der Geldwert am Ende dieses Abschnittes etwa 1/3 weniger als am Anfang betrug. Der Einfluß der westlichen Handelskonkurrenz führte im 13. und 14 Jh. zu einer großen Preisvielfalt, die ein klares Bild vielfach vermissen läßt. Dem Preisanstieg und der Geldentwertung haben sich, wie es scheint, auch die Löhne angepaßt und das Lebensniveau (auch in den mittleren und unteren Schichten) ist in spätbyzantinischer Zeit wohl sogar höher gewesen als in den frühen Jahrhunderten.

Phasen der Preisentwicklung

Westl. Handelskonkurrenz

Lebensniveau

D. DIE VERWALTUNG DES BYZANTINISCHEN REICHES

Wandel und Anpassung

Diokletian und Konstantin schufen die Grundlagen der byzantinischen Staatsverwaltung und wesentliche Voraussetzungen für einen zentralen Ämterapparat im zivilen wie im militärischen Bereich, doch hat die Verwaltung im Laufe der Jahrhunderte durch Anpassung an neue Gegebenheiten erhebliche Veränderungen erfahren. Der große Einschnitt liegt im 7.-8. Jh., als die Provinzialstruktur langsam in die Themenverfassung überging und damit auch der Beamtenapparat erheblich umgestaltet wurde. Fast ebenso markant sind auf diesem Sektor die Wandlungen, die das 11. Jh. mit sich brachte, als die Themen an Bedeutung verloren und ihren militärischen Charakter einbüßten. Seit dem späten 11. Jh. veränderten sich auch die Funktionen des zentralen Beamtenapparates in erheblichem Maße: alte Aufgabenbereiche verschwanden, neue traten an ihre Stelle. Unverändert blieb das Grundprinzip eines zentral verwalteten Staates, welches das eigentliche Kontinuum darstellt.

1. Die Provinzverwaltung

Verwaltungsreform Diokletians

Ziel der diokletianischen Verwaltungsreform (297) war es, die Macht der Provinzgouverneure zu brechen und die Zentralisierung des Staates zu sichern. Ergebnis der bis ins 5. Jh. reichenden Entwicklung, die auf die Trennung von ziviler und militärischer Gewalt abzielte, waren 120 Provinzen, die in 15 Diözesen zusammengefaßt waren, welche ihrerseits wieder in vier Praefekturen (Oriens, Illyricum, Italien, Gallien) gegliedert waren. Nur Rom und Konstantinopel blieben außerhalb dieser Einheiten in der Hand eines *praefectus urbi*. Senatoren oder Ritter (*equites*) mit der Bezeichnung *correctores*, *consulares* oder *praesides* standen als Zivilbeamte an der Spitze der Provinzen. Die Diözese verwaltete ein vom Kaiser ernannter *vicarius*, der dem obersten Beamten der jeweils übergeordneten Praefektur, dem *praefectus praetorio*, unterstand. Aufgabe der Prätorianerpräfekten war die Aufrechterhaltung von Sicherheit und Ordnung, Rechtsprechung, Postverwaltung, Verteilung der *annona* sowie Sold und Gehaltzahlung.

Militärstruktur

Die militärische Führung der Provinz oblag dem *dux*, der jedoch angesichts der zahlreichen Provinzen nicht immer über eine eigene Legion verfügte; in Grenzregionen unterstanden ihm auch die *limitanei*. Sie wurden ursprünglich von zwei Oberkommandierenden, *magistri militum* (für Infanterie *m. peditum*, für Kavallerie *m. equitum*), befehligt, deren Zahl sich schon in der Mitte des 4. Jh. durch Schaffung weiterer Kommandobereiche erhöhte. Zum Schutz der kaiserlichen Residenzstädte gab es noch jeweils zwei ortsgebundene (*praesentales*) *magistri militum*. Sie verschwanden mit der vollen Durchführung der Themenstruktur im 8. Jh. Die Rekrutierung der Armee geschah durch Söldnerdienst, erbliche Wehrpflicht und Einziehung von Rekruten, die Grundbesitzern als Steuern abverlangt wurde und auch adäriert werden konnte.

Themenorganisation

Im Laufe des 7. Jh. wurde die bisherige Organisation von der Themenstruktur abgelöst. „Thema" wurde (neben einigen inakzeptablen Ableitungen) in der älteren Literatur mit der in den Akten der Zentralverwaltung in Konstantinopel niedergelegten „Stammrolle" in Verbindung gebracht, doch spricht eine größere Wahrscheinlichkeit von der lexikalischen und praktischen Seite her für „Zuweisungsgebiet" (von Soldaten), „Distrikt einer Heeresgruppe" und „Heeresgruppe". Während die ältere Forschung darin eine von Kaiser Herakleios im Abwehrkampf gegen die Perser erdachte Verwaltungsreform sah, bei der die zivile und militärische Führung des als „Thema" bezeichneten Bezirkes in die Hand eines Generals (Strategen) gelegt wurde, überwiegt nun die Ansicht einer langsamen Entwicklung, wobei die Militäreinteilung die alten Präfekturen überlagerte und in der Folge auch administrativ ablöste. Die ersten Themen im geographischen Sinn (neben den Präfekturen) begegnen in der 2. Hälfte des 7. Jh.: Armeniakon 668/69 (oder schon 650), Opsikion (abgeleitet von den Garderegimentern in Bithynien, zu lat. *obsequium*) 680, Anatolikon 680/81, Kibyrraiōtōn (nach dem Ort Kibyrra) als „Seethema" an der Westküste Kleinasiens um 740. Aber erst in der 2. Hälfte des 8. Jh. (wohl 771) sind die Themen auch zu neuen geographisch-administrativen Einheiten geworden. In gewissem Sinne Vorbilder für diese Verwaltungsstruktur gibt es schon vor dem 7. Jh., als in Grenzgebieten zivile Befehlshaber die Aufgaben eines *dux* übertragen bekamen, im besonderen aber in der Schaffung der Exarchate von Ravenna (584) und Karthago (591), als erstmals aus alten Provinzen heraus territorial und verwaltungsmäßig neue Gebiete geschaffen wurden. Die Themen sind das Ergebnis einer konsequenten Verteidigungspolitik gegen die Araber, die die Anpassungsfähigkeit des byzantinischen Staates an neue Gegebenheiten zeigt.

Strukturveränderungen

Die ersten vier Themen in Kleinasien und das thrakische Thema (Anf. 8. Jh.) waren von einer Größenordnung, die die Verwaltbarkeit erschwerte und die Macht der Strategen in gefährlichem Ausmaß anwachsen ließ, wie mehrere Usurpationen Anfang des 8. Jh. zeigen. Daher begegnen bereits im 8. Jh. die ersten Teilungen. Das Themensystem wurde bis ins 10. Jh. in allen rückeroberten Gebieten eingeführt, allerdings auf der Basis eines geringeren territorialen Umfangs, so daß ihre Zahl im 10. Jh. schließlich 37 betrug.

Untergliederung der Themen

Die Themenadministration ist erst aus Quellen des 10. Jh. besser bekannt [5], und Rückschlüsse auf frühere Jahrhunderte sind kaum möglich. Ein Thema ist untergliedert in zwei bis vier *tourmai* (mit einem Turmarchen an der Spitze) und diese wiederum in fünf bis sieben *banda* (oder *topotērēsiai*), mit einem *comes* an der Spitze. Diese Bezeichnungen sind nicht zu verwechseln mit den gleichnamigen Benennungen byzantinischer Heereseinheiten, die der militärisch-administrativen Einteilung aber wohl zugrunde liegen. Die Administration solcher Unterbereiche unterstand dem Büro des Strategen. Dieser fungierte im Thema als Stellvertreter des Kaisers, der ihn auf Zeit (meist vier Jahre) ernannte und ihn auch in ein anderes Thema versetzen konnte. Er bezog ein der Bedeutung der Themen entsprechendes Jahreseinkommen zwischen fünf und vierzig Pfund (360 bis 2880

Nomismata) und verfügte über einen umfangreichen, überwiegend einheimischen Verwaltungsstab mit Finanz- und Steuerbeamten, Richtern und Truppenführern. Da die Einnahmen vornehmlich nach Konstantinopel flossen, waren die Finanzstellen des Thema auch von den Zentralbehörden abhängig, wobei die Abgrenzung der Kompetenzen unbekannt bleibt. In gewissem Umfang bildete das Thema aber einen kleinen Staat für sich.

Themen im Seebereich

Die militärische Reorganisation umfaßte auch den Seebereich, der seit der römischen Kaiserzeit militärisch vernachlässigt worden war und bis ins 7. Jh. den Oberbefehlshabern der Landheere unterstand, die die bescheidenen Einheiten von *praefecti* leiten ließen. Nach dem arabischen Angriff auf Konstantinopel 678 werden bestehende Einheiten zu einer „Flotte der Karabisianer" (zu karabi = Schiff, „die auf den Schiffen Tätigen") zusammengefaßt, während ein erstes Seethema im geographischen Sinn erst mit dem Kibyrraiōtōn (aus unbekannten Gründen nach einem Ort Kibyrra) um 740 entsteht [505]. Seine Schaffung steht im Zusammenhang mit einer Flottenorganisation unter Leon III., die den Ausbau einer Provinzflotte in dem an das Meer angrenzenden Landthema (dem Themengeneral unterstehend) und die Schaffung einer Zentralflotte (mit Kommandanten an wichtigen Stützpunkten wie Meerengen, Häfen, Inselhauptorten) umfaßte. Letztere war eher ein Organ der Zentralverwaltung, besonders seit sie im 9. Jh. einem eigenen Admiral (statt wie bisher einem Themenstrategen) mit dem Titel *drungarios tu ploïmu* unterstellt war. Analog den Landthemen sind auch diejenigen zur See in Bezirke unterteilt, die einem (einfachen) Drungarios und (in der kleinsten Einheit) einem Turmarchen unterstellt waren.

Themenartige Gebilde

Neben dem Thema als größter Verwaltungseinheit gab es in Randzonen noch Gebiete kleineren Umfangs, die wie Themen verwaltet wurden und später, meist bei Neueroberungen, auch zu eigentlichen Themen wurden: Turma (nicht identisch mit dem gleichnamigen Unterbezirk des Thema), Kleisura (Bergschlucht, Engpaß) und Drungaraton an Küsten oder auf Inseln.

Soldatenbauern

Mit der Entstehung der Themen war a priori keine neue Form der Rekrutierung verbunden, da es keinen Anhaltspunkt dafür gibt, daß die erst im 10. Jh. genannte Institution der Soldatenbauern einem gesetzgeberischen Akt in Verbindung mit der Schaffung der Themenarmee entsprang, deren Anfänge im 7. Jh. auch ganz gegen gleichzeitige Landzuweisungen sprechen. Vielmehr ist ein aus der Soldzahlung erworbener Landbesitz zu einem unbekannten Zeitpunkt gesetzlich festgeschrieben und mit der Verpflichtung zum Militärdienst (wenigstens eines Familienmitglieds) einschließlich Rüstung und Pferd, verbunden worden. Aus solchem Besitz rekrutierte sich auch die Kriegsmarine, deren Angehörige ihre Güter an der Küste oder auf den Inseln hatten.

Niedergang der Themen

Der Niedergang des Soldatenbauerntums seit dem späten 10. Jh. (vgl. S. *37*) entzog den Themen ihre militärische Grundlage. Die kriegerischen Unternehmungen wurden nun überwiegend mit Hilfe der in der Gegend Konstantinopels, aber auch in den Themen selbst befindlichen *tagmata* (kaiserliche Gardetruppen) geführt, die dem Oberbefehlshaber der Gardetruppen, dem *domestikos* der *scho-*

lai, unterstanden (vgl. S. 55). Damit war die Macht des Themenstrategen, die der Zentralgewalt immer suspekt war, gebrochen. Jüngste Untersuchungen [522a] machen es wahrscheinlich, daß die Stärkung der *tagmata*, die mit der Schaffung je eines Oberbefehls für die östlichen und die westlichen Reichsteile parallel ging, einer Heeresreform des Kaisers Nikephoros Phokas (963–969) zuzuschreiben ist, der damit die großen Eroberungen im Osten erreichte und sie durch die Errichtung von Dukaten und Katepanaten (mit Stationierung von *tagmata*-Truppen) sicherte. In den Themen verschafften sich zunehmend die zivilen Kräfte Einfluß, so daß in der Praxis seit dem 11. Jh. nahezu eine Trennung von ziviler und militärischer Macht bestand. In der Folge wurden die Themen zu ziviladministratorischen Einheiten und hatten im Grunde nur mehr geographischen Charakter. Schon im 11. Jh. gewann eine bisher untergeordnete Persönlichkeit, nämlich der Richter (der aus dem früheren Praitor hervorging und oft noch diese Bezeichnung trug), eine entscheidende Funktion neben dem Strategen, da ihm auch die wichtigsten Beamten der Zivilverwaltung (vor allem der Finanzen) unterstanden. Er wurde vom Kaiser ernannt und stand in seiner Tätigkeit teilweise in Konkurrenz zum Strategen, der bisweilen auch weiterhin richterliche Funktionen ausübte. Charakteristisch für den Wandel sind seit dem späten 10. Jh. neue Bezeichnungen für militärische Befehlshaber in den Themen. Es sind dies der *dux* und der rangmäßig etwas tiefer stehende *katepano* (wörtlich: der als Führer an der Spitze steht). Umgekehrt erhielten, vereinzelt in der 2. Hälfte des 10. Jh., in der Regel seit dem 11. Jh., Befehlshaber einer kleinen Stadt, vor allem in den rückeroberten Gebieten an der Ostgrenze, den Titel „Stratege" und waren als solche einem Dux untergeordnet, bis schließlich in der 2. Hälfte des 11. Jh. die Bezeichnung „Stratege" für den Themengouverneur verschwindet. Der Dux trat aber keineswegs nahtlos dessen Funktion an; obwohl er häufig auch zivile Aufgaben an sich zu ziehen suchte, blieb er mehr Militärbefehlshaber. Der geographische Themenbezirk wurde nun weit eher vom Themenrichter bestimmt als vom Dux, dessen Befehlsbereich sich in manchen Fällen offenbar nicht mehr ganz mit dem Themenumfang deckte. Damit war die Militarisierung des Byzantinischen Reiches, die im 7. Jh. langsam einsetzte, auch formell beseitigt. In der Verwaltungssprache drang eine Unterscheidung der Gebiete im Osten (*anatolē* = Kleinasien, Syrien) von denen im Westen (*dysis* = Thrakien, Griechenland, Italien, Balkan, Dalmatien) durch. Für den Bereich des Ostens und Griechenlands wurde im 12. Jh. nochmals eine Wiederholung der Themenstruktur im alten Sinne versucht, vielleicht schon durch Johannes II., sicher durch Manuel, die dem Dux wieder eine Reihe ziviler Aufgaben (vor allem der Steuereinziehung) anvertrauten.

Heeresform Nikephoros II.?

Themen als zivile Einheiten

Zentralflotte

Auch die Seethemen blieben vom Niedergang nicht verschont, ohne daß die Zentralflotte entsprechend wirksam ausgestaltet wurde. Mit der zunehmenden Zentralisierung des Reiches in der 2. Hälfte des 11. Jh. wird die bisher lokalen Behörden unterstellte Provinzflotte einem Marinebüro in Konstantinopel eingegliedert, so daß man nun von einer Einheitsflotte sprechen kann. Sie stand seit Alexios I. unter dem neugeschaffenen Amt eines *megas dux*, während der bisherige Drungarios zum Führer der lokalen Schutzflotte Konstantinopels und des Kaisers wurde. Mit der Wiedereinführung von Themen alten Stiles in Kleinasien unter Kaiser Manuel I. wurde die lokale Marine wieder dezentralisiert und dem *dux* des Themas, nicht dem *megas dux* unterstellt. Diese Veränderung hatte über 1204 hinaus keinen Bestand, da schon im Nikänischen Reich und später während der Paläologenzeit wiederum allein der *megas dux* zuständig war.

Die Verwaltungsstruktur der Teilreiche nach 1204 bietet wegen des Quellenmangels erhebliche Probleme. Allein in Epiros läßt sich zivile und militärische Führung in der Hand des *dux* als Erbe der Reformen Manuels nachweisen [515].

Themen als fiskalische Einheiten

In der Paläologenzeit sind die Themen, in Urkunden *katepanikia* und in anderen Quellen *eparchiai* (Provinzen) oder *themata* genannt, ausschließlich fiskalische Verwaltungseinheiten. Der Bezirk war zusammengeschrumpft auf den Hauptort und dessen nähere Umgebung. An der Spitze stand, meist auch als Art Gouverneur der jeweiligen Stadt, ein auf Zeit eingesetzter kaiserlicher Beamter mit dem Titel *kephalē* (Haupt, Vorstand). Daneben gab es noch „überregionale" (*katholikōs*) *kephalai*, etwa für die Peloponnes, Thessalien oder andere größere Bereiche, die jedoch keiner früheren oder zeitgenössischen Verwaltungseinheit entsprachen. Die lokalen Kephalai hatten beschränkte militärische Aufgaben, indem sie die jeweilige Festungsgarnison befehligten, und auch gewisse richterliche Funktionen. Zu den wichtigsten Beamten gehörten die Steuerfestsetzer (*apographeis*), die auch recht selbständig gegenüber dem *kephalē* wirken konnten. Wie der byzantinische Staat im 14. und 15. Jh. nur mehr ein Schatten einstiger Größe war, so war auch seine Provinzverwaltung geschrumpft und beschränkte sich ausnahmslos auf den fiskalischen Bereich.

2. Der Hof und die Organe der Zentralverwaltung

Kompetenzen der Ämter

Eine Einteilung der Verwaltung nach konkreten Aufgabenbereichen, Ministerien vergleichbar, hat nur in Ansätzen existiert. Die meisten Beamten waren für mehrere Gebiete zuständig, von denen sich eines als Hauptbetätigungsfeld herauskristallisierte. Die verschiedenen Amtsbezeichnungen wechseln ganz erheblich im Laufe der Jahrhunderte. In frühbyzantinischer Zeit sind sie überwiegend lateinisch und weichen vom 7./8. Jh. an einer griechischen Terminologie, die sich aber bis zum Untergang des Reiches, vor allem seit der Komnenenzeit, ihrerseits wieder erheblich wandelt. Alte Namen für denselben Tätigkeitsbereich verschwinden und neue treten an ihre Stelle, ohne daß wir dafür immer die Gründe anzugeben vermöchten. Viele Ämter sind allein vom Namen her bekannt und lassen nur Vermutungen über die damit verbundene Tätigkeit zu. Andere konkurrierten miteinander, und es ist meist wenig klar, ob und wie die Kompetenzen geregelt waren. Eindeutig ist, daß alle Amtsinhaber vom Kaiser allein ernannt wurden und von ihm auch entlassen werden konnten. Eine persönliche Sicherheit boten diese Stellen nicht und waren, besonders in den höheren Chargen, vielfach vom Wechsel der Kaiserherrschaft in Mitleidenschaft gezogen. Bei der Betrachtung des byzantinischen Ämterwesens darf der grundlegende Unterschied zwischen Titelträger (Würde) und Amtsträger nicht übersehen werden: mit dem Amt war fast immer ein Titel verbunden, nicht aber mit jedem Titel ein Amt.

Hofämter

Die wichtigsten Hofämter waren von Konstantin dem Großen an bis zum Ende des Reiches mit Eunuchen besetzt. An der Spitze stand der *praepositus sacri cubiculi*, dem das gesamte Hofpersonal unterstand, einschließlich des *comes sacrae vestis* (Vorsteher der Kleiderkammer) und der *silentiarii*, die im Kaiserpalast für Ordnung und absolute Ruhe zu sorgen hatten, denen aber nach dem 6 Jh. nur mehr eine Funktion im Zeremoniell zukam. Der *praepositus sacri cubiculi* war auch für die Finanzverwaltung des Kaiserpalastes verantwortlich, eine Aufgabe, die er sich seit dem 5. Jh. mit dem *comes sacrae vestis* teilte. Ihm untergeordnet begegnet 602 erstmals sein späterer Nachfolger, der *parakoimōmenos* (wörtlich: der im Raum neben dem Kaiser schläft). Auf Grund seiner steten Nähe zum Kaiser war er in mittelbyzantinischer Zeit eine der einflußreichsten Persönlichkeiten, dem mancher byzantinische Kaiser seinen Aufstieg (oder auch seinen Tod) verdankte. An Rang hinter ihm stand in mittelbyzantinischer Zeit der *protovestiarios*, der, nun mit einem griechisch-lateinischen Mischtitel versehen, die Nachfolge des *comes sacrae vestis* antrat. Daneben begegnen seit dem 9. Jh. weitere bedeutende Hofämter, so der Küchenmeister (*ho epi tēs trapezēs*, d. h. derjenige, der für die Tafel verantwortlich ist) und der Mundschenk (*pinkernēs*). Schon in der Komnenenzeit traten mit neuen Bezeichnungen Veränderungen in den Hofämtern ein, aber die Funktionen werden erst (dank ausführlicherer zeremonieller Schriften) in der Paläologenzeit klarer. Der Parakoimomenos blieb weiterhin bestehen, doch war sein Amt auf zwei Personen verteilt: den *p. tēs sphendonēs* (Siegelbewahrer, zu *sphendonē* „Ringsiegel") und den *p. tu koitōnos* (zu *koitōn* Schlafgemach, den früheren *praep. sacri cubiculi*). Allerdings war er nun nicht mehr der höchste Amtsträger im Palast. An der Spitze stand jetzt der Großprimikerios (wörtlich: erster Kerzenträger, zu *kērion* "Kerze"), der den Hofstaat und das Zeremoniell leitete. Es begegnen nun auch ganz neue Hofdienste, wie die eines Oberjägermeisters (*prōtokynēgos*) und eines Oberfalkners (*prōtoierakarios*). Trotz der Verkleinerung des Reiches war in spätbyzantinischer Zeit der personelle Aufwand für den Hofstaat kaum geringer geworden als in früheren Jahrhunderten.

In der Realität des byzantinischen Lebens standen Hof und Zentralverwaltung in enger Verbindung. Zum einen waren die Amtsstellen bis ins 12. Jh. im großen Kaiserpalast untergebracht, zum anderen waren die Beamten durchweg Träger von Hofwürden und dem Kaiser seit dem 6. Jh. durch einen Treueid verbunden.

Kaiserkanzlei

Die Fäden der Zentralverwaltung liefen in der kaiserlichen Kanzlei zusammen, die jedoch nie eine Behörde mit festumrissener Gestalt war, aber als Institution unter verschiedenen Formen vom Anfang bis zum Ende des Reiches existierte. Unter Konstantin dem Großen gehörte sie zum Büro des *magister officiorum*, der gleichzeitig auch die Garderegimenter führte, dem das Zeremonialwesen unterstand und dessen wichtigste Funktion der eines Außenministers vergleichbar war.

Doch scheint es, daß die Kanzlei schon im 6. Jh. weitgehend ein Eigenleben führte, das sich im 7. Jh. mit dem Verschwinden des *magister officiorum* noch verstärkte. Sie wurde in frühbyzantinischer Zeit vom *quaestor sacri palatii* geleitet, der wohl nicht an die Weisungen des *magister officiorum* gebunden war, sondern dem Kaiser persönlich unterstand. Die Leiter der einzelnen Abteilungen, *scrinia* genannt (wörtlich: Schrank zur Aufbewahrung von Rollen und Urkunden), waren dagegen dem *magister officiorum* verantwortlich; sie hießen *magistri scriniorum* oder griechisch *antigrapheis*. Als drittes Element gab es die *schola notariorum*, die Sekretäre, von denen sich schon unter Konstantin dem Großen die Privatsekretäre (als *referendarii* bezeichnet) absonderten. Diesen Sekretären, die durch ihre Tätigkeit in besonderer Nähe zu allen kaiserlichen Aufgaben standen, kam seit dem 6. Jh. eine spezielle Bedeutung bei der Weiterentwicklung der Kanzlei zu. Es bildete sich nämlich, zunächst neben den *referendarii*, eine Gruppe von kaiserlichen Sondersekretären (*a secretis*) heraus, deren Vorsteher im 8. Jh. (756 erstmals) als *proto a secretis* (Protasekretis) bezeichnet wurde. Sein Einfluß als Leiter der Kanzlei schwand im 9. Jh., da er immer mehr mit ausschließlich juristischen Funktionen betraut wurde; im 12. Jh. schließlich hatte er als oberster Richter nichts mehr mit der Kanzlei zu tun. Seit dem 9. Jh. begegnet der „Bewahrer des kaiserlichen Tintenfasses" (griechisch: *ho epi tu kanikleiu*), welches die Purpurtinte enthielt. Es handelt sich dabei um einen Titel, der bedeutenden Persönlichkeiten verliehen wurde, oft auch hohen Amtsträgern, denen damit in Personalunion die Kaiserkanzlei übertragen wurde. Oft, aber nicht regelmäßig, ist der *logothetēs tu dromu* (Außenminister) bzw. sein späterer Nachfolger, der Großlogothet, Vorstand der Kanzlei. Ihm stand vor allem das Diktat der staatspolitisch wichtigen Urkunden zu, und er gehörte daher oft zu den literarisch herausragenden Gestalten. In spätbyzantinischer Zeit ist die Kanzlei meist dem *mesazōn* (oder *paradynasteuōn*) unterstellt, der engster Berater des Kaisers und höchster Reichsbeamter war. Es verdient angemerkt zu werden, daß die Institution der byzantinischen Kaiserkanzlei seit dem 13. Jh. besonders in Serbien und wohl auch in Bulgarien nachgeahmt wurde.

Koordination

Die Kanzlei, deren Bedeutung in der unmittelbaren Nähe zum Kaiser selbst liegt, stellte keine Behörde übergreifenden Charakters (im Sinne einer Art Amtsaufsicht) dar. Eine gewisse Koordination unter den Ämtern ist in der Komnenen- und Paläologenzeit erkennbar. Der Logothet der Büros, *logothetēs tōn sekretōn* (zu *secretum*, ursprünglich Versammlung, Konsistorium, später „Büro", „Ministerium"), und sein Nachfolger in spätbyzantinischer Zeit, der Großlogothet, sind in diesem Zusammenhang zu nennen. Es handelt sich dabei um eine Art Oberaufsicht über verschiedene Ämter des Finanzwesens und der Zivilverwaltung, die im einzelnen nicht immer präzise festlegbar sind, wobei der Großlogothet auch noch für den auswärtigen Bereich zuständig war. Eine ähnliche Funktion hat in frühbyzantinischer Zeit wohl der *magister officiorum* ausgeübt. Es gab aber auch, wenngleich nicht in lückenloser Folge, einen Verbindungsmann zwischen dem Kaiser und den hohen Beamten, der erst in spätbyzantinischer Zeit eine fest umrissene Erscheinung darstellt und die Amtsbezeichnung *mesazōn* (=Mittler) trägt. Ein spätbyzantinischer Historiker (Dukas) setzt ihn dem türkischen Großvezir gleich und gibt damit anschaulich seine Funktion wieder. Er existierte bereits in mittelbyzantinischer Zeit unter der Bezeichnung *paradynasteuōn* („Dem Regierenden zur Seite stehend"). Es handelt sich dabei um einen engen Vertrauten des Kaisers, in der Komnenenzeit häufig um einen Verwandten, der oft gleichzeitig auch andere hohe Staatsämter innehatte. Auch in frühbyzantinischer Zeit scheint diese Institution schon vorhanden gewesen zu sein. Sie gehört demnach zu den kontinuierlichen Bestandteilen des byzantinischen Staates und kann verglichen werden weniger mit dem modernen Ministerpräsidentenamt, als mit dem der Kabinettchefs zur Zeit der absoluten Monarchien [517].

Reichspost

Seit römischer Zeit gehörte zu den wichtigsten Dienststellen der *cursus publicus*, die offizielle Reichspost, der auch das Wegenetz und die Verbindungen mit dem Ausland unterstanden. Sein Leiter war damit gleichzeitig auch für die auswärtigen Angelegenheiten zuständig. In frühbyzantinischer Zeit unterstand dieser Bereich dem *magister officiorum*, zeitweise auch dem *praefectus praetorio*. Mit dem Aufstieg der Logothesia, ursprünglich kleinerer Rechnungsämter, im 7. und 8. Jh., wurde dieses Amt dem *logothetēs tu dromu* (*dromos* = lat. *cursus*) übertragen. Da er auch für die Sicherheit des Wegenetzes und den diplomatischen Verkehr verantwortlich war, unterstanden ihm Polizeiorgane, und er nahm damit Aufgaben wahr, die heute etwa einem Innenminister zufallen, obwohl er wegen der Kurierdienste und der Verbindungen zu den auswärtigen Staaten eher einem Außenamt vorstand – ein charakteristisches Beispiel für die bereits oben betonte Unklarheit der Kompetenzen aus moderner Sicht. In spätbyzantinischer Zeit gingen seine Aufgaben an das (schon im 12. Jh.) neugeschaffene Amt des Großlogotheten (*megas logothetēs)* über, der praktisch an dessen Stelle trat. Der *logothetēs tu dromu* war seit dem Ende des 13. Jh. nur mehr ein Titel ohne die ursprünglich damit verbundenen Funktionen.

Finanzverwaltung (allg.)

Sicherlich wichtigste Zentralinstitution war die Finanzverwaltung. Ausgaben und Einnahmen des Staates machten enorme Summen aus. Es waren dies vor allem die Aufwendungen für Armee und Kriegsführung, öffentliche und teilweise auch kirchliche Bauten, Unterhalt und Ausbau des Kaiserpalastes, die Gehälter der Reichsbeamten, Subsidien und Tribute an Fremdvölker, denen die Einnahmen aus den staatlichen und kaiserlichen Gütern, den Monopolbetrieben und den zahlreichen Steuern und Zöllen gegenüberstanden. Die Finanzverwaltung war alles andere als eine einheitliche Institution. Sie zerfiel (schon in frühbyzantinischer Zeit) in voneinander weitgehend unabhängige Teilbereiche, über denen immer der Kaiser stand: staatliche Finanzen (*comitiva sacrarum largitionum*) und kaiserliche Finanzen (*comitiva rerum privatarum*), beide von einem *comes* geleitet. Daneben besaßen die verschiedenen *praefecti praetorio* eine eigene Kasse, der als wichtigste Aufgabe die Verwaltung der Annona (Unterhalt des Militärs) zukam. Mit dem Verschwinden der Präfektur ging diese Tätigkeit in mittelbyzantinischer Zeit an eine zentrale Finanzbehörde, das *logothesion tu stratiōtiku* (Heeresschatzmeisteramt) über. Eine eigene Behörde, die diese drei Finanzbereiche koordiniert hätte, gab es offensichtlich nicht.

Finanzverwaltung in mittelbyzantinischer Zeit

Die Veränderungen, die die verschiedenen Kassen zwischen dem 7. und dem 9. Jh. erfahren haben, treten erst wieder in den Quellen des 10. Jh. zutage. Die Staatskasse trägt nun die Bezeichnung *genikē trapeza* (allgemeine Kasse), die des Kaisers *idikē trapeza* (Privatkasse) oder kurz *idikon*. Erstere war untergliedert in eine Geldverwaltung (*sakellion*) und eine Verwaltung der Naturaleinkünfte (*vestiarion*), beide dem *sakellarios* unterstehend, der in gewissem Sinn die Funktion des *comes sacrarum largitionum* weiterführte. Art und Umfang der *idikē trapeza* sind dagegen nicht klar ersichtlich. Zu einer selbständigen Finanzbehörde entwickelte sich die Staatsdomänenverwaltung, die von einem Kurator geleitet wurde. Die wichtigste Aufgabe der Staatskasse bestand in der Einnahmenverwaltung (Steuer- und Zolleinziehung), die dem (wohl schon im 7. Jh. geschaffenen) *logothesion tu geniku* („Rechnungsstelle für allgemeine Aufgaben") unterstand, an dessen Spitze sich der *logothetēs tu gēniku* befand; er kann als der eigentliche Finanzminister bezeichnet werden, obwohl er im Rang unter dem *sakellarios* stand. Das Büro der kaiserlichen Privatkasse leitete der „Vorstand des *idikon*", der seit dem 11. Jh. ebenfalls Logothet hieß. Im 12. Jh. werden *sakellion* und *vestiarion* unter dem *megas logariastēs* (Oberrechenmeister) zusammengefaßt. Auch das *idikon* scheint zu dieser Zeit mit dem *vestiarion* vereint worden zu sein, wie überhaupt bei besonderen staatlichen Ausgaben Mittel aus dem *idikon* genommen wurden.

Finanzverwaltung in der Palaiologenzeit

In der Paläologenzeit wurden die alten Amtsbezeichnungen eines Logotheten *tu geniku* und *tu idiku* zu bloßen Titeln. So weiß beispielsweise ein Autor aus der Mitte des 14. Jh. (Ps.-Kodinos) mit dem Begriff eines Logotheten *tu geniku* nichts mehr anzufangen. Es gab allem Anschein nach nur noch das *vestiarion*, welches nun Staatsbank, Einnahmen und Domänenverwaltung in einem ist und dessen Leiter als *prokathēmenos* (Vorstand) bezeichnet wurde. Der katastrophale Zustand der Staats und Hoffinanzen hatte auch nicht mehr als eine einzige Behörde nötig, da es außer Schulden bald nichts mehr zu verwalten gab. Abschließend läßt sich ein bemerkenswerter Satz F. Dölgers [400, S. 9] wiederholen: „Wenn irgendetwas die Fabel vom Konservatismus des byzantinischen Verwaltungsorganismus zu widerlegen imstande ist, so ist dies die Geschichte der byzantinischen Finanzverwaltung. Von dem kunstvollen Gebäude der diokletianisch-konstantinischen Einrichtungen ist bis zum Falle des Reiches auch kein Stein auf dem anderen geblieben."

Militärverwaltung

Schwerlich läßt sich von einer zentralen Militärbehörde, einem Ministerium ähnlich, sprechen, eher von Institutionen, die einem Generalstab vergleichbar sind, durch den die Heeresverwaltung in der Provinz überwacht und koordiniert wurde. Zentral geleitet waren dagegen immer die Garde- und Schutztruppen des Kaisers, aus denen heraus, wie oben (S. *49*) dargestellt, sich nach dem Niedergang der Provinzarmeen eine neue Reichsarmee entwickelte. Die Gardetruppen der *scholae palatinae*, in der frühen Zeit überwiegend aus fremdstämmigen Söldnern zusammengesetzt, gehen bereits auf Konstantin den Großen zurück und unterstanden nicht dem Prätorianerpräfekten, sondern dem *magister officiorum*. Daneben gab es noch eine eigene Truppe zum Schutz des Kaiserpalastes, deren Angehörige seit dem 5. Jh. als *excubitores* bezeichnet werden.

Elitetruppen

Die Bedeutung der Scholen (griech. *tagmata*) als Elitetruppen wuchs seit dem 8. Jh. ständig; durch die Maßnahmen des Kaisers Nikephoros Phokas wurde ihr Status gefestigt (S. *49*) und nach dem Niedergang der Themenarmee seit dem 11. Jh. übernahmen sie allein die Verteidigung. Sie standen unter der Führung des *domestikos*, der Anfang des 7. Jh. noch eine Art Adjutant des *magister officiorum* war, seit dem 8. Jh. diesen aber in seiner militärischen Funktion ablöste und seit dem 9. Jh. als *domestikos* der Scholen bezeichnet wurde. In die Tagmata war nun auch die Wachgarde des Kaiserpalastes eingegliedert und ebenfalls einem *domestikos* (*tōn exkubitōn*) unterstellt. Gesondert stand die von einem Drungarios (*tēs viglas*, „der Wache") angeführte kaiserliche Leibgarde.

milit. Sondereinheiten

Mit der Übernahme der Reichsverteidigung verloren die Scholen ihren Elitecharakter. Als Eliteeinheiten blieben die Excubitores sowie die Leibgarde erhalten, die seit dem 11. Jh. nur aus Warägern – später Engländern und Normannen, die aber immer noch „Waräger" genannt werden – bestanden. Von Alexios I. an verdrängten die Waräger die Exkubiten aus ihrer Funktion und übernahmen selbst die Palastwache unter Führung des „Akoluthos" („Begleiter"), der den „Drungarios der Wache" ablöste und Titel und Funktion auch noch in spätbyzantinischer Zeit innehatte.

Oberste Heeresführung

Die oberste Leitung der *tagmata*, über denen immer noch der Kaiser stand, wurde wohl unter Nikephoros Phokas (963–969) in das Amt eines Domestikos des Ostens und des Westens aufgeteilt, seit Alexios I. zusätzlich mit der Benennung *megas* (groß), ehe es seit etwa 1120 wieder nur einen einzigen „Domestikos der östlichen und westlichen Streitkräfte" oder kurz „Großdomestikos" gab. Eine nochmalige Aufteilung des Amtes am Ende des 12. Jh. fand im Reich von Nikaia und in der Paläologenzeit keine Fortführung, da die zuweilen auftauchenden *domestikoi* des Ostens oder Westens bloße Ehrentitel waren. In mittelbyzantinischer Zeit verfügte der *domestikos* über verschiedene untergeordnete Amts- und Militärstellen. Sie verringerten sich in spätbyzantinischer Zeit, und es trat nun als wichtigster Untergebener des *domestikos* der *megas adnumiastēs* (Großmusterungsmeister) hervor, der sich um Heereszählung und Materialversorgung zu kümmern hatte.

Gerichtsbehörden

Noch weniger als die genannten Institutionen läßt sich das Gerichtswesen unter dem Titel einer Zentralbehörde zusammenfassen. Allein durch die weithin zentralistische Ausrichtung der Justiz und der deutlichen Spitze in Konstantinopel wird ein solches Vorgehen in dieser Darstellung einigermaßen gerechtfertigt. Der Formulierung des römischen Rechtsgelehrten Ulpian (um 200) entsprechend, daß der Wille des Princeps Gesetzeskraft habe, war der byzantinische Kaiser oberster Richter und letzte Appellationsinstanz. Die Durchführung geschah im *consistorium principis*, das im wesentlichen auf Konstantin den Großen zurückgeht und unter dem Vorsitz des Kaisers oder des Quästors seine Entscheidungen traf. Ansonsten lag die Gerichtsbarkeit in den Händen des jeweiligen *praefectus praetorio*, wobei seit Anastasios (491–518) dem *praefectus praetorio per Orientem*, der in Konstantinopel residierte, eine besondere Bedeutung zukam. Mit der Errichtung der Themen ging die Rechtsprechung in hohem Maß an die Themengeneräle über, denen in Zivilangelegenheiten Richter (*kritai*) zur Seite standen. Das Consistorium existierte weiter und hat offensichtlich häufiger in die Rechtsprechung eingegriffen als früher. Mit dem Verschwinden des *praefectus praetorio per Orientem* erschien seit dem 7. Jh. der Stadteparch von Konstantinopel (ein Amt, das als lokale Gerichtsinstanz schon seit 359 existierte) als oberster Richter, der auch im Consistorium das Urteil sprach. Durch eine Reform Leons VI. erhielt das Consistorium die Bezeichnung „kaiserliches Gericht" (*basilikon kritērion* oder *bēma*), und ein eigener hoher Beamter war mit der Entgegennahme der Appellationen betraut (*ho epi tōn deēseōn*, „der mit den Bittgesuchen Befaßte"). Der Quästor, nun gräzisiert *koiaistor*, stand einem Tribunal vor, dem ausschließlich Zivilstreitigkeiten (vor allem Urkundenangelegenheiten) oblagen. Zwei gesonderte Gerichte entschieden in Angelegenheiten, die das kaiserliche Personal betrafen. In den Themen war im 10. Jh. die gesamte Rechtsprechung zunehmend an die Themenrichter übergegangen. Kaiser Konstantin X., der auch in anderen Bereichen die Zentralbehörde stärkte, schuf ein eigenes Büro (*sekreton*), dem wohl die Koordinierung der Themenrichter oblag und dessen Vorsitzender als „der mit den Urteilen Befaßte" (*ho epi tōn kriseōn*) bezeichnet wurde. Er konnte aber kein Veto gegen die Urteile einlegen und war eher nominell ein Vorgesetzter der Themenrichter.

Gerichtsreform im 12. Jh.

Eine offensichtlich schleppende Prozeßführung veranlaßte Manuel I. (1166) zu einer Reform, seit der es in der Hauptstadt vier Gerichte (abgesehen vom Kaisergericht) gab, von denen drei für das Zivilrecht, eines für Strafrecht zuständig waren. Der Drungarios der Wache (*tēs viglas*), bis Anfang des 11. Jh. ein hoher Militärbeamter, war im 12. Jh. (und vielleicht schon früher) Vorsitzender des Kaisergerichts und leitete (gleichzeitig?) eines der vier genannten Gerichte.

Gerichtswesen nach 1204

Viele Fragen der Organisation der Rechtsprechung im 13. Jh. müssen offen bleiben. Möglicherweise haben in den Wirren nach 1204 kirchliche Instanzen zunehmend die Angelegenheiten von Laien übernommen, wodurch sich auch die Präsenz der Kirche in den staatlichen Gerichtsinstanzen des 14. und 15. Jh. leichter erklären ließe. Im 14. Jh. übte auch der *kephalē* (Gouverneur) der nun mehr fiskalischen Themen (s. o. S. *50*) die Rechtsprechung aus. Genauer Bescheid wissen wir nur über die Gerichtsreformen Andronikos' II. und Andronikos' III. Ersterer schuf 1296 am Kaiserhof (statt des Kaisergerichtes?) ein aus sechs Laien und sechs Klerikern zusammengesetztes Tribunal, das seine Sentenzen einstimmig zu fällen hatte. Die Reform war wenig erfolgreich, da schon 1329 Andronikos III. das Tribunal auf vier Mitglieder (mit der Bezeichnung *katholikoi kritai*, „Allgemeinrichter") verkleinerte, von denen eines ein Bischof sein mußte. Die Institution hatte bis zum Ende des Reiches Bestand.

E. Grundlinien der Verfassungsgeschichte

Verfassungsgeschichte ist ein Begriff der Neuzeit und setzt eine schriftlich niedergelegte Verfassung voraus, die Byzanz nie besessen hat. In der Beschreibung der Phänomene, die auf Tradition und Gewohnheitsrecht beruhen, zeigt sich ihr Charakter als „Verfassung im geistigen Sinn" [587, S. 53]. Verfassungsgeschichte beinhaltet zunächst eine Betrachtung der konstitutiven Organe Kaisertum, Heer, Volk, Senat in ihrer historischen Entwicklung, deren gegenseitiges Kräftespiel die Vorstellung Lügen straft, Byzanz habe einen monolithischen Block dargestellt. Verfassungsgeschichte umfaßt aber auch das Verhältnis des byzantinischen Staates zu anderen Staaten und die Beziehungen zwischen zentralen und regionalen Kräften innerhalb des Reiches selbst.

Definition der Verfassung in Byzanz

1. Der Kaiser und die Verfassungsorgane

Der byzantinische Staat war untrennbar mit der Institution des Herrschers verbunden, in der über die Jahrhunderte hin die Fäden des Reiches zusammenliefen. Trotz Absetzungen der Kaiser, die sich individuell auf eine Person bezogen, wurde das Kaisertum als solches nie in Frage gestellt. Eine Herrschaftsform ohne Kaiser war nicht denkbar.

Kontinuität des Kaisertums

Da der Kaiser im staatsrechtlichen Sinn der römische Imperator ist, besteht eine ungebrochene Kontinuität des Kaisertums von Augustus bis Konstantin XI., in der die Übernahme des Christentums nur einen ideologischen, aber keinen staatsrechtlichen Einschnitt bedeutet. Grundlage ist der für Augustus geschaffene Princeps-Begriff, demzufolge der Kaiser nicht Herr (*despotēs*) des Staates, sondern nur oberster Verwalter (*oikonomos*) ist. Allerdings prägt sich diese Stellung eher in der Kaiserideologie aus als in der Wirklichkeit, in der der Herrscher durch seine Göttlichkeit aus der weltlichen Sphäre herausgehoben ist. Bereits in der frühen Kaiserzeit war in den östlichen Reichsteilen (auf Grund einer von Alexander dem Großen erneuerten Tradition der altorientalischen Herrscher) der *princeps* der *theios anēr* (der göttliche Mensch). Die für den Christen nicht akzeptable Göttlichkeit (Gottkaisertum) erfuhr zur Zeit Konstantins eine Umformung. Die entscheidende Rolle in der Interpretation fällt sicherlich Eusebios von Kaisareia zu, der Konstantin zu dem von Gott zum Schutz des Christentums auserwählten Herrscher machte. Damit war der Herrscher seiner vollen Göttlichkeit enthoben, da Gott über ihm stand, und zum Auserwählten Gottes geworden, *a deo coronatus* (von Gott gekrönt), mit anderen Worten: er war Kaiser von Gottes Gnaden. Auf diesem unveränderlichen Charakteristikum beruhten die Kaiserideologie und das damit verbundene Kaiserzeremoniell. Die moralische Qualität eines Kaisers ist diesem Begriff untergeordnet, da auch ein „schlechter" Kaiser gottgewollt ist. Die Staatswirklichkeit des Kaisertums hat ihr Fundament in der römischen

Kaiser von Gottes Gnaden

Kaiserzeit, die Kaiserideologie überwiegend und im Laufe der Jahrhunderte noch zunehmend im Christentum.

Rolle des Heeres

In Wirklichkeit war der christliche Kaiser in den ersten eineinhalb Jahrhunderten in Fortsetzung einer Tradition des 3. Jh. vor allem der Auserwählte des Heeres, da der Tetrarchienregelung, die das Heer ausschalten sollte, nur eine kurze Lebenszeit bestimmt war. Das Heer übernahm bis zum Jahr 450 die Wahl des Kaisers, nicht immer im Heerlager, bisweilen bereits auf dem Hebdomon (Marsfeld) vor den Toren Konstantinopels. Die Auswahl des Kandidaten geschah im Rat der Offiziere oder durch den Vorgänger, die Rechtsverbindlichkeit schuf aber erst die Einverständniserklärung des Heeres in Form der Akklamation, die gleichzeitig mit der Schilderhebung, dem öffentlichen Vorzeigen des Kandidaten, erfolgte.

Bedeutung von Senat und Volk

Seit 457 (Wahl Leons I.) war das Heer nicht mehr alleinige Institution für die Wahl, da die Kaiser nicht mehr persönlich die Feldzüge leiteten, sondern oft ausschließlich in der Stadt regierten. Es werden nun die neuen Kräfte sichtbar, die bestimmend blieben. Die Vorwahl wurde diesmal im Senat (siehe S. *64*) durchgeführt. An der Akklamation auf dem Hebdomon waren Senat, Palast (d. h. hohe Beamte), Heer und Volk beteiligt. Erstmals wird die Anwesenheit des Patriarchen (ohne sakrale Funktion) ausdrücklich vermerkt. Nach der Akklamation sind als Neuerungen Gebete des Kaisers in verschiedenen Kirchen der Stadt genannt, doch kommt diesen liturgischen Zeremonien weder jetzt noch später eine staatsrechtliche Relevanz zu. Dies gilt auch für die Krönung, die bis ins 6. Jh. mittels der Auflegung des *torques* (der alten römischen Halskette) vollzogen wurde, obwohl schon seit 474 der Patriarch seinerseits eine kirchlich-liturgische Krönung durchführte, die bis 602 nicht an einen bestimmten sakralen Raum gebunden war und erst seit 641 in der Hagia Sophia stattfand. Die Kirche ist also erst langsam am Krönungsvorgang beteiligt worden. Wenn die Anfänge in der 2. Hälfte des 5. Jh. zu finden sind, so liegt der Grund sicherlich auch in dem wachsenden Einfluß von Kirche und Patriarchat nach dem Konzil von Chalkedon, mit dem die Reichskirche dogmatisch begründet wurde (u. S. 72). Die Gültigkeit einer Wahl war aber nie an die Krönung durch den Patriarchen gebunden, sondern einzig und allein an die Akklamation. Eine Kaisersalbung vollends (nach westlichem Vorbild) gibt es wohl erst seit dem 13. Jh. Die Kaiserwahl bleibt somit jene Erscheinung, in der sich die römischen Wurzeln des Staates am deutlichsten zeigen.

Krönung

Wechselnde Rolle der Wahlfaktoren

Seit der 2. Hälfte des 5. Jh. waren Heer, Volk und Senat jene Faktoren, die die Wahl eines Kaisers bestimmten oder doch rechtskräftig machten. Sie waren jedoch nicht jedesmal gleichgewichtig vertreten, und in mittel- und spätbyzantinischer Zeit war ihr Einfluß oft unbedeutend und ihre Rolle allein auf die formale Zustimmung beschränkt. Nie gelang es etwa dem Volk allein, seinen Kandidaten durchzusetzen, obwohl im 6. Jh. dazu mehrfach ein Ansatz gegeben war. Häufig kamen die als ursprünglich erachteten Rechte des Heeres zum Durchbruch, jedoch nie ohne (wenigstens formelle) Zustimmung von Volk und Senat. Noch im 11. und 12. Jh. zeigt sich bisweilen besonders vor dem Hintergrund äußerer Bedrohung der Einfluß des Heeres (Nikephoros Botaneiates, Alexios Komnenos, Alexios Angelos). Im ganzen gesehen aber überwiegt in mittel- und spätbyzantinischer Zeit der Senat als bestimmende Kraft bei der Nachfolge. Das Mitwirken des Reichsklerus bei der Wahl Michaels VIII. (1259) ist dagegen eine für Byzanz durchaus uncharakteristische Ausnahme.

Abwahl des Kaisers

Byzanz kannte nicht nur eine Wahl des Kaisers, sondern auch seine Abwahl, die in gewissem Sinn ebenfalls protokollgerecht vor sich ging, insofern die Wahlgruppen durch eine eigene Zurufformel die Absetzung rechtskräftig machten. Sie wurde motiviert durch ungesetzliche Handlungsweise, der die Gnade Gottes entzogen war. Der Gegenkandidat gewann aber erst die volle Legitimation, wenn er nach der Ausrufung die Hauptstadt in seine Hand gebracht hatte und es für den vorausgegangenen Herrscher durch Hinrichtung, Exil oder Verstümmelung keine Rückkehrmöglichkeit mehr gab.

Krönungszeremoniell

Protokoll und Zeremoniell gehörten zu den wichtigsten äußeren Erscheinungsformen des Kaisertums und sind uns durch zahlreiche Beschreibungen und bildliche Darstellungen bekannt. Am eindrucksvollsten ist ohne Zweifel das Krönungszeremoniell, dessen weltlicher Charakter bis ins 7. Jh. überwog, während in mittelbyzantinischer Zeit Ausrufung und Krönung wohl überwiegend in die Kirche (Hagia Sophia) verlegt waren. Die spätbyzantinischen Krönungsordnungen dagegen kannten wieder die Schilderhebung (die in mittelbyzantinischer Zeit möglicherweise fehlte) und die Akklamation *vor* der kirchlichen Krönung (außerhalb der Hagia Sophia). In mittel- und spätbyzantinischer Zeit wurden auch viele der übrigen Zeremonien mit der kirchlichen Liturgie verbunden, womit die Gottnähe des Kaisers auch der großen Menge immer wieder vor Augen geführt wurde. Daneben haben die profanen Zeremonien des Kaiserhofes, die in vielem auf spätantike Vorbilder zurückgehen, wie etwa absolute Ruhe und Verhüllen der Hände in Gegenwart des Kaisers oder die Proskynese, den Eindruck der Unnahbarkeit und Göttlichkeit erhöht, so daß der Kaiser immer eher als *despotēs* denn *oikonomos* des Staates erschien.

Diese scheinbar absolute Stellung kann über den problematischsten Punkt in der Institution des Kaisertums nicht hinwegtäuschen: die Nachfolgesicherung. Das frühkaiserzeitliche System der Wahlmonarchie hat im Prinzip die gesamte Zeit über bestanden und nie die Legalisierung einer Erbmonarchie zugelassen, da die eigentliche Gewalt, die *auctoritas*, als nicht vererbbar, allenfalls als übertragbar galt. Trotzdem war es das Anliegen fast jedes Kaisers, die Nachfolge in seiner Familie weiterzugeben, obwohl es bis ins 9. Jh. nie möglich war, die Herrschaft länger als bis in die 4. Generation zu tradieren. Erst den makedonischen Kaisern (867–1056) gelang es, dank ihrer Persönlichkeiten, der langen Regierungszeiten und ihrer militärischen Erfolge, auch in der öffentlichen Meinung den Begriff der Erbfolge, den dynastischen Gedanken, zu festigen [574]. Wenn sich die Erbmonarchie als Realität seit 1259 (Regierungsantritt Michaels VIII. Palaiologos) durchgesetzt hat, so liegt der Grund wohl in der starken Verkleinerung des Reiches, der zunehmenden Reduzierung der Heere, so daß Usurpatoren nur beschränkte Mittel zur Verfügung standen, und an den engen verwandtschaftlichen Bindungen

Nachfolgesicherung

Dynastiebegriff

der führenden Familien, die Usurpationen zu Familienzwistigkeiten werden ließen.

In frühbyzantinischer Zeit hatten verschiedene Kaiser auf eine Einflußnahme in der Nachfolgeregelung verzichtet – als bekanntestes Beispiel Konstantin der Große – und nach ihrem Tod die Wahl dem Heer oder dem Senat überlassen. In der Regel allerdings war ein Verwandter vom alten Kaiser zum Nachfolger bestimmt und ihm der Titel „Caesar" verliehen worden. Die Anerkennung eines Cäsar als neuen Alleinherrschers bedurfte aber trotzdem der Bestätigung durch Heer, Volk und Senat. Kaiser Herakleios hat schließlich 612 die Nachfolgeregelung durch die Schaffung des Mitkaisertums zu institutionalisieren versucht. Der älteste Sohn (manchmal auch nachgeborene Söhne) oder der Bruder wurde zum Mitkaiser und damit präsumptiven Thronfolger unter Mitwirkung von Heer, Volk und Senat bestimmt, in einer eigenen Zeremonie (vom Vater oder vom Patriarchen) gekrönt und erhielt den Titel *basileus*. Der auf eine Person allein bezogene Charakter des byzantinischen Kaisertums war durch diese Regelung nicht berührt, da dem Mitkaiser keine ausschließlich kaiserlichen Rechte und vor allem keine territorialen Ansprüche zustanden. Eine Ausweitung der Befugnisse kennt erst die Paläologenzeit seit 1272 mit dem Zugeständnis an den Mitkaiser, den Autokratortitel zu tragen und kaiserliche Privilegien zu erteilen. Die Führung des Staates lag aber weiterhin in Händen des Hauptkaisers.

Formen der Nachfolgeregelung

Purpurgeburt

Eine zusätzliche Form der Nachfolgesicherung oder Legitimierung begegnet spätestens im 10. Jh.: die Purpurgeburt (Porphyrogenese). Man versteht darunter entweder die Geburt in der Porphyra, einem seit dem 8. Jh. in den Quellen belegten, aber sicher schon länger existierenden Gebäude (das mit Purpurmarmor belegt war), oder die Geburt zur Regierungszeit des kaiserlichen Vaters. Die Gründe für die Betonung der Purpurgeburt im 10. Jh. liegen wohl vor allem in der illegitimen Abkunft Konstantins VII., dessen Vater (Leon VI.) zum Zeitpunkt der Geburt zwar regierender Kaiser, aber (noch) nicht gültig verheiratet war. Da später alle Kinder eines regierenden Kaisers die Bezeichnung „Porphyrogennetos" trugen, kommt der Porphyrogenese bei der Auswahl des Nachfolgers keine entscheidende Bedeutung zu.

Kaisertitel

Im Gegensatz zur Konstanz des Kaisertums als römischer Einrichtung stehen die Kaisertitel, die einem häufigen Wandel unterworfen waren. Der Haupteinschnitt liegt in der Regierungszeit des Herakleios, als auch der Titel des Kaisers in griechischer Sprache wiedergegeben wurde. Damit verschwand die Bezeichnung „augustus" fast vollständig (ausgenommen auf Münzen bis ins 10. Jh. und in Auslandsbriefen bis zum Ende des Reiches) und machte erstmals 629 (wohl in Zusammenhang mit dem Sieg über den sasanidischen Großkönig) der griechischen Bezeichnung *basileus* Platz. Als einziger Titel aus der römischen Kaiserzeit verblieb bis ins 9. Jh. (869/70) der des Konsuls (*hypatos*), obwohl das Konsulat seit seiner Abschaffung unter Justinian (542) keine praktische Bedeutung mehr hatte. In der Auseinandersetzung mit Karl dem Großen wurde seit 812 dem Basileus-Titel als regelmäßiger Bestandteil "*tōn Rōmaiōn*" (der Romäer) hinzugefügt. Seit dem 10.

Jh. wurde eine weitere alte Kaiserbezeichnung in die Titulatur aufgenommen: *autokratōr*, die Wiedergabe des lat. *imperator*, welches aber im griechischen Bereich nie die Funktion eines *praenomen* hatte. Von kleineren Veränderungen abgesehen lautete die offizielle Kaisertitulatur nun: *basileus (kai) autokratōr Rōmaiōn*. Da der Mitkaiser ebenfalls die Bezeichnung *basileus* trug, verlor der Titel Caesar (der umgangssprachlich auch den Hauptkaiser bezeichnete und in dieser Form von den Südslawen übernommen und zu car' umgeformt wurde) seine Bedeutung als Bezeichnung des Nachfolgers und war spätestens seit dem 9. Jh. ein verleihbarer Hoftitel. Erst mit den Erweiterungen ihrer Rechte 1272 konnte sich der (erste) Mitkaiser als präsumptiver Thronfolger ebenfalls als *autokratōr* bezeichnen.

Kaiserin

Neben dem Mitkaiser kam in Byzanz auch der Kaiserin eine staatsrechtliche Bedeutung zu, allerdings nicht grundsätzlich, sondern nur unter besonderen Bedingungen. Nach einer Stelle in den Digesten Justinians (I,3,31) ist nämlich „die Augusta den Gesetzen unterworfen, der Kaiser ist an die Gesetze nicht gebunden; er aber verleiht ihr seine Privilegien". Im allgemeinen war die Rolle der Kaiserin – sie trug die Titel *augusta*, später auch *basilissa*, *basilis* und sogar *autokratorissa*, jedoch nur Eirene (797–802) *basileus* - auf die Teilnahme an den Zeremonien und das Prägen von Münzen beschränkt. Bei Erkrankung oder Abwesenheit des Kaisers führte nicht sie, sondern ein männliches Mitglied der Familie bzw. ein vom Kaiser beauftragter Beamter oder Würdenträger die Staatsgeschäfte. Der Einfluß, den manche Kaiserinnen zu Lebzeiten ihrer kaiserlichen Gatten ausübten, beruhte eher auf ihrer Persönlichkeit als auf einem Recht.

Kaiserin als Regentin

Zu ihrer eigentlichen Bedeutung kam die Kaiserin als Regentin für den noch unmündigen Thronfolger, etwa Martina (Frau des Herakleios), Zoe (Frau Leons VI.), Theophano (Frau Romanos' II.), Eudokia (Frau Konstantins X.) und Anna von Savoyen (Frau Andronikos' III.). Sie führten offiziell die Staatsgeschäfte, empfingen (in Begleitung des Sohnes) Gesandtschaften, erließen Gesetze und unterzeichneten Urkunden, wobei im allgemeinen der Name des (unmündigen) Hauptkaisers an erster, der der Regentin an zweiter Stelle genannt wurde.

Kaiserin als Hauptkaiser

Das Byzantinische Reich kennt auch drei Fälle von weiblichen Hauptkaisern: Eirene (nach der Blendung ihres Sohnes Konstantin VI., 797–802), die beiden Töchter Konstantins VIII., Zoe und Theodora (21. 4. – 11. 6. 1042), und Theodora allein (8. 1. 1055 – 27. 8. 1056). Das Hauptkaisertum einer Frau wurde auch von den Zeitgenossen als ungewöhnlich, aber immerhin als möglich betrachtet.

Kaiserliche Familie

Den übrigen Mitgliedern der Familie standen gesetzlich keine Sonderrechte zu. Sie konnten allein durch den Willen des Kaisers Vergünstigungen erhalten, die sich jedoch (außer in einigen besonderen Fällen aus spätbyzantinischer Zeit) niemals auf territoriale Herrschaftsformen erstreckten. Die Brüder eines Kaisers wurden oft mit militärischen Sondermissionen bedacht, die der Befehlsgewalt anderer Militärs (z. B. der Themengouverneure) übergeordnet waren. Brüder und nicht für die Thronfolge vorgesehene Söhne eines Kaisers erhielten hohe staatliche Würdenstellungen, während die Übernahme kirchlicher Ämter eine große Ausnahme darstellt (Stephanos, Sohn Basileios' I., und Theophylaktos, Sohn des Romanos Lakapenos, die beide Patriarchen wurden). Töchter oder Schwestern der Kaiser heirateten Männer aus angesehenen Familien, erstmals 988 (Anna und Vladimir von Kiev) auch auswärtige Herrscher. Falls kein männlicher Nachfolger vorhanden war, sicherte bisweilen die Tochter mittels einer Ehe die Dynastie, doch nur, wenn Heer, Volk und Senat zustimmten (etwa Konstantina, Tochter des Tiberios, die Maurikios heiratete; Zoe, Tochter Konstantins VIII., mit Kaiser Romanos III., Michael IV. und Konstantin IX. vermählt; Maria, Tochter Manuels I., verheiratet mit Bela von Ungarn). Der Schwiegersohn erhielt gewöhnlich eine hohe Hofwürde (*caesar* für Maurikios, *despotēs* für Bela). Auch die Schwiegereltern, besonders der Schwiegervater, wurden manchmal in die kaiserliche Familie mitaufgenommen und durch Würdenstellungen ausgezeichnet. Das System der ungeteilten Staatsführung wurde von keinem Familienmitglied durchbrochen.

Kaiser und Christentum

Durch das Christentum als Staatsreligion waren der Kaisermacht Grenzen gesetzt. Die *res publica* war dem Kaiser von Gott anvertraut und die kaiserliche Souveränität beruhte auf göttlichem Willen. Der Kaiser als *lex animata* (gr. *nomos empsychos*) laut einer Formulierung der 105. Novelle Justinians war aber nur so lange ein *minister dei in bonum* (nach einer Wendung im Römerbrief 13,3), als er dem rechten Glauben anhing und die Unterstützung Gottes sichtbar auf ihm ruhte. Sein Verbleiben auf dem Thron war gebunden an seine Pflichtauffassung und die Bemühungen um Erfolg seiner Aufgaben. Verletzte er diese Pflicht, verlor er den Beistand Gottes und galt als von Gott bereits abgesetzt. Dann konnte das Volk das *stasis*-(Widerstands-)Recht (eher im Sinn eines Gewohnheitsrechts) ausüben, um den potentiell schon vollzogenen Kaiserwechsel durch Ausrufung eines neuen Kaisers zu verwirklichen. Die „Revolutionen" in Byzanz zeigen, daß die Grenzen der Kaisermacht keine bloße Theorie darstellten.

Treueid

Die Kaiser versuchten, diesem „Recht auf Aufstand" durch Eidleistungen zuvorzukommen. Seit der 2. Hälfte des 5. Jh. existierte ein schriftlicher Eid der Staatsbeamten, nicht gegen Kaiser und Staat (die als eine untrennbare Einheit zu betrachten waren) zu konspirieren. Kaiser Leon IV. legte 776 mit einem schriftlichen Eid Heer, Volk und Senat auf seinen Sohn als Nachfolger fest, doch fand diese Maßnahme in der Folgezeit noch keine Fortsetzung. Erst mit der Thronbesteigung Manuels I. (1143) wurde den Wahlgruppen (stellvertretend für die Reichsbevölkerung) ein allgemeiner Treueeid abverlangt, der dem Kaiser als Repräsentanten des Staates Schutz und Anerkennung verleihen sollte. Spätere Quellen unterscheiden von diesem Zeitpunkt an zwischen einem kaiserlichen Eid (*basilikos horkos*), der wie bisher für die Staatsbeamten galt, und einem allgemeinen Eid (*politikos horkos*), an den alle Untertanen gebunden waren. Der Kaisereid, der besonders seit dem 13. Jh. auch auf die Pronoiare (kaiserliche Beamte und Militärs mit Landbesitz) und andere Inhaber kaiserlicher Privilegien ausgedehnt wurde, war eine reziproke Leistung für den Gnadenerweis und in diesem Punkt dem westlichen Lehnseid nicht unähnlich. Dieser allgemeine Eid wurde in der Paläologenzeit vom Kaiser seinerseits durch eine eidliche Garantieerklärung für Schutz und Sorge gegenüber den Untertanen erwidert. Solche Eidleistungen haben aber das Volk nie davon abgehalten, auf das Widerstandsrecht zu verzichten, wie auch der persönliche Eid die Gefahr von Konspirationen nicht verringerte.

Kaiser und Kirche

Ein besonders prekäres Kapitel bei der Eingrenzung der Machtverhältnisse stellen die Beziehungen zwischen Kaiser und Kirche dar. Hier liegt einer der grundlegenden Unterschiede zwischen dem Kaisertum des westlichen Mittelalters und Byzanz, zurückgehend auf Konstantin den Großen, dem die Kirche selbst die Ordnung ihrer inneren Auseinandersetzungen anvertraute und den Beinamen des „Apostelgleichen" gab. Durch diese Verknüpfung waren in Byzanz kirchliche Angelegenheiten gleichzeitig auch staatliche. Im Gegensatz zur Entwicklung des Westens, in dem die Kirche an vielen Staatenbildungen beteiligt war und sie mit ihrer Struktur festigte, ist im Osten die Kirche in den Staat hineingewachsen und paßte sich von vornherein seiner administrativen Struktur an. Die stärkere Hand des Staates hat im Byzantinischen Reich (und jenen Staaten, die die orthodoxe Kirchenorganisation übernahmen) auch eine Verweltlichung der Kirche in größerem Umfang verhindert, da die Kirche und im besonderen ihre Vertreter kaum mit staatlichen Aufgaben betraut wurden. Bestrebungen, den Einfluß der Kirche auszuweiten und eine gewisse Trennung der Gewalten durchzuführen, wie sie im Gesetzesentwurf der Eisagōgē aus der Feder des Photios erkennbar sind, waren nie erfolgreich. Häufiger sind Auseinandersetzungen zwischen Kaiser und Patriarchen, bei denen aber immer Einzelprobleme, nie das Verhältnis Kirche – Staat oder eine generelle Machtfrage zur Debatte standen. Die Kaiser versuchten in allen Fällen eine Aussöhnung mit dem Patriarchen herbeizuführen, besaßen aber auch die Mittel, ihn legal (durch das Wahlgremium, die Synode) absetzen zu lassen. Zwar bedurfte der Kaiser nicht des Beistandes der Kirche, um im staatsrechtlichen Sinn sein Amt anzutreten und durchzuführen, aber seine von Gott verliehene Gewalt fand seit der mittelbyzantinischen Zeit nur in Verbindung mit der Kirche ihren Ausdruck: in der Krönung und in den Zeremonien des Kirchenjahres. Dem Patriarchen kam hierbei die Funktion eines „obersten Priesters der Orthodoxie" [578: S. 127] zu. Das Verhältnis Kaiser – Patriarch war in mancher Hinsicht reziprok: der Kaiser leistete vor der Krönung einen Eid, den Glauben zu schützen, der Patriarch schwor dem Kaiser den Treueeid. Auch die Kirche hat prinzipiell die kaiserlichen Vorrechte nie in Frage gestellt, wie dies deutlich ein Schreiben des Patriarchen Antonios an den russischen Großfürsten Vasilij (1393) zum Ausdruck bringt: „... die Christen können unmöglich eine Kirche haben ohne einen Kaiser. Beide sind aufs engste miteinander verbunden und können nicht getrennt werden" [21, Bd. 2, S. 191]. Hierin liegt eine der großen Konstanten der byzantinischen Geschichte. Nur in Unkenntnis der historischen Entwicklung von Kirche und Staat in Byzanz ist von der westlichen Geschichtsschreibung für diese Erscheinungen der Begriff Cäsaropapismus geprägt worden.

Kaiser und Patriarch

Rechte des Volkes

Das Volk spielte im Rahmen der Verfassung eine geringe Rolle, wobei überhaupt nur das Stadtvolk in Konstantinopel in den Genuß bestimmter staatsrechtlicher Funktionen kam, während die Bevölkerung in anderen Reichsgebieten keine Möglichkeit der Teilnahme hatte. Die Volksversammlung war zudem nur in der Lage, Empfehlungen an den Kaiser auszusprechen. An den einzelnen Handlungen, auch der Kaiserakklamation, konnte nicht (oder nicht immer) das ganze Staatsvolk teilnehmen. Es bleibt unbekannt, wie und durch wen jeweils die Auswahl der Teilnehmer getroffen wurde. In frühbyzantinischer Zeit waren sicher in hohem Maß die Mitglieder der Zirkusparteien daran beteiligt, aber kaum ausschließlich. In mittelbyzantinischer Zeit treten in dieser Funktion die Korporationen in den Vordergrund. Im einzelnen bleiben aber noch zahlreiche Unklarheiten, wie das „Volk" als Verfassungskomponente tätig gewesen ist. In jedem Fall war der überwiegende Teil der byzantinischen Bevölkerung, da auf dem Lande lebend, an Entscheidungen nicht beteiligt.

Rechte des Heeres

In gleicher Weise ist unbekannt, wie das Heer als Verfassungsfaktor bei der Wahl des Kaisers wirksam war. Abgesehen von Ausrufungen in den Thementruppen selbst, haben überwiegend die Exkubiten und Tagmata daran teilgenommen, doch muß auch hier eine Auswahl durchgeführt worden sein. Darüber hinausgehende Kompetenzen (wie dem Volk in den Volksversammlungen) sind dem Heer allerdings nie zugekommen.

Senat

Weitreichende Funktionen besaß zweifellos der Senat, der neben dem Kaisertum die beständige Komponente des Staates und ein wesentliches Verbindungsglied zur Römischen Kaiserzeit darstellte. Mit der Gründung Konstantinopels wurde auch ein eigener, wenngleich zunächst vielleicht nicht ganz gleichrangiger Senat (*synklētos, gerusia*) als charakteristischer Bestandteil einer mit Rom konkurrierenden Reichshauptstadt geschaffen. Ursprünglich stand der neue Senat im Gegensatz zum alten in Rom (wo er noch bis 603 erwähnt ist), zumal nur wenige Senatoren Konstantin gefolgt waren und eine Quelle (Anonymus Valesianus) daher von einem Senat *secundi ordinis* spricht, bis 359 die Senatoren der Ostprovinzen gezwungen wurden, dem Senat in Konstantinopel anzugehören. Durch die Zuwahl hoher Beamter betrug schon 361 ihre Zahl 2000.

Zusammensetzung des Senats

Der frühbyzantinische Senat hatte in der Unterstützung des *praefectus urbi* und des Kaisers (im besonderen bei der Beratung von Gesetzen) die Funktion eines Stadt *und* Staatsrates, dessen Beschlüsse aber nur empfehlenden Charakter besaßen. Trotz geringer Nachrichten steht eine ungebrochene Tradition des Senats auch in frühmittelbyzantinischer Zeit außer Zweifel. Er setzte sich nun weitgehend zusammen aus den Hofbeamten, den Führern der Palasttruppen, den Patrikioi und hohen Klerikern (nicht jedoch dem Patriarchen). Seit dem 11. Jh. gehörten ihm auch Mitglieder der Korporationen an. Frauen und Nichtorthodoxen war der Zugang verschlossen. Da auch Würdenträger, nicht nur Amtsträger, Mitglieder sein konnten, umfaßte der Senat seit dem 11. Jh. Tausende von Personen, unter denen es zu Gruppen- und Clanbildungen kam. Der Vorsitzende des Senats trug seit dem 10. Jh. die Bezeichnung *prohedros*, seit Mitte des 11. Jh. *prōtoprohedros*. Auch in mittel- und spätbyzantinischer Zeit blieb der Senat eine beratende Körperschaft des Kaisers, die aber zunehmend von Politik und Interessen des jeweiligen Kaisers bestimmt wurde, wie die Bezeichnungen „kaiserlicher Rat“, „der Kaiser mit dem ihm unterstehenden Senat“ verdeutlichen. Unter der de facto Erbmonarchie der Paläologen verlor er auch seine Rolle als Institution bei der Kaiserwahl und wurde zu einem bloß zustimmenden Organ von zeremonieller Bedeutung.

2. Byzanz und die auswärtigen Staaten

Neben dem Kaisertum und den damit verbundenen Institutionen gehört auch das Verhältnis des Reiches zu den Nachbarstaaten und die Stellung der Fremden im Lande zur Verfassungsgeschichte. In der Nachfolge des Römischen Reiches erhob auch das Byzantinische Reich einen Alleinherrschaftsanspruch, der keinen anderen Staat als gleichrangig anerkannte und prinzipiell auch von Feinden eroberte Teile als weiterhin zum Reich gehörig betrachtete. Eine Ausnahme stellte nur jener Staat dar, der (wenigstens in seinen Kernzonen) nie zum Römischen Imperium gehört hatte: das Persische Reich der Sasaniden, das im völkerrechtlichen Sinn als gleichstehend betrachtet wurde. Alle übrigen staatlichen Gebilde wurden als nicht gleichrangig angesehen, insofern die jeweiligen Herrscher als Untertanen des byzantinischen Kaisers galten. Äußerliches Kennzeichen dieser Vorstellung, an der man in jedem Fall bis ins 13. Jh. festhielt, war eine fiktive „Familie der Könige“, in welcher der byzantinische Kaiser die erste Stelle einnahm. Forderungen an das Byzantinische Reich (Tribute, Staats- und Handelsverträge) waren de jure nicht möglich und wurden in der Praxis daher in Form eines Gnadenerweises des Kaisers erfüllt, um auf diese künstliche Weise die Souveränität des Staates zu wahren.

Alleinherrschaftsanspruch

Eigenständige Rechte von Völkerschaften im Byzantinischen Reich – etwa der Armenier, Syrer, Georgier, Slawen – hat es nicht gegeben. Eine Benachteiligung auf Grund der Zugehörigkeit zu einer besonderen ethnischen und sprachlich-kulturellen Einheit war im allgemeinen nie gegeben; Armenier beispielsweise haben in mittelbyzantinischer Zeit höchste Ämter, sogar den Kaiserthron innegehabt. Anders stand es mit den Juden, die überwiegend in eigenen Quartieren lebten und denen ein Eintritt in staatliche Positionen nicht möglich war, jedoch nicht aus ethnischen, sondern aus religiösen Gründen.

Mehrvölkerstaat

Der Ausländer trat im Byzantinischen Reich fast ausschließlich als Händler und Pilger in Erscheinung. Die Kaufleute wurden (in Konstantinopel) vom Stadteparchen überwacht und durften nur eine gewisse Zeit an festgelegten Orten (bisweilen außerhalb der Stadt) verbringen. Die Errichtung von ausländischen Niederlassungen war kein Eingriff in die Souveränität des Staates, da die Quartiere keine Enklaven darstellten. Eine Kontrolle ihrer Bewohner, die (seit dem 11. Jh.) auch auf Lebenszeit hierbleiben konnten, durch staatliche Organe war jederzeit möglich, ausgenommen wohl allein das Quartier der Genuesen in Galata, das (seit

Ausländer

dem 14. Jh.) wenigstens de facto eine eigenstaatliche Funktion hatte. Die wirtschaftlichen Vorteile, die den auswärtigen Nationen seit dem 13. Jh. zugestanden wurden, veranlaßten verschiedentlich auch Byzantiner, sich dem Schutz anderer Staaten, besonders Venedigs und Genuas, zu unterstellen oder deren Bürgerrecht zu erwerben, obwohl vereinzelt die Staatsverträge Klauseln gegen Abwerbung enthielten. Die auswärtigen Nationen waren seit dem 13. Jh. durch einen *bailo* (Venedig) oder *podestà* (übrige Städte) repräsentiert, die erstmals in Europa die Funktion ständiger diplomatischer Vertreter wahrnahmen, während das Byzantinische Reich in vergleichbarer Weise an keiner Stelle vertreten war (vgl. aber u. S. *150*) und so bis zuletzt an seinem fiktiven Suprematieanspruch festhielt.

3. Zentralismus und Partikularismus

Im byzantinischen Staat waren die zentralistischen Tendenzen gegenüber den partikularistischen immer vorherrschend. Aber auch letztere haben nie ganz gefehlt und sind gegen Ende des Reiches sogar stark in den Vordergrund getreten. Trotz der Verteidigungsprobleme angesichts ständiger Mehrfrontenkriege ist eine Machtteilung nur im Jahr 395 realisiert worden. Kaiser Maurikios trug sich mit dem Gedanken, das Reich unter seine Söhne aufzugliedern. Die Absicht des Herakleios, die Residenz nach Karthago zu verlegen und die mehrjährige Regierung des Kaisers Konstans II. in Syrakus führten diese Tendenzen weiter, die ein letztes Mal als Wunschvorstellungen zur Zeit Kaiser Manuels I. entgegentreten [2, Bd. 12/2, S. 165].

Reichsteilungspläne

Stadtrechte

Die Städte haben nie selbständige Einheiten auf der Basis eines Bürgerrechts dargestellt und Autonomie nur in Teilbereichen (z. B. vereinzelt der Verteidigung in frühbyzantinischer Zeit) besessen. Wirtschaftliche Vorrechte für bestimmte Städte, vor allem seit dem 13. Jh., waren nur Privilegien für einzelne Gruppen, nicht politische Rechte für alle. Die Autonomiebewegung der Zeloten in Thessalonike ist ein Sonderfall vor dem Hintergrund des Bürgerkrieges. Die Entwicklung in den westgriechischen und peloponnesischen Städten (wo sich besonders in Monembasia über den Handel hinausgehende Rechte zeigen) war vielleicht von der lateinischen Umgebung her beeinflußt und ging in die Richtung einer zunehmenden Selbständigkeit, die dann durch die türkische Eroberung abgebrochen wurde.

Rolle der Themen

Die Themen standen nie als echte partikularistische Kräfte im Gegensatz zum Reich, nicht nur wegen des relativ kleinen Umfangs der Gebilde seit dem 8./9. Jh., sondern wegen des ständigen Wechsels der Themenführung, die auf Dauer keine lokale herrschende Schicht aufkommen ließ. Auch die Auseinandersetzungen der Themenaristokratie im 10. Jh., unter der Konstantin VII. in seinen ersten Jahren und später der junge Basileios II. zu leiden hatten, gingen nicht um die Verselbständigung von Gebieten, sondern um die Festigung einer „Hausmacht“, aus der heraus die Kaiserherrschaft angestrebt wurde.

Versuche zur Ablösung selbständiger Herrschaftsgebiete, also Ansätze zu Territorialstaaten westlicher Art, finden wir erst seit der 2. Hälfte des 11. Jh., nachdem die Themen ihre militärisch-administrative Funktion verloren hatten. Militärführer und an der Spitze von Städten eingesetzte Beamte strebten nach Loslösung von der Zentralverwaltung. Das (wohl auch wirtschaftlich starke) städtische Zentrum der jeweiligen administrativen Einheit spielte dabei eine nicht unbedeutende Rolle als Ausgangspunkt dieser Bemühungen. Nicht immer ist darunter eine Usurpation zu verstehen, wie dies etwa bei Isaak Komnenos (1184) in Zypern der Fall war. Das Vordringen der Seldschuken und mangelnde kaiserliche Hilfe haben oft eigenständige Maßnahmen des lokalen Befehlshabers erfordert. Das 11. und 12. Jh. kennen mindestens zehn Versuche einer Verselbständigung, von denen keinem ein langer Erfolg beschieden war, die Herrschaft der Gabraden in Trapezunt vielleicht ausgenommen, die somit Voraussetzungen für das spätere trapezuntische Kaiserreich schufen. Entscheidend für die Unterbrechung dieser Entwicklung war in erster Linie der 4. Kreuzzug, der auch den lokalen Herrschaftsformen ein Ende bereitete.

Ansätze zu Territorialstaaten

Mit der Vergabe von Apanagen, d. h. der Überlassung (der Steuereinnahmen) großer Gebiete an Verwandte des Kaiserhauses seit dem 12. Jh., tritt noch eine weitere Form der Schwächung der staatlichen Souveränität in Erscheinung. Die Apanagen waren immer auf die Person bezogen, nicht vererbbar und konnten vom Kaiser jederzeit rückgängig gemacht werden, da sie nicht mit Rechten auf Grund und Boden im Sinne eines Privatbesitzes verbunden waren. In der 2. Hälfte des 13. Jh. wurden sie allerdings in verstärktem Maße fast ausschließlich Brüdern und Söhnen der Kaiser übergeben. Da diese den Titel „despotēs" trugen, hat die Literatur lange Zeit auch die zugewiesenen Gebiete als „Despotate" bezeichnet, obwohl diese (in Ermangelung eines griechischen Wortes für Apanage) in den schriftlichen Quellen nur unter den geographischen Landschaftsnamen erwähnt sind. Im 14. und 15. Jh. betrachteten die „Despoten" ihre Gebiete zunehmend als Eigentum, errichteten Regierungspaläste in den Hauptorten (z. B. Mistras in der Peloponnes) und führten Auseinandersetzungen um den Besitz einnahmekräftiger Apanagen. Sie hatten das Recht, in ihrem Gebiet Privilegien (jedoch nur in Form der Silberbullen) auszustellen, während in allen Fragen der Außenbeziehungen allein der Kaiser zuständig war. Um keinen festen Territorialbesitz in einer Hand entstehen zu lassen, veranlaßte der Kaiser die Inhaber von Apanagen mehrmals im Laufe ihres Lebens, die Besitzungen zu tauschen. Der Plan der Eirene von Montferrat, Gattin Andronikos' II., das Reich in vererbbare Territorien für die kaiserlichen Söhne aufzuteilen, ist wohl vor allem deshalb gescheitert, weil er als Nachahmung des lateinischen Beispiels (so der Historiker Nikephoros Gregoras) auf entschiedene Ablehnung stieß. Obwohl nicht zu verkennen ist, daß in spätbyzantinischer Zeit starke Kräfte, deren Wurzeln schon im 11. und 12. Jh. liegen, auf eine Zergliederung des Reiches hinwirkten und eine Durchlöcherung der Souveränität in vielen Bereichen festzustellen ist, hat die integrierende Macht des Kaisertums und die fast unverminderte Anziehungskraft Konstantinopels einen Auseinanderfall bis zuletzt verhindern können.

Apanagen

Sog. Despotate

F. KIRCHE UND MÖNCHTUM

In Kirche und Mönchtum lebt die byzantinische Kultur geistlicher Prägung bis heute fort, und sie werden daher vielfach als allein charakteristische Ausdrucksform des Lebens in Byzanz betrachtet. Beiden Institutionen kam seit der mittelbyzantinischen Zeit ein wachsender Einfluß auf alle Bereiche des staatlichen und privaten Lebens zu, und nach dem Fall Konstantinopels wurden sie zum Träger der nationalen Idee. Kirche und Mönchtum sind, stärker als im Westen, getrennt voneinander zu sehen, und häufig besteht ein Gegensatz zwischen den Zielen der Reichskirche und den Idealen des Mönchtums.

1. Die Kirche

a) Geographische Gliederung

Kirchenstruktur und staatliche Grenzen

In frühbyzantinischer Zeit folgte die Einteilung der Kirchenprovinzen der politischen Raumgliederung des Staates mit seinen Mittelpunkten, so daß politische Veränderungen die entsprechenden kirchlichen mit sich zogen. Der Verlust von Reichsterritorien seit dem 7. Jh. führte auch zu ständigen Wechseln der kirchlichen Struktur, die sich jedoch den aus der Themeneinteilung resultierenden Veränderungen nicht mehr angepaßt zu haben scheint. An den Feind verlorene Metropolitansprengel verschwanden nominell oft sehr spät, während der zuständige Bischof nun in Konstantinopel weilte oder die Verwaltung einem benachbarten, noch existierenden Sprengel übertragen wurde. Innerhalb der einzelnen Metropolien bestand eine strikte Rangfolge, die auf dem Prinzip der Anciennität des Bischofsstuhles oder der politischen und wirtschaftlichen Bedeutung basierte und im Laufe der Jahrhunderte erhebliche Veränderungen erfuhr.

Patriarchat in Konstantinopel

Zum Oströmischen Reich (in den Grenzen des Jahres 395) gehörten die Patriarchatssitze Konstantinopel, Antiocheia, Alexandreia und Jerusalem. Konstantinopel verdankte den Sitz seiner Erhebung zur Reichshauptstadt, und die Eingliederung in die bisherige Patriarchalstruktur (381 und 451) führte zu erheblichen Schwierigkeiten mit den älteren Patriarchaten und bildete den Keim zu der später verhängnisvollen Auseinandersetzung mit Rom. Im Gegensatz zu Alexandreia und Antiocheia konnte sich das alte Byzantion keines apostolischen Ursprungs rühmen, und es bedurfte daher erst einer fiktiven Gründungslegende mit dem Apostel Andreas als Haupt einer ersten Gemeinde. Mit der Gleichstellung wurden die älteren Rechte des Patriarchen von Alexandreia, der sich zudem auf die enorme wirtschaftliche Macht Ägyptens stützen konnte, und von Antiocheia de facto allerdings wenig berührt. Ohne Bedeutung in diesem Zusammenhang ist das Patriarchat von Jerusalem, dessen Charakter allein auf der Stellung des Ortes als Heiliger Stadt beruhte. Die Eroberungen der Araber nach 634 bereiteten den

Weitere Patriarchate

Streitigkeiten der östlichen Patriarchate mit Konstantinopel ein rasches Ende und machten gleichzeitig den Patriarchen der Kaiserstadt zum unumstrittenen Oberhaupt der Reichskirche, wenngleich der Bischof von Rom unter Berufung auf den Primat weiterhin die Forderung nach Leitung der gesamten christlichen Kirche aufrechterhielt. Die territoriale Identität des Reiches mit dem Jurisdiktionsbereich des Patriarchen war nur in Griechenland und dem nördlich anschließenden Gebiet der Balkanhalbinsel, dem sogenannten illyrischen Vikariat, unterbrochen, da die Kirche die sogenannte Reichsteilung des Jahres 395 (wegen des Provisoriums dieser Maßnahme) nicht mitvollzogen hatte. Erst in der 2. Hälfte des 8. Jh. wurden auch diese Gebiete (neben den griechischsprachigen Diözesen in Sizilien und Unteritalien) dem konstantinopolitanischen Patriarchat eingegliedert.

Bedeutung des Patriarchen in Konstantinopel

b) Administrative Gliederung

Die konstantinopolitanische Kirche war unterteilt in zahlreiche Bezirke, deren Vorsteher den Titel Metropolit oder (unter bestimmten historischen Gegebenheiten) Erzbischof trugen und denen wiederum Suffraganbischöfe unterstanden. Metropolitensitze ohne Suffragane wurden als autokephale Bistümer bezeichnet (kleine Autokephalie) und verdankten ihre Entstehung dem persönlichen Einfluß eines Bischofs oder der Bedeutung eines Ortes. Sie waren den eigentlichen Metropoliten im Rang gleichgestellt. Wurden im Verlauf der byzantinischen Geschichte einem bestimmten Reichsteil besondere kirchliche Rechte zugestanden (slawische Staaten auf dem Balkan, Rußland, Zypern), trugen die Oberbischöfe dieser Regionen zwar meist ebenfalls den Titel *archiepiskopos*, hatten aber quasi-patriarchale Rechte (große Autokephalie) und wurden, im Gegensatz zu den übrigen Metropoliten, nicht in Konstantinopel, sondern an ihrem Bischofssitz gewählt und bedurften nur der formalen Bestätigung durch den Patriarchen.

Metropolitangliederung

c) Der Klerus

Die Wahl der Bischöfe geschah, wenigstens seit der mittelbyzantinischen Zeit, zentral durch die in Konstantinopel tagende Synode der Metropoliten (*endēmusa*), die dem Patriarchen einen Dreiervorschlag unterbreitete, gegen den der Kaiser ein Vetorecht hatte. Analog vollzog sich die Wahl des Patriarchen, wobei der Kaiser den erstgenannten Kandidaten annehmen, aber auch eine Person eigener Wahl vorschlagen konnte. Die Bestimmung des Patriarchen gegen den Willen des Kaisers war kaum möglich. Bei Zerwürfnissen zwischen Kaiser und Patriarchen konnte die *endēmusa*, meist nicht ohne kaiserlichen Druck, den Patriarchen zur Abdankung zwingen.

Wahl der Bischöfe

Kandidaten für das Bischofsamt mußten unverheiratet sein und wurden daher im allgemeinen aus dem Kreis der Mönche genommen. Die Besetzung hoher Kirchenämter mit Laien, die in rascher Folge die nötigen Weihen erhielten, stellte im Byzantinischen Reich eine große Seltenheit dar (z. B. Photios) und war kirchen-

Voraussetzungen für das Bischofsamt

rechtlich umstritten. Das Interesse von Mitgliedern der großen Familien, vergleichbar dem westeuropäischen Adel, an Stellen in der Hierarchie war ebenfalls verschwindend gering. Kleriker und Bischof erhielten ihr Einkommen aus dem Vermögen der Kathedralkirche, das dem Kirchensitz entsprechend sehr unterschiedlich sein konnte. Die Einnahmen des Niederklerus, insbesondere der Papades (Popen) auf dem Lande, waren recht gering, sofern sie nicht über einen dem *beneficium* vergleichbaren Besitz (*klerikaton*) verfügen konnten. Das Bildungsniveau der Kleriker, die in Byzanz keine speziell theologische Ausbildung genossen, war sehr unterschiedlich. Während zahlreiche Vertreter des höheren Klerus eine hervorragende Unterrichtung in den weltlichen Wissenschaften erfahren hatten und manche zum Kreis byzantinischer Gelehrter zählen, waren einfache Kleriker oft nur mit Mühe imstande zu lesen und zu schreiben.

Einkommen des Klerus

Bildung

d) *Kirche und Staat – Kirche und Kaiser*

Der Kaiser in der Kirche

Die Kirche im Byzantinischen Reich war im wesentlichen auf die geistlichen Aufgaben beschränkt und den staatlichen Interessen untergeordnet, so daß ihr daher auch keine politische Bedeutung im weitesten Sinne zukam. Sie erhielt ihre Grundlagen als Staatskirche im 4. Jh. und nahm im 6. Jh., unter Justinian, im wesentlichen ihre spätere Gestalt an. Die Kirche des 4. Jh. betrachtete Konstantin als Retter des Christentums und Ordner ihrer inneren Auseinandersetzungen, dem absolute Autorität zukomme. Da sich alle byzantinischen Kaiser als Rechtsnachfolger Konstantins betrachteten, ging die Autorität in kirchlichen Fragen an sie über. Der Kaiser, der zwar nicht *vicarius Christi* war, dem aber als Erben des antiken Gottkaisers und nunmehr als Kaiser von Gottes Gnaden eine gottnahe Stellung zukam, verkörperte so die weltliche und geistige Repräsentation, durch die Kirche und Staat als gemeinsame Institution erschienen. Dem Patriarchen dagegen, der nie (wie der Bischof des alten Rom auf Grund des Zusammenbruchs der staatlichen Macht) eine politische Führung zu übernehmen hatte, verblieben die innerkirchlichen Aufgaben. Spannungen zwischen Kaiser und Patriarch haben nie zu einer Staatskrise geführt, sondern blieben weitgehend persönliche Auseinandersetzungen, die der Kaiser dank seiner Autorität fast immer zu seinen Gunsten entscheiden konnte. Das in der westlichen Geschichtsschreibung seit dem 18. Jh. gebrauchte Schlagwort Cäsaropapismus, worunter der Eingriff eines weltlichen Herrschers in die organisatorischen, liturgischen und dogmatischen Belange der Kirche zu verstehen ist, geht vom römischen Kirchenbegriff des Hoch- und Spätmittelalters aus und verkennt die historisch bedingte Verknüpfung von Kirche und Staat in Byzanz, die auch von der Kirche selbst fast nie in Frage gestellt wurde.

„Cäsaropapismus“

e) *Orthodoxie*

Mit der byzantinischen Kirche eng verbunden und seit etwa dem 7. Jh. identisch ist der Begriff der „orthodoxen“ Kirche. *Orthodoxia* bedeutet im spätklassischen

Griechisch (wo es erstmals begegnet) die „richtige Meinung" und wird zunächst bei Eusebios Anfang des 4. Jh. in der Bedeutung „richtiger Glaube" (im Gegensatz zur Häresie) gebraucht, wobei freilich der Inhalt der Rechtgläubigkeit oft lange und gründlich umstritten war. Die Lehrmeinung wurde, zunächst in der Gesamtkirche, später in der östlichen allein, von der Mehrheit der Versammlung der Bischöfe (Konzil) festgelegt. Zum Maßstab der Orthodoxie wurde daher die Anerkennung der ökumenischen Konzilien und ihrer Erlasse (*kanones*), wobei die äußere Form in der Unterordnung unter den Kaiser und den Patriarchen von Konstantinopel bestand. Die Einhaltung dieser Normen hatte aber auch Vereinheitlichung in der Liturgie und Anpassung in der Kirchenorganisation zur Folge. Insbesondere die östlichen Kirchenbezirke des Byzantinischen Reiches (Armenien, Syrien, Ägypten) haben sich diesen Festlegungen, die im wesentlichen auf das Konzil von Chalkedon (451) zurückgehen, nicht angeschlossen und galten daher als häretisch. Sie werden, auch im heutigen Kirchenverständnis, als morgenländische (orientalische) Kirchen, nicht aber als orthodoxe bezeichnet. Der Verlust der östlichen Reichsteile an die Araber hat das politische Problem des Widerstandes gelöst und Orthodoxie als Glaubensform der Reichskirche chalkedonensischen Gepräges festgelegt. Wenn sich seit dem 5. Jh. langsam eine selbständige römische Kirche herausbildete, so hatte diese Entwicklung neben anderem ihre Ursache im augustinischen Kirchenbegriff, der der romanischen und germanischen Welt angemessener war als die von der aristotelischen und neuplatonischen Philosophie bestimmte Kirchenlehre des Ostens. Die Orthodoxie, die zunehmend zu einer Eigenbezeichnung der byzantinischen Kirche wurde, ist aber erst seit dem 12. Jh. ein Begriff, der die Trennung der beiden christlichen Kirchen verdeutlicht. Charakteristikum ist das Festhalten an traditionell überlieferten Formen der Liturgie, Kunst und Kirchenmusik, die schon in byzantinischer Zeit (und bis heute fortdauernd) den nationalen Rahmen überwanden und als Zeichen der Zugehörigkeit zum Patriarchat in Konstantinopel galten.

Begriffsbestimmung

römische Kirche

f) Schwerpunkte der kirchenpolitischen Entwicklung

Christologische Streitigkeiten

Die ersten fünf Jahrhunderte sind charakterisiert von christologischen Streitigkeiten, die ihren Ausgangspunkt in den Problemen der Trinität, vor allem des Verhältnisses zwischen Gottvater und Gottsohn und der göttlichen und menschlichen Natur in Christus haben. Die Auseinandersetzungen darüber reichen noch in das 3. Jh. zurück, so daß sich Konstantin dem Großen bereits eine dogmatisch gespaltene Kirche präsentierte. Der Ausgangspunkt fast aller dogmatisch-philosophischen Überlegungen lag in den östlichen Kirchenprovinzen Syrien und Ägypten, in denen die griechische philosophische Schultradition gepflegt wurde und daher leicht zu einer hyperkritischen Interpretation biblischer Aussagen führen konnte, die den lateinisch geschulten Theologen des Westens weitgehend unzugänglich blieb. Die erste große Kontroverse, veranlaßt durch die Meinung des alexandrinischen Presbyters Areios, der Sohn sei ein *Geschöpf* Gottes und

Arianismus

habe nicht von Anfang an existiert, führte zur Einberufung des ersten allgemeinen (ökumenischen) Konzils in Nikaia (325). Die arianische Lehre wurde als Häresie verworfen und für das Verhältnis von Vater und Sohn das Schlüsselwort *homousios* (wesensgleich) eingeführt und in Verbindung mit einer Glaubensformel („Nicaenum") dogmatisch festgelegt. Ein neues Problem, das schon im 3. und 4. Jh. bisweilen angeklungen war, die Frage nach der Einheit von Gott und Mensch in Christus, hat in verschiedensten Formen die Kirche bis ins 9. Jh. beschäftigt. Noch vor der großen Auseinandersetzung in der Mitte des 5. Jh. kam

Nestorianismus

es zu einem durch Patriarch Nestorios von Konstantinopel ausgelösten Streit, ob Maria Gottesgebärerin (Theotokos) oder Menschengebärerin (Anthropotokos) sei. Der Patriarch wurde zwar 431 auf dem Konzil von Ephesos verurteilt, seine Anhänger gründeten jedoch jenseits der Reichsgrenze, im sasanidischen Staat, eine Kirchengemeinde, die über die Jahrhunderte hinweg bis heute Bestand hat. Im Hintergrund aber schwelte die zentrale Frage um die Naturen weiter, zunächst in Diskussionen zwischen den theologischen Schulen von Antiocheia und Alexandreia. Da die alexandrinische Schule Gottheit und Menschheit in Christus als eine Natur betrachtete und die menschliche in der göttlichen aufgenom-

Monophysitismus

men sah wie einen Wassertropfen im Meer (Monophysitismus, Einnaturenlehre), wurde die Frage vor ein Konzil gebracht, das sich 451 in Chalkedon versammelte und den Monophysitismus verurteilte, ohne die weitere Diskussion um die Naturenfrage beizulegen. Da die Bischöfe vieler östlicher Reichsteile (Armenien, Ägypten, Syrien) die Beschlüsse ablehnten, war nicht nur die politische Reichseinheit gefährdet, vielmehr bildete das Konzil auch den Ausgangspunkt für die Entstehung selbständiger östlicher Kirchen, die Patriarchen und Kaiser von Konstantinopel nicht anerkannten: die armenische (teilweise), westsyrisch-jakobitische, koptische und später auch die äthiopische Kirche. Obwohl verschiedene Kaiser die Spaltung durch theologische Formeln zu überwinden suchten (Zenon 482, Konzil von 553, Herakleios 638, Konstans II. 648), kam eine kirchliche Einheit nicht mehr zustande. Erst die Eroberung der monophysitischen Ostprovinzen durch die Araber hat für die Reichskirche ein gefährliches und im Grunde wohl unlösbares Problem aus der Welt geschafft.

Ikonoklasmus

Auch der Bilderstreit (Ikonoklasmus) ist, obwohl er vom ursprünglichen Anliegen weit entfernte Ausweitungen erfuhr, von seiner Grundlegung her eine theologische Auseinandersetzung, in der sich das alttestamentarisch-frühchristliche Bilderverbot mit Problemen der Naturenfrage in Christus vereinte. Obwohl sich seit dem 4. Jh. eine christliche Ikonographie entwickelte, und, gestützt auf die Tatsache der Menschwerdung Christi, auch bildliche Darstellungen für theologisch gerechtfertigt galten, verstummten niemals die Stimmen strikter Gegner, und gerade bei der von Kaiser Leon III. 726 entfachten Diskussion entzündete sich die über 100 Jahre andauernde Auseinandersetzung an der Frage, ob *Christus* dargestellt werden dürfe, da doch auf diese Weise die göttliche Natur nicht zum Ausdruck gebracht werden könne. Der Bilderstreit ist allerdings zu einer Bewegung sui generis geworden, die ihn von christologischen Streitigkeiten darin unterscheidet, daß es nicht um Worte ging, sondern hier seit Jahrhunderten geheiligte Objekte, nämlich die Bilder (Ikonen), beschädigt oder vernichtet wurden. Die trotz Unterbrechungen und Jahren verminderter Heftigkeit lange Dauer des Streites ist nicht nur auf die Unterstützung der bilderfeindlichen Richtung durch machtvolle Kaiserpersönlichkeiten zurückzuführen, sondern auch auf den schwierigen theologischen Standpunkt der Bilderfreunde (Ikonodulen), die erst eine eigene Theologie entwickeln mußten. In der Auseinandersetzung hatten sich offensichtlich nicht nur die Argumente der Gegner erschöpft, vielmehr wurden in zahlreichen Reichsteilen bildliche Darstellungen nicht oder nur geringfügig zerstört und die künstlerische Tradition war auch auf dem kirchlichen Sektor keineswegs vollständig unterbrochen. Die mehr als hundertjährige Diskussion hat der Ikone einen festen Platz im praktischen Leben der Kirche verschafft und sie zu einem charakteristischen Objekt orthodoxer Frömmigkeit gemacht. Durch die theologische Festlegung, daß – aufgrund der Ähnlichkeit der Form von Urbild und Abbild – die Ehre, die dem Bild erwiesen wird, auf das Urbild zurückgeht, wurde eine Verehrung möglich, der nicht mehr der Makel des Götzendienstes anhaften konnte. Da in der Folgezeit das religiöse Bild immer mehr zum Gegenstand eines offiziellen und privaten Kultes wurde, maß man auch dem Kampf um das Bild eine epochale Bedeutung bei, die für die Zeitgenossen überhaupt nicht bestand, und wies ihm fälschlich sogar die Rolle eines allgemeinen Kulturkampfes zu.

Mit dem 9. Jh. tritt zunehmend eine andere Problematik in den Mittelpunkt: die Auseinandersetzung zwischen den beiden Kirchen Rom und Konstantinopel, die begleitet ist von den außenpolitischen Streitigkeiten zwischen dem angestammten oströmischen Kaisertum und dem neuen Kaisertum im Westen. Der Streit um die Vorrechte (Primat) zwischen Rom und Konstantinopel reicht bis ins 4. Jh. zurück, tritt aber gegenüber den großen christologischen Dogmenfragen in den Hintergrund – wiewohl auch der römische Bischof in die dogmatischen Streitigkeiten eingegriffen hat – und bleibt ein Teil der Geschichte des Auseinanderlebens der beiden Reichshälften. Die entscheidenden Höhepunkte (vor dem 9. Jh.) sind die Synoden von 381 und 451, der Streit um den Titel des ökumenischen Patriarchen kurz vor 600, Widerstand und Märtyrertum Maximos' des Bekenners im 7. Jh. und die Übertragung ehemals römischer Kirchenprovinzen an das Patriarchat von Konstantinopel im 8. Jh. Ein in Spanien entstandener und dort schon im 7. Jh. bezeugter Zusatz zum Nikänischen Glaubensbekenntnis (*"filioque"*) hat bald nach 800 das Verhältnis der beiden Kirchen erneut belastet. Es ging bei diesem als „filioque-Streit" bezeichneten Problem um die Frage, ob der Heilige Geist seinen Ausgang auch vom Sohn nehme oder nur vom Vater.

Streit in den Primat

Folioque-Streit

Weitreichende Folgen aber hatte der Streit um den Patriarchen Photios, nachdem die politisch motivierte Absetzung des Patriarchen Ignatios (858) und die unkanonische Weihe des Photios zum neuen Patriarchen dem Papst Nikolaus I. Gelegenheit zum Eingreifen gaben. Auf Drängen von Anhängern des Ignatios setzte eine römische Synode 863 Photios ab und exkommunizierte ihn. Dieser ließ nun, unter Ausspielung der römischen Häresie des filioque, in einer Synode

Patriarch Photios

in Konstantinopel 867 den Papst bannen. Die Ermordung seines kaiserlichen Gönners, Michaels III., und die Übernahme der Herrschaft durch Basileios I. brachten noch im selben Jahr Photios zu Fall, während Papst Nikolaus starb, noch ehe er von seiner Bannung erfuhr. Das Patriarchenamt hatte wieder Ignatios übernommen, und Basileios I. konnte (oder wollte) den Vorschlag des neuen Papstes Hadrian nicht ablehnen, über den Fall des Photios in der Hauptstadt eine Synode einzuberufen. Sie fand 869 / 870 statt und verurteilte Photios, doch ihr ökumenischer Charakter wurde von der byzantinischen Kirche später nicht anerkannt. Trotz des für Rom positiven Ergebnisses endete die Kirchenversammlung mit einer Mißstimmigkeit: die seit Jahren umstrittene Zugehörigkeit des neubekehrten Bulgariens (zur römischen oder zur konstantinopolitanischen Kirche) wurde zugunsten Konstantinopels entschieden. Die Spannungen um die bulgarische Kirche zwischen Hadrian bzw. seinem Nachfolger Johannes und Ignatios hätten wohl ohne das Eingreifen Kaiser Ludwigs, der der byzantinischen Hilfe gegen die Araber bedurfte, zu einem neuen Schisma geführt. Mit dem Tod des Ignatios 877 kehrte Photios wieder auf den Patriarchenthron zurück und fand 879 auch die Zustimmung Roms, das den Streit damit begrub, aber nicht vergaß. Doch sollte der Fall Photios, bei dem keineswegs der Patriarch immer im Mittelpunkt stand und der Sieger – Rom oder Konstantinopel – nicht auszumachen war, neben kleineren Streitigkeiten in den folgenden eineinhalb Jahrhunderten nur Vorspiel zu einer weit folgenreicheren Auseinandersetzung sein, die in dem berühmten Jahr 1054 kulminierte.

Bulgarien im byzantinischen Kirchenverband

Das „Schisma“ von 1054

In der Vorgeschichte des Schismas von 1054 vermischen sich Fragen der Unteritalienpolitik mit dogmatischen Auseinandersetzungen und nicht zuletzt persönlichen Ressentiments. Die Konstellation von machtvollen kirchlichen Persönlichkeiten – dem Patriarchen Michael Kerullarios und seinem Gegenspieler, dem päpstlichen Legaten Humbert von Silva Candida, hinter dem Hildebrand, der spätere Gregor VII., stand – und einem schwachen byzantinischen Kaiser, Konstantin IX. Monomachos, haben den entscheidenden Bruch herbeigeführt. Das Vordringen der Normannen nach Unteritalien war für das Papsttum und Byzanz gleichermaßen bedrohlich und legte daher ein Bündnis nahe, dem sich Kerullarios energisch widersetzte, da er darin eine Förderung seines persönlichen Gegners, des unteritalienischen Gouverneurs Argyros, sah. Er ließ ein Schreiben verfassen, in dem er den Lateinern wegen des Gebrauchs ungesäuerter Brote (*Azymen*) in der Liturgie eine vollgültige Eucharistie absprach und sie der Häresie bezichtigte. Während der von Humbert geleiteten päpstlichen Gesandtschaft 1054 verliefen die politischen Gespräche mit dem Kaiser weitgehend zufriedenstellend, doch war es gegenüber dem Patriarchen zu hitzigen Auseinandersetzungen gekommen, die mit der Niederlegung einer päpstlichen Bannbulle auf dem Altar der Hagia Sophia am 16. Juli 1054 und einer Bannung der römischen Vertreter durch die Synode vom 24. Juli endeten. Die Zeitgenossen haben den in Umfang und Rechtmäßigkeit umstrittenen Bannspruch nicht zur Kenntnis genommen, und die byzantinische Chronistik verliert kein Wort darüber. Er ist jedoch Ausgangspunkt einer tiefen und bleibenden Spaltung zwischen Ost und West, zu deren Überwindung zahlreiche Versuche in den folgenden Jahrhunderten unternommen wurden.

Die Spannungen zwischen den beiden Kirchen traten im 11. und 12. Jh. gegenüber den dringenden politischen Problemen zurück. Da die Durchführung der Kreuzzüge ohne byzantinisches Mitwirken nicht möglich war, ließ Rom dogmatische und liturgische Fragen im Hinblick auf das große Ziel weitgehend unberücksichtigt. Auf den Pilgerverkehr zu den heiligen Stätten des Ostens wie des Westens blieben kirchliche Spannungen ohne Auswirkung; Konstantinopel war weiterhin eine Drehscheibe internationaler kultureller Beziehungen. Bedeutende Theologen des Westens, wie Pietro Grossolano und Anselm von Havelberg führten im 12. Jh. am Kaiserhof der Komnenen öffentliche Diskussionen. Die praktischen Schwierigkeiten bei der Durchführung der Kreuzzüge, aber auch die Intriganz mancher westlicher Führer, vor allem Bohemunds, haben jedoch trotz einer beiderseitigen Bereitschaft zu Unionsverhandlungen Ansätze einer Verständigung immer wieder zunichte gemacht. Kaiser Manuel I., selbst ein begeisterter, aber nicht immer guter Theologe, war bereit, sich in dogmatischen Fragen und sogar hinsichtlich des Primats dem römischen Stuhl zu unterwerfen, doch die Opposition der Kirche vereitelte das Unterfangen. Seit dem Zeitalter der Komnenen zeigt sich zunehmend ein Dissens zwischen der Meinung des Kaisers und der Meinung der Mehrzahl der Kirchenvertreter, die in seinem Sinne zu lenken der Kaiser immer weniger imstande war. Die Einheit von Kirche und Staat wich mehr und mehr einer Polarität Kaiser – Kirche, die seit dem 13. Jh. eines der kirchengeschichtlichen Charakteristika darstellt.

Kirche und Kreuzzüge

Abgesehen von den Spannungen mit Rom ist in mittelbyzantinischer Zeit die Einheit der Reichskirche keineswegs unangefochten gewesen. Schon seit dem 3./4. Jh. hatten sich oppositionelle Gruppierungen herausgebildet, deren Entwicklung und Lehre wir nur aus den Schriften der Gegner kennen, so daß die Informationen entsprechend lückenhaft und parteiisch sind. Ohne auf die einflußreichen spätantiken Sekten der Gnostiker und Manichäer eingehen zu können, seien nur die vor allem in mittelbyzantinischer Zeit bedeutenden häretischen Gruppen der Paulikianer und Bogomilen hervorgehoben. Die erstgenannte Bewegung geht zurück auf einen Armenier Konstantin (2. Hälfte 7. Jh.); sie verdankt ihren Namen wohl kaum dem Bischof Paul von Samosata (2. Hälfte 3. Jh.), sondern steht in Verbindung mit einer nicht mehr genau faßbaren Verehrung des Apostels Paulus. Eine Nähe zum Manichäismus ist in mancher Hinsicht gegeben, doch führten die Paulikianer keineswegs diese Tradition ungebrochen weiter, wie byzantinische Autoren oft behaupten. Sie lehnten die kirchlichen Sakramente sowie jede Überlieferung ab, waren konsequente Bilderfeinde und standen als Gegner der Reichskirche auch in Opposition zum Staat. Zentrum der Häresie war immer Armenien und das angrenzende östliche Reichsgebiet. Erst nach der Rückeroberung dieser Regionen im 9. Jh. kamen sie in direkten Kontakt mit den Byzantinern und erwiesen sich als höchst militante Sekte, die nur mit großer

Häresien

Paulikianer

Mühe ausgerottet werden konnte, bis durch geschickte Zwangsumsiedlungen schließlich ihr politischer Einfluß gebrochen wurde. Nachweislich tauchen sie um 970 ein letztes Mal im Zusammenhang mit einer Umsiedlung von Anhängern in den thrakischen Raum auf, wo sie mit gewisser Wahrscheinlichkeit zur Festigung (aber nicht wohl Entstehung) einer neuen Sekte beitrugen.

Bogomilen

Diese neue Sekte bildeten die Bogomilen, die während der 2. Hälfte des 10. Jh. erstmals im Balkanraum begegnen. Eine Beziehung zu den Paulikianern bestand sicherlich, doch lassen sich Einzelheiten nicht mehr ausmachen. Ihr Name ist kaum als Selbstbezeichnung („Gottesliebende") zu deuten, sondern leitet sich von einem Priester Bogomil ab, der zur Zeit des Bulgarenzaren Peter (927–969) lebte. Die Bogomilen lehnten das Alte Testament und auch Teile des Neuen Testaments ab, sie leugneten Bilder und Reliquienkult, Sakramente und Institutionen der offiziellen Kirche und standen darin den Paulikianern ebenso nahe wie im gemeinsamen dualistischen Weltbild. Ihre Anhänger stammten überwiegend aus mittleren und unteren Gesellschaftsschichten, wenngleich der häufig in der Literatur betonte sozial-revolutionäre Charakter der Bewegung zumindest als alleinige Komponente nur selten greifbar ist. Sie waren nicht nur in den Balkanländern, sondern in allen Teilen des byzantinischen Staates bis in die letzten Jahrzehnte des Reiches verbreitet. Von besonderer Bedeutung war jedoch das Übergreifen dieser Häresie auf zahlreiche Länder Mittel- und Westeuropas (Katharer, Albigenser), wo ihr eine größere Bedeutung zukam als im Byzantinischen Reich selbst.

Missionierungen

In mittelbyzantinischer Zeit erfuhr die Kirche durch Missionierungen ihre größte Ausweitung, wenngleich die Bekehrung fremder Völkerschaften auch schon in frühbyzantinischer Zeit, besonders unter Justinian, ein Anliegen der Kirche und vor allem des Staates war, um über die Grenzen hinaus politischen Einfluß auszuüben. Perser- und Arabersturm, aber auch der Einfluß der monophysitischen Kirche haben dieses Missionswerk zumindest als politisches Unternehmen wieder zunichte werden lassen. Erfolg beschieden war dagegen den Missionierungen des 9. und 10. Jh., an erster Stelle dem Werk der beiden

Kyrill und Method

Thessalonizenser Brüder Konstantin (mit Mönchsnamen Kyrill) und Method (863), die zwar an ihrem Ausgangspunkt in Mähren scheiterten, durch ihre Schüler aber den südslawischen Raum kulturell und kirchlich für immer an Byzanz banden. In denselben Jahren waren durch den militärisch erzwungenen Übertritt des Bulgarenkhans Boris zum Christentum (864) die Voraussetzungen für eine Missionierung im Bulgarischen Reich geschaffen worden.

Christianisierung der Bulgaren und Russen

Gleichzeitig unternahm Byzanz bei den russischen Stämmen Versuche zu einer Christianisierung, die allerdings erst mehr als 100 Jahre später zu einem endgültigen Erfolg führten, als Vladimir um 988 das Christentum annahm. Entstammte in den südslawischen Ländern auch der höhere Klerus überwiegend der einheimischen Bevölkerung, so waren in Rußland bis ins 15. Jh. die Metropoliten fast ausnahmslos Griechen. Trotz verschiedener Bemühungen in der 2. Hälfte des 10. Jh. gelang es nicht, auch die Ungarn für die Kirche in Konstantinopel zu gewinnen. Diese Missionierungen schufen trotz aller politischen Spannungen einen orthodoxen Commonwealth, in dem die byzantinische Kultur griechisch-christlicher Prägung weite Verbreitung fand.

Kirchenpolitik in spätbyzantinischer Zeit

Mit dem Verlust Konstantinopels 1204 war auch die Kirchenorganisation weitgehend zusammengebrochen, da sich in den besetzten Gebieten die lateinische Kirche auszubreiten begann, während auf der anderen Seite die meisten kleinasiatischen Kirchenprovinzen in den Händen der Seldschuken waren. Durch die Wahl eines Patriarchen 1208 am neuen Kaisersitz Nikaia erhielt jedoch auch die Kirche wieder einen festen Mittelpunkt, dem freilich der Erzbischof des neuen Epirotischen Reiches (mit Sitz in Ohrid) Konkurrenz zu bieten versuchte. Aber letztlich siegte die traditionelle, im Kaiserreich von Nikaia verkörperte Verbindung von Kirche und Staat, da sich auch auswärtige orthodoxe Mächte wie die serbische und bulgarische Kirche die Bestätigung ihrer Metropoliten beim Patriarchen in Nikaia holten. Als 1261 mit dem Kaiser auch der Patriarch in die alte Hauptstadt zurückkehrte, waren, von der Jurisdiktion her gesehen, die früheren Verhältnisse wiederhergestellt.

Die unglückliche Kirchenpolitik im lateinischen Kaiserreich hatte die Kluft zwischen der römischen und der byzantinischen Kirche nur noch erweitert. Das Schlüsselwort, um welches in den folgenden zwei Jahrhunderten immer gerungen wurde, hieß daher „Union". Aber die Verhandlungen darüber standen stets unter dem politischem Druck des Westens, der oft der Erpressung gleichkam. Die Mehrheit der byzantinischen Kirche, vor allem das Mönchtum, war immer gegen eine Union, und das Volk stand gewiß ebenfalls auf dieser Seite. Der Absicht der westlichen Mächte, im besonderen Karls von Anjou, mit der Rückeroberung des Lateinischen Reiches (seit 1267 im Vertrag von Viterbo festgelegt) auch dem Byzantinischen Reich ein Ende zu bereiten, hat Michael VIII. seine Bereitschaft zur Union als einzige diplomatisch wirksame Waffe entgegengehalten. Die 1274 in Lyon geschlossene Vereinbarung ist von der griechischen Kirche als ganzer nie gebilligt worden, und Andronikos II. kündigte sie mit seinem Regierungsantritt 1282 wieder auf, zumal durch die Niederlage Karls von Anjou infolge der Sizilianischen Vesper auch die äußere Notwendigkeit gewichen war. Erst Andronikos III. (1328–1341) förderte wieder den Unionsgedanken und ließ, wie einst Manuel, theologische Diskussionen durchführen, bei denen Barlaam aus Calabrien, ein griechischsprachiger Mönch lateinischen Ritus', das entscheidende Wort führte. Der Kaiser sah ein, daß eine Union die breite Zustimmung aller Kreise in Byzanz finden müsse, was ohne Konzessionen Roms nicht möglich wäre. Für die Idee eines ökumenischen Konzils, von der Durchführung zu schweigen, war allerdings die Zeit noch nicht reif.

Unionsbestrebungen im 14. und 15. Jh.

Hesychasmus und Palamismus

Die Anwesenheit Barlaams im Byzantinischen Reich hat zu einer tiefgreifenden innerkirchlichen Kontroverse geführt. Der Calabrese erfuhr durch Anhänger der schon weit in die mittelbyzantinische Zeit zurückreichenden hesychastischen Bewegung (zu *hēsychia*, Ruhe) von gewissen mystischen Praktiken, die bereits auf dieser Welt eine Gottesschau ermöglichen sollten. In der Kontroverse mit Barlaam fanden sie in Gregorios Palamas einen beredten Verteidiger, der dabei ein eigenes, nach ihm benanntes System der mystischen Theologie entwickelte (Palamismus), welches in der Folge nicht nur größten Einfluß auf die Spiritualität des späten Byzanz hatte, sondern auch in den orthodoxen Nachbarländern und vor allem in Rußland weite Verbreitung fand.

Union und Türkenhilfe

Die dem Palamismus autogene Lateinerfeindschaft war dem Unionsgedanken im Byzantinischen Reich nicht gerade förderlich, obwohl die Türkengefahr seit der Mitte des 14. Jh. eine Verständigung mit dem Westen als Voraussetzung für militärische Hilfe zu einer politischen Notwendigkeit machte, da die westlichen Mächte (zu denen auch Ungarn zu rechnen war) erst im 15. Jh. dem Kampf gegen die Türken auch ein Eigeninteresse abgewannen. Aber wie in den vergangenen Jahrzehnten fand die Unionspolitik der Kaiser keinen Rückhalt in Klerus und Volk.

Johannes V. in Rom

Johannes V. trat 1369 in Rom zum katholischen Glauben über, aber auch diese Unterwerfung rein persönlicher Natur führte in der entscheidenden Frage nicht weiter, obwohl durch die theologischen Arbeiten der Brüder Demetrios und Procheiros Kydones und ihre Übersetzungen scholastischer Werke auch das theologische Verständnis für den Westen langsam in Byzanz Eingang fand.

Scholastische Theologie in Byzanz

Die Türkengefahr war zwar durch die Ereignisse von 1371 (Marica) und 1389 (Kossovo) auch dem Westen bewußt geworden und förderte die Bereitwilligkeit zu einem allgemeinen Konzil, doch ließen die inneren Schwierigkeiten der lateinischen Kirche nach der Rückkehr der Päpste aus Avignon eine ernste Inangriffnahme der Probleme nicht zu, ganz abgesehen davon, daß man in Rom immer noch nicht bereit war, von alten dogmatischen Standpunkten abzurücken. Das Konzil in Konstanz (1414/18) hatte weder genügend Zeit, sich dem griechischen Problem zu widmen, noch gefiel den Byzantinern die „konziliare Idee", d. h. Beschlüsse ohne den Papst als Garanten. Umgekehrt war den westlichen Bischöfen immer noch nicht klar, daß es zur Durchsetzung von Zielen längst nicht mehr genügte, nur den byzantinischen Kaiser auf ihrer Seite zu haben.

Konzil in Ferrara-Florenz

Unter diesen Gegebenheiten war der Erfolg des Konzils von Ferrara-Florenz 1439 von vornherein fraglich, und das Unionsdekret vom 6. Juli 1439, unterzeichnet von Kaiser Johannes VIII., erwies sich in der Praxis als leeres Blatt, da die griechische Kirche nicht bereit war, die Vereinbarungen zu akzeptieren. Die Union erschien als nationaler Verrat in einer Zeit, in der allein die Orthodoxie der griechischen Bevölkerung noch Zusammenhalt bot, zumal nach 100 Jahren politischer Enttäuschung ohnehin niemand mehr Hilfe aus dem Westen erwarten konnte. Die offizielle Verkündigung der Union am 12. Dezember 1452 war ein bloß theatralischer Akt vor dem Hintergrund jener Bedrohung, die dem Byzantinischen Reich, nicht aber der orthodoxen Kirche, ein halbes Jahr später das Ende bereitete.

2. Das Mönchtum

Charakteristik

Man hat zurecht das östliche Mönchtum als „höchste moralische Autorität der Kirche" bezeichnet (K. Holl, Über das griechische Mönchtum, in: Gesammelte

Aufsätze zur Kirchengeschichte, Bd. 2. Tübingen 1928, 274). Es bewahrte im wesentlichen immer seinen asketisch-mystischen Charakter, aus dem heraus es sich seit dem 4. Jh. entwickelte, und unterscheidet sich in verschiedener Hinsicht deutlich vom westlichen Mönchtum: im Osten gibt es in viel geringerer Zahl den ordinierten Mönch (*Hieromonachos*), der in die sakralen Aufgaben der Kirche eingreift, und ebensowenig existiert eine Gliederung in Orden. Obwohl bei zahlreichen Streitigkeiten das Mönchtum dem Kaiser stärker als die kirchliche Hierarchie Widerstand leistete, war insgesamt gesehen die Einmischung des Mönchtums in Fragen der Staatspolitik gering. Es fehlte eine übergeordnete Institution, die die zahlreichen Klöster zu gemeinsamen Handlungen hätte veranlassen können, so daß Aktionen des Mönchtums immer auf der initiative einzelner Persönlichkeiten oder großer hauptstädtischer Klöster beruhten.

Entstehung und Formen

Die Entstehung des christlichen Mönchtums, dessen Wurzeln in die frühen christlichen Gemeinden zurückreichen, geht in den ägyptisch-palästinensischen Raum des späten 3. und frühen 4. Jh. zurück. In seiner ursprünglichen Form ist es die weltabgeschiedene Askese des einzelnen (*monachos*) in der Wüste (*erēmos*), bekannt aus der Vita des Antonios. Dem stellt sich allerdings rasch die Form der Mönchsgemeinschaft (*Koinobion*) zur Seite, wie sie erstmals Pachomios um 320 bei Theben in Ägypten gründete und mit einer Regel versah, die soldatische Disziplin erforderte. Auch im Byzantinischen Reich blieb wegen der leichteren Kontrollmöglichkeit das Gemeinschaftskloster der von Staat und Kirche geförderte, vorherrschende Typ. Trotzdem ließ sich die Form der Einzelaskese (Idiorhythmie) nicht verdrängen und hat (in geringerem Umfang) immer neben dem Gemeinschaftsleben existiert. Daneben entstanden noch Sonderformen des (idiorhythmischen) Mönchtums, von denen die Styliten (Säulenheilige) und die Saloi (Narren um Christi willen) zu besonderer Berühmtheit gelangten. Die Bedeutung dieser Außenseiter, die von der Hierarchie ungern gesehen waren, blieb auf die frühen Jahrhunderte beschränkt, obwohl gerade der Salos in Form des Jurodivyj im russischen Mönchtum eine Fortsetzung fand.

Regeln

Eine allen Klöstern gemeinsame Regel (vergleichbar der im Abendland seit der 2. Hälfte des 9. Jh. verbindlichen Benediktinerregel) gab es in Byzanz nicht. Jedes einzelne Kloster hatte vielmehr eine eigene Regel (Typikon), in welche die allgemeinen mönchischen Vorschriften Basileios' des Großen (330–379) Eingang fanden. Dies gilt auch für die griechischen Klöster Süditaliens, die erst im 14. Jh. durch Maßnahmen der römischen Kirche zu einem sogenannten *ordo S. Basilii* zusammengefaßt wurden.

Kontrolle der Klostergründungen

Klostergründungen unterlagen seit dem Konzil von Chalkedon (451) einer Kontrolle durch den regional zuständigen Bischof, dem sie auch jurisdiktionell unterworfen waren, um somit einer kirchlichen Oberaufsicht nicht zu entgehen. Allerdings hatte auch der Patriarch das Recht, seiner alleinigen Aufsicht unterstehende Klöster zu gründen. Daneben gab es, kraft kaiserlichen Privilegs, Klöster, die keiner weltlichen oder geistlichen Macht unterstanden (*monasteria autodespota*), so etwa das berühmte Patmos-Kloster und zeitweilig auch der Athos. Die

Anlage von Klöstern geht vielfach auf die initiative von Privatpersonen zurück (*ktitēs*, Stifter), denen prinzipiell aber kein Einfluß auf das Kloster zustand. Die Praxis sah freilich oft anders aus, und für manches Kloster wurden die Dienste gegenüber dem Stifter zu einer Plage. Nicht minder problematisch war eine andere Institution, die mit der Wiedergründung oder Neubelebung verfallener Klöster zusammenhängt, das Charistikariat (zu griech. *charis* „Gunsterweis"), wobei vermögende Personen (*charistikarioi*) das ihnen zur wirtschaftlichen Gesundung anvertraute Kloster häufig als Eigenbesitz betrachteten (vgl. S. *37*).

Klosterzentren

Bereits im 5. Jh. breitete sich das Mönchtum, vom ägyptisch-palästinensischen Raum ausgehend, über das gesamte Reichsgebiet aus. Gewisse Regionen allerdings sind zu Zentren mönchischer Ansiedlung geworden. Hierzu zählt (obwohl man im allgemeinen die Städte eher mied) die Hauptstadt Konstantinopel selbst, der Latmos (Gebirgsregion in der Nähe von Milet) und vor allem der bithynische Olymp (bei Prusa / Bursa gelegen). Der Athos, der bis heute ganz den Charakter eines byzantinischen Klosterzentrums gewahrt hat, gewann dagegen erst seit dem 10. Jh. an Bedeutung durch die Gründung der Großen Laura (963). Erst hundert Jahre später (1088) fällt die Anlage eines der bedeutendsten Großklöster der orthodoxen Welt, des Johannes-Theologos-Klosters auf Patmos. Nahezu immer außerhalb der Reichsgrenzen lag das älteste bis heute bestehende Kloster des Ostens: das Katharinenkloster auf dem Sinai, welches in den Grundmauern auf die Zeit Justinians zurückgeht. Von erheblicher kultureller und sozialer Bedeutung in einem lateinisch-griechischen Mischgebiet war das unteritalienische Mönchtum, das in Grottaferrata (gegründet 1004) einen Vorposten in unmittelbarer Nähe Roms hatte, während in Rom selbst nur bis ins 10. Jh. griechische Mönche anzutreffen sind.

Wirtschaftliche Stellung der Klöster

Das byzantinische Klosterwesen ist, die wenigen Großklöster ausgenommen, von Kurzlebigkeit und (trotz der Warnungen vor unsteter Lebensweise) von Fluktuation gekennzeichnet, verursacht durch häufige kriegerische Einfälle und oft auch eine recht schwache materielle Basis. Die byzantinischen Kaiser haben, nicht immer ohne Schaden für die fiskalischen Interessen des Staates, den Klöstern weitreichende Abgabenfreiheit gewährt, die freilich meist nur den großen und bekannten Institutionen zugute kam. Es gab Klöster mit immensem Reichtum an Grundbesitz, und die Gesetzgebung gerade des 10. und 11. Jh. hat den Einfluß von Äbten der reichen Klöster zu beschneiden versucht. Insgesamt gesehen ist das östliche Mönchtum aber nie jener „Verweltlichung" anheimgefallen, die im Westen zu den zahlreichen Reformmaßnahmen führte.

Soziale und spirituelle Aufgaben

Die Hauptbedeutung des Mönchtums für das Leben in Byzanz liegt in seiner sozialen und spirituellen Funktion. Die Aufgaben der Wohlfahrtspflege waren fast ganz den Klöstern übertragen, die dafür auch staatliche Mittel erhalten konnten, wie wir aus dem Beispiel des Pantokrator-Klosters in Konstantinopel wissen [738]. Noch wichtiger aber ist die spirituelle Bedeutung, die in der Verbindung mit allen Schichten der Bevölkerung liegt, da die Byzantiner Hilfe und Zuflucht immer bei den Mönchen als wahren geistigen Beratern suchten. Die Wertschätzung des mönchischen Ideals führte so weit, daß viele Byzantiner, die Kaiser nicht ausgenommen, im Alter oder dem Tod nahe, das Mönchskleid nahmen. Das Kloster war dagegen im allgemeinen kein Zentrum der Kultur und der Bildung, und ein Scriptorium gehörte nur ganz selten zum stolzen Besitz, wie man dies vom Westen her gewohnt ist, gab es doch sogar in Konstantinopel Klostervorsteher, die nachweislich des Schreibens unkundig waren (Merkelbach, in: ZPE 39, 1980, 291–294).

Kirche und Mönchtum im byzantinischen Leben

In der Ambivalenz zwischen Antike und Christentum, die ein Hauptcharakteristikum des byzantinischen Lebens darstellt, gaben Kirche und Mönchtum einen wesentlichen Ausschlag zugunsten des Christentums, das freilich weniger die uns literarisch und historisch bekannte Oberschicht berührt und durchdrungen hat. Das Volk dagegen war, dank Kirche und Mönchtum, mit Psalter und Heiligenvita stärker vertraut als mit Homer und Aristoteles. Unter diesem Gesichtspunkt war Byzanz doch eher ein „Reich der neuen Mitte“ [113], wenngleich ihm, um einen Gedanken von H.-G. Beck aufzugreifen [BZ 61, 1968, 349], noch viele Elemente eines „Reichs der alten Mitte“ zueigen waren.

G. KULTURELLES UND GEISTIGES LEBEN

1. Sprache

Rolle des klassischen Grazität

Der Großteil der byzantinischen Literatur ist in klassisch griechischer (attischer) Sprache geschrieben oder strebt diese Richtung zumindest an. Ein strenger Grammatikunterricht, die Konsultation von Lexika und die ständige Lektüre antiker Schriftsteller bewirkten, daß die byzantinischen Autoren den Normen ihrer Vorgänger aus klassischer und hellenistischer Zeit (die von der sprachlichen Seite her in Byzanz nicht geschieden wurden) treu bleiben konnten. Obwohl sich das Neue Testament einer anderen Sprachform bedient, haben sich (mit besonderem Nachdruck seit dem 4. Jh.) auch die Verfasser christlicher Schriften dem klassischen Stil angepaßt, um ihre Werke denen heidnischer Autoren gleichwertig erscheinen zu lassen, und behielten diese Stilform bei, auch als eine Konkurrenz zum Heidentum längst nicht mehr gegeben war. Die Treue zur Tradition nicht nur der antiken Literatur, sondern auch der Sprache war Bestandteil der festen Überzeugung, als alleiniger Erbe das griechische Kulturgut übernommen zu haben.

Volkssprache und Umgangssprache

Neben der überwältigenden Masse hochsprachlicher Literatur gibt es auch Zeugnisse, die man als „volkssprachlich" zu bezeichnen pflegt. Abgesehen von Beispielen in der hagiographischen Literatur und einzelnen überlieferten Wörtern und Sätzen besitzen wir vor dem 12. Jh. keine Dokumente dieser Volkssprache. Sie geht zurück auf eine griechische Gemeinsprache (*koinē*), die ihrerseits aus einer Vermischung der zahlreichen (alt-)griechischen Dialekte mit Fremdeinflüssen in der hellenistischen Staatenwelt der ersten zwei Jahrhunderte vor Christus entstand und ihr bekanntestes schriftliches Denkmal im Neuen Testament hat. Charakteristische Kennzeichen der (gesprochenen) *Koinē* ist der lautliche Zusammenfall verschiedener Vokale und Diphthonge (sog. Itazismus) sowie der Verlust der Quantität, der schon in frühbyzantinischer Zeit zum Zusammenbruch des antiken metrischen Systems führte. Die vom einfachen Byzantiner wirklich gesprochene Sprache (Umgangssprache) bleibt unbekannt. Durch die Kirche war ihm in gewissem Grad die Ausdrucksweise der Hochsprache vertraut. Wir können nur schwerlich vom Phänomen einer Diglossie im Byzantinischen Reich sprechen, da die Hochsprache in erster Linie ein Element des *schriftlichen* Ausdrucks der gehobenen Schichten war, und nur bei seltenen offiziellen Anlässen auch mündlich gebraucht worden sein dürfte. Die *Koinē,* von der sich die Sprache des Volkes mehr und mehr entfernt hatte, begegnet weiter in der literarischen Form einer gehobenen Umgangssprache, und wir müssen uns in mittel- und spätbyzantinischer Zeit die sprachlichen Ausdrucksweisen auf ganz verschiedenen Ebenen vorstellen. Daneben werden in spätbyzantinischer Zeit auch neue Dialekte schriftlich greifbar, beispielsweise das Kypriotische.

2. Hochsprachliche Literatur

a) Allgemeine Bemerkungen

Definition

Unter byzantinischer Literatur versteht man Literatur in griechischer Sprache, unabhängig, ob sie innerhalb oder außerhalb der staatlichen Grenzen des Byzantinischen Reiches entstanden ist; dabei kommt der vielfach üblichen Trennung in profane und theologische Literatur nur eine didaktische Bedeutung zu, die durch die sprachlich-stilistische Form nicht zu rechtfertigen ist, sondern allenfalls durch die Schöpfung neuer Gattungen und die konkreten Anliegen der christlichen Glaubensverbreitung, also einen ideologischen und nicht literaturkritischen Faktor. Ein eigentlicher „Beginn" der byzantinischen Literatur (vergleichbar dem der westeuropäischen Nationalliteraturen) ist nicht auszumachen, da kein deutlicher thematischer oder sprachlicher Einschnitt gegenüber der Antike vorliegt, die Geschichtsschreibung (die seit dem 9. Jh. spezifisch byzantinische Komponenten aufweist) vielleicht ausgenommen. Alle Literaturgattungen der Antike, abgesehen vom Drama, wurden auch in Byzanz weiter gepflegt. Mit dem Fall Konstantinopels 1453 klang auch die profane Literatur aus, während die kirchlich-theologische Literatur nahezu im alten Umfang fortgesetzt wurde.

Anliegen der byzantinischen Literatur

Die byzantinische hochsprachliche Profanliteratur darf in Inhalt und Umfang nicht am Beispiel der antiken gemessen werden, da sie nichts hervorgebracht hat, was Homer, den Tragikern oder den großen Philosophen vergleichbar wäre. In einer Reihe von Gattungen (vor allem Rhetorik und Philologie) besitzt sie nur geringe Eigenständigkeit und beschränkt sich auf die Nachahmung antiker, meist hellenistischer Vorbilder. Ihr Hauptanliegen, alle Gedanken in einer sprachlich schönen, dem antiken Beispiel entlehnten Form vorzubringen, wird gleichzeitig zum zentralen Problem ihrer Verständlichkeit, sicherlich bereits für den Zeitgenossen, in vermehrtem Umfang aber für die Nachwelt. Es ist schwierig, das genuin Zeitgemäße aus der antiken Form herauszulösen und so den Eigenwert deutlich zu machen. Eine genaue Untersuchung zeigt aber immer wieder eine Reihe von Innovationen.

Autoren- und Leserkreis

Die profane und teilweise auch die theologische Literatur ist nicht Ausdruck der Interessen und der Denkweise des ganzen Volkes oder auch nur eines überwiegenden Teiles. Sie entstand im Umkreis des Hofes und in den größeren Städten. Autoren und Auftraggeber – fast nie aus dem Kreis der Kleriker und Mönche – gehörten zu einer kleinen Schicht von Intellektuellen, die oft auch politisch die Geschicke des Reiches bestimmt haben. Ein Charakteristikum vieler Autoren ist ihre Tätigkeit in den verschiedensten literarischen Gebieten, oft gleichermaßen in Geschichtsschreibung, Mathematik, Dichtung, Homiletik, kirchlichem Recht und anderem mehr. Weder in der Antike noch im westlichen Mittelalter ist der Polyhistor so häufig unter den Literaten anzutreffen wie in Byzanz.

Bedeutung der Rhetorik

Jede schriftliche Äußerung offiziellen Charakters war bestimmt von den Gesetzen der Rhetorik, die in Byzanz nicht theoretischer Selbstzweck war, sondern direkt oder indirekt fast alle Bereiche des öffentlichen Lebens berührte. Es gibt Lobreden auf den Kaiser oder andere hochgestellte Persönlichkeiten, die vielleicht nicht in jedem Fall mündlich gehalten wurden, aber immer schriftlich überliefert sind, Trauerreden, Gesandtschaftsreden, Hochzeits- und Geburtstagsreden. Obwohl die traditionelle Literaturgeschichte zwischen profaner und theologischer Literatur eine Trennlinie zieht (s. o.), sind auch die Tausende von Homilien (Predigten) der Form der Rede zuzuordnen. Sie gehorchen denselben Stilgesetzen wie die profane Rede, und es fragt sich, inwieweit sie ihr erbauliches Ziel erreicht haben, falls sie nicht doch im mündlichen Vortrag verständlicher gestaltet waren. Weit zahlreicher sind aber noch die ausschließlich schriftlich niedergelegten Äußerungen der Rhetorik in Proömien (Arengen), Gesetzen, Novellen und Urkunden. Ganz in der antiken Tradition liegen die Ekphraseis (Natur oder Gegenstandsbeschreibungen), die gerade in byzantinischer Zeit nicht selten erdichtete Objekte als real beschreiben. Damit verwandt ist die Schilderung des „idealen Menschen“, des Kaisers, in der Form des Fürstenspiegels. Trotz des antiken Vorbildes (etwa Plutarchs) ist die Biographie im profanen Sektor kaum in eigenständiger Form entwickelt, sondern bleibt ganz eingegliedert in den Bereich der Geschichtsschreibung. Weite Verbreitung hat sie dagegen in der theologischen Literatur gefunden, in der das Heiligenleben (Vita, Bios) sich ebenso großer Beliebtheit erfreut wie im Westen. Dabei begegnen bis ins 10. Jh. auch weniger rhetorische und sogar teilweise der Umgangssprache angenäherte Texte – also echter Erzählstoff für ein Leser und Hörerpublikum –, die jedoch um 1000 fast ausnahmslos den Gesetzen der Rhetorik und der Hochsprache angepaßt werden. Wie die Biographie ist auch die Autobiographie selten in Byzanz anzutreffen, vornehmlich im 13. und 14. Jh., vielleicht in Zusammenhang mit einem stärkeren Bewußtsein von der Eigenbedeutung der Persönlichkeit in dieser Zeit. Ein reiches Feld rhetorischer Übungen bot auch in Byzanz die Epistolographie. Abgesehen von Geschäftsbriefen auf Papyrus (bis 7./8. Jh. in Ägypten) und wenigen späteren zufällig überlieferten Beispielen ist der Brief in Byzanz nur als literarisches Stück erhalten und wurde, wie in der Antike, oft bereits vom Autor selbst zu Sammlungen für die Nachwelt zusammengestellt.

Überlieferung der klassischen Literatur

Einen zentralen Bereich der byzantinischen Literatur stellt die Beschäftigung mit der klassischen, hellenistischen und patristischen Überlieferung dar, die durch die Tätigkeit der byzantinischen Philologen vor dem Untergang oder allzu großen Verlusten bewahrt wurde. Zunächst ist der Unzahl an Kopisten zu gedenken, die meist anonym die Texte abschrieben und denen im allgemeinen jede Vorlage gut genug war, da der Begriff einer Edition im modernen Sinne nicht bekannt war und Ansätze in diese Richtung erst im 14. Jh. greifbar werden. Die Haupttätigkeit der byzantinischen Philologen bestand, oft in Zusammenhang mit einer Lehrtätigkeit, in der inhaltlichen und sprachlichen Kommentierung der antiken und patristischen Literatur. Grundsätzlich galt alles der Behandlung wert, was in griechischer Sprache abgefaßt war, gleich ob heidnisch-profanen oder christlichen Inhalts: die Anthologia Palatina (so benannt nach einer Heidelberger Handschrift) vereinigt nebeneinander erotische Verse der Antike und christliche Epigramme; Photios (810?-886?), einer der wenigen Literatur*kritiker* in Byzanz, beschäftigte sich gleichermaßen mit heidnischer wie christlicher Literatur, und ähnlich gilt dies für Michael Psellos.

b) Literaturgattungen

Versdichtung

Bei der Pflege der verschiedenen Gattungen der Versdichtungen ist ein deutlicher Bruch gegenüber der Antike festzustellen. Der Verlust der Quantitäten (lange und kurze Vokale) im tatsächlichen Sprachgebrauch führte dazu, daß die antiken metrischen Systeme, obwohl weiter existierend, zu papierenen Ungetümen wurden, die niemand mehr ohne philologische Erläuterung nachempfinden konnte. Daher entstanden in der Profan- und in der Kirchendichtung seit dem 5./6. Jh. neue Formen, die ganz oder teilweise auf dem Prinzip der Silbenzählung beruhen. In der Kirchendichtung (Hymnographie) hat Byzanz in Inhalt und Form eine Gattung entwickelt, die den besten Beispielen antiker Lyrik nicht nachsteht. Die frühen Vertreter (Gregor von Nazianz oder Synesios von Kyrene) dichten noch ganz in antiken Versmaßen und schreiben für ein Lesepublikum. Ausgehend von der (gesungenen) syrischen (?) Kirchendichtung setzen sich seit dem 5. Jh. auch im griechischsprachigen Bereich rhythmische Formen durch, die auf dem Prinzip der gleichen Silbenzahl beruhen, den Akzent jeweils auf denselben Versstellen tragen und sich zudem durch einen kunstvollen Aufbau der Strophen auszeichnen, der in späteren Jahrhunderten noch weiterentwickelt wurde. Diese Kirchendichtung, die bis zum Ende des Reiches existierte, diente ganz den Zwecken der Liturgie und fand deswegen trotz ihrer hochsprachlichen Form weite Verbreitung im Volke. Ihr ursprünglicher musikalischer Charakter läßt sich aus späteren Notenbeispielen (seit dem 10. Jh.) in gewissem Umfang rekonstruieren.

Auch der größte Teil der Profandichtung ist demselben Silbenprinzip unterworfen, wobei der Zwölfsilber die weiteste Verbreitung fand. Am Anfang dieser Entwicklung (1. Hälfte 7. Jh.) stehen zwei auch historisch bedeutsame Epen des Georgios Pisides, die gleichzeitig zu den ganz wenigen Beispielen dieser Gattung in der Hochsprache zählen; aber auch noch ein Geschichtsschreiber des 13. Jh. (Ephraim) bedient sich derselben Versform. Allerdings gehört die Zukunft einer anderen Versgattung, dem Fünfzehnsilber (sog. politischer Vers, bei ungeklärter Herkunft dieses Namens), in dem ebenfalls eine Chronik (Konstantin Manasses, 12. Jh.) abgefaßt ist, doch wird er überwiegend erst in der volkssprachlichen Dichtung (s. u.) verwendet.

Besonders reichhaltig ist die Epigrammdichtung vertreten, die in nahezu allen Jahrhunderten bedeutsame Vertreter aufzuweisen hat. Es folgt oft noch antiken Traditionen, behandelt im Inhalt aber überwiegend Gegenstände oder Personen der byzantinischen Welt. Über seine literarische Bedeutung hinaus stellt es in vielen Fällen eine ergiebige Quelle für die Kenntnis der Alltagskultur dar.

Romane und andere Erzählstoffe

Zu den in der literarischen Einschätzung umstrittensten Genera der hochsprachlichen Literatur zählt der Roman. Wir begegnen ihm erst im 12. Jh. in der Form des Abenteuer- und des Liebesromans in zwölfsilbigen Versen. Seine Vorbilder sind der hellenistische und spätantike Liebesroman (in Prosa), der die gesamte byzantinische Zeit über weit verbreitet war und gern gelesen wurde. Der Roman des 12. Jh., auf den wir unter keinen Umständen den modernen Romanbegriff anwenden dürfen, ist ein Kunstprodukt der höfischen Atmosphäre in Konstantinopel, der weit weniger beliebt war als sein antikes Vorbild oder die volkssprachlichen Romane. Diesem Bereich ist auch die romanartige Verarbeitung beliebter orientalischer Erzählstoffe zuzuordnen. Dazu gehören zwei auf indischen Vorlagen beruhende Erzählungen, die Geschichte von Barlaam und Joasaph und die Tierfabel von Stephanites und Ichnelates (besser bekannt unter dem arabischen Titel „Kalilah und Dimnah") sowie die in ihrem Kern im Persischen beheimateten Novellen um Sintipas, Gestalten, die sich in den mannigfaltigsten Formen und Abänderungen in der orientalischen und westlichen Literatur verbreiteten. Dieser Gruppe sind auch die verschiedenen Fassungen des (hochsprachlichen) Alexanderromans zuzuordnen.

Geschichtsschreibung

In Umfang und Funktion kommt der Geschichtsschreibung (bei etwa 50 bekannten, aber nicht immer erhaltenen Autoren) eine ganz besondere Bedeutung zu. Sie übertrifft an Vielfalt, Quantität und inhaltlicher Qualität die antike griechische Geschichtsschreibung, an deren Sprache und bis zu einem gewissen Grad auch Darstellungsform sie sich immer wieder orientiert, und bietet, trotz zahlreicher Verluste, eine weitgehend kontinuierliche Abfolge an Werken von der frühbyzantinischen Zeit bis zum Untergang. Vom Inhalt her ist byzantinische Geschichtsschreibung überwiegend Darstellung der Reichsgeschichte mit den Taten des Kaisers im Mittelpunkt, während soziale, wirtschaftliche, aber auch kirchliche Angelegenheiten eine weitaus geringere Rolle spielen. Die ursprünglich eigenständige Kirchengeschichtsschreibung wird vom 6. Jh. an (oder spätestens seit dem 9. Jh.) in die Profandarstellungen inkorporiert. Eine Reihe von weiteren Gattungen der Geschichtsdarstellung (Stadtchroniken, Klosterchroniken, Gesta und weitgehend auch Lokalchroniken) sind nicht mehr erhalten und haben teilweise vielleicht auch nie existiert, so daß der einseitig staatspolitische Aspekt der byzantinischen Geschichtsschreibung noch verstärkt wird. Innerhalb der profanen Geschichtsschreibung lassen sich wieder zwei Gruppen herauslösen: Weltgeschichte und Zeitgeschichte. Erstere, deren Schwerpunkt auf einer Verbindung von Heilsgeschichte und politischer Geschichte liegt, setzt mit der Erschaffung der Welt (nach byzantinischer Berechnung 5509 v. Chr.) ein, gibt einen Abriß der alttestamentarischen Geschehnisse, aber auch ein Summarium der griechischen und römischen Geschichte und reicht meist bis in die Gegenwart des Verfassers. Zur Auflockerung enthält sie eine Vielfalt von erbaulichen Geschichten und ist manchmal, aber nicht immer, sprachlich einfacher und weniger rhetorisch gestaltet als andere hochsprachliche Texte. Ihr steht die Zeitgeschichtsschreibung gegenüber, die sich, meist in hochrhetorischer Form, der eigenen Epoche des Verfassers zuwendet, an der dieser oft in entscheidender Weise Anteil genommen hat. Mit dem 13. Jh. verschwand die Weltgeschichtsdarstellung völlig, während sich gleichzeitig die Zeitgeschichte in stärkerem Umfang als früher kirchlich-theologischen Fragen zuwandte. Eine geringe Rolle, jedenfalls in der erhaltenen Überlieferung, spielte die eher zur Zeitgeschichte gehörende Gattung der Annalen, da sie den strengen Gesetzen der „schönen Rede" nur wenig entsprach und daher nicht zur lesens und vor allem tradierenswerten Literatur gerechnet wurde, abgesehen von der Chronik des Theophanes Confessor (Anfang 9. Jh.), die ihre Erhaltung dem erlauchten Namen des „Bekenners" im Bilderstreit verdankt. Erst in spätbyzantinischer Zeit ist in Randzonen (Trapezunt, Zypern, Epiros) diese Quellengattung wieder erhalten. Verschiedene Geschichtswerke haben eine Übersetzung in orientalische und slawische Sprachen oder ins Lateinische (Theophanes) erfahren. Einige, vor allem aus frühbyzantinischer Zeit, sind nur in Fragmenten (inseriert bei anderen Autoren) oder Übersetzungen erhalten. Die Tatsache, daß in den Augen des Byzantiners auch die Geschichtsschreibung ein Bestandteil der Schönen Literatur war, macht ihre praktische Benutzbarkeit nicht immer leicht, da die vom modernen Historiker gewünschten präzisen Angaben (Daten, Verwaltungsterminologie) den Grundsätzen der Rhetorik entsprechend eine untergeordnete Rolle spielen.

profane Fachschriften

Zum Bereich der byzantinischen Literatur im weiteren Sinne werden traditionellerweise auch Fach- oder Gebrauchsschriften gerechnet, die wir heute als „wissenschaftliche" Literatur bezeichnen. Bedeutsame eigenständige Leistungen vollbrachten dabei die Byzantiner auf den Gebieten von Mathematik und besonders Astronomie, wobei bisweilen auch die (durch Übersetzungen bekannten) Ergebnisse der persischen und arabischen Forschung eingearbeitet wurden. Die medizinischen Traktate verlaufen dagegen eher in den traditionellen Bahnen der Antike. Im Mittelpunkt des alchemistischen Schrifttums steht wie im Westen der Umgang mit wertvollen Steinen, Metall und die ersehnte Goldgewinnung. Von zweifellos realer Bedeutung sind die zahlreichen Texte über die Kriegsführung (Taktika), bei denen es allerdings nicht immer leicht ist, das aus der Antike Übernommene von byzantinischen Zusätzen zu trennen. Das originellste und der Wirklichkeit seiner Abfassungszeit am nächsten stehende Werk stellt sicher das Kriegshandbuch des (Kaisers) Maurikios (Ende 6. Jh.) dar, das auch ethnologisch interessante Beschreibungen fremder Völker (Awaren, Slaven, Perser) bietet. Ein ähnliches, auf Anregung Kaiser Leons VI. Anfang des 9. Jh. entstandenes Handbuch ist eher mit der Last der Vergangenheit behaftet, während das 10. Jh. wieder verschiedene reale Traktate (zum Kampf gegen die Araber) aufzuweisen hat. Aus späteren Jahrhunderten sind Texte dieser Art nicht mehr erhalten und haben vielleicht nicht einmal existiert, was man als Spiegelbild des militärischen Niedergangs deuten könnte.

Mathematik und Astronomie, Alchemie

Traktate zur Kriegführung

Pharmazeutische Schriften

Traktate über Tiere und Pflanzen, bisweilen allegorischen oder erbaulichen Inhalts, wurden nicht nur in Prosa, sondern auch in Versform geschrieben, um sie so als Schöne Literatur erscheinen zu lassen. Von praktischer Bedeutung sind aber nur veterinärmedizinische und pflanzenheilkundliche Traktate. Ein opus sui generis stellen, trotz der vielen antiken Bestandteile, die „Geoponika" aus dem 10. Jh. dar, die als Enzyklopädie des Landbaus bezeichnet werden können.

Musiktheoretische Schriften

Unter den Lehrschriften zur byzantinischen Musiktheorie, die einen festen Platz im Unterricht hatte, steht eine geringe Zahl an Traktaten zur antiken Musiktradition einer großen Zahl von Abhandlungen zur Kirchenmusik gegenüber, deren praktische Ausrichtung für die Zwecke der Liturgie deutlich ist.

Bildertheoretische Schriften

Nur schwerlich als „praktisch" kann ein Traktat über die Darstellung heiliger Personen aus der 2. Hälfte des 9. Jh. bezeichnet werden [930], insofern nur Äußerlichkeiten der Physiognomie festgehalten sind. Da der Malerei und Kunsttheorie kein Platz im Unterricht zukam und daher auch von der Antike her keine Tradition bestand, existieren in diesem überwiegend mündlich und durch die Anschauung überlieferten Bereich keine weiteren Schriften, von einem postbyzantinischen Malerhandbuch (Dionysios von Phurna) abgesehen.

Theologische Schriften

Zur Fachliteratur zählen auch die Tausende von theologisch-dogmatischen Texten, die durchaus als Lesestoff zu verstehen sind und sich an die Gesetze der klassischen Rhetorik halten. Nicht weniger umfangreich sind die exegetischen Traktate zu den Schriften des Alten und Neuen Testaments und zu den Kirchenvätern in Form von Kommentaren, die vielfach nur aus untereinander verbundenen Scholien (am Rande oder als gesonderter Text) bestehen und daher die Bezeichnung Katenen (*catena* = Kette) trugen. Da Theologie nie Lehrfach war, fehlen weitgehend zusammenfassende Arbeiten, die einen Gesamtüberblick zu dogmatischen und exegetischen Fragen geben. Auch die Bekanntschaft mit der westlichen Scholastik dank der Übersetzungen des Demetrios Kydones ist ohne Auswirkung auf die theologische Systematisierung geblieben. Es ist aber sicher davon auszugehen, daß die erwähnten dogmatischen und exegetischen Schriften auch als Lehrbücher für das private Studium verwendet wurden.

Liturgische Bücher

Zur ständigen Gebrauchsliteratur in der griechischen Kirche zählen die liturgischen Bücher, die in großer Vielzahl und unterschiedlich qualitätvoller Ausstattung überliefert sind. Hier ist an erster Stelle das Große Euchologion zu nennen, das die drei Meßformularien der Chrysostomos-, Basileios- und Präsanktifikatenliturgie (Liturgie der vorgeheiligten Brote während der Fastenzeit) enthält. Zur Ergänzung gab es den „Apostolos" (Auszüge aus der Apostelgeschichte und Apostelbriefe), das „Triodion" (benannt nach einem nur aus drei Oden bestehenden Kirchengedicht, für die zehn Wochen vor Ostern) und, in dessen Fortsetzung, das Pentekostarion (zu *pentekostē*, Pfingsten) und die Oktoechos (nach den acht Kirchentonarten benannt, für die Zeit von Pfingsten bis zur Vorfastenzeit). Von besonderer literarischer und historischer Bedeutung sind die Menäen, das heißt die nach Monaten (mit September beginnend) und Tagen geordneten Offizien mit den Kurzviten der Heiligen des Kirchenjahres. Diese liturgischen Texte (die noch um einige erweitert werden könnten) sind in der orthodoxen Kirche fast unverändert bis heute in Gebrauch.

Weltliche Rechtsliteratur

Der umfangreiche Komplex weltlicher und kirchlicher Rechtsliteratur ist ebenfalls nach den strengen Regeln der Kunstprosa abgefaßt. Während die (abgesehen von den meisten „Novellen") lateinisch publizierte Gesetzgebung Justinians schon weniger als ein Jahrhundert nach ihrer Entstehung in dieser Sprache nicht mehr verständlich war, sind die uns erhaltenen Erläuterungen dazu (aus dem späten 6. bis zum 9. Jh.), die aus dem Rechtsunterricht hervorgingen, alle in griechischer Sprache geschrieben (Antecessoren-Texte). Die klassische Epoche der byzantinischen Rechtsliteratur beginnt in der zweiten Hälfte des 9. Jh. mit der Gesetzgebung Basileios' und Leons auf der Basis der justinianeischen Gesetze, unter der die Novellensammlung Leons auch sprachlich eine Meisterleistung darstellt. Auf der Gesetzgebung dieser Kaiser, die schon 888 zu einem Corpus von 60 Büchern zusammengefaßt wurde und seit der Mitte des 11. Jh. (unter Veränderungen und der Hinzufügung von Scholien) den Namen „Basilika" (die „kaiserlichen" oder die von Basileios stammenden Gesetzbücher) trägt [569, S. 17ff.], beruht die gesamte Rechtsliteratur der folgenden Jahrhunderte, wenngleich daneben noch eine ganze Fülle von privaten Rechtsbüchern für das Studium, aber auch als Entscheidungshilfe für Richter entstand. Die Katastrophe des Jahres 1204 bedeutet auch für die Rechtsliteratur einen tiefen Einschnitt. In dem darauffolgenden Zeitraum ist als herausragendes Werk nur der Hexabiblos des Konstantin Armenopulos zu nennen, der als handliches Kompendium das Zivil- und Strafrecht zusammenfaßte und nicht nur die gesamte Zeit der Turkokratia über in Gebrauch war, sondern auch zum ersten Gesetzbuch des neuen griechischen Staates nach 1821 wurde.

Kirchenrechtliche Schriften

Das ebenso umfangreiche kirchenrechtliche Schrifttum stützt sich auf die Kirchenväterschriften und die Entscheidungen der Synoden, die staatlich gültiges Recht darstellen. Grundlage der kirchlichen Jurisprudenz waren die Sammlungen (*Nomokanones*) der Synodalentscheidungen (*Kanones*) zuzüglich jener Kaisergesetze (*Nomoi*), die sich mit kirchlichen Angelegenheiten befaßten. Sie riefen, mit einem Höhepunkt im 12. Jh. (Zonaras, Balsamon, Aristenos), eine Fülle von Kommentaren hervor, in die auch Entscheidungen von Patriarchen und kirchlichen Gerichten mit einflossen.

Hagiographie

Obwohl die Hagiographie, wie bereits gesagt, der literarischen Form nach der Biographie zuzuweisen ist, verdient sie doch eine besondere Hervorhebung, da sie zu den fruchtbarsten Gattungen der byzantinischen Literatur überhaupt zählt, und sich in ihr neben zahllosen Anonymi fast alle kirchlichen und weltlichen Autoren ausgedrückt haben. Ihre Höhepunkte liegen im 6. und 7. Jh., in der enzyklopädischen Zusammenfassung des 10. Jh. und im 13. und 14. Jh., als auch ältere Texte wieder neu redigiert werden. Ihr informativer Wert besteht in einer Fülle kulturgeschichtlicher Einzelheiten (besonders bis ins 7. Jh.), die trotz methodisch bisweilen umstrittener Interpretation (wegen der Gefahr der Toposbildung) unsere Kenntnisse des byzantinischen Alltags wesentlich bereichern. In Einzelfällen übernehmen die Viten, besonders im 9. und 10. Jh. die Rolle der Kirchengeschichtsschreibung.

Während sich Homiletik, Hagiographie, Hymnographie sowie dogmatische, exegetische und kanonistische Schriften in das vertraute System literarischer Gat-

Mystisch-Asketisches Schrifttum

tungen einordnen lassen, steht das mystische und asketische Schrifttum eher abseits. Trotz seiner ebenfalls hochsprachlichen Form erfreute es sich großer Beliebtheit, wie aus der umfangreichen handschriftlichen Überlieferung zu ersehen ist, und gehört vielfach in den Bereich des erbaulichen Lese- und Vorlesestoffes. Das Werk des rätselhaften Pseudo-Dionysios Areiopagites (Anfang 6. Jh.) steht als Meilenstein am Anfang der mystischen Literatur. Das 7. Jh. hat in Maximos dem Bekenner und Johannes Scholastikos ebenfalls zwei bedeutsame Vertreter aufzuweisen, von denen letzterer in seiner „Himmelsleiter" (*Klimax*) eines der beliebtesten Bücher der orthodoxen Welt schuf, welches später auch in slawische und orientalische Sprachen übersetzt und vielfach illustriert wurde. Im selben Jahrhundert verfaßte Johannes Moschos seine „geistliche Wiese", eine Sammlung von erbaulichen Mönchsgeschichten, die ebenso weite Verbreitung fand wie die „Himmelsleiter". Zweifellos erreichte die Mystik ihren Höhepunkt in Symeon dem Neuen Theologen (2. Hälfte 10. Jh. / Anf. 11. Jh.), der in Prosaschriften und Hymnen seinen Gedanken Ausdruck verlieh und theologisch bereits zur spätbyzantinischen Mystik und Asketik überleitet, die in den Schriften des Gregorios Sinaites, des Gregorios Palamas sowie des Neilos und Nikolaos Kabasilas (14. Jh.) ihren Höhepunkt fanden. Mehr als die dogmatische und homiletische Literatur sind diese Schriften zusammen mit den Heiligenviten ein Charakteristikum der gesamten orthodoxen Welt, die auf weite Bereiche, im besonderen auch die Kunst, Auswirkungen hatten und bis heute das Bild der orthodoxen Gläubigkeit bestimmen.

3. Volkssprachliche Literatur

Von volkssprachlicher Literatur kann man erst seit dem 12. Jh. sprechen, als, vielleicht beeinflußt von der Begegnung mit dem Westen, in den höheren Schichten Konstantinopels eine Leser- und Auftraggeberschicht entstand, die neuen sprachlichen und literarischen Formen zugänglich war. Schwer faßbar ist der Übergang von der volkssprachlich-byzantinischen zur neugriechischen Literatur, der auf

Grenze zur neugriechischen Literatur

Grund sprachlicher Kriterien in Randzonen schon seit dem 14. Jh. zu beobachten ist und bis in die 2. Hälfte des 15. Jh. andauert.

Kennzeichen volkspr. Texte

Kennzeichen volkssprachlicher Texte im weiteren Sinn, also unter Einbeziehung einer vereinfachten Hochsprache, sind eine größere Offenheit und Vielfalt in der sprachlichen und inhaltlichen Überlieferung, da sie weit mehr als hochsprachliche Texte Freigut der Redaktoren und Kopisten und vielfach dem mündlichen Gebrauch unterworfen waren. Dabei ist freilich auf einige grundsätzliche Probleme hinzuweisen: in Volkssprache verfaßte Literatur muß keineswegs vom „Volk" gelesen worden sein, und „volkstümliche" Literatur, etwa die orientalischen Erzählstoffe (s. o.) oder die Heiligenviten, sind nicht in der Volkssprache und nur selten in der gehobenen Umgangssprache abgefaßt.

Die wenigen Prosatexte (etwa die Paraphrase einiger Bücher des Geschichtswerkes der Anna Komnene oder des Fürstenspiegels des Nikephoros Blemmydes) sind einer vereinfachten Hochsprache vorbehalten, während die eigentliche Volkssprache im Fünfzehnsilber (s. o.) ihren Ausdruck findet. Die bedeutendste Leistung auf diesem Gebiet sind die epischen Lieder um den Kampf der Byzantiner gegen die Araber, die ihre Krönung in den verschiedenen Fassungen des Epos von Digenis Akritas finden. Die Begegnung zwischen Ost und West im 13. Jh. hat sich in den versifizierten Ritterromanen niedergeschlagen, die sicherlich lieber gelesen wurden als ihre hochsprachlichen Vorgänger aus dem 12. Jh. Auch die Chronik über die fränkischen Eroberungen in der Peloponnes und die byzantinische Reconquista (Chronik von Morea) ist in volkssprachlichen Fünfzehnsilbern abgefaßt. Leontios Machairas aus dem frühen 15. Jh. bedient sich in seinen Annalen der kypriotischen Dialektprosa, während die epirotische Chronik der Tocco (nach 1426) im volkssprachlichen Fünfzehnsilber geschrieben ist. Spott- und Liebeslieder, Tierepen, Schwänke und Satiren tauchen nun ebenfalls auf und zeigen, daß eine Dichtung zum Durchbruch kommt, die sich vom antiken Erbe getrennt hat. Der Untergang Konstantinopels drängte auch diesen Neuansatz in den Hintergrund und beraubte die volkssprachliche Literatur der Möglichkeit, sich unter staatlicher Förderung in allen Bereichen, vor allem auch der Prosa, weiterzuentwickeln.

Paraphrasen hochsprachl. Literatur

volkssprachl. Epik

Ritterromane

volkssprachl. Chroniken

Spott- und Liebesdichtung

4. Erziehung und Unterricht

Die kontinuierliche Beschäftigung mit der antiken und der eigenen Literatur verrät eine ungebrochene Tradition der Bildung und der Ausbildung. Im ganzen gesehen ist die Verbreitung der Schriftlichkeit im Byzantinischen Reich größer gewesen als in den Staaten des westlichen Mittelalters, wo sie (abgesehen von Italien) bis zum 12./13. Jh. fast ausschließlich mit der Klerikertätigkeit verbunden war. Die Beschreibung der Personen in den Heiligenleben zeigt, daß auch in gehobenen und mittleren Schichten der Bevölkerung ein Elementarunterricht in Lesen und Schreiben, fast immer anhand des Psalters, möglich war und durchgeführt wurde. Er dauerte wohl zwei bis drei Jahre und war meist mit dem neunten Lebensjahr abgeschlossen, doch bleibt unbekannt, wie regelmäßig er erfolgte und wer ihn erteilte.

Lesen und Schreiben in Byzanz

Das höhere Bildungssystem in Byzanz, („höhere Schulen“ oder fälschlich „Universitäten“) war teilweise staatlich überwacht oder auch durch kaiserliche Privilegien gefördert, aber nicht ausschließlich staatlich. Die reiche Palette der Ausbildungsmöglichkeiten in frühbyzantinischer Zeit (etwa Alexandreia, Antiocheia, Gaza, Athen und Konstantinopel) beschränkte sich seit der mittelbyzantinischen Zeit auf die Hauptstadt allein, obwohl von Zeit zu Zeit auch in der Provinz die Möglichkeit zu höheren Studien anzutreffen gewesen ist. Wer wirklich Karriere machen wollte, mußte sich jedoch in die Hauptstadt

Höhere Bildung

begeben. Konstantinopel besaß allerdings nie eine Universität, vor allem nicht im Sinne des Universitätsbegriffes des westlichen Spätmittelalters. Hochgestellte Persönlichkeiten, bisweilen der Kaiser selbst, haben Gelehrte berufen, sie mit der Abhaltung von Unterricht beauftragt und ihnen auch Räumlichkeiten zur Verfügung gestellt, doch verschwand mit deren Tod meist ebenso rasch auch wieder die Institution. Von etwas längerer Lebensdauer waren einige Schulen, die in Verbindung mit hauptstädtischen Kirchen im 12. Jh. genannt waren. Obgleich die Oberaufsicht im allgemeinen dem Patriarchen zukam, waren die Lehrer keineswegs nur Kleriker, und die Schüler wurden nicht ausschließlich zum Dienst in der Kirche herangebildet. Von Dependancen einer „Patriarchalakademie", deren „Hauptsitz" an der Hagia Sophia gar nicht nachweisbar ist, sollte man daher nicht sprechen. Im allgemeinen aber hatten Kirchen und Klöster, vom lateinisch beeinflußten Unteritalien abgesehen, keine unmittelbaren Aufgaben im Rahmen der Ausbildung.

Unterrichtsinhalte

Inhalt des Unterrichts war die aus der Antike übernommene Ausbildung in den sieben freien Künsten, die im griechischen Bereich (ohne Teilung in Trivium und Quatrivium) die Bezeichnung *enkyklios paideia* („allgemeine" Bildung, falsch: „Kreis" der Wissenschaften) trug. Hierbei lag das Hauptgewicht auf Grammatik, Dialektik, Rhetorik, da der Unterschied zwischen der hochsprachlichen Schriftlichkeit und der anders gearteten Umgangssprache dieses Studium besonders erforderlich machte. Die Fülle von erhaltenen grammatikalischen Traktaten und rhetorischen Übungstexten legen Zeugnis davon ab, welche Mühen die Erlernung der Hochsprache erforderte. Bedeutende Persönlichkeiten wie Photios, Psellos oder Eustathios haben sich auch einer wirklichen Textinterpretation gewidmet. Im allgemeinen war jedes Spezialstudium Sache der eigenen initiative oder der Arbeit mit einem Privatlehrer. Das „Selbststudium" war zwar ein rhetorischer Topos aller byzantinischen Gelehrten, traf aber sicherlich in vielen Fällen auch in der Praxis zu.

Rechtsschulen

Das Studium der *enkyklios paideia* als Voraussetzung für jede höhere Tätigkeit im Dienst von Staat und Kirche konnte durch den Besuch von Rechtsschulen ergänzt werden, die ebenfalls private oder allenfalls staatlich überwachte Institutionen darstellten. Nach dem Untergang der berühmten Schule von Berytos (Beyrouth) infolge der arabischen Eroberung übernahmen in Konstantinopel und anderen Städten des Reiches Juristen (Antecessores, Scholastikoi) den privaten Fachunterricht. Die 1043 erwähnte, kaiserlich geförderte Juristenschule (übertrieben als „juristische Fakultät" bezeichnet) hatte weder langen Bestand noch weiterreichende Wirkung. Vorherrschend blieb immer der Privatlehrer, der einen Kreis von Schülern um sich sammelte.

Theologische Ausbildung

Der primär weltliche Charakter des byzantinischen Staates wird auch dadurch unterstrichen, daß jede institutionalisierte theologische Ausbildung fehlte. Für den einfachen Priester genügte es, schreiben und vor allem lesen zu können, um die Liturgie abzuhalten. Lektüre und Interpretation der theologischen Schriften war dagegen ebenso Sache des Laien wie des Geistlichen, zu der er in erster Linie der Schulung in Grammatik und Rhetorik bedurfte, um die Texte verstehen zu können, während bei schwierigen dogmatischen Fragen nur philosophische Kenntnisse weiterhalfen. So wurde es von den Byzantinern selbst nie als unangemessen empfunden, wenn Kaiser zu theologischen Streitfragen Stellung nahmen. Der Umgang mit dem Kirchenrecht setzte die Kenntnis des römischen Rechtes voraus. Auch die vom Patriarchat überwachten Schulen (s. o.) haben keinen systematischen theologischen Unterricht vermittelt. Wer nach seiner allgemeinen Ausbildung in der *enkyklios paideia* ein höheres Kirchenamt zu übernehmen beabsichtigte, arbeitete sich im Privatstudium in spezielle theologische Probleme ein.

Bibliotheken

Voraussetzung für Lehrtätigkeit und privaten Unterricht war das Vorhandensein von Bibliotheken, die ihrerseits durch die Arbeit der Gelehrten mit neuen Handschriften bereichert wurden. Der heutige Bestand an griechischen Handschriften (ca. 30 000 aus der Zeit vor 1453, bei einer Gesamtzahl von ca. 47 000 nach den Angaben in: 784) stellt nur einen Bruchteil dessen dar, was einst in den Bibliotheken des Reiches vorhanden war, da die ständigen feindlichen Überfälle und Eroberungen Einbußen schufen, wie sie die vergleichsweise ruhige Entwicklung des Westens nicht kennt. Den schwersten Einbruch in der Überlieferung der antiken und byzantinischen Literatur stellt sicherlich die Eroberung Konstantinopels 1204 dar, während vor dem Untergang des Reiches 1453 die wertvollsten Handschriften schon in den Westen gebracht worden waren. Von zentraler Bedeutung war die kaiserliche Bibliothek in Konstantinopel, die bereits 357 bestand und, in stark reduziertem Umfang, nach 1453 von den Osmanen übernommen wurde, so daß (nach weiteren Verlusten und Veräußerungen in moderner Zeit) ein ganz geringer Rest sich bis heute in der Serailbibliothek erhalten hat. Die wenigen Hinweise über eine Patriarchalbibliothek sowie andere private, öffentliche und klösterliche Bibliotheken bedürfen noch weiterer Erforschung, lassen aber keinen Zweifel an der Existenz solcher Einrichtungen.

Mönchtum und Bildung

Das literarische Desinteresse des Mönchtums steht im Gegensatz zur Zahl der schon in byzantinischer Zeit in Klosterbibliotheken aufbewahrten Handschriften (z. B. Patmos, Athos). Anders als im lateinischen Westen waren die Klöster in Byzanz überwiegend nur Aufbewahrungsort von Handschriften, die dorthin durch die Legate literarisch interessierter Personen gelangten, wenn sie die letzten Jahre ihres Lebens im Kloster verbrachten. Eine Reihe von Handschriften wurde auch von Mönchen als Einzelarbeit in den Klöstern kopiert, ohne daß deshalb auf eine organisierte Schreibschule zu schließen ist. Selbst für eine in der Manuskripttradition so bedeutende Stätte wie das Katharinenkloster auf dem Sinai läßt sich eine kontinuierliche Schreibertätigkeit nicht nachweisen. Eher als Ausnahme besaßen einige hauptstädtische Klöster ein Scriptorium, das, wie im Falle des Studiu-Klosters, über Jahrhunderte bestand und die literarische und kodikologische Tradition im Byzantinischen Reich nicht minder beeinflußte als die großen Einrichtungen dieser Art im Westen.

5. Kunst

Definition und Charakteristika

Der Begriff „Byzantinische Kunst“ ist keineswegs einheitlich und unumstritten, da der Name zunächst nichts über den Stilcharakter aussagt, sondern auf eine Entstehung innerhalb des byzantinischen Staates und eine Verbreitung im Rahmen seines kulturellen, politischen und kirchlichen Einflußbereiches hinweist. Die relative Einheitlichkeit der byzantinischen Kunst ist, neben ikonographischen Festlegungen seitens der Theologie, auch durch den stets in allen Landesteilen vorhandenen normativen Einfluß des Zentralstaates bedingt, ohne daß von einer bewußten staatlichen Kunstlenkung die Rede sein könnte. Wie die Literatur Vorbildern verpflichtet war, die man abwandelte, aber nie verwarf, so auch die Kunst. Während sich freilich die Literatur primär auf die Antike berief und christliches Gedankengut mit der klassischen Form umkleidete, hat die Kunst auch einen unmittelbar christlichen Auftrag. Es ist jedoch falsch, byzantinische Kunst mit christlicher oder orthodoxer Kunst gleichzusetzen, obwohl die überwiegende Mehrzahl der Monumente nur in diesem Bereich erhalten ist. Während im Westen die antike Kunst (ausschließlich römischer Prägung) nur von Zeit zu Zeit formbildend wirkte (etwa in karolingischer und ottonischer Epoche), ist „das hervorstechendste Merkmal der byzantinischen Kunst ihre Gebundenheit an eine ununterbrochene Tradition, in der zu allen Zeiten das griechische Erbe eine formbildende Kraft blieb“ [929, S. 7]. Wie in Sprache und Literatur gab es niemals einen entscheidenden Bruch in der Rezeption, obgleich es durchaus eine zeitlich verschiedene Antike sein konnte, von der man in den einzelnen Jahrhunderten Gebrauch machte, und oft die Epoche Justinians die Funktion der „Antike“ übernahm. Das Verhältnis zur antiken Kunst beruht aber nicht nur auf einem idealtheoretischen Konzept. Gegenstände aus der Antike gehörten, besonders für den Bewohner größerer Städte, zum täglichen Umgang, da Straßen und Plätze mit Statuen aus der Vergangenheit geschmückt waren und eine stete Nähe zu jener Welt aufkommen ließen, im Westen vergleichbar mit verschiedenen Orten Italiens.

Profankunst

Auch in Byzanz sind profane und kirchliche Kunst prinzipiell zu trennen. Die profane Kunst, die uns nur in relativ wenigen Beispielen (vorwiegend im Bereich der Kleinkunst) erhalten ist, führt in Form und Inhalt getreu die hellenistisch-antiken Vorlagen weiter und beeinflußt, in ikonographischen Details, auch die kirchliche Kunst. Diese wird, in der üblichen Nomenklatur, in frühchristliche und byzantinische Kunst untergliedert, wobei die Epochengrenze vielfach mit dem 9. Jh. (Ende des Bilderstreites) angesetzt wird. Diese zeitliche Grenze ist durchaus in Frage zu stellen und geht von einer Überbewertung des Bilderstreites sowie der alleinigen Berücksichtigung der Ikonographie des Tafelbildes aus.

Epochen der kirchlichen Kunst

Wesentlich ist zunächst die Feststellung, daß es ursprünglich keine „christliche“ Kunst gab, sondern antike Kunst mit christlicher Thematik [876: Deichmann], und sich eine christliche Komponente am ehesten in Verbindung mit dem liturgischen Gebrauch herausgebildet hat. Die strikte Einhaltung des alttestamentarischen Bilderverbotes erlaubte zumindest in den ersten zwei Jahrhunderten keine

Bilderkult

bildlichen und figürlichen Darstellungen. Ort und Zeit für das Aufkommen der ersten Bilder liegen weitgehend im Dunkeln, doch spricht eine gewisse Wahrscheinlichkeit für gnostisch-häretische Kreise, in denen sicher schon im 3. Jh. vereinzelt Bilder (vor allem Christi) verwendet wurden. Ein stärkerer Einfluß der jüdischen Kunst auf das frühe Christentum ist dagegen weit weniger gegeben. Auch in Randzonen des römischen Weltreiches ist im 3. Jh. bei christlichen Gemeinden der Bildgebrauch schon vorhanden (Dura Europos in Mesopotamien). Aber erst die Befreiung des Christentums durch die Maßnahmen Konstantins und der Übertritt vieler Heiden, die an den Umgang mit Bildern gewöhnt waren, zur neuen Religion haben trotz der Proteste der kirchlichen Seite das Eindringen des Bildes in Kult und Privatleben der Christen nicht mehr verhindern können.

Kunst im Zeitalter Justinians

Die Kunstentwicklung erreichte im 6. Jh. unter Justinian ihren ersten Höhepunkt, der beispielgebend auch für spätere Jahrhunderte blieb, aber nicht denkbar war ohne die Leistungen des 5. Jh., vor allem auf dem Gebiete der Baukunst und in der Übernahme der imperialen Ikonographie. Neben den aus dem weltlichen Bereich übernommenen basilikalen Kirchentyp trat der aus dem Osten stammende zentrale Kirchenbau, welcher mit dem Wunderwerk der Hagia Sophia in Konstantinopel ein nie mehr erreichtes Vorbild findet. In der Ikonographie stand inzwischen auf allen Bereichen (Fresko, Tafelmalerei, Buchkunst und Glyptik) der nötige Formenschatz zur Verfügung. Allein die antike Vollplastik ist in den religiösen Bereich nicht eingedrungen, da hier die Ähnlichkeit mit dem Götzenbild weiterhin (und in Byzanz für immer) hindernd wirkte. Eine seit dem 6. Jh. blühende Heiligen- und Märtyrerverehrung in Verbindung mit einem magischen Bildverständnis bedingte eine Verbreitung von Votivbildern in weiten Kreisen des Volkes und machte das Bild zu einem wichtigen Gegenstand der Andacht und Verehrung.

Bilderstreit

Der nach 726 einsetzende Bilderstreit hatte ohne Zweifel Auswirkungen auf die Kunstentwicklung, obwohl er nur Teilbereiche der Sakralkunst betraf und die weltliche Kunst unberührt ließ. Eine eigene ikonoklastische, also anikonische Kunst (Pflanzenwerk, Kreuzessymbol) hat nach dem Zeugnis schriftlicher Quellen existiert, ist aber konkret nur mehr in sehr wenigen Beispielen mit methodischer Sicherheit nachweisbar. Die kunsthistorische Bedeutung der Auseinandersetzung liegt in einer verbindlichen Bildertheologie, die mit dem Postulat verbunden ist, ein authentisches Bild zu schaffen, das dem Urbild möglichst nahe kommt. Daraus ergibt sich die Beibehaltung aller als authentisch betrachteten Charakteristika, die die Kunst bis zum 8. Jh. und wohl auch noch während des Bilderstreites ausgearbeitet hatte. Dieses theologisch bedingte Festhalten an der Tradition kann mitunter den Eindruck einer gewissen Starre der byzantinischen sakralen Bilderwelt hervorrufen, obwohl Farbgebung und Einzeldetails genügend Raum für Varianten und Bewegung lassen, die dem ungeschulten Beobachter jedoch oft verborgen bleiben.

In der Mitte des 9. Jh. setzte ein Aufschwung der profanen und kirchlichen Kunst ein, der häufig mit dem Ende des Bilderstreites begründet wurde, vielmehr aber den politischen und militärischen Erfolgen seit der 2. Hälfte des 9. Jh. zu verdanken ist. In Anlehnung an den Namen des regierenden Kaiserhauses hat sich für die Kunst dieser Epoche die Bezeichnung „makedonische Renaissance" eingebürgert, deren Höhepunkt im 10. Jh. liegt. Sie bedient sich in allen Bereichen hellenistischer Motive, die aber nicht so sehr aus dem Schatz der Antike direkt übernommen wurden, sondern eher aus dem im 6. Jh. vorgeformten Bestand. Die Forschung der jüngsten Zeit hat allerdings immer deutlicher herausgearbeitet, daß die antikennahen Objekte, die zur Prägung des Begriffes führten, im Rahmen der Gesamtentwicklung dieser Epoche nur eine geringe Rolle spielen und man von einem entscheidenden Neubeginn schwerlich sprechen kann. In der sakralen Baukunst trat an die Stelle der Basilika die Kreuzkuppelkirche (auf der Basis gleichlanger Kreuzarme), deren Entwicklung in die Zeit des Ikonoklasmus fällt. Bedeutendes und für die Zukunft Bleibendes vollzog sich in der Ausschmückung des Kirchenraumes: er wird zum Symbol der christlichen Heilsordnung, die theologisch Maximos der Bekenner schon im 7. Jh. ausgearbeitet hat. In der Kuppel ist Christos Pantokrator (Allherrscher) segnend mit dem Evangelium in der Linken dargestellt; den unteren Kuppelrand schmücken Engel, deren Darstellbarkeit dadurch ermöglicht wird, daß sie den Propheten leibhaft erschienen waren. Die Apsis ist von Maria (als Orantin) eingenommen, während im Kirchenschiff Apostel, Propheten und Märtyrer dargestellt sind.

Makedonische Renaissance?

Kunst der Komnenenzeit

Die sich ohne Unterbrechung anschließende Epoche des 11. und 12. Jh. wird ebenfalls nach der herrschenden Kaiserfamilie benannt (komnenische Kunst). Die Kircheninnenraumausstattung erfuhr eine neue Bereicherung durch die Einführung des Festtagszyklus, mit dem das Leben Christi als entscheidender Faktor in die Heilsordnung miteinbezogen wird (sieben bis achtzehn, meist zwölf Festbilder: Verkündigung, Geburt, Taufe, Verklärung usw.). Schriftlichen Quellen zufolge ist diese Ergänzung des Heilszyklus schon der makedonischen Periode zuzuschreiben, Beispiele sind aber erst seit dem 11. Jh. erhalten. Die Schaffung neuer Themen im Bereich der sakralen Kunst zeigt die Möglichkeit zur Variation trotz aller theologischer Festlegungen. Damit ist das System des Kirchenschmukkes, wie es im orthodoxen Bereich bis heute Gültigkeit besitzt, im Prinzip abgeschlossen. Mit dem 12. Jh. hatte die byzantinische Kunst ihre stärkste Ausbreitung erreicht. In allen Gebieten, die der byzantinischen Kirche unterstanden (Rußland, Bulgarien, Serbien, Unteritalien / Sizilien) arbeiteten byzantinische Künstler, die mancherorts auch die Grundlagen zu einer selbständigen, nationalen Kunstentwicklung schufen, wie sie freilich erst im folgenden Jahrhundert deutlicher hervortrat. Die einst reiche profane Kunstübung hat wenige Spuren in mit mythischen Figuren geschmückten Gefäßen [906], aber auch in der Buchmalerei (Madrider Codex des Historikers Johannes Skylitzes) hinterlassen.

Die Einnahme Konstantinopels 1204 stellte auch für die Entwicklung der Kunst einen tiefen Einschnitt dar. Für ein halbes Jahrhundert lebte sie (da die nikänische Kunst in Beispielen kaum greifbar ist) nur in Serbien und Bulgarien fort, wohin viele Künstler geflohen waren. Mit der Rückgewinnung Konstantinopels

1261 konzentrierten sich in der Hauptstadt zugleich wieder alle künstlerischen Kräfte und ließen Werke einer neuen Stilrichtung (wie die „Deesis" in der Hagia Sophia) entstehen, die die Forschung als Paläologenrenaissance bezeichnet, obwohl viele Einzelheiten schon im 12. Jh. nachweisbar sind. Sie wird nicht nur durch einen verstärkten Rückgriff auf antike Elemente charakterisiert, sondern auch durch eine bisher unbekannte Nuancierung in der Farbgebung, eine ekstatische Formenfülle und in späteren Jahrzehnten eine zunehmende Vergeistigung in Gesichtsausdruck und Gebärden, die auf den Einfluß der religiösen Strömung des Hesychasmus (S. *77*) zurückgeführt werden könnte. In den Mosaiken und Fresken der Chora-Kirche in Konstantinopel erreicht die Paläologenkunst, vielleicht sogar die byzantinische Kunst überhaupt, einen einzigartigen Höhepunkt; ihre Ausstrahlungskraft wirkte nach Italien hinüber, und es ist längst erkannt, daß die Werke eines Cimabue und Giotto von dieser Kunstrichtung beeinflußt sind, nicht etwa in umgekehrter Weise. In Mistras (in der Peloponnes) entstand ein zweites Zentrum byzantinischer Kunst, das uns den Spätstil der Paläologenzeit bewahrt hat, aber auch zeigt, daß der große Elan schon vor der Mitte des 14. Jh. wieder erloschen war. Mit dem Kaiserpalast von Nymphaion, dem Tekfur Saray in Konstantinopel und dem Despotenpalast in Mistras haben sich auch profane Großbauten der Paläologenepoche wenigstens teilweise erhalten.

Palaiologenrenaissance

Die postbyzantinische Kunst in den Ländern Südosteuropas und in Rußland lebte ganz vom großen Erbe, doch ließ das Fehlen einer normativen Kraft, wie sie von Konstantinopel ausging, immer stärker genuin eigene Kräfte der Volkskunst oder auch Einflüsse aus dem Westen und der türkisch-islamischen Kunst eindringen. Dieser Bereich stellt ein eigenes Kapitel dar, welches nicht mehr in den Rahmen einer Darstellung über Byzanz fällt.

Byzantinisches Kunsterbe

6. Musik

Der Abschnitt über die byzantinische Musik bleibt notgedrungen sehr knapp. Trotz einer Vielzahl von Musiktraktaten fehlt uns weitgehend eine konkrete Vorstellung über das Musikleben. Es sind drei Bereiche zu unterscheiden: a) die Verwendung von Musik bei öffentlichen und privaten Festen, b) Musik bei offiziellen Ereignissen, c) Musik während der Liturgie. Zum ersten Punkt besitzen wir nur aus frühbyzantinischer Zeit Hinweise bei Kirchenvätern, wenn sie sich gegen den heidnischen Charakter dieser Feste wenden. Auf offizielle Musik bei profanen Anlässen wird vor allem im Zeremonienbuch hingewiesen, wo auch die Begleitung durch eine Orgel (die in Byzanz immer ein Instrument weltlichen Gebrauches war) erwähnt ist. Den breitesten Raum nahm, allerdings nur der Quellenlage zufolge, die Musik im Bereich der Kirche ein. Es ist festzuhalten, daß in byzantinischer Zeit (wie heute in der Ostkirche) jedes begleitende Instrument fehlte und allein Wort und Gesang der menschlichen Stimme den Ausschlag gaben. Forschungen aus jüngster Zeit haben Musikhandschriften in Neumen-

Arten der byzantinischen Musik

schrift (ab dem 10. Jh.) bekanntgemacht, die uns eine gewisse Vorstellung von der Klangqualität geben. Kirchenmusik ist eine genuine Schöpfung aus byzantinischer Zeit, die in keiner Verbindung zur Antike steht. Auch ein unmittelbarer Einfluß auf den Westen ist nicht festzustellen, da gewisse Anklänge auf eine gemeinsame Ausgangsbasis zurückzuführen sind.

Kirchenmusik

7. Der Anteil der Bevölkerung am kulturellen und geistigen Leben

Alle jene Bereiche, von denen in den vorausgehenden Kapiteln berichtet wurde, waren nur für einen sehr geringen Teil der Bevölkerung, die Hofkreise, den hohen Klerus, die hohen Beamten in der Provinz, von Interesse und Bedeutung, für einige Tausend in jeder Generation bei einer Bevölkerung von wenigstens 10 Millionen (in mittelbyzantinischer Zeit). Die Bewohner Konstantinopels und einiger zentraler Städte hatten an manchen Äußerungen des kulturellen Lebens indirekten Anteil, der sich jedoch eher auf äußerliche ästhetische Erscheinungen belief. Aron Gurevič spricht von der „Kultur der schweigenden Mehrheit“. Selbst jene, die das Alphabet erlernt hatten, konnten sich keine Bücher leisten und hätten diese auch nicht gebraucht. Sie stellen ein „Byzanz“ dar, das sich nicht schriftlich äußert, und in den schriftlichen Quellen (Gesetzen, Urkunden, Kommentaren der Kanonisten) nur dann auftaucht, wenn es mit den Vorschriften in Konflikt kommt: bei magischen Praktiken, unerlaubten persönlichen Beziehungen, Verbindung mit häretischen Strömungen, bei Mord und Diebstahl, bei pseudomedizinischen und abergläubischen Handlungen, um nur einige Beispiele zu nennen. Die relative Großräumigkeit des Reiches bei gleichzeitigem Verlust städtischer Zentren als Kulturmittelpunkten und einer überwiegenden Fixierung der Lebensinteressen auf die Bedürfnisse des agrarischen Lebens hat die Kluft zwischen einer minimalen Schicht von Gebildeten (die durch ihre schriftliche Hinterlassenschaft unser traditionelles Byzanzbild prägen) und der großen Mehrheit der Bevölkerung nur weiter vertieft. Die Lebensnormen dieser Menschen waren zweifelsohne überwiegend vom christlichen Glauben im Sinne einer Volksreligion geprägt. Diese „schweigende Mehrheit“ war nicht vom Hauch der Antike berührt und wußte wohl gar nicht, daß es diese gegeben hat, ebenso wenig wie ihre Zeitgenossen in den französischen und englischen Dörfern. Auf dieser (aber doch ganz entscheidenden) Ebene läßt sich von einer *gemeinsamen* christlichen Kultur des mittelalterlichen Europa sprechen. Die klassischen Interessen und der profane Luxus der staats- und teilweise kirchentragenden Elite können nicht der einzige Maßstab zur Charakterisierung der byzantinischen Kultur sein. Bei allen Nationen besteht ein Unterschied zwischen Hofkultur und Volkskultur, aber er ist nur selten so deutlich ausgeprägt wie in Byzanz. Die Frage, welche von beiden das Wesen der byzantinischen Welt tatsächlich und nicht nur in den erhaltenen Zeugnissen mehr bestimmt hat, wird immer bleiben, doch scheinen die stärkeren Argumente auf Seiten der Volkskultur zu liegen. Byzanz gehört daher ganz in den Bereich der Kultur des Mittelalters, auch wenn es manche Handbücher noch dem Altertum zuweisen.

Volkskultur

Volksreligion

Hofkultur und Volkskultur

II. Grundprobleme und Tendenzen der Forschung

1. Byzantinistik als Wissenschaft

a) Definition und Methode

Die Byzantinistik beschäftigt sich mit allen Erscheinungsformen des Lebens innerhalb der jeweiligen zeitlichen und geographischen Grenzen des Oströmischen Reiches. Sie ist weder eine ausschließlich historische noch philologisch-literarische noch kunsthistorisch-archäologische Disziplin, sondern hat alle drei Bereiche mitzuberücksichtigen und ist daher am ehesten als Kulturwissenschaft zu charakterisieren. Als verhältnismäßig junge Wissenschaftsrichtung bedient sie sich der von der Geschichtswissenschaft (im besonderen der Mediävistik), der klassischen Philologie und der Kunstgeschichte entwickelten Methoden, im Bereich der volkssprachlichen Literatur auch derjenigen der neueren fremdsprachlichen Philologien. Die methodische und inhaltliche Vielfalt des Faches, die der einzelne nicht mehr vollständig zu beherrschen vermag, führt zunehmend zu einer Verselbständigung des historischen und des philologischen Bereiches. Vor allem aber entwickelte sich die byzantinische Kunstgeschichte zu einer eigenen Disziplin mit einer speziellen Methodik und kann eher als Teil der allgemeinen Kunstgeschichte denn der Byzantinistik betrachtet werden. Dennoch bleibt das Postulat, daß die Phänomene der byzantinischen Welt nur in einer Zusammenschau von Geschichte, Philologie und Kunst zu erfassen sind.

b) Forschungsgeschichte

Eine ausführliche Darstellung der Wissenschafts- und Forschungsgeschichte der Byzantinistik existiert noch nicht. Einen Abriß geben Ostrogorsky [128: Geschichte, 1–18], die bei ihrem Erscheinen in deutscher Sprache schon veraltete „Einführung" von Moravcsik [127] und die thematisch zu eng gefaßte „Einführung" von Irmscher [114, S. 20–31]. Erschöpfend, wenn auch qualitativ unterschiedlich, ist allein die byzantinische *Philologie* dieses Jahrhunderts behandelt [102]. Die wissenschaftliche Beschäftigung mit Byzanz erwuchs in der italienischen Renaissance aus den von byzantinischen Gelehrten angeregten Studien zum klassischen Altertum [vgl. auch 818: Geanakoplos, Scholars, und 840: Interaction; 870: Wilson, From Byzantium to Italy]. Die byzantinische Literatur aber besaß damals noch kaum Eigenwert und stand auch in späteren Jahrhunderten, um nicht zu sagen bis heute, immer im Schatten antiker Autoren. Durch sein

Anfänge der Byzantinistik

Interesse an beiden Literaturen stellt der Melanchthon-Schüler Hieronymus Wolf (1516–1580) eine frühe Ausnahme dar, und er kann mit Recht als „Vater der deutschen Byzantinistik" bezeichnet werden [so H.-G. Beck im Titel seiner Übersetzung der Lebensbeschreibung des Hieronymus Wolf, München 1984]. Die Auseinandersetzung mit den Türken und Bemühungen um eine Verständigung mit der Ostkirche förderten auch die byzantinistischen Studien. Es entstanden die ersten Editionen byzantinischer Historiker, aber auch zahlreicher theologischer Werke [vgl. 94: Beck, Kirche, 7–9]. Allerdings fehlte noch jegliche Systematik, um die gewaltige Masse des schriftlich überlieferten Materials zu ordnen. Dies geschah erst seit der Mitte des 17. Jh. in Frankreich, zunächst durch das von Ph. Labbe initiierte „Corpus der byzantinischen Historiker"; dieses ist über den Nachdruck im „Venezianer Corpus" und das vielfach nur unwesentlich verbesserte „Bonner Corpus" [1] bis heute Grundlage vieler Texte. Mit epochalen historischen, topographischen und philologischen Einzelforschungen wurde Charles Dufresne DuCange (1610–1688) eigentlicher Begründer der Byzantinistik. Aber auch die Grundlagenwissenschaften der Diplomatik und der Paläographie wurden in dieser Zeit von Jean Mabillon und Bernard de Montfaucon geschaffen. Michel Lequien (1661–1733) gab in seinem Oriens Christianus erstmals über die orientalischen Bistümer eine Übersicht, die großenteils auf der Sammlung der Konzilsakten durch Jean Hardouin basierte. In Brüssel übernahm 1630 Jean Bolland die Ausgabe der Acta Sanctorum [30], die auch die Heiligen der Ostkirche miteinbezog und bis heute noch nicht abgeschlossen ist. Das 18. Jh., die Zeit der Aufklärung, sah in Byzanz überwiegend ein Phänomen des Verfalls, und es verwundert daher nicht, daß die beiden damals verfaßten Darstellungen des Franzosen Charles Lebeau (Histoire du Bas Empire, Paris 1767–86) und des Engländers Edward Gibbon [The History of the Decline and Fall of the Roman Empire, London 1776–88] jegliche weitere Beschäftigung mit Byzanz bis in unsere Tage negativ beeinflußt haben. Zur selben Zeit arbeitete in Leipzig J.J. Reiske (1716–74) an der Edition und Kommentierung des „Zeremonienbuches" [3], das eine der wichtigsten Informationsquellen zur byzantinischen Kultur darstellt.

Frankreich im 7. Jh.

Zeitalter der Aufklärung

Byzantinistik im 19. Jh.

Auf der von Klassizismus und Neohellenismus geschaffenen Basis, aber auch aus Begeisterung für das Griechenland der Freiheitskämpfe erfuhren die byzantinistischen Studien im 19. Jh. wieder eine Belebung. Sie ist wesentlich B.G. Niebuhr zu verdanken, der 1828 das Bonner Corpus der byzantinischen Geschichtsschreiber begründete [1], welches trotz philologisch unzureichender Darbietung der Texte die maßgebende Grundlage jeder Beschäftigung mit byzantinischer Geschichte geblieben ist und erst seit etwas mehr als zwei Jahrzehnten durch das CFHB [2] auf inhaltlich erweiterter Grundlage ersetzt wird. Von der philologischen Seite her zwar problematisch, aber ebenso monumental wie nützlich ist die Sammlung der frühchristlichen (patristischen) und byzantinischen theologischen Literatur in den 162 Bänden der Patrologia Graeca des J.P. Migne (1800–1875), die bis heute für eine Vielzahl von Werken der einzige (erreichbare) Editionsort geblieben ist [31].

Die vertiefte Beschäftigung mit der Geschichte im allgemeinen hat sich auch auf den Bereich der byzantinischen Welt übertragen. Für einen Gesamtüberblick war zwar die Zeit noch nicht reif, aber Einzelarbeiten, vor allem zur Geschichte Griechenlands, schufen, auf der Basis der nun vermehrt und leichter zugänglichen Quellen, wichtige Voraussetzungen (J.Ph. Fallmerayer, Karl Hopf, G.F. Hertzberg). Am Ende des 19. Jh. bildeten sich ziemlich gleichzeitig in Deutschland, Frankreich und Rußland Zentren byzantinistischer Forschung heraus.

Karl Krumbacher und die Münchner Schule

Überragend war die Gestalt von Karl Krumbacher (1856–1909), der nicht nur durch seine monumentale „Geschichte der byzantinischen Litteratur" (München 1892 und 1898) den ganzen Bereich der nichttheologischen Schriften systematisch aufarbeitete, sondern durch die Gründung einer eigenen Fachzeitschrift, nämlich der Byzantinischen Zeitschrift (1892), und eines Institutes an der Universität München (1896/97) die neue Disziplin im Wissenschaftsbetrieb als selbständiges Fach verankerte, das in seiner universitären Organisation auch vorbildlich für andere Länder wurde. Nichts spricht mehr für den Weitblick des Philologen Krumbacher, als daß er die zweite Auflage seiner Literaturgeschichte um einen Abriß der theologischen Literatur (durch A. Ehrhard) und der Kaisergeschichte (durch H. Gelzer) bereicherte. Den von Krumbacher gelegten philologisch-literarischen Schwerpunkt behielt das Münchner Institut unter August Heisenberg bei. F. Dölger hat durch seine universale Betrachtungsweise, seine Arbeiten zur Chronologie der Kaisergeschichte und der Diplomatik wesentliche Grundlagen für die Byzantinistik als historische Disziplin geschaffen. Dölgers Nachfolger H.-G. Beck machte nicht nur den weiten Bereich der theologischen Literatur zugänglich, sondern schlug auch durch seine Arbeiten zur Verfassungsgeschichte des Byzantinischen Reiches, aber auch zur Literaturgeschichte neue Wege ein. Die Forschungen von K. Wessel und seiner Nachfolger machten das Münchner Institut auch zu einem Zentrum der frühchristlichen und byzantinischen Kunstgeschichte. Erst nach dem Zweiten Weltkrieg entstanden in Deutschland weitere byzantinistische Zentren unterschiedlicher Ausstattung (in chronologischer Reihenfolge: Köln, Münster, Berlin, Hamburg, Bonn, Mainz, Bochum, Würzburg, Leipzig). Die Berliner Akademie der Wissenschaften führte, trotz ideologisch bedingter Einschränkungen in den letzten Jahrzehnten, die von Harnack begründete Tradition der Alten Kirchengeschichte und Patristik fort. In den vergangenen dreißig Jahren stand dort allerdings eher die Feudalismusforschung im Vordergrund, aus der mehrere sozial- und wirtschaftsgeschichtlich bedeutsame Arbeiten hervorgingen. Die positiven Ansätze werden unter neuen Bedingungen weitergeführt werden.

Weitere Zentren

Frankreich

In der französischen Byzantinistik, die das Fach schon immer unter kulturgeschichtlichem Aspekt sah (civilisation byzantine), ragen Ch. Diehl, G. Schlumberger (der Numismatik und vor allem Sigillographie in die Forschung miteinbezog), G. Millet, neben dem Russen N.P. Kondakov Begründer der byzantinischen Kunstgeschichte, André Grabar, der das Werk von Millet universal fortsetzte, und P. Lemerle, der in seinen zahlreichen Arbeiten philologische, historische und archäologische Methoden verband, besonders hervor. In den letzten Jahrzehnten ist vor allem die rasche Editionsfolge der Athosurkunden hervorzuheben. Die byzantinistischen Studien haben jüngst in dem am Collège de France unter Leitung von G. Dagron gegründeten Centre d'Études Byzantines einen zukunftweisenden Mittelpunkt erhalten.

Rußland

Die byzantinistische Forschung in Rußland, begründet von V.G. Vasiljevskij (1838–1899) und F.I. Uspenskij (1845–1928), widmete sich besonders den slawisch-russischen Beziehungen, darüber hinaus aber auch grundlegenden wirtschafts- und sozialgeschichtlichen Themen. Diese Richtung hat auf der Grundlage der marxistischen Geschichtsbetrachtung auch die sowjetische Byzantinistik übernommen. Die traditionsreiche kunsthistorisch-archäologische Forschung wurde von N.P. Kondakov begründet und von V.N. Lazarev und M.V. Alpatov weitergeführt. Seit einigen Jahren stellt die Erforschung des Schwarzmeerraumes (auch im Hinblick auf die Aktivität italienischer Händler) einen Schwerpunkt der Arbeiten des Moskauer Universitätsinstitutes unter der Leitung von S.P. Karpov dar.

Russische Schule

Der russischen Schule verpflichtet ist auch das Werk von G. OSTROGORSKY (1901–1976), der durch seine „Geschichte des Byzantinischen Staates“ [128] maßgeblich das heute vorherrschende politische Byzanzbild geprägt hat. In diesem Zusammenhang ist auch die vor allem in englischsprachigen Ländern verbreitete „History of the Byzantine Empire“ des Russen A.A. VASILIEV zu nennen [131], dessen bleibende Bedeutung allerdings auf seinen Arbeiten zur arabisch-byzantinischen Geschichte [247] und dem Aufbau der Byzantinistik in den Vereinigten Staaten beruht.

England

Auch in England liegen die Anfänge der Byzantinistik noch im vergangenen Jahrhundert, repräsentiert durch J.B. BURY [207]. Der in weiten Kreisen nur als Geschichtsphilosoph bekannte A.J. TOYNBEE ist in der Byzantinistik durch eine unter welthistorischem Aspekt verfaßte Monographie der Zeit Konstantins VII. hervorgetreten [294]. ST. RUNCIMAN schrieb eine Kreuzzugsgeschichte aus byzantinischer Sicht [290]. Eine besondere Bedeutung kommt wegen seiner interdisziplinären Studien und jährlichen Kongresse dem Centre for Byzantine, Ottoman and Modern Greek Studies der Universität Birmingham zu.

H. Grégoire

Als Einzelleistung verdient das œuvre des Belgiers H. GRÉGOIRE (1881–1964) hervorgehoben zu werden, der als Begründer der byzantinischen Epenforschung gelten kann [158] und dessen Studien die Beschäftigung mit der Volksliteratur nachhaltig beeinflußten, auch wenn sich manche Ergebnisse als unhaltbar erwiesen.

G. Moravcsik

Ebenso singulär ist das Werk des Ungarn G. MORAVCSIK, der mit seinen „Byzantinoturcica“ [66] ein quellenkundliches Handbuch von bleibender Bedeutung schuf.

Italien

Die italienische Byzantinistik, an deren Beginn S.G. Mercati (1877–1963) steht, ist immer der klassischen Philologie verbunden geblieben, und widmet sich in bedeutendem Umfang der Edition und Interpretation von Texten. A. Pertusi (1918–1979) hat, in einer Kombination von philologischer und historischer Methode, einen überragenden Beitrag zur byzantinischen Kulturgeschichte geleistet.

Vereinigte Staaten

In den Vereinigten Staaten ist das Forschungszentrum von Dumbarton Oaks zum Mittelpunkt einer nationalen und internationalen Byzantinistik geworden, an dem während und nach dem 2. Weltkrieg vorwiegend Gelehrte aus Europa Unterkunft fanden (K. Weitzmann, F. Dvornik, I. Ševčenko). Der nachhaltigste Beitrag der amerikanischen Byzantinistik liegt neben der archäologisch-kunsthistorischen Forschung in ihrem interdisziplinären Forschungsansatz.

Südosteuropa

Eng verbunden mit der nationalen Kultur ist die Byzantinistik in jenen Ländern, die auf dem Territorium des ehemaligen Byzantinischen Reiches entstanden. Sicherlich ist hierbei an erster Stelle Griechenland zu nennen (Sp. Lampros, A. K. Orlandos, L. Politis, D. Zakythenos, J. Karayannopulos, N. Oikonomides). Die serbische Byzantinistik ist fast ganz mit dem Kreis um G. Ostrogorsky verbunden (F. Barišić, B. Ferjančić, Lj. Maksimović), aber auch die grundlegenden Arbeiten von Sv. Radojčić und V. J. Djurić zu Kunst und Archäologie sollen nicht unerwähnt bleiben. In Bulgarien begründete V. Zlatarski (1866–1935) neben der bulgarischen Geschichtswissenschaft auch eine überwiegend historisch ausgerichtete Byzantinistik, die I. Dujčev fortsetzte, dessen Erbe dem seit 1988 bestehenden Ivan-Dujčev-Forschungszentrum anvertraut wurde. Auch in Archäologie und Kunstgeschichte leistet Bulgarien einen wesentlichen Beitrag zur Byzantinistik. Rumänien, dessen Bedeutung als Bewahrer der byzantinischen Kultur erst nach dem Fall Konstantinopels einsetzt, widmet sich seit N. Jorga (1871–1940) vorwiegend den Problemen von „Byzance après Byzance“ [311]. Unter allen „Nachfolgestaaten“ des Byzantinischen Reiches steht in der Forschung nur die Türkei abseits, da selbst Grabungen auf ihrem Territorium im wesentlichen von auswärtigen Nationen durchgeführt werden und eine Auseinandersetzung mit dem byzantinischen Erbe noch kaum begonnen hat.

H. Hunger und die Wiener Schule

Seit 30 Jahren besteht in Wien unter H. Hunger, dessen monumentale Literaturgeschichte [112] nach 80 Jahren das Werk Krumbachers ablöste, ein Zentrum der Byzantinistik, das mit den Schwerpunkten Historische Geographie, Kodikologie, Prosopographie und zuletzt auch Realienkunde ein Hauptaugenmerk den Grundlagendisziplinen zuwendet, aber auch andere Bereiche (Editionen, Literatur- und kunstwissenschaftliche Themen) nicht vernachlässigt. Durch die Gründung eines Lehrstuhles für Neogräzistik (1983) wird dort auch dem Weiterleben des byzantinischen Erbes besondere Aufmerksamkeit geschenkt.

Spezialstudien

An einzelnen Stätten werden Spezialdisziplinen gepflegt, so etwa an der Dänischen Akademie der Wissenschaften die Edition byzantinischer und slawisch-orthodoxer Musikschriften und am Max-Planck-Institut für Rechtsgeschichte in Frankfurt (D. Simon) die Erforschung der byzantinischen juristischen Literatur.

Kirchliche Institutionen und Byzantinistik

Einen nicht geringen Anteil an der Forschung haben auch kirchliche Institutionen, sicherlich an erster Stelle der Orden der Assumptionisten, der sich (von seiner einstigen Zweigniederlassung in Konstantinopel aus) vor allem mit der Bearbeitung topographischer, numismatischer und sphragistischer Quellen auseinandersetzte (V. Grumel, V. Laurent, J. Darrouzès), in neuerer Zeit aber (von Paris aus) auch Texteditionen und Regestenarbeiten stark in den Mittelpunkt stellte.

Die in Brüssel tätigen Jesuiten der Societas Bollandi sind ausschließlich auf dem unerschöpflichen Gebiet der Hagiographie tätig. Unter den großen christlichen Orden hatten allein die Dominikaner Niederlassungen im Byzantinischen Reich, von deren historischer Erforschung ausgehend R.-J. Loenertz (1900–1976) zu umfassenden Studien über Geschichte und Literatur des spätbyzantinischen Reiches gelangte [172]. In Forschung und Lehre, mit Schwerpunkten in Liturgie und Kirchenrecht, kommt dem 1923 in Rom gegründeten Istituto Pontificio Orientale, das vom Jesuitenorden getragen wird, eine weitreichende Bedeutung zu.

Unabhängig von den wenigen genannten Schwerpunkten wird *organisierte* byzantinistische Forschung heute in 31 Ländern betrieben, wobei das Fach allerdings nicht immer als eigenständige Richtung an den Universitäten vertreten ist.

c) Forschungsstand

Der Überblick zeigt, daß die jeweils behandelten Schwerpunkte zeitlich und regional durchaus differieren und heute eher auf dem historischen und kunstgeschichtlich-archäologischen Bereich als auf dem philologischen liegen. Dementsprechend ist auch der Forschungsstand uneinheitlich, und manche Sektoren weisen unverhältnismäßig große Lücken auf.

Sprache

Dies gilt in erster Linie für zentrale Fragen der sprachlichen Erschließung der Texte. Der hochsprachliche Charakter der meisten Texte besagt noch nicht, daß sie auch mit Mitteln der klassisch-griechischen Lexik ohne weiteres zugänglich sind, da die Wortbedeutung eine Weiterentwicklung erfahren hat, die erst in einem in Bearbeitung befindlichen Lexikon [741] erschlossen wird. Ein Wörterbuch der griechischen Volkssprache ist immerhin mehr als zur Hälfte fertiggestellt [740: Kriaras, Lexiko]. Da hierin jedoch nur literarische Texte im engeren Sinn des Wortes (die sog. „schöne Literatur“) ausgewertet werden, leistet für die besonders wichtige Fachterminologie immer noch das „Glossarium“ von DuCange aus dem Jahr 1688 [739] gute Dienste. Zwar enthalten zahlreiche neuere Ausgaben spezielle Wortindices, die jedoch, da sie nach jeweils unterschiedlichen Gesichtspunkten durchgeführt sind, dem generellen Mangel nur bedingt abhelfen. Wie vielfältig die Probleme der byzantinischen Lexikographie sind, zeigen die Ergebnisse eines Wiener Colloquiums [743]. Nicht besser steht es mit grammatikalischen Untersuchungen, die nicht nur für Erkenntnisse in der Sprachentwicklung, sondern auch für die praktische Arbeit bei Editionen von besonderer Wichtigkeit sind. Trotz ihres Alters leisten die Arbeiten von Dieterich [748] und Psaltes [758] immer noch gute Dienste, obwohl sie nur Laut und Formenlehre, nicht aber die Syntax berücksichtigen. Dagegen hat, angeregt von Arbeiten Hungers [751: Stilstufen; 750: Metaphrase] die stilistische Untersuchung von Texten einen erfolgreichen Anfang genommen [vgl. zusammenfassend: 762: Ševčenko, Levels] und wurde durch weitere Arbeiten fortgeführt [752: Hunger - Ševčenko, Basilikos Andrias]. Hierdurch gewinnt auch die Erforschung der byzantinischen Volkssprache, die durch die Festlegung auf den Diglossiebegriff in eine Sackgasse geraten ist [755: KRIARAS, Diglossie], neue Anregungen [764: WIRTH, Situation; 844: HÖRANDNER, Profandichtung; 841: GROSDIDIER DE MATONS, Courants; 745: BROWNING, Diglossy]. In jüngster Zeit ist auch der Einfluß der byzantinisch-griechischen Sprache auf andere Kulturbereiche stärker berücksichtigt worden, am besten für das westliche Mittelalter [835: BERSCHIN, Abendland und Byzanz, Literatur; 753: KAHANE, Abendland und Byzanz, Sprache; 836: BERSCHIN, Mittelalter; 746: CORTELAZZO, L'influsso; 763: STOTZ, Esse velim Graecus] und im Bereich der mittelmeerländischen Seefahrt [754: KAHANE – TIETZE, Lingua franca; 756: MAKRIS, Text], aber auch für das Russische [749].

Textausgaben

Zu den spürbarsten Forschungsdesideraten gehören zuverlässige Textausgaben. Die größten Fortschritte liegen hierbei auf dem Gebiet der Geschichtsschreibung, wo durch die 1966 begonnene Neuedition historischer Quellen, einem nicht nur philologisch verbesserten, sondern von der inhaltlichen Konzeption her stark erweiterten „Bonner Corpus", in absehbarer Zeit der größte Teil der byzantinischen Historiker in einer zuverlässigen Ausgabe vorliegen wird [2: CFHB]. Auf allen anderen Gebieten der hoch- und volkssprachlichen Literatur sind modernen Bedürfnissen genügende Ausgaben eher die Ausnahme, doch ist es nicht möglich, an dieser Stelle auf Einzelheiten einzugehen, zumal der (freilich schon mehr als ein Jahrzehnt zurückliegende) Forschungsstand den Arbeiten von HUNGER [112], BECK [92] und KARAYANNOPULOS – WEISS [65] zu entnehmen ist. Auch mit neuen Ausgaben ist nur in seltenen Fällen eine sprachliche oder inhaltliche (literarische bzw. historische) Kommentierung verbunden. Der immense Bereich der theologischen Literatur ist zum allergrößten Teil nur in der Patrologia Graeca von Migne zugänglich. Eine Vielzahl von Traktaten ruht hier oft noch ausschließlich in den Handschriften. Die Kosten der Drucklegung griechischer Texte, die geringe Zahl an Gelehrten, die zur Fertigstellung von Editionen fähig sind, aber auch die wissenschaftlichen Anforderungen, denen eine moderne Ausgabe genügen muß, erklären die langsamen Fortschritte, welche die Byzantinistik auf diesem Felde aufzuweisen hat. An diesen Gegebenheiten scheitert auch der Wunsch nach vermehrten Übersetzungen, die bisher in erster Linie historisch und kulturgeschichtlich besonders wichtige Texte begleiten [2, mit einigen Ausnahmen; 45–55].

Historische Forschung

Eine starke Ausweitung hat der gesamte Bereich der historischen Forschung erfahren, wobei die politische Geschichte wiederum an erster Stelle steht. Dabei ist die frühbyzantinische Zeit (bis Justinian) eher im Rahmen der Alten Geschichte als der Byzantinistik behandelt. Die spätbyzantinische Epoche wird, angeregt durch die Forschungen von R.-J. Loenertz, seit den letzten Jahrzehnten besonders gründlich untersucht. Es zeigt sich überhaupt die Tendenz, unter Hintanstellung der Epochenzusammenhänge speziell einzelne Jahrhunderte zu untersuchen, wie dies etwa durch STRATOS [244], eine in der ehemaligen DDR erschienene Aufsatzsammlung [245] und HALDON [235] für das 7. Jh. und gleichermaßen für das 8. und 9. Jh. [15: Rochow, Byzanz; 246] geschah. Auch das 12. Jh. ist, als ganzes oder in Teilbereichen gerade in den letzten Jahren besonders gründlich behandelt worden. In die überwiegend außenpolitische Fragestellung wird Wirtschafts- und Sozialgeschichte zwar oft mit eingeschlossen, ihr aber nur selten ein selbständiger, breiter Raum gegeben [so etwa 422: HARVEY, Expansion]. Eine zusammenhängende Sozial und Wirtschaftsgeschichte, auch wenn sie von den Quellen her bis jetzt nur vorläufigen Charakter haben kann (s. u.), bleibt weiterhin ein Wunschtraum. Einige chronologisch oder thematisch geordnete Aufsatzsammlungen [161: Hommes et Richesses; 388: HENDY, Studies] haben in den letzten Jahren dazu schon Vorarbeiten geleistet. Dabei sind einzelne Epochen in Teilbereichen auch überblicksweise gut erschlossen, etwa der Handel in spätbyzantinischer Zeit [z. B. 491, 493], während für denselben Zeitraum die Finanzgeschichte weitgehend unbearbeitet blieb. Ähnliche wesentliche Lücken lassen sich auch in anderen Jahrhunderten aufweisen und ermutigen nicht zu einem Gesamtüberblick. Auch für die Geschichte der Staatsverwaltung ist bisher nur in bestimmten Epochen ein hinreichender Überblick geschaffen, so für die Entwicklung der Themen (s. u. S. *123*), das 9./10. Jh. [504: GLYKATZI-AHRWEILER, Recherches; 14: OIKONOMIDES, Listes; 531: WINKELMANN, Rang- und Ämterstruktur] und die spätbyzantinische Zeit [512: MAKSIMOVIĆ, Administration]. Die verschiedenen Siegelpublikationen aus den vergangenen Jahren [37–41], denen auch in Zukunft weitere folgen werden sowie die fortschreitende Folge der Athosurkunden [23] erschweren in der mittelbyzantinischen Zeit einen Überblick und stellen bereits gewonnene Ergebnisse wieder in Frage. Ansätze zu einer Verfassungsgeschichte im größeren Zusammenhang gibt es erst in jüngster Zeit [vgl. 582: BECK, Senat und Volk]. Angesichts der engen Verbindung von Kirche und Staat läßt sich Kirchengeschichte noch weniger als im Westen isoliert von politischen Faktoren darstellen. Einer Fülle von Detailforschungen stehen die Beiträge von H.-G. BECK im „Handbuch der Kirchengeschichte" (Bd. II, 1 – III, 2, Freiburg 1973, 1975) und eine zusammenfassende Monographie desselben Autors [650] gegenüber. Über die in der Paläologenzeit besonders bewegte Kirchengeschichte, vor allem die Unionsverhandlungen, steht nun eine eigene Darstellung zur Verfügung [661].

Grundwissenschaften

Eine starke Förderung erfuhren die Hilfs- und Grundwissenschaften. Jede Beschäftigung mit der Byzantinistik setzt Kenntnisse in der Handschriftenkunde voraus, da in vielen Bereichen wirkliche Fortschritte nur auf der Basis neuer oder revidierter Texte möglich sind.

Paläographie und Kodikologie

Ergebnisse auf dem Gebiet der Paläographie sind in jüngster Zeit vielfältig und umfangreich, obwohl ein Handbuch neueren Standes, das GARDTHAUSEN [776] ersetzen könnte, immer noch fehlt [vgl. jedoch 778: HUNGER, Paläographie], vielleicht aber zur Zeit auch in sinnvoller Weise nicht geschrieben werden könnte auf Grund des Flusses von Forschungsergebnissen, von dem beispielsweise die Akten der nun regelmäßig stattfindenden paläographischen und kodikologischen Kongresse Zeugnis ablegen. Im Mittelpunkt der paläographischen Studien im engeren Sinn steht die Erforschung der verschiedenen Schriftstile (die nicht nur in Aufsätzen, sondern auch in Monographien wie L.M. AGATI, La minuscola „bouletée", Vatikan 1992, dargestellt werden) und die

Festlegung regionaler Schriftarten, die besonders im Bereich Unteritaliens erfolgreich war [vgl. 783: Paléographie grecque 95–381; 795: CAVALLO, Cultura italogreca; 786: Scritture, libri e testi]. Diese Arbeiten sind auch von kulturgeschichtlicher Bedeutung, da sie Hinweise zu Kopistenzentren in der byzantinischen Provinz geben. Eine modernen Erfordernissen entsprechende Erfassung von Kopisten steht (trotz zahlreicher Einzelarbeiten über Schreiber der Humanistenzeit) noch in den Anfängen [775: Repertorium], so daß eine Arbeit vom Beginn dieses Jahrhunderts immer noch verwendet werden muß [787]. Unter Heranziehung unbeachteter Lese und Provenienzvermerke in den Handschriften selbst ist es gelungen, die Rolle des Buches in der Gesellschaft deutlicher zu zeigen, wobei vor allem die verschiedenen Arbeiten von G. CAVALLO richtungsweisend sind [z. B. 793, 797]. Die genannten Arbeiten über Schriftstile und Kopisten, die zur zunehmenden Verfeinerung der paläographischen Methode beitragen, sowie Repertorien datierter Handschriften [zusammengestellt in 771, Nr. 65–74] erleichtern zunehmend Datierung und Einordnung von Texten. Die für die Bestimmung von Papierhandschriften unerläßliche Erforschung der Wasserzeichen geht dagegen nur langsam voran und das monumentale Findbuch der Wasserzeichenkartei von G. Piccard im Hauptstaatsarchiv Stuttgart (publiziert in bisher 15 Bänden, Stuttgart 1961 ff.) wird nach dem Tode des Sammlers möglicherweise ein Torso bleiben, so daß das alte, aber monumentale Werk von BRIQUET [770] noch lange heranzuziehen sein wird. Der selbst für den Spezialisten immer schwierigere Überblick über die Publikationen im Bereich von Paläographie und Kodikologie wird durch eine vorbildliche Zusammenstellung von P. CANART [771] erleichtert. Eine Übersicht über die griechischen Handschriftenbestände hat zuletzt 1964 RICHARD [784] erstellt, doch ist die dringend benötigte Überarbeitung und Weiterführung immer noch nicht erschienen. Zu den größten Desideraten gehört allerdings eine wissenschaftlich brauchbare Katalogisierung der Handschriftenbestände, da bis jetzt vielleicht nur ein Achtel aller Handschriften unter diesem Gesichtspunkt wirklich zugänglich ist. In ihrer Erschließung liegen die größten Möglichkeiten der byzantinistischen Forschung, weil dadurch nicht nur weitere literarische Texte, sondern auch wichtige Notizen auf Rändern und Deckblättern (vgl. z. B. 16: SCHREINER, Texte, bes. 435–446) ans Licht treten würden.

Diplomatik

Die byzantinische Diplomatik hat zumindest in ihrer praktischen Ausrichtung durch die Edition von Urkundenkorpora große Fortschritte gemacht [vgl. 23, 25, 27]. Die theoretische Erforschung der Urkunden läßt dagegen noch viel zu wünschen übrig. Nur zu den Kaiserurkunden gibt es eine zusammenfassende Darstellung [98: DÖLGER – KARAYANNOPULOS], während Beamten-, Privat- und Kirchenurkunden noch einer gründlichen Durchsicht bedürfen [vgl. jedoch 24: DÖLGER, Schatzkammern]. Auch die Urkundenpaläographie (die freilich zur Buchschrift weit weniger Unterschiede aufweist als im lateinischen Bereich) steht noch in den Anfängen [vgl. 783: Paléographie grecque et byzantine, 385–533].

Papyrologie

Wegen des zeitlich und geographisch engen Rahmens ist die Papyrologie im Rahmen der gesamtbyzantinischen Studien von geringerer Bedeutung. Allerdings zeigt gerade die Erforschung dokumentarischer Texte, wie wichtig diese für die Kenntnis der Lexik des Alltags sein können, und in der Realienkunde von Wirtschaft und Handel stellen sie ein oft bedeutendes Bindeglied zu Erscheinungen dar, die sonst erst in spätbyzantinischer Zeit greifbar sind (z. B. Rechenmethoden im Handel). Trotz mancher bemerkenswerter Einzelfunde (vor allem im Bereich kirchlicher Texte) kommt der Papyrologie im Rahmen der Schönen Literatur natürlich längst nicht jene Rolle zu, die sie für Schriften aus der antiken Welt besitzt. Für die Erforschung des frühislamischen Ägypten und das Weiterwirken byzantinischer Einrichtungen sind die Ergebnisse der arabischen Papyrologie heranzuziehen (z. B. jetzt W. DIEM, Arabische Briefe auf Papyrus aus der Heidelberger Papyrussammlung. Wiesbaden 1991).

Sigillographie

Nach bescheidenen Anfängen schon um die Jahrhundertwende nahm die Sigillographie (Sphragistik) in den letzten Jahrzehnten einen gewaltigen Aufschwung [vgl. 37–41], der nicht nur zu einer vergrößerten Materialsammlung, sondern auch zu verfeinerten Methoden [291: SEIBT, Skleroi; 68: OIKONOMIDES, Studies] führte. Die Hauptproblematik liegt weiter in der Datierung (zu der auch die Kunstgeschichte ihren Beitrag leistet), die allein ein Siegel als historisches Hilfsmittel vor allem für die prosopographische Forschung und für eine Darstellung der mittelbyzantinischen Verwaltungsgeschichte brauchbar macht. Es ist auch nicht zu vergessen, daß der größte Teil aller vorhandenen Siegel (über 60.000) noch der Veröffentlichung harrt.

Numismatik

Die reichen Münzfunde sind überwiegend in lokalen und oft schwer erreichbaren Publikationen zugänglich gemacht, doch sind gerade in den letzten Jahren große Sammlungen ganz oder teilweise erschlossen worden [z. B. 36], und es erschienen zusammenfassende Darstellungen, die auch dem Nichtspezialisten Zugang und bis zu einem gewissen Grad Auswertung ermöglichen [382: BERTELÈ – MORRISSON, Numismatique Byzantine; 35: HAHN, Moneta; 385: GRIERSON, Byzantine Coins; 388: HENDY, Studies]. Bei den Untersuchungen tritt zunehmend die Anwendung chemisch-physikalischer Verfahren in den Mittelpunkt, da sie allein sichere Aussagen über die wirtschaftsgeschichtlich bedeutsamen Währungsschwankungen ermöglicht [z. B. 396].

Epigraphik

Eine byzantinische Epigraphik steht dagegen sowohl von der Methode als auch vom Material her noch ganz in den Anfängen. Alle Versuche einer corpusartigen Sammlung haben bisher zu keinem greifbaren Ergebnis geführt [vgl. jedoch: 42]. Es fehlt weitgehend an Anschauungsmaterial für eine vergleichende chronologische Einordnung und an Richtlinien für Editionen und die Gestaltung des Kommentars.

Historische Geographie

Neben diese klassischen Grundwissenschaften tritt seit einigen Jahrzehnten die historische Geographie, deren Bedeutung von KODER [194] zusammenfassend dargestellt wurde. Die Pionierarbeiten von HONIGMANN [10; 189] erfuhren in der 1966 an der Österr. Akad. d. Wissenschaften gegründeten Tabula Imperii Byzantini (TIB) eine Fortführung [205], doch steht auch dieses Jahrhundertwerk von einem Abschluß noch weit entfernt. Der verheißungsvolle Ansatz zu einer kirchlichen Geographie [191; 192] ist nach JANINS Tod abgebrochen. Allein die Topographie Konstantinopels kann als einigermaßen gut erforscht gelten [185; 190; 203].

Byzantinische Kunstgeschichte

Ausgehend von bescheidenen Anfängen um die Jahrhundertwende hat sich die Erforschung der byzantinischen Kunst zu einer selbständigen Disziplin entwikkelt und nahm mit ihren Teilbereichen Architektur, Malerei, Kleinkunst und Buchmalerei einen Umfang an, den der Einzelne nicht mehr zu überblicken vermag. Ihre Basis hat sie gemeinsam mit der frühchristlichen Archäologie (s. u.). Schwerpunkt war und ist die Behandlung der kirchlichen Kunst, die auch den Hauptdenkmälerbestand ausmacht. Das zunehmende Interesse der klassischen Archäologie an Fragen der Byzantinistik (mit der es topographisch vielfach dasselbe Terrain teilt) ist vor allem der Bau- und Architekturforschung zugute gekommen [vgl. JÖB 31,2 (1981) 549–653]. Die Frage nach dem Umfang des klassischen Erbes zieht sich wie ein roter Faden, dessen Ende nicht abzusehen ist, durch alle ikonographischen Erörterungen [zusammenfassend 928: KITZINGER, Heritage reconsidered, 657–675]. Dabei wird der unmittelbare Rückgriff auf die Antike immer mehr zugunsten der Rolle der Justinianeischen Epoche in Frage gestellt [KITZINGER, a. a. O.] und angestammte Begriffe wie „Makedonische Renaissance" einer Kritik unterzogen [918: BELTING, Problemi; 919: DERS., Kunst oder Objekt-Stil]. In der Buchmalerei (die ihre methodische Begründung den Studien von Buchthal, Kitzinger und Weitzmann verdankt) ist eine Richtung zur systematischen Erfassung des Denkmälerbestandes ersichtlich [904: SPATHARAKIS; 902: HUTTER]. Eine stärkere Zusammenarbeit mit Kodikologie und Philologie könnte jedoch noch zur Verbesserung mancher Resultate beitragen [vgl. dazu vor allem in methodischer Sicht 865: STICHEL, Studien; 854: MAGUIRE, Art and Eloquence; KRESTEN, in: BZ 84/85 (1991/92) 501–511]. In zunehmendem Maße werden auch die sozialen Träger der byzantinischen Kunst in die Untersuchungen miteinbezogen [916: BELTING, Buch; 920: BUCHTHAL – BELTING, Patronage; 925: KALOPISSI-VERTI, Dedicatory Inscriptions]. Forschungen zur mittelalterlichen Kunst in den orthodoxen süd- und ostslawischen Ländern und in Rumänien [etwa 913; 914; 915] haben auch die byzantinische Kunstgeschichte mit neuen Ergebnissen bereichert, zumal dort bisweilen Formen erhalten blieben, die im byzantinischen Mutterland nicht mehr nachweisbar sind [vgl. 898: DEMUS, Paläologenstil, 22–31].

Byzantinische Archäologie

Im Gegensatz zur Kunstgeschichte steht eine byzantinische Archäologie (in methodischer Fortführung der klassischen und frühchristlichen Archäologie) noch kaum in den Anfängen und weist erst wenige größere systematische Arbeiten auf. Es geht dabei neben der Erforschung von Einzelbauten (deren sich bereits die oben genannte Architekturgeschichte annimmt) vor allem um Straßen- und Wegenetz, Gräberfelder, Siedlungsanlagen und die damit verbundenen Einzelobjekte [vgl. 187: HELLENKEMPER – HILD, Neue Forschungen; 188: HILD, Straßensystem; 882: HARRISSON, Excavations]. Die Tatsache, daß oft aus Teilergebnissen weitreichende Folgerungen etwa über Größe und Besiedlungsdichte gezogen werden, führte (etwa im Falle von Sardeis) zu grundlegenden Diskussionen [878:

Foss, Sardis; 888: Russel, Transformations]. Einzelfunde aus Grabungen, von Bedeutung für die Alltagskultur, sind nur verstreut publiziert [65: Weiss, Quellenkunde I, 52–64; vgl. aber 882: Harrisson, Excavations, Bd. 2]. Fundergebnisse aus Bulgarien und dem ehemaligen Jugoslawien sind dabei mehr als aus anderen Gebieten bekanntgemacht, doch können die Resultate nur mit großer methodischer Vorsicht für die byzantinische Zivilisation verwendet werden.

Musikgeschichte

Die byzantinische Musikgeschichte, die in enger Verbindung zu liturgischen und hymnologischen Forschungen steht [vgl. methodisch etwa 765: Hannick, Metrik], hat ihren Schwerpunkt in der Edition von Musiktexten (z. B. Monumenta Musicae Byzantinae, Kopenhagen 1935 ff., Wien 1985 ff.).

Fachwissenschaften

Spezielle Fachdisziplinen (Mathematik, Astronomie-Astrologie, Alchemie, Medizin, Pharmazie und Jurisprudenz) werden zwar der üblichen Nomenklatur zufolge im Rahmen der Literaturgeschichte behandelt, doch ist ein Eindringen in die jeweilige Problematik nur Fachleuten mit entsprechenden Vorkenntnissen möglich. Arbeiten im Rahmen der Naturwissenschaften waren, trotz ihrer Wichtigkeit gerade auch für Vorgänge des täglichen Lebens, nie besonders häufig und sind in letzter Zeit eher zurückgegangen, obwohl schon seit längerem neue Projekte (etwa zur Medizingeschichte) angekündigt sind. Eine Ausnahme stellt die juristische Forschung dar, die – in systematischer Eruierung der Quellen vor allem durch D. Simon und seine Schule (aber auch Spezialisten in Griechenland, Italien und den Niederlanden) – jahrzehntelange Untätigkeit rasch wettmacht. Auch das Studium von Traktaten zur Militärwissenschaft hat einen erfreulichen Aufschwung genommen [2: Bd. 17, Bd. 25; 9: Dagron – Mihaescu].

d) Byzantinistik und angrenzende Gebiete

Die Byzantinistik hat mit einer Reihe von selbständigen Forschungsgebieten inhaltliche Kontakte. Unter den philologischen Disziplinen steht hier an erster Stelle die griechische Philologie, da die Überlieferung der literarischen Werke der griechischen Antike fast ganz in Händen der Byzantiner lag. Die Bedeutung der antiken Literatur für die byzantinische war nie umstritten, Umfang und Art gaben aber immer wieder zu Diskussionen Anlaß. Jenkins [846: Origins] sah die Hauptkomponente allein in der hellenistischen Tradition, während Ševčenko [862: Outline] auch auf klassisch griechische Autoren hinweist. Die Rolle der Rhetorik in diesem Zusammenhang, die uns vielfach unverständlich anmutet, ist besonders intensiv beachtet worden [vgl. zusammenfassend 845: Hunger, Importance]. Das Übergewicht der klassischen Literatur und der attischen Sprache (auch im christlichen Gewande) hat sicher manche selbständigen Strömungen erstickt [855: Mango, Literature], doch blieben diese Normen trotzdem verbindlich im Rahmen der einheitlich klassisch gebildeten höheren Gesellschaftsschicht [833: Beck, Schaffen]. Die klassische Philologie ihrerseits ist vor allem an den Texten byzantinischer Autoren und deren Zitaten aus antiken Schriftstellern interessiert, wobei Lexika (Hesych, Photios, Suda), deren Erforschung in jüngster Zeit

Griechische Philologie

wieder Fortschritte gemacht hat (wenngleich große Sammlungen immer noch der Edition harren [vgl. 743: Lexicographica Byzantina]), einen wichtigen Platz einnehmen.

Neogräzistik

Unbestritten ist der Zusammenhang von byzantinischer und neugriechischer Literatur, aber Zeitpunkt und inhaltliche Form des Übergangs, der nicht nur unter dem Aspekt Volkssprache/Hochsprache zu sehen ist, sind noch keineswegs geklärt. Trotz der Arbeit vor allem griechischer Gelehrter ist eine verstärkte Auseinandersetzung mit Quellen des 15. und 16. Jh. und eine Berücksichtigung des gesamten kulturgeschichtlichen Hintergrundes [vgl. 91: BAKALOPULOS, Historia] nötig. Für eine Verbindung von Kulturgeschichte und Philologie im Sinne einer „Neogräzistik" bestehen nun in der Wiener Schule (s. o. S. *103*) Ansätze.

Slawistik

Sachlich und traditionell begründet sind die Zusammenhänge mit der Slawistik, die, soweit sie sich mit alten Texten beschäftigt, der Unterstützung seitens der Byzantinistik nicht entraten kann. Dabei steht der byzantinische Einfluß immer im Mittelpunkt und wird in einer kaum mehr überschaubaren Vielzahl von Arbeiten behandelt, die dringend einer wenigstens bibliographischen Zusammenfassung bedürften. Der sicherlich weitaus geringere Einfluß der Slawen auf Byzanz fand in der Forschung kaum Berücksichtigung [vgl. 860: SCHREINER, Lexik; 743: Lexicographica Byzantina, 249–282 (STICHEL)]. Die Überlieferung von byzantinischer Literatur ausschließlich in slawischen Sprachen ist zwar längst bekannt, ihre Erforschung aber noch nicht genügend vorangetrieben [vgl. 843: HANNICK, Holobolos; 864: STICHEL, Nathanael; 847: KAKRIDIS, Codex]. Mangelnde Katalogisierung, lange Zeit bestehende Erschwernisse im Zugang zu den osteuropäischen Bibliotheken und unzureichende Textausgaben behinderten nicht unerheblich diese Arbeiten, deren Wichtigkeit gerade deshalb zu betonen ist, weil die Byzantiner auf keinen anderen Nachbarbereich einen so großen Einfluß ausgeübt haben.

Christlich orientalische Philologien

Die Bedeutung der orientalischen (christlichen und muslimischen) Völker im Leben der Byzantiner wirkt sich nicht immer entsprechend in der Forschung aus. Eine große Zahl griechisch-patristischer Schriften, aber auch weltlicher Texte (Chroniken) ist nur im Syrischen, Georgischen, Armenischen, Arabischen, Koptischen und sogar Äthiopischen erhalten. Bei manchen Fragen (wie etwa der Entstehung des Bilderstreites) spielen auch orientalische Quellen eine wichtige Rolle [vgl. GERO 681; 682]. Da die Zahl derer, die in der christlichen Orientalistik *und* der Byzantinistik Bescheid wissen, sehr gering ist, geht die Erforschung dieses literatur und kulturgeschichtlich wichtigen Bereiches nur langsam voran.

Patristik, Theologie, Ostkirchenkunde

Da das Leben und Handeln der Byzantiner in ihren breiten Schichten ganz vom Christentum bestimmt waren, kommt der Kenntnis der christlichen Literatur eine besondere Bedeutung zu. Ihr widmet sich die Patristik (Patrologie) als selbständiger Forschungszweig [vgl. 90: ALTANER – STUIBER]. Der Gesamtbereich der byzantinischen Theologie ist letztmals durch BECK [94] vor mehr als 30 Jahren zusammengefaßt und seitdem nur mehr selten [z. B. 129: PODSKALSKY, Theologie] in größeren Zusammenhängen untersucht worden. Die Belebung des ökumenischen Gedankens förderte auch verschiedene Bereiche der byzantinischen theologischen Forschung, vor allem Liturgie [vgl. zusammenfassend 711: Schulz] und Konziliengeschichte, und führte nicht zuletzt auch dazu, die byzantinische Theologie stärker im Rahmen der gesamten ostkirchlichen Entwicklung zu sehen [vgl. 689: Heiler, Die Ostkirchen; 108: Handbuch d. Ostkirchenkunde; 656: Benz, Geist und Leben].

Alte und Mittelalterliche Geschichte

Unter den historischen Nachbardisziplinen sind an erster Stelle Alte und Mittelalterliche Geschichte zu nennen. Die Geschichte der Spätantike (nach 300) ist in Teilbereichen auch Bestandteil der Byzantinistik. Da wesentliche Voraussetzungen des byzantinischen Staatsbegriffes im römischen Kaisertum und im hellenistischen Staatsgedanken liegen, ergibt sich unter verschiedenen Gesichtspunkten ein Kontakt. Im Bereich der Mittelalterforschung ist eine Zusammenarbeit von Byzantinistik und Mediävistik unerläßlich. Trotzdem weist die gegenseitige Kenntnisnahme von Forschungsergebnissen oft noch bedauerliche Lücken auf, zu welchen die oft auch sprachlich schwierige Zugänglichkeit byzantinistischer Arbeiten und das Fehlen zusammenfassender Darstellungen oder Forschungsberichte mit beitragen. Die Pionierarbeiten von Ohnsorge [176–178] oder Classen [z. B. 223–225] stellen Einzelleistungen dar, die keine Schule bildeten. Innerhalb der Südosteuropaforschung stellt die byzantinische Geschichte schon von den historischen Gegebenheiten her einen festen Bestandteil dar, insofern diese Länder teilweise auf byzantinischem Territorium entstanden. Im Rahmen einer Darstellung der gegenseitigen Beziehungen kommt es darauf an, nicht nur die Gemeinsamkeiten hervorzuheben, sondern vor allem auch die Unterschiede und nationalen Eigenheiten zu betonen [vgl. 374: Schreiner, Byzantinisierung]. Bei den russisch-byzantinischen Kontakten werden das unerschöpfliche Russenkapitel in „de administrando imperio“ [2: Bd. 1], die Handelsverträge [vgl. 501: Sorlin, Traités; 484: Hellmann, Handelsverträge] und die kirchlichen Beziehungen (hier vor allem die Taufe der Rus' [vgl. 368: Poppe]) mit besonderem Nachdruck behandelt, obwohl die wenigen, längst bekannten Texte kaum mehr neue Interpretationen zulassen.

Ost- und Südosteuropaforschung

Islamwissenschaften

Untersuchungen zu den byzantinisch-islamischen Beziehungen beruhen überwiegend auf dem von den Philologen erschlossenen Material und sind ohne entsprechende Sprachkenntnisse kaum durchführbar. Die politischen Zusammenhänge sind dabei durch Arbeiten von Canard [144], Cahen [143; 255], Vryonis [297] und jüngst Kaegi [237] besser geklärt als die wirtschaftlichen Beziehungen. Als monumentales Quellenwerk ist die von A. Vasiliev und M. Canard [247] übersetzte und erläuterte Textsammlung zu nennen. Auch die „Orientalisierung“ der byzantinischen Kultur, die bei einer 800jährigen Nachbarschaft zur islamischen Welt nicht überrascht, ist eher Schlagwort geblieben als durch Fakten untermauert.

Osmanistik

Einen Sonderfall im Rahmen der Beziehungen zur islamischen Welt stellen jene zu den Osmanen dar. Unsere Kenntnisse beruhen zum größten Teil auf byzantinischen und westlichen Quellen [vgl. etwa 379: Werner, Osmanen, oder 315:

Matschke, Schlacht]. Osmanische literarische Quellen (v.a. Chroniken) sind von ihrer Darstellungsart her, dem Herrscherlob, auch nur wenig in der Lage, politische Vorgänge zu erhellen. Von großer Hilfe bei der Klärung um das osmanische Vordringen sind dagegen die in türkischen Archiven liegenden Grundkataster, deren Auswertung das Lebenswerk von Irène und Nicoara Beldiceanu darstellt. Ein über weite Strecken hin unbearbeitetes Feld bilden die politischen und wirtschaftlichen Beziehungen zum nichtislamischen Osten, wobei Kontakte zur Iranistik, der Armenologie und der kaukasischen Geschichte nötig sind. Eine Annäherung ist in diesem Bereich durch sprachliche Probleme sehr erschwert. Dagegen sind gerade in den letzten Jahren sowohl von chinesischer als auch von westlicher Seite her vielfältige Berührungspunkte zwischen Byzanz und China aufgedeckt worden [337: Chen; 359: Kordosis, China; Schreiner, in: Istanbuler Mitteilungen 39 (1989) 493–505].

Mittlerer und Ferner Osten

Byzantinische Kunstgeschichte, die in den ersten Jahrhunderten mit (früh-) christlicher Archäologie zusammenfällt [vgl. 874: Deichmann, Einführung], ist nicht ohne Vertrautheit mit der allgemeinen Kunstgeschichte zu betreiben. Bei der Beschäftigung mit westlich-mittelalterlicher Kunst wird man immer wieder auf byzantinischen Einfluß stoßen [vgl. 872: Belting, Bild und Publikum; 873: Belting, Bild und Kunst], während westliche Kunsttendenzen im Osten weit seltener sind [vgl. 923: Grabar, Relations]. Die Erforschung dieser reziproken Strömungen, nicht nur analytisch, sondern auch synthetisch, ist noch ein zentraler gemeinsamer Gegenstand der beiden kunsthistorischen Disziplinen und darüber hinaus ein Anliegen der kunsthistorischen Forschung in den Byzanz umgebenden orthodoxen Ländern.

Allgemeine Kunstgeschichte

2. Das Problem der Quellen

a) Quellenverlust

Besonderheiten in Byzanz

Obwohl der Verlust von Quellen jedem Historiker bekannt ist (hervorragend Esch in: HZ 240, 1985, 529–570) erfordert die spezielle Situation im Byzantinischen Reich eine ausführlichere Darstellung, in deren Mittelpunkt die für die historische Forschung relevanten Texte stehen. Entsprechend dem Charakter des Byzantinischen Reiches als eines weitgehend zentralistischen Staates überwiegen jene Quellen, die auf Kaiser, Reich und Hauptstadt Bezug nehmen [vgl. Ševčenko, in: Harvard Ukrainian Studies 3/4 (1979/80) 712–742]. Somit ist auch jede moderne Darstellung notwendigerweise zentrumsbezogen, da selbständige Aussagen über die Provinz kaum greifbar sind. Dies beruht sicherlich nicht ausschließlich auf der Ungunst der Überlieferung, sondern hat seinen Grund in einer literarischen Vernachlässigung der Provinz schon in byzantinischer Zeit. Zum Verlust vieler Quellen trugen die ständigen kriegerischen Überfälle bei, denen Byzanz in einem im Westen ungeahnten Ausmaß ausgesetzt war, wobei die

Jahre 1204 und 1453 auch im Hinblick auf die Hauptstadt Höhepunkte darstellen. Werke und Gegenstände, die bis 1453 nicht in den Schutz einiger sicherer Klöster gekommen oder in den Westen gebracht worden waren, gingen fast alle für immer verloren. Keine einzige staatliche oder private Institution, ob Bibliothek oder Archiv, hat die osmanische Invasion überstanden.

Geschichtsschreibung

Erste und wichtigste Quelle unserer historischen Kenntnisse bleiben die Geschichtsschreiber, die nun durch HUNGER [112: Literatur I, 243–504] auch literarisch erschlossen sind. Es ist richtig, daß sie an literarischer Qualität der westlichen mittelalterlichen Geschichtsschreibung überlegen sind, nicht aber an Vielfalt. Die oft gepriesene ununterbrochene Reihe der Darstellungen von Konstantin dem Großen bis zum Untergang kann nicht darüber hinwegtäuschen, daß wir über Jahrzehnte und bisweilen sogar ein Jahrhundert nur über einen einzigen Historiker verfügen (z. B. für das 7. Jh. Theophanes). Besonders beklagenswert ist der Verlust vieler frühbyzantinischer Historiker oder ihre nur in Exzerpten erhaltene Überlieferung in späteren Werken. Diese spiegelten noch, wie es scheint, die ganze Vielfalt des römischen Weltreiches wider und waren daher für eine Tradierung nicht mehr interessant, als das Byzantinische Reich zunehmend engere Grenzen erhalten hatte. Zum Glück haben ein universaler Literat (Photios) und ein antiquarisch forschender Kaiser (Konstantin VII.) Auszüge angefertigt, die freilich auch zum Verlust der Originale beigetragen haben können, da nun ein bequem lesbares Resümee vorlag. Eine Reihe von Quellengattungen fehlen ganz: Stadt-und Provinzchroniken, Kirchen- und Klosterchroniken, Familienchroniken. Spuren bei den Geschichtsschreibern und Fragmente solcher Genera aus spätbyzantinischer Zeit lassen darauf schließen, daß auch diese Darstellungsformen existierten, wegen ihrer unrhetorischen Gestaltung in Annalenart jedoch der Überlieferung nicht für würdig erachtet wurden [vgl. 2: Bd. 12/2: SCHREINER, Kleinchroniken, 44–51].

Probleme der Kirchengeschichtsschreibung

Bemerkenswert ist der Niedergang der Kirchengeschichtsschreibung, die bis in das 6. Jh. ein blühendes Genus darstellt. Da Kirchengeschichte mit den großen dogmengeschichtlichen Spannungen verbunden ist, sind schon vor dieser Zeit eine Reihe von Werken, soweit sie als „häretisch" galten, nur in Fragmenten oder Übersetzungen erhalten. Das Ende der Glaubenskämpfe und die zunehmende Eingliederung der Kirche in den Staat machte eine *selbständige* Darstellung gegenstandslos, bisweilen sogar gefährlich für den Autor. Stattdessen berücksichtigt nun die allgemeine Historiographie auch kirchliche Vorgänge [vgl. 868: WINKELMANN, Kirchengeschichtswerke; 869: Ders., Problematik; 70: Quellen, 202–212], allerdings unter dem Blickwinkel von Kaiser und Hof, während besonders kritische Fragen (etwa Streitigkeiten mit dem Kaiser und Absetzung von Patriarchen) auf der Ebene hagiographischer Texte behandelt werden (vgl. etwa die Vita des Patriarchen Euthymios [ed. P. KARLIN-HAYTER. Brüssel 1970]). Eine Reihe von Ereignissen bleibt auf diese Weise gänzlich ohne Widerhall in der offiziellen Geschichtsschreibung: die Auseinandersetzung mit Häretikern (Paulikianern, Bogomilen), die Streitigkeiten mit Rom (Photios, Kerullarios), aber auch die Missionierungen.

Manche Quellen, die heute das Byzanzbild entscheidend beeinflussen, sind nur knapp dem Verlust entgangen. Theophanes Continuatus, der die Zeit von 813 bis 886 behandelt, Joseph Genesios (für denselben Zeitraum), Leon Diakonos (für die Zeit von 959 bis 976) oder Michael Psellos (Zeitraum 976–1078) sind nur in *einer* Handschrift überliefert. Das Eparchenbuch [2: Bd. 33], dem wir einen Großteil unserer Kenntnisse über Wirtschaft und Handel im 10. Jh. verdanken, ist vollständig ebenfalls nur in einem einzigen Codex erhalten. Einige mittelbyzantinische Chronisten sind nur mehr durch Erwähnungen bekannt [112: Hunger, Literatur I, 390]. Für die 2. Hälfte des 14. Jh. ist auch die in den genannten Fällen erhaltene „eine" Handschrift verloren (vgl. Nastase, in: Cyrillomethodianum 4 [1977] 100–171). Wir verfügen daher über keine zeitgenössische Darstellung, und in späteren Werken ist diese Epoche nur sehr summarisch behandelt.

Verlust historiographischer Quellen

Byzanz wird nicht zu Unrecht als Beamtenstaat bezeichnet, in dem alle Rechtsvorgänge einen urkundlichen Niederschlag fanden. Mit Ausnahme des Kaiserbriefs von Saint Denis (ca. 842) besitzen wir aus mittelbyzantinischer Zeit erst seit dem 10. Jh. Urkunden im Original. Abgesehen von Zufallsfunden in Handschriften (als Deckblätter) sind nur jene Urkunden erhalten, die in Klöstern oder in auswärtigen Archiven [dazu 65: Quellenkunde II, 549–564] aufbewahrt wurden. Die Auswahl des Erhaltenen beruht dabei zum großen Teil auf Zufall. Allein in den Athosklöstern und dem Johannes-Kloster auf Patmos, die keinen kriegerischen Gefahren ausgesetzt waren, ist eine gewisse Kontinuität festzustellen, was auch für den in lateinischen Klöstern oder bei Adelsfamilien Italiens archivierten Bestand gilt [25]. Dabei wurden nur jene Dokumente aufbewahrt, die mit dem Kloster in Beziehung standen (Schenkungen, Steuerfreistellungen). Der reiche Urkundenverkehr mit den deutschen Kaisern schlägt sich allein in Erwähnungen der westlichen Chronistik nieder, in Venedig erhielten sich nur die lateinischen Übersetzungen, in Genua wenigstens teilweise auch die griechischen Originale. Auch die ebenfalls dünne kopiale Überlieferung verbessert das negative Bild nur wenig [dazu Medvedev, in: RSBS 3 (1983) 95–109]. Statt der Urkunden hat der Boden in weitaus größerer Zahl (mindestens 80.000, davon erst etwa 60.000 ediert) deren dazugehörige Siegel (überwiegend in Blei, selten Gold und Silber) bewahrt, die vor allem für die mittelbyzantinische Zeit eine unschätzbare Quelle für Prosopographie und Verwaltungsstruktur darstellen [z. B. 291: Seibt, Skleroi; Winkelmann, in: 246, S. 121–129; Šandrovskaja, in: 70, S. 65–80; 69: Oikonomidès, Lead Seals]. Die quellenkundliche Problematik der Siegel liegt vor allem in ihrer Datierung, die in der überwiegenden Mehrzahl der Fälle nur auf das Jahrhundert eingegrenzt werden kann (vgl. oben S. *108*).

Urkundenverluste

Der Verlust an Quellen berührt nicht nur jene Bereiche, an denen der Historiker im Rahmen der politischen Geschichte primär interessiert ist, sondern erstreckt sich auch auf die „schöne Literatur". Es fehlen, bis in die Paläologenzeit, nahezu gänzlich Äußerungen in der Volkssprache; sie sind, über ein Jahrtausend hin, fast ausschließlich mündlich tradiert worden (Epos, Spottdichtung, Liebeslieder). Unter den antiken Literaturgattungen sind (abgesehen von den Heiligenviten) Biographie und Autobiographie in selbständiger Weise kaum vertreten. Dies

Verluste im Bereich der Schönen Literatur

ist nicht auf den Verlust von Texten, sondern auf eine gegenüber der Antike veränderte Einstellung zur Persönlichkeit zurückzuführen. In der theologischen Literatur sind jene Texte eliminiert worden, die im Widerspruch zur offiziellen Orthodoxie standen. Ihre Spuren lassen sich am ehesten in der Polemik erkennen (Bilderstreit, Häretiker). Zum Verlust tragen aber auch Unifizierungsbestrebungen seitens des Konstantinopolitaner Patriarchats bei, denen vor allem frühe liturgische und hagiographische Texte zum Opfer fielen.

Einseitiges Bild archäologischer Denkmäler

Die Quellenproblematik macht vor nichtschriftlichen Zeugnissen keineswegs halt. Der kirchliche Denkmälerbestand bestimmt zum größten Teil das Bild der byzantinischen Kunst. Doch auch hier haben Zerstörungen wesentliche Entwicklungslinien unterbrochen. So ist etwa der Weg von der frühchristlichen Basilika zur Kreuzkuppelkirche des 9. Jh. weitgehend hypothetisch [893: KRAUTHEIMER, Architecture, 201–213 und N. SCHMUCK, in: 77: Bd. 5, 356–374]. Die Ausschmükkung des Kircheninnenraumes ist früher aus beschreibenden Quellen (Photios im 9. Jh.) bekannt als aus Originalen, die eineinhalb Jahrhunderte später liegen. Theoretische Abhandlungen fehlen fast ganz in einem Bereich, der sich überwiegend der mündlich-schulmäßigen Tradierung bediente [vgl. jedoch 930: WINKELMANN]. Die Kenntnisse der Profankunst beruhen zu einem Großteil auf literarisch-rhetorischen Beschreibungen und nur sehr wenig auf den Denkmälern selbst. Der große Kaiserpalast in Konstantinopel ist wegen der osmanischen Überbauung nicht einmal in seinen Grundrissen zuverlässig rekonstruierbar. Vom Luxus mancher Gerätschaften legen einige wenige Funde Zeugnis ab [z. B. 906: DARKEVIČ]. Als charakteristisches Beispiel ist zu erwähnen, daß wir nur eine einzige durchgehend miniierte profanliterarische Handschrift, den Historiker Skylitzes, besitzen [vgl. zuletzt ŠEVČENKO, in: Byzanz und der Westen. Wien 1984, 117–130]; die mit Abbildungen versehenen naturwissenschaftlichen Handschriften gehen dagegen (mit Zwischenstufen) meist auf antike Vorlagen zurück. Der im Westen so gerühmte byzantinische Luxus bleibt ein – sicher berechtigtes – Schlagwort, das wir an den Quellen selbst kaum verifizieren können.

Schlußfolgerungen aus der Quellenlage

Die Quellenlage zur byzantinischen Kultur ist im ganzen gesehen von starker Einseitigkeit gekennzeichnet, die es sehr erschwert, dem tatsächlichen Bild nahezukommen. Während im Westen, wenigstens seit dem Hochmittelalter, die Quellenfülle (etwa im Bereich der Urkunden und Chroniken) eine Darstellung mühsam macht, ist in Byzanz das Gegenteil der Fall. Nur eine möglichst umfangreiche Berücksichtigung aller Quellen, auch außerbyzantinischer, zu denen die Quellenkunde von KARAYANNOPULOS – WEISS [65] und der Forschungsüberblick von WEISS [73] einen ersten Zugang bieten, vermag den gewaltigen Mangel an Information ein wenig auszugleichen.

b) Auswertung schriftlicher Quellen

Voraussetzung für jede historische Arbeit ist die Lektüre der Quellen in der Originalsprache, bisweilen sogar (und sei es nur zur Kontrolle) in der Handschrift selbst, weswegen paläographische Kenntnisse (vgl. oben S. *106*) für die Erforschung aller Bereiche der Byzantinistik unerläßlich sind. Die wünschenswerte Übersetzung wenigstens wichtiger Texte, etwa der großen Historiker, ist noch nicht genügend weit fortgeschritten. Ein vollständiger Überblick über vorhandene Übersetzungen fehlt; die bibliographischen Hinweise bei MORAVCSIK [66] und SCHULE [71] stellen aber eine brauchbare Arbeitshilfe dar. Neben der Übersetzung, gegebenenfalls auch statt ihrer, leistet die philologisch-historische Kommentierung wertvolle Dienste. Sie ist unumgänglich bei Urkunden [vgl. 23: Archives de l'Athos], Finanztexten [393: MORRISSON, La logarikè; 16: SCHREINER, Texte] und komplizierten historischen Traktaten [z. B. 2: Bd. 1; 5], zu denen auch ein Fachbyzantinist nicht ohne Mühe Zugang findet.

Übersetzungen und Kommentare

Eine besondere Schwierigkeit bei der Auswertung stellt für uns der rhetorische Sprachgebrauch der Byzantiner dar, der es weitgehend vermeidet, zeitgenössische Fachausdrücke zu verwenden und stattdessen Sachverhalte umschreibt oder sich einer veralteten, antiken Terminologie bedient. Diese Erscheinung beschränkt sich keineswegs auf die „Schöne Literatur" im engeren Sinn, sondern macht auch vor Historikern und Juristen nicht halt und wirkt sich bisweilen erheblich auf das Verständnis sozial-, wirtschafts- und verwaltungsgeschichtlicher Vorgänge aus.

Erschwernisse durch Rhetorik

Der Informationswert einzelner Quellengattungen ist sehr unterschiedlich und kann hier nur an Hand einiger Beispiele dargestellt werden [vgl. jedoch ausführlich 65: KARAYANNOPULOS – WEISS, Quellenkunde I]. Die Heiligenviten vor ihrer fast vollständigen Rhetorisierung Ende des 10. Jh. stellen eine unerschöpfliche Quelle für das Alltagsleben dar [vgl. die alte, aber immer noch lesenswerte Arbeit von A.P. RUDAKOV, Očerki Vizantijskoj kultury po dannym grečeskoj agiografii. Moskau 1917]. In der reichen Briefliteratur stößt man selten auf persönliches Fühlen und Denken, gewinnt aber bei Beachtung und richtiger Interpretation der sprachlichen Ausdrucksfülle wichtige Einblicke in das Leben der Byzantiner [vgl. A. KARPOZELOS, Realia in Byzantine Epistolography X-XII c., in: BZ 77 (1984) 20–37]. Ersatz für verlorenes Anschauungsmaterial geben die Ekphraseis (Bild- und Denkmälerbeschreibungen), wobei die Autoren freilich eigene Phantasie, Wirklichkeit und antike Vorbilder nicht immer deutlich genug trennen (vgl. HOHLWEG, in: Reallexikon zur Byzantinischen Kunst II. Stuttgart 1967, 33–75). Einen Sonderfall stellen die fremdenführerartigen Stadtbeschreibungen Konstantinopels dar, auf denen unsere Kenntnis der Topographie Konstantinopels hauptsächlich beruht [7: CAMERON – HERRIN, Constantinople; 186: DAGRON; 185: BERGER, Untersuchungen]. Reisebeschreibungen als selbständiges Genus (wie etwa im arabischen Bereich) gibt es dagegen (ausgenommen einige Palästinaberichte [vgl. 197: KÜLZER]) nicht, und die entsprechenden Informationen sind wieder vorwiegend der hagiographischen Literatur, Briefen oder auch eingeschobenen Berichten in Geschichtswerken zu entnehmen. Bahnbrechende Arbeiten von H. GRÉGOIRE [158] haben das byzantinische Epos als kulturgeschichtliche Quelle erschlossen, wenngleich auch manche seiner Hypothesen sehr in Zweifel gezogen wurden [PERTUSI, in: La poesia epica e la sua formazione.

Informationswert

Rom 1970, 481–544]. Die Bedeutung des byzantinischen Romans für unsere Kenntnisse der Mentalität der städtischen Oberschicht wurde kürzlich von BECK aufgezeigt [947: Erotikon; vgl. dazu auch 837: Cupane]. Da die byzantinische Literatur in ihrer Gesamtheit von einer kleinen städtischen Literatenschicht und für diesen Kreis geschaffen wurde [808: WILSON, Books; 789: BECK, Leserkreis; 820: LEMERLE, Le gouvernement], bleiben auch unsere Informationen allein auf diesen Kreis beschränkt oder spiegeln die Umwelt in seiner Sicht. Die Auswertung schriftlicher Quellen, unter welchem Aspekt sie auch erfolgt, darf nie den Standpunkt der Autoren außer Acht lassen. Dies gilt für jeden Kulturkreis, im besonderen aber für Byzanz.

c) Realienkunde und byzantinische Archäologie

Probleme der Materialauswertung

Dieser Bereich erfordert eine Zusammenschau von schriftlichen Quellen und Fundobjekten mit einer jeweils unterschiedlichen Interpretationsmethode. Auf beiden Seiten fehlt eine systematische Sammlung des Materials. Die Pionierleistung von KUKULES [120] eröffnet aber trotzdem einen brauchbaren Ausgang, obwohl dort die sachlich wesentliche chronologische Gliederung der Mitteilungen nur unzureichend berücksichtigt ist. Die Auswertung schriftlicher Quellen wird durch die bereits genannte rhetorische Tendenz der byzantinischen Literatur erschwert. Fundgegenstände sind bisher nicht einmal inventarmäßig zusammengestellt; ihre Zuweisung in den byzantinischen Kulturraum ist vielfach problematisch und methodisch ungesichert. Die überwiegende Mehrzahl der Funde liegt vor dem 7. Jh. Es ist keineswegs selbstverständlich, daß im Sinne einer Kontinuitätstheorie diese Ergebnisse auch für die späteren Jahrhunderte verwendet werden können (vgl. aber die Untersuchungen zum Balkanraum von J. HENNING, Südosteuropa zwischen Antike und Mittelalter. Archäologische Beiträge zur Landwirtschaft des 1. Jahrtausends u.Z. Berlin 1987). Zu bedeutenden Entdekkungen, wie dem Schiffsfund von Yassi Ada [477], gibt es keine vergleichbaren Gegenstücke aus derselben oder späterer Zeit. Ein weiteres, bei Serçe Liman (Türkei) gefundenes Schiff [Intern. Journal of Nautical Archaeology 1978, 119–132] erweist sich nicht einmal eindeutig als byzantinisch oder arabisch. Die Freilegung byzantinischer Siedlungen und Häuser steht noch ganz in den Anfängen und ist auch nur in wenigen Fällen (wegen der Überbauungen) möglich [vgl. aber 885: RADT, Wohnstadt; 878: Foss, Sardeis; 628: LEFORT, Villages; 886 und 887: RHEIDT]. Darstellungen in Handschriften sind untrennbar mit der Überlieferung der Vorlagen verbunden und führen oft in die Spätantike zurück, so daß sie methodisch für Byzanz nur bedingt verwertbar sind. Dies trifft etwa auf „Arbeitsdarstellungen" in den Hesiodhandschriften zu [G. DERENZINI, in: Le Macchine 6–7 (1970) 1–29]. Die Miniaturen in der Skylitzeshandschrift (s. o. S. *116*) geben eher Vorstellungen aus dem griechisch-normannischen Sizilien des 12. Jh., nicht aus Byzanz im 11. Jh. wieder und sind daher für die Dokumentation byzantinischer Verhältnisse nur mit großer Vorsicht verwendbar. Die in der klassischen Archäologie längst üblichen Materialuntersuchungen haben in der Byzantinistik, ausgenommen die Numismatik [385: Grierson; 388: Hendy; 396: Morrisson, L'or monnayé], noch kaum Eingang gefunden. Die Problematik der schriftlichen und sächlichen Quellen auf diesem Sektor beruht nicht zuletzt aber auch auf der mangelnden Kooperation ihrer Bearbeiter.

d) Folgen der Quellensituation und der mangelnden Materialauswertung für die Erforschung der byzantinischen Kultur

Einseitigkeit des Geschichtsbildes

In ihrer Gesamttendenz unterrichten die Quellen, konzentriert auf Kaiser und Reich, vorwiegend über die politische Geschichte. Die Sozial- und Wirtschaftsgeschichte leidet nicht nur unter dem für sie besonders spürbaren Quellenverlust (vornehmlich an Urkunden), sondern auch unter der Rhetorisierung der Texte, die den gerade auf diesem Gebiet so notwendigen terminus technicus vermeidet. Dieselben Gründe erschweren auch eine Darstellung der Staatsverwaltung. Die wenigen Angaben sind punktuell und zeitlich weitgestreut oder beruhen auf Zufallsfunden, wie etwa den unentbehrlichen Ranglisten der Hofverwaltung [14: Oikonomides, Listes], so daß eine lückenlose genetische Darstellung immer unmöglich sein wird. Da es eine byzantinische Staatsverfassung nie gegeben hat und theoretische Schriften weitgehend fehlen (vgl. unten S. *153*), lebt die „Verfassungsgeschichte" ganz von der Interpretation der Verfassungswirklichkeit [vgl. 582: Beck, Senat und Volk]. Die Organisation der Kirche stößt auf einen ähnlichen Quellenmangel wie die des Staates. Trotz der grundlegenden Edition der Bistümerlisten [8: Darrouzès, Notitiae], sind noch viele chronologische Fragen offen, da die offiziellen Angaben hinter den tatsächlichen Verhältnissen zurückbleiben. Solange die Synodalakten nicht vollständig und kritisch ediert sind [19], bleiben auch die Aussagen der Unterschriftslisten zur Rekonstruktion der kirchlichen Geographie problematisch. Dank der vielen erhaltenen Siegel ist es um die kirchliche Prosopographie besser bestellt [663: Darrouzès, Recherches; 37: Laurent, Corpus]. Dieselben Ursachen wie im weltlichen Bereich erschweren auch innerhalb der Kirche die sozial und wirtschaftsgeschichtliche Forschung, die erst in Ansätzen existiert [424: Herman, Einkünfte; 449: Papagiannē, Oikonomika; 417: Cupane, Classe sociale; 452: Tiftixoglu, Gruppenbildungen; 419: Ferjančić, Überblick]. So bleiben gerade die realen und materiellen Grundlagen der Kirche, aber auch der Klöster vielfach im dunkeln, und verleiten in der Sekundärliteratur manchmal zu wirklichkeitsfremden Spekulationen. Unsere Unkenntnis über Alltagsleben und Volkskultur leidet nicht nur an der Tatsache, daß „gewöhnliche" Vorgänge vielfach nicht aufgezeichnet werden, sondern auch daran, daß die wenigen Äußerungen bisweilen noch unentdeckt an Rändern und Deckblättern der Handschriften verborgen liegen (z. B. über Geburten, Todesfälle, mediz. Rezepte), und viele Grabungsfunde ungeordnet und unzugänglich in den Magazinen lagern.

3. Kontinuität und Anpassung

a) Problemstellung

Zeitliche Grenzen des Reiches

Ähnlich wie im Rahmen der westlich-mittelalterlichen Geschichte [vgl. 163: Hübinger] wird auch in der Byzantinistik die Frage der zeitlichen Grenzen immer wieder diskutiert. Die Antwort fällt unterschiedlich aus, je nachdem, ob allgemeinpolitische, wirtschaftliche und gesellschaftliche Kriterien oder gar kunsthistorische Kriterien im Mittelpunkt stehen. So läßt Bury [207] in der Cambridge Medieval History den Band über Byzanz erst mit dem 8. Jh. (717) beginnen, und führt seine Geschichte der frühbyzantinischen Zeit, die er als „Later Roman Empire" bezeichnet, bis zum Jahr 800, und Winkelmann [133] neigt dazu, diese Epoche sogar mit dem Beginn des 9. Jh. enden zu lassen, wobei das 7. und 8. Jh. eine deutliche Phase des Übergangs darstellten. Stein [528] sieht, von Wirtschaft und Verwaltung ausgehend, auch die Zeit Diokletians (ab 284) noch in enger Verbindung zur frühbyzantinischen Epoche, die er selbst allerdings als „spätrömisches" Reich (Bas Empire) bezeichnet. Dem Pionierwerk von Ostrogorskys „Geschichte" [128] ist es wohl in erster Linie zuzuschreiben, daß sich weitgehend das Jahr 324 (Grundsteinlegung Konstantinopels) oder 330 (Einweihung) als Beginn des „Byzantinischen Staates" (und so auch der frühbyzantinischen Epoche) durchgesetzt hat. Die Gültigkeit dieses Ansatzes (der in der 1. Auflage dieser Darstellung noch voll akzeptiert wurde) ist allerdings höchst fragwürdig. Die Diskussion, die in jüngster Zeit zu sehr unter dem Aspekt von „Kontinuität" und „Diskontinuität" stand, muß wieder von grundsätzlichen Prämissen her aufgenommen werden, was an dieser Stelle nicht erfolgen kann. Die Gründung einer zweiten Reichshauptstadt rechtfertigt es noch nicht, eine Epoche beginnen zu lassen [vgl. 208: Chantraine, Konstantinopel], die Aufteilung des Reiches im Jahr 395 stellt nur eine Verwaltungsmaßnahme dar (wenngleich im Bereich des Balkan einige Ergebnisse der Grenzziehung in spätere Jahrhunderte nachwirkten), und dem Jahr 476 kommt weit eher im byzantinischen als im westlichen Urteil eine entscheidende Bedeutung zu [212: Kaegi, Byzantium; B. Croke, A.D. 476: The Manufacture of a Turning Point, in: Chiron 13 (1983) 81–119; St. Krautschick, Zwei Aspekte des Jahres 476, in: Historia 35 (1986) 344–371]. Entscheidend bleibt die erneute Zusammenfassung des Staates als eines römischen und griechischen unter Justinian (527–565). Erst in den Jahrzehnten nach Justinians Tod bricht das Reich in der Tat endgültig auseinander, ohne daß ein präzises Jahr zu nennen wäre. Es ist wohl sinnvoller, mit dem Jahr 565 die Antike enden zu lassen (wie dies etwa auch 209: Demandt tut) und das 7. und 8. Jh. als frühbyzantinische Zeit (bisher oft schon als „frühmittelbyzantinisch" bezeichnet) zu betrachten. Doch bleibt es fraglich, ob sich diese Festlegung wird durchsetzen können. Das Jahrhundert von der Mitte des 6. bis zur Mitte des 7. Jh. ist, wie immer man die Periodengrenzen auch setzt, eine Zeit des Übergangs, wobei man Herakleios (610–641) teils der einen, teils der anderen Periode zurechnet. Dieser Wandlungs-

Zweifel an bisherigen Epochengrenzen

prozeß wird von Maier [122], in den Arbeiten einer Aufsatzsammlung [245], von Stratos [244] und Haldon [235] mit unterschiedlichen Argumenten herausgearbeitet. Die Festlegung von 1204 als Epochenjahr beruht wiederum vornehmlich auf der Autorität von Ostrogorsky [128]. Demgegenüber haben die primär wirtschaftsgeschichtlichen Argumente Steins [528: Untersuchungen, 3–6], der für 1081 (Beginn der Komnenenherrschaft) eintritt, nur bedingt Beachtung gefunden. Mit anderen Überlegungen – Klimaveränderungen und Völkerbewegungen in deren Folge – plädiert jüngst auch Koder [269: Zeitenwenden] für das späte 11. Jh. als Epochengrenze. Das 12. Jh. wird jedoch zunehmend als Periode des Übergangs angesehen [618: Rapports], in der wesentliche wirtschaftliche und soziale Erscheinungen der Palaiologenzeit ihre Wurzeln haben. Die genannten Epochengrenzen gelten nicht für die Entwicklung der byzantinischen Kunst, in der eine Gliederung nach Herrscherpersönlichkeiten oder Dynastien vorherrscht (Konstantin, Justinian, Makedonen usw.), wobei das noch von Grabar [z. B. 924] in zahlreichen Arbeiten, eher stillschweigend als von Argumenten gestützt, angenommene „Epochenjahr" 843 (Ende des Bilderstreites) als Grenze zwischen frühchristlicher und byzantinischer Kunst auf seine Verbindlichkeit hin gründlich untersucht werden müßte.

Fortleben antiker Institutionen

Mehr als die Zeitgrenzen stehen die Fragen nach Kontinuität und Diskontinuität zwischen Antike und Byzanz im Mittelpunkt der Forschung. Weiss, dessen Aufsatz [456: Antike und Byzanz] das alte Problem wieder neu entfachte, sieht, auf der Basis der Gesellschaftsstruktur, ein Überwiegen der Kontinuitätselemente und nicht minder Treadgold [The Break in Byzantium and the Gap in Byzantine Studies, in: Byz. Forschungen 15 (1990) 289–316], der Byzanz „über lange Jahrhunderte hin" als eine „ancient society" betrachtet, während nach Kazhdan [118: S. 117–139; 433] mehr Gründe für eine Diskontinuität sprechen. Eine globale Antwort wird immer unmöglich sein, da jeder Bereich seine eigenen Prämissen hat, und die Untersuchung der Gesellschaftsstruktur (so Weiß) allein nicht Richtschnur der Gesamtentwicklung sein kann. Fragwürdig ist der Ansatz von Kontinuität und Wandel als Gegensätzen [456: Weiss], da gerade in der Verbindung von Tradition (Kontinuität) und Anpassung (Wandel) die Größe des byzantinischen Staates und seiner Kultur liegt.

b) Kontinuität und Diskontinuität am Beispiel von Handel und Handwerk

Bis in die ersten Dezennien des 7. Jh. betrieb Byzanz in der Tradition des Römischen Reiches Welthandel, der bis Indien [215: Pigulewskaja, Byzanz; M.S. Kordoses, in: Historicogeographica. Meletemata 2. (Thessalonike 1992) 255–273], China [390: Koenig, Münzen] und England [360: Lopez, Problème] reichte. Das Produkt der unter Justinian aus Mittelasien, nicht China, importierten Seidenraupe [472; 473] erwies sich dabei als wichtigster und besonders langlebiger Handelsgegenstand [464: Lopez, Silk Industry]. H. Pirenne hat in seiner berühmten These vom Kulturumbruch durch das Vordringen der Araber ins Mittelmeer [vgl.

162: Bedeutung] nur die Auswirkungen auf den westlichen Handel und deren Folgeerscheinungen berücksichtigt. Die neue, breit angelegte Untersuchung von CLAUDE [480: Handel] spricht für ein Weiterleben des Mittelmeerhandels. Der byzantinische Fernhandel war wohl durch die arabische Invasion stärker betroffen als der westliche [475: ASHTOR, Observations]. Die Strecken, die byzantinische Schiffe zurücklegten, wurden geringer [500: SCHREINER, Zivilschiffahrt], die Schiffe selbst in ihren Ausmaßen kleiner und byzantinische Schiffseigner werden nach dem 7. Jh. immer seltener [vgl. 477: BASS, Shipwreck].

Veränderungen im Handel

Diskussion um die Kommerkiarioi

Zu einer kontroversen Diskussion kam es um die Funktion der *Kommerkiarioi* (Zoll- und Steuerbeamte), deren Siegel in großer Zahl seit dem 7. Jh. begegnen, und mit dem 9. Jh. wieder zurücktreten. OIKONOMIDES [494] sah in ihnen ausschließlich Kontrolleure des Seidenhandels, doch wird diese Meinung mit überzeugenden Argumenten von BRANDES [620: Städte, 160–174] und HALDON [235: Byzantium, 232; dazu vgl. jedoch 496: OIKONOMIDES, Marchand, 640] zurückgewiesen. Die inhaltliche Bedeutung von „Kommerkion“ bleibt weiterhin unklar, und die Beamten waren neben der Zolleinnahme vor allem auch mit der Erhebung von Naturalsteuern (für militärische Zwecke) betraut. Wenngleich die Forschungen in diesem Bereich noch sehr im Flusse sind, läßt die neue Interpretation ihrer Funktionen nicht mehr a priori auf einen seit dem 7. Jh. völlig veränderten Handel – Seßhaftigkeit der Händler, Empfangnahme der Waren an den Grenzen [490: LOPEZ, Role of Trade, 74] – schließen, und die von ANTONIADIS-BIBICOU [399: Recherches] zusammengetragenen Ergebnisse sind vielfach zu revidieren.

Auswärtige Händler

Die zunächst (9. / 10. Jh.) zeitlich begrenzte, später (11. Jh.) dauernde Niederlassung von auswärtigen Händlern in byzantinischen Städten sollte nicht, wie dies überwiegend in der älteren Literatur geschieht, als „Einbruch“ betrachtet werden, sondern hat positiv zur Aufrechterhaltung eines internationalen Handels beigetragen [vgl. auch 277: LILIE, Handel, 596–612; 423: HENDY, Byzantium, 48]. Die territorialen Veränderungen nach 1204 zwangen den byzantinischen Händler zu weiteren Anpassungen an die neue Lage. Es werden außerbyzantinische Währungssysteme vorherrschend [382: BERTELÈ, Moneta Veneziana; 16: SCHREINER, Texte, 353–356]. Ausfuhrprodukte bilden überwiegend Agrarerzeugnisse. Im Bunde mit dem Import fremdländischer Waren entsteht eine unausgeglichene Handelsbilanz mit italienischen Staaten [441: MAKSIMOVIĆ, Charakter, 169]. Die Byzantiner kontrollieren vornehmlich den Binnenhandel [451: SCHREINER, Prostagma; 16: Texte, 423–428], sind aber auch, vor allem seit dem Ende des 14. und im 15. Jh., in Verbindung mit italienischen Kaufleuten am Fernhandel beteiligt [493: OIKONOMIDÈS, Hommes d'affaires; 487: LAIOU, Economy; 488: Merchant; 492: MATSCHKE, Geldgeschäfte; 491: Schwarzmeerhandel]. Dabei wird in der jüngsten Forschung besonders hervorgehoben, wie die in den Städten ansässige Oberschicht mehr und mehr am Handel Anteil hat [vgl. 465: MATSCHKE, Bemerkungen; 943: MAKRIS, Studien, 261–275]. Durch die Anpassung gerade dieser Schicht an die neuen Verhältnisse wurde die Reduzierung auf den Binnenhandel überwunden, doch ist wegen der osmanischen Eroberung die neue Prosperität dem byzantinischen Staat nicht mehr zugute gekommen.

Handwerk und Korporationen

Sowohl die dörfliche wie die städtische Tradition des byzantinischen Reiches haben das Handwerk nie entscheidend absterben lassen, wenngleich die verschiedenen Zweige von der Spätantike bis ins 15. Jh. erheblichen, großenteils noch wenig untersuchten Veränderungen unterworfen waren. Fragen der Kontinuität haben sich an den Formen des korporativen Zusammenschlusses entzündet [456: Weiss, Antike, 541–543; 433: Kazhdan, Continuity, 438–439]. Wie, wenigstens im Osten, in der Spätantike keineswegs alle Handwerker in Korporationen zusammengeschlossen waren und auch von einer Zwangsmitgliedschaft nicht die Rede sein kann, so treffen wir auch in mittelbyzantinischer Zeit nicht auf solche Erscheinungsformen. Der in frühbyzantinischer Zeit noch öfter nachweisbare Monopolcharakter der Korporationen ist dagegen in späteren Jahrhunderten nicht mehr klar erkennbar. Der von Leon IV. im Jahr 776 auch den Handwerkern Konstantinopels abverlangte Treueeid [578: Svoronos, Le serment, 109] weist auf eine korporative Gliederung hin, deren volle Ausgestaltung allerdings erst im 10. Jh. deutlich wird [2: Bd. 33: Eparchenbuch; 467: Schreiner, Organisation]. Wenn Frances [461: L'état] auf Unterschiede zu antiken Korporationen hinweist, so spricht dies nicht gegen die Kontinuität, sondern für Anpassung an neue Verhältnisse. Möglicherweise waren die Veränderungen von der mittel- zur spätbyzantinischen Zeit stärker als von der Antike zur mittelbyzantinischen Epoche. Ein völliges Verschwinden aller Korporationen ist nicht anzunehmen, doch hat sich der Staat in ihre Belange nun nicht mehr eingemischt [493: Oikonomidès, Hommes d'affaires, 113–114; 441: Maksimović, Charakter, 160–161]. Die von Oikonomidès [a. a. O., 113] vermutete Annäherung der Korporationen an die Organisationsformen italienischer Gilden ist dagegen hypothetisch. Zumindest im Bereich des Handels ist jedoch in spätbyzantinischer Zeit eine Wandlung von korporationsähnlichen Institutionen zu privaten Gesellschaften (*syntrophiai*) feststellbar, bei denen ein Einfluß der italienischen *societates* wahrscheinlich ist [492: Matschke, Geldgeschäfte, 198–204; 16: Schreiner, Texte, 433].

Veränderungen in spätbyz. Zeit

c) *Die Anpassung von Verwaltung und Verteidigung am Beispiel der Araberabwehr*

Themenordnung

Zu umfangreicher Diskussion gaben die Veränderungen in der Militär- und Zivilverwaltung zwischen dem 6. und dem 8. Jh. Anlaß, die unter dem Namen „Themenordnung" bekannt sind. Basierend auf Untersuchungen von Gelzer und Stein formulierte Ostrogorsky schon 1940 seine Hypothese einer Militärprovinzordnung durch Kaiser Herakleios, die er auch in den weiteren Auflagen seines Werkes [128: Geschichte, 80–81] ohne wesentliche Veränderungen aufrecht erhielt. Karayannopulos [508: Themenordnung] widerlegte viele Argumente Ostrogorskys und stellte die Entstehung der Themen als einen langsamen Prozeß dar, der nicht auf eine „Reform" des Herakleios zurückgehe. Der von Dölger

(Historia 4 [1955] 189–198) entwickelten und in der bisherigen Forschung weitgehend akzeptierten Ableitung des Begriffes von „thesis" (Aktenbündel mit Soldatenlisten im zentralen Büro in Konstantinopel) ist jene von KODER [509: Bedeutungsentwicklung] vorzuziehen, der von einer ursprünglichen Bedeutung *Zuweisungsgebiet* und in der Folge *Distrikt einer Heeresgruppe* ausgeht. Der Ausdruck begegnet erstmals 622 und 626/27 im Geschichtswerk des Theophanes und kann nach den Ausführungen von OIKONOMIDÈS [514: Mentions] nicht mehr als anachronistische Interpolation abgetan werden. Es ist aber darunter allem Anschein nach noch keine geographische Einheit zu verstehen, da bis ins 8. Jh. noch eine zivile Provinzverwaltung besteht. Darauf wies bereits Karayannopulos hin, und LILIE [239: Reaktion, 298–299; 511: Thrakien; 510: Reform] hat diese Ansicht weiter untermauert, obwohl unter Bezug auf (wesentlich spätere!) arabische Quellen der m.E. wenig überzeugende Versuch unternommen wurde, die Schaffung von „Urthemen" doch wieder Herakleios zuzuschreiben [I. SHAHÎD, in: Byzantion 57 (1987) 391–406 und 59 (1989) 208–243]. Am Ende der Entwicklung, die schon ihrer langen Dauer wegen nicht als Reform bezeichnet werden kann, steht im 8. Jh. die Übernahme der Zivilgewalt durch den Themengouverneur, und, anstelle beweglicher Heere, die Rekrutierung der Soldaten aus den jeweils umliegenden Gebieten [510 LILIE, Reform I, 38]. Der politische Hintergrund für die Notwendigkeit eines neuen Administrationssystems war nicht, wie noch Ostrogorsky annahm, der Perserkrieg, sondern die Araberabwehr, bei der die Landverteidigung die entscheidende Rolle spielte und in deren Zusammenhang die neuen Militärzonen geschaffen wurden. Wie LILIE [239: Reaktion, 339–360] zeigt, wurden in gewissermaßen konzentrischen Halbkreisen Verteidigungsringe in Kleinasien gebildet, die Konstantinopel abschirmen sollten und Möglichkeiten für Rückzugsräume boten.

Wenn sich jüngst geäußerte, überzeugende Studien [522a: KÜHN, Die byzantinische Armee, doch kritisch dazu T.G. KOLIAS, Nikēphoros B' Phokas. Athen 1993] als richtig erweisen, ist der endgültige Sieg über die Araber in der 2. Hälfte des 10. Jh. einer Militärreform Nikephoros II. zuzuschreiben, der die zentralen (hauptstädtischen) Regimenter („tagmata") in der Provinz einsetzte.

d) Beamtentum als Faktor der Kontinuität?

Eine umfassende Monographie über den byzantinischen Beamten existiert nicht und kann in dieser Form, der großen Quellenlücken wegen, wohl auch nie geschrieben werden, doch faßt eine jüngst erschienene (undokumentierte) Studie von A. GUILLOU die wesentlichen Komponenten in knapper Form zusammen [520]. Ein „Beamtentum" im modernen Sinn existierte weder in der römischen Kaiserzeit noch in Byzanz. Gemeinsamkeiten bestehen in bestimmten Pflichten, Aufgaben und Verboten, die NOETHLICHS [525] am Beispiel der Spätantike herausstellte, ohne dabei auch auf grundlegende Unterschiede hinzuweisen. Das Beispiel von Richtern aus dem 11. Jh. [530: WEISS, Beamte, 38–41] zeigt, mit welchen

Byzantinisches „Beamtentum"?

Gefahren eine Beamtenlaufbahn verbunden war und wie sehr sie vom Willen des Kaisers abhing. Im Gegensatz zur überwiegend klerikalen Staatsverwaltung des westlichen Früh- und Hochmittelalters ist der byzantinische Beamte, in Kontinuität der römischen Institution, Laie mit rhetorischer und juristischer Ausbildung [vgl. 530: WEISS, Beamte, 28–37], der wenigstens in mittelbyzantinischer Zeit ein festes Jahresgehalt bezog, bisweilen aber seine Stellung nach festgelegten Tarifen erst kaufen mußte [523: LEMERLE, Roga], wie überhaupt der Ämterkauf eine ebenso häufig beklagte wie praktizierte Unsitte darstellte [vgl. R. GUILLAND, in: REB 10 (1952) 35–46]. Eine deutliche Bevorzugung von Angehörigen des Kaiserhauses bei der Besetzung hoher Stellen ist in der Komnenenzeit zu beobachten [522: HOHLWEG, Beiträge, 15–34]. Ein Charakteristikum des Beamtenapparates besteht darin, daß er aus den Büros des Kaiserpalastes hervorging [518: BECK, Theorie, 9–10]. Die enge Verbindung zur Person des Kaisers fand ihren Ausdruck in einem Treueeid, der seit 457 (bis zum Untergang des Staates) gefordert wurde [578: SVORONOS, Le serment, 106–109]. Die alten Bezeichnungen und Funktionen reichen allenfalls bis ins 8. Jh. Es läßt sich immer wieder beobachten, wie alte Ämter verschwinden und ehemals untergeordnete an ihre Stelle treten, ohne aber die Bezeichnung mit zu übernehmen, desgleichen aber auch, daß Amtsinhaber ganz anders geartete zusätzliche Aufgaben erhalten können [531: WINKELMANN, Rang- und Ämterstruktur]. Es scheint, daß wesentliche Veränderungen in den Beamtenfunktionen mit dem Entstehen der Themenstruktur (7./8. Jh.) und ihrem Verschwinden im 11. Jh. sowie der Zunahme zentraler Behörden in Konstantinopel zusammenhängen. Die rudimentäre Kenntnis der Verwaltungsstruktur und die punktuellen Angaben über Beamte machen jedoch Folgerungen über Zusammenhänge kaum möglich. Umfang der Aufgaben und Regelung der Kompetenzen sind selten klar ersichtlich, doch scheinen in der Kaiserkanzlei, insbesondere in der Hand ihres Leiters, viele Fäden zusammengelaufen zu sein [vgl. 98: DÖLGER – KARAYANNOPULOS, Urkundenlehre, 57–67; 527: OIKONOMIDÈS, Chancellerie]. Eigentlicher Koordinator der Ämter war aber immer eine Vertrauensperson des Kaisers, die oft nur eine Hofwürde innehatte, bisweilen Leiter eines Ressorts (etwa der Kanzlei) war. Er trug schon im 4. Jh. die Bezeichnung *paradynasteuōn* und wurde später als *mesiteuōn* oder *mesazōn* (Mittler) bezeichnet. BECK [517] vergleicht ihn mit einem Ministerpräsidenten, LOENERTZ [524] mit einem Kanzler. Er stellt ein Kontinuum inmitten des proteusartigen Beamtenapparates dar, in dem von Konstantin bis 1453 kein Stein auf dem anderen geblieben ist.

Beamten und Kaiser

Kompetenzregelung

e) Bestand und Erhaltung des Reiches

„Über tausend Jahre arbeitete dieses elende Pfaffen-Reich an seinem Untergang ... Gleichwohl erhielt sich der Stat, aus Ursachen, die hier schwerer zu ergründen sind als bei anderen Staten die Ursache ihres Falls“ (A.L. SCHLÖZER, Vorstellung von seiner Universalhistorie. Göttingen 1772, 172–173). Da weithin unbekannt, riefen die Gibbon an Gehässigkeit noch übertreffenden Worte des Göttinger Universalhistorikers bis heute keine Darstellung auf den Plan, die in umfassender Weise der Erhaltung des Reiches gewidmet ist, und es fanden allenfalls Teilbereiche seiner Resistenz Beachtung [vgl. 101: EICKHOFF, Macht; 123: MAIER, Widerstandskraft]. Den Gründen für das Weiterbestehen der Osthälfte ist weit weniger Aufmerksamkeit geschenkt worden als dem Untergang Westroms. KAEGI [212: Byzantium] geht (von der politisch-historischen Seite aus) der Reaktion der Byzantiner auf den Verlust der Westhälfte nach. In der wirtschaftlichen Prosperität, die auf ungestörter Agrarwirtschaft und dichtem Städtenetz [zu Bevölkerungszahlen siehe 414: CHARANIS, Observations] basierte, sieht JONES [211: Niedergang, 343–347] zu Recht die Hauptursachen für den Weiterbestand. Es gab niemals eine gemeinsame persisch-germanische Allianz, und die Hauptwanderbewegung der Germanen hat die Kernlande (Kleinasien, Syrien, Palästina, Ägypten) nicht einmal berührt. Konstantinopel (im Gegensatz zu Rom oder gar Mailand und Ravenna) erwies sich als der feste Kern der Osthälfte des Reiches, welcher die Kaiser in ihren Verteidigungsanstrengungen gegenüber dem Westen immer den Vorzug gaben.

Gründe für das Weiterleben im 5. Jh.

„Dunkle Jahrhunderte“

Die nächste Krise hatte das Reich zwischen dem 6. und 8. Jh. zu überwinden: Vordringen der Awaren, Slawen und Araber. Die Arabergefahr wurde durch militärische und administrative Anpassung überwunden (s. o.), die Einschränkungen in weiten Bereichen des Lebens erforderten, aber auch durch neue technische Errungenschaften in Schiffbau [88: AHRWEILER, Byzance, 19–35], der Waffentechnik [939: HALDON, Solution] und der Verteidigung [239: LILIE, Reaktion]. Diskutiert wird in diesem Zusammenhang über die Weiterexistenz der Städte und der urbanen Kultur. Während KAZHDAN [626: Städte] aus Münzstatistiken folgerte, daß in Kleinasien die Stadtkultur vielfach zum Erliegen gekommen sei, plädierte OSTROGORSKY [630: Cities] für ein Weiterleben, wenn auch in kleinerem Rahmen. Die jüngsten archäologischen Arbeiten von FOSS [878: Sardeis, 59–60], RADT [885], ROMANČUK [632] und HELLENKEMPER (Reallexikon zur Byz. Kunst 4, 277–279) sprechen aber eher für Kazhdans Hypothese. Auf breiter Basis hat BRANDES [620: Städte] die Untersuchungen zum Städtewesen in Kleinasien weitergeführt und ist, bei methodischer Kritik an bisherigen Resultaten, zu dem Schluß gekommen, daß am Rückgang der Stadtentwicklung und einem Bruch zur Spätantike nicht zu zweifeln ist, sofern man unter „Stadt“ nicht nur eine befestigte Siedlung, sondern eine wirtschaftliche und kulturelle Einheit versteht.

Stadtkultur

Umstritten sind die Gründe für die „Rebyzantinisierung“ Griechenlands nach dem Slaweneinfall, die wohl nicht ausschließlich durch Umsiedlungsmaßnahmen [vgl. 222: CHARANIS, Transfer] erklärbar ist, sondern durch den Rückzug der Bevölkerung in befestigte Anlagen, von denen aus nach und nach das umliegende Land wieder gewonnen wurde und vielleicht auch in der quellenmäßig schwer greifbaren Christianisierung der slawischen Oberschicht [714: ŠEVČENKO, Missions]. In diesem Zusammenhang ist auch auf die Griechen in Unteritalien / Sizilien einzugehen, zumal diese Frage (im Hinblick auf Auswanderung, Flucht und Umsiedlung) nicht ganz von der Slawisierung Griechenlands zu trennen ist [221:

Unteritalienische Gräzität

Charanis, Question]. Angesichts der zahlreichen Hypothesen [vgl. Sideras, in: Südostforschungen 38 (1979) 226 – 239], sprechen sprachwissenschaftliche Gründe doch für eine Kontinuität [761: Rohlfs, Sprachschichten; 760: Neue Beiträge], und trotz mancher Einwände von Parangèli [757] lassen auch historische Befunde keinen vollständigen Abbruch der griechischen Zivilisation am Ende der Spätantike [vgl. 342: Falkenhausen, I Bizantini, 53–54; 839: Magna Grecia; 223: Classen, Italien] annehmen.

Das Jahr 1204

Lange Zeit galt als wichtigste Ursache für die Eroberung Konstantinopels 1204 und die Zerstückelung des Reiches die wirtschaftliche Aushöhlung durch auswärtige Mächte [vgl. 272: Lemerle, Études, 305–7; 124: Mango, Byzantium, 58], während Hendy [423: Byzantium] und Lilie [277: Handel, bes. 596–612] diese Hypothese mit guten Gründen zurückweisen. Sicherlich ist die lateinische Eroberung nicht monokausal zu sehen. Erhebliche zentrifugale Kräfte haben mit zur Schwächung der Zentralmacht beigetragen [vgl. 618: Rapports; 614: Lilie, Macht, 110, 119–120], wirklich entscheidend war aber das Fehlen einer einsatzfähigen eigenen Kriegsflotte im 12. Jh., das die Kaiser von auswärtigen, vor allem italienischen Mächten abhängig werden ließ [vgl. 277: Lilie, Handel, 613–643] sowie der Verlust (auch wirtschaftlich bedeutender) Teile des Balkan nach 1186 durch die Selbständigkeitsbestrebungen der Bulgaren und die Festigung der seldschukischen Macht nach der Schlacht von Myriokephalon (1176).

Regeneration im 13. Jh.

Für die Zeit nach der Eroberung Konstantinopels durch die Lateiner stellt sich weniger die Frage, warum sich das Byzantinische Reich regenerierte, sondern weswegen dies gerade von Nikaia aus geschah [vgl. 298: Ahrweiler, L'expérience]. Es genügt nicht allein der Hinweis auf Kaiser und Patriarchen, die hier ihre Residenz bezogen; wesentlich sind vor allem Neuerungen auf wirtschaftlichem und militärischem Gebiet [300: Angold, Government]. Entscheidend begünstigt wurde die Konsolidierung aufgrund des lateinisch-bulgarischen und des epirotisch-bulgarischen Gegensatzes, durch den die beiden gefährlichen Komponenten an Einfluß verloren [321: Prinzing, Bedeutung].

Ursachen des Untergangs

Der Untergang des Reiches hat mittelbare und unmittelbare Ursachen. Eine zusammenfassende Analyse hat nun erstmals Matschke [316: Untergang] versucht, doch bedarf sie, nach des Autors eigener Ansicht, weiterer Vertiefung und ist wohl auch vom Vorgang einer wie auch immer gearteten Feudalisierung zu trennen. Die mittelbaren Faktoren sind bereits seit dem 11. Jh. mit der sinkenden Verteidigungskraft, dem Niedergang der kleinasiatischen Kerngebiete [vgl. 297: Vryonis, Decline] und einer zu großzügigen Landvergabe (unter verschiedenartigen Formen) erkennbar, während die unmittelbaren in Zusammenhang mit dem Aufstieg der Osmanen stehen. Deren Erfolg ist nicht in erster Linie aus fanatischem Glaubenseifer zu erklären, wie noch Wittek [328] vermutete, sondern aus der geographischen Nähe zum byzantinischen Gegner, welcher sie veranlaßte, sich eine diplomatisch adäquate Taktik vor allem im Umgang mit anderen Turkstämmen anzueignen [vgl. 379: Werner, Großmacht, 93–115]. Byzanz konnte, erstmals in seiner Geschichte, aus eigenen Kräften keine Gegenstrategie mehr entwickeln, da es militärisch und wirtschaftlich zu sehr von äußeren Faktoren abhängig geworden war und durch dynastische Streitigkeiten, die sich in bürgerkriegsartigen Auseinandersetzungen äußerten, politisch und sozial geschwächt war. Es scheint auch, daß vielfach nur eine geringfügige Bereitschaft bestand, sich neuen Gegebenheiten in Technik und Wirtschaft anzupassen [465: MATSCHKE, Stadtbürgertum, 269–270; 441: MAKSIMOVIĆ, Charakter, 159]. So konzentriert sich das Interesse mehr auf die Frage, wie die lange Dauer der Agonie zu erklären ist. Sie liegt begründet in der schwierigen inneren Konsolidierung des osmanischen Staates im 14. Jh. [vgl. 379: WERNER, Großmacht, 151–171], dem schweren Rückschlag dieser Bestrebungen durch den Sieg Timurs bei Ankara 1402 [vgl. 315: MATSCHKE, Schlacht bei Ankara], aber auch in dem wieder aufblühenden Städtewesen, das dem Rumpfstaat (der zuletzt fast ausschließlich aus diesen Städten und deren Hinterland bestand) noch einen erstaunlichen Rückhalt bot [vgl. auch 441: MAKSIMOVIĆ, Charakter]. Erst ganz am Anfang steht eine Untersuchung jener Phänomene (vorwiegend im Bereich von Wirtschaft und Gesellschaft), die von der byzantinischen in die osmanische Epoche überleiten [vgl. 142: Continuity]. Sicherlich war hier der Bruch wesentlich tiefgreifender als zwischen dem antiken und dem mittelalterlich byzantinischen Staat, es wäre aber verfehlt, jegliches Weiterwirken von Institutionen zu leugnen.

f) Tradition und Wandel in Literatur und Kunst

Das antike Erbe

Der Traditionalismus der byzantinischen hochsprachlichen Literatur ist ein Gegenstand, der als ganzes noch ebenso wenig erfaßt ist wie die Neuerungen. Das antike Erbe, ob hellenistisch [846: JENKINS, Origins] oder auch (in geringerem Umfang) klassisch [862: ŠEVČENKO, Outline] wird immer als vorherrschend betrachtet, und schon die Byzantiner selbst haben hierin eine Belastung gesehen [832: BECK, Metochites, 50–75]. Besondere Bedeutung kommt dabei der Rhetorik zu [vgl. 845: HUNGER, Importance]. Die Frage nach dem „Byzantinischen" in der byzantinischen Literatur, ihrem Wandel auf dem Weg von der Antike ins Mittelalter, wurde eben erst gestellt [vgl. 833: BECK, Schaffen], die noch wenigen punktuellen Antworten [vgl. 118: KAZHDAN, People and Power, 96–116] lassen ein lohnendes Forschungsfeld erkennen, durch dessen systematische Bearbeitung manche traditionellen Vorstellungen beseitigt werden können.

Ausbildungssystem

In Zusammenhang mit der Literatur ist auch die auf ihr basierende Ausbildung zu betrachten. Das antike Bildungssystem mag in den „dunklen Jahrhunderten" vor allem in seiner Breitenwirkung, zurückgegangen sein, es war aber nie unterbrochen [821: LEMERLE, Premier Humanisme, 105–108; 710: SCHREINER, Bilderstreit, 392–399], und erfuhr spätestens von der Mitte des 9. Jh. an eine intensive Belebung, die freilich eher auf dem Prinzip des Privatlehrers als der Schule beruhte [vgl. auch 814: BROWNING].

Hellenismusbegriff in der Kunst

Wie ein roter Faden zieht sich der Hellenismusbegriff durch die Betrachtung der Kunst, seit Ainalov 1900 diese Problematik anschnitt [vgl. 929: Grundlagen;

898: Demus, Paläologenstil]. Immer ist demgegenüber aber das eigene ästhetische Ideal der Byzantiner hervorgetreten [927: Kitzinger, Heritage und 928: Heritage reconsidered]; selbst so bekannte Begriffe wie „makedonische Renaissance" können nicht als einheitliche Erscheinung erklärt werden [918: Belting, Problemi]. Gerade letztere erweist sich zunehmend als eine gesellschaftlich vergleichsweise isolierte Erscheinung bestimmter Kreise des byzantinischen Hofes, als ein sehr dünner Strang der Kunstentwicklung, dem ein breiter, weit weniger dem antiken Erbe verpflichteter gegenübersteht. Das Postulat von „Renaissancen" – ein in Byzanz ohnehin problematischer Begriff [vgl. 867: Treadgold] – ist sehr in Frage zu stellen. Die byzantinische Kunst ist „offener" gewesen als man lange annahm, eine Zäsur – kein Bruch – nach dem 6. Jh. kann als wahrscheinlich angenommen werden [433: Kazhdan, Continuity, 454–463]. Die Forschung in dieser Richtung steht noch (oder wieder) ganz am Anfang.

4. Der Westen und Byzanz

a) Problemstellung

In der Universalpolitik des byzantinischen Reiches nahmen die Staaten des westlichen Mittelalters keine Stellung ein, die sie von anderen Staaten wesentlich unterschieden hätte. Im Gegenteil war über viele Jahrhunderte der früh und mittelbyzantinischen Zeit das Staatsinteresse eher nach Osten und Norden, auf Araber und Slawen gerichtet, während der Westen eine verhältnismäßig untergeordnete Rolle spielte. Diese Gegebenheit wird in der mediävistischen Literatur nicht immer genügend klar herausgestellt und ist bisweilen sogar unbekannt. Allein die Bedeutung, die Byzanz in allen Bereichen für den Westen hatte, rechtfertigt es, diesen Beziehungen hier ein eigenes Kapitel zu widmen.

Bedeutung des Westens im byzantinischen Staatsleben

b) Grundlinien des politischen Spannungsfeldes

b1) Kirchengeschichtliche Streitfragen

In Kompetenzansprüchen der beiden Kirchensitze Rom und Konstantinopel bildeten sich die ersten Spannungen zwischen Ost und West heraus. Der römische Anspruch auf den Primat wurde seit dem 4. Jh. zum Zentralproblem, um das die Diskussion bis heute nicht abgebrochen ist [667: Dvornik, Primat]. Mit voller Schärfe tritt erstmals unter dem Patriarchat des Photios der Primat als politisches Problem zutage. Obwohl der Patriarch, nach den Erkenntnissen von Dvornik [671: Patriarch Photios, 49–50; 668: Apostolicity, 223–264] nicht unmittelbar dazu Stellung genommen hat, ist mit Meyendorff [in Diskussionsbeiträge zu 671: Dvornik] daran festzuhalten, daß Photios als Symbol der Kirchentrennung in die Geschichte eingegangen ist. Gestützt auf den byzantinischen Autor Johannes Bekkos ist aber auch Zweifel an dieser Einschätzung geübt worden [V. Peri,

Streit um den Primat

L'opuscolo di Giovanni Vekkos „sull'infondezzata storica dello scisma tra le chiese" e la sua prima redazione, in: Rivista Studi Biz. e Neoell. 24–26 (1977–1979) 203–237]. Der Primat ist lange Zeit nur ein bloßes Schlagwort gewesen und erfuhr erst unter dem Eindruck der Unionsbestrebungen des 12. Jh. eine ausführlichere, theologische Behandlung [vgl. 662: DARROUZÈS, Documents; 715: SPITERIS, Critica Bizantina].

Das Schisma von 1054

Die Ereignisse des Jahres 1054 haben besonders angesichts der Bemühungen in unserem Jahrhundert um die Einheit der Kirchen eine kaum mehr übersehbare Literatur hervorgerufen. Die Forschung ist sich darüber einig, daß es Kerullarios war, der die Spannungen heraufbeschwor [650: BECK, Geschichte, 143–146]. Der römische Bannspruch, dessen Gültigkeit wegen des Todes des Papstes *vor* der Niederlegung der Bulle JUGIE [694] und HERMAN [691: Legati] in hohem Maß bezweifeln, während MICHEL [701: Rechtsgültigkeit] an einer „bedingten Bannung" festhält, ist sicherlich nicht unwirksam geworden [717: STICKLER, Beziehungen, 168]. Die tatsächliche Bedeutung des Jahres 1054 wird oft übertrieben dargestellt; von einer „offenkundigen Spaltung der Christenheit" [680: GAUSS, Ost und West, 7] kann noch für geraume Zeit nicht generell die Rede sein, wie LEIB [696] an einer Reihe von gegenteiligen Beispielen zeigt. Zudem wird allzu leicht vergessen, daß nur drei *Personen,* nicht die östliche *Kirche* als solche, exkommuniziert wurden [717: STICKLER, Beziehungen, 173]. So wird es auch verständlich, daß zeitgenössische griechische Quellen über das Ereignis schweigen. Trotz aller formellen Feststellungen nach den Normen des kanonischen Rechts läßt sich nicht leugnen, daß ein Schatten des Dissenses geblieben war, da anders der Wunsch nach dem Dialog im 12. Jh. nur schwer erklärbar ist.

Union und konziliare Idee

Das 12. Jh. ist gekennzeichnet von den Bemühungen der Komnenenkaiser um einen kirchlichen Ausgleich. Die zahlreichen Gesandtschaften – des Pietro Grossolano [vgl. GRUMEL, in: Echos d'Orient 32 (1933) 22–23], des Anselm von Havelberg [vgl. SCHREIBER, in: Zeitschrift für Kirchengeschichte 60 (1942) 354–411] und des Leo Tuscus und Hugo Etherianus [vgl. 659: CLASSEN, Konzil] – machten in Byzanz die westliche Position, wenn nicht verständlich, so doch bekannt. Diese Gespräche sind noch kaum als Unionsverhandlungen zu bezeichnen, welche die Beziehungen zwischen Byzanz und dem Westen in der Paläologenzeit bestimmen sollten. Die Entwicklung der konziliaren Idee ist in den letzten Jahrzehnten durch Editionen und theoretische Abhandlungen sehr gefördert worden, die im Gegensatz zu vielen älteren Arbeiten auch der byzantinischen Seite gebührend gerecht werden. Als Beispiel dafür sind ROBERGS Arbeiten über das Konzil von Lyon [708; 709] anzuführen. Die Edition der Aufzeichnungen des Silvester Syropulos [11: LAURENT, Mémoires] förderte wesentlich die Erkenntnisse über das Konzil von Ferrara-Florenz. Vielfach verkannt werden immer noch (wie seinerzeit in Byzanz) die schwindende Kaisermacht gegenüber der Kirche seit dem 13. Jh. und die Schwierigkeiten, die Volk und Klerus einer Union bereiteten, worauf mit Nachdruck BECK [651: Konziliarismus] hinwies. Im ganzen gesehen ist die Erforschung der kirchlichen Beziehungen zwischen Ost und West durch eine bald unübersehbare Fülle von Detailarbeiten gekennzeichnet, die einer zusammenfassenden Darstellung bedürften, da die Monographie von Norden [704] als längst überholt zu betrachten ist und auch in neuesten Überblicksdarstellungen (z. B. Die Geschichte des Christentums. Bd. 6, Freiburg 1991) die Vorgänge eher parallel als in ihrer gegenseitigen Verzahnung dargestellt werden.

b2) Der byzantinische Kaiser und der Westen

Der Streit um das Illyricum

Zu den Streitfragen, bei denen die Forschung ganz unterschiedliche Stellungnahmen bezieht, gehört die Abtrennung der illyrischen und unteritalienisch-sizilianischen Kirchenprovinz (zum administrativen Begriff Illyrien vgl. Maksimović, Zbornik radova 19 [1980] 17–57). Da die Bistumslisten [8: Darrouzès, Notitiae, 18–19 und 32–33] keine Entscheidung in der Datierung erlauben, bleibt die Antwort allgemeinhistorischen Argumenten überlassen und wird sich schwerlich definitiv lösen lassen. Während Anastos [218: Edict; 219: Transfer] und Guillou [233: L'Italia Bizantina, 200 u. A. 3] die Maßnahme in das Jahr 732/33 setzen und ersterer sie in Verbindung mit dem Ausbruch des Bilderstreites bringt [dagegen 710: Schreiner, Bilderstreit, 375–377], sieht Grumel [232: Annexion] darin bereits die byzantinische Antwort auf die Annäherung des Papstes an die Franken, worin m.E. die größere Wahrscheinlichkeit besteht.

Kaiser und Papst

Nicht minder häufig behandelt ist die Abwendung des Papsttums von Byzanz unter dem Eindruck der Langobardengefahr. Vielleicht etwas zu pointiert spricht Miller [702: Relations] von einer „roman revolution" unter Paul I. (757–767), während sich Classen [223: Italien, 90] desselben Ausdrucks bereits für den Pontifikat Gregors II. (715–731) bedient. In diesem Zusammenhang bleibt auch die Verleihung des Patricius-Romanorum-Titels durch Stephan II. an Pippin weiterhin umstritten (zum Titel allg. vgl. LMA, Bd. 6, 1789–1791). Die von Ohnsorge [177, S. 1–28] aufgestellte Behauptung, „einen patricius-Titel Pippins hat es nicht gegeben", wird sowohl von Deér [226: Zum Patricius-Romanorum-Titel; 227: Verleihung] als auch von Classen [224: Karl d. Gr., 16; 223: Italien, 104] zurückgewiesen, wobei Classen (gegen Deér) eine Verleihung durch den byzantinischen Kaiser mittels des Papstes ablehnt. Die äußerst schmale Quellenbasis wird eine sichere Entscheidung nie erlauben, doch sprechen die stärkeren Gründe wohl für einen Alleingang des Papstes [vgl. auch 648: Angenendt]. In der Argumentation um die päpstlichen Ansprüche spielt auch das Constitutum Constantini eine Rolle, das in Verbindung mit Byzanz (wo es kaum bekannt war und ihm – außer unter Patriarch Michael Kerullarios – keine Bedeutung zukam) nur deshalb zu erwähnen ist, weil Ohnsorge [706: Constitutum] ein griechisches Original aus der Feder Papst Leos III. postulierte; diese Hypothese ist jedoch auf allgemeine Ablehnung gestoßen [vgl. 698: Loenertz, Constitutum, und zusammenfassend 676: Fuhrmann, Papsttum].

Den Höhepunkt der Loslösung Italiens aus der byzantinischen Herrschaft, in der Classen [223: Italien, 111] „die Rede vom Ursprung Europas in der Karolingerzeit" gerechtfertigt sieht, stellt die Krönung des Jahres 800 dar. Usurpationen von Italien aus waren in Byzanz nicht neu [225: CLASSEN, Römerzug], unerhört für byzantinisches Empfinden war die Angleichung an die Vorgänge in Konstantinopel und die Mitwirkung des Papstes. Schon aus diesem Grund ist OHNSORGES Vermutung [283: Beobachtungen] einer unfreiwilligen Krönung Karls zurückzuweisen, gegen die DEÉR [228: Vorrechte], HAGENEDER (Das crimen majestatis ..., in: aus Kirche und Reich. Festschrift F. Kempf. Sigmaringen 1983, 55–79) und vor allem CLASSEN [224: Karl d. Gr.] weitere Argumente vorbringen. Dank Classens Studien ist in den lange Zeit divergierenden Ansichten über die Krönung zwischen Byzantinistik und Mediävistik in allen wesentlichen Punkten Übereinstimmung erreicht. Die überwiegend quellenkritischen Arbeiten von SPECK [243: Kaiser Konstantin VI.] haben nur geteilte Zustimmung gefunden [vgl. 250: WINKELMANN, Byzanz], der von ihm (ibid. 357–371) ausführlich behandelte Heiratsplan (vielleicht der Propaganda römischer Kreise entsprungen) wird zurecht als Phantasieprodukt betrachtet.

Die Krönung Karls des Großen

Zweikaiserproblem

Das mit der Krönung entstandene „Zweikaiserproblem“ hat eine Fülle von Einzeluntersuchungen hervorgerufen, die zu einem erheblichen Teil aus der Feder von OHNSORGE stammen [285: Zweikaiserproblem; 176: Abendland und Byzanz; 177: Konstantinopel und der Okzident; 178: Ostrom und der Westen]. Es scheint allerdings, daß die Rivalität um den Kaisertitel (die sich sichtbar in der Bezeichnung *Romanus* oder *Graecus* äußerte) im Laufe der Jahrhunderte zurücktrat und unter den Komnenen kaum mehr eine Rolle spielte [276: LILIE, Zweikaiserproblem; 375: SCHREINER, Byzanz und der Westen, 567–568]. Den eher spärlichen Beziehungen zwischen Byzanz und dem Westen nach der Auflösung des Karolingerreiches ist HIESTAND [265: Regnum] nachgegangen. Faszination ruft immer wieder die Person Liutprands hervor [273: LEYSER, Ends; 270: KODER – WEBER, Liutprand; 370a: RENTSCHLER, Liutprand], doch war (schon wegen der schmalen Überlieferung seiner Schriften) sein Einfluß auf die Verbreitung byzantinischer Sitten und Mentalität im Westen sicher recht gering.

Byzantinischer Kultureinfluß

In breiterem Umfang wird der Einfluß von Byzanz im Westen erst seit der Zeit der Ottonen relevant und erreichte in der Entsendung einer byzantinischen Prinzessin (Theophano) als Gemahlin Ottos II. ihren Höhepunkt [zu den Verwandtschaftsverhältnissen mit dem byzantinischen Kaiserhaus s. KRESTEN in: 156, Bd. 2, S. 403–410], dürfte sich aber doch auf die obersten Schichten beschränkt haben. Jüngst hat RENTSCHLER [369: Kultur] jedoch darauf hingewiesen, wie schwer es ist, die Rolle der Theophano wirklich nachzuweisen, und möglicherweise ist der byzantinischen Prinzessin doch eine zu große Bedeutung für den kulturellen Einfluß beigemessen worden [vgl. auch SCHREINER, in: 156: Kaiserin Theophanu, Bd. 2, 23–24]. RENTSCHLER [370: Kultur] führt diese Untersuchungen auch für das 11. Jh. weiter und kann zeigen, wie die Griechenbegeisterung des 10. Jh. (vornehmlich im Kreis um Otto III.) zunehmend einer realistischen Einschätzung und dem Bewußtsein der Eigenständigkeit weicht, und es schließlich im 12. Jh. kaum mehr ein gegenseitiges kulturelles Verständnis gibt [375: SCHREINER, Byzanz und der Westen]. Die byzantinisch-westlichen Beziehungen verdich-

Das 12. Jh.

ten sich auf staatlicher Ebene weiter im 12. Jh., in dem die Konfliktsituation um die Ansprüche Manuels I. und Friedrich Barbarossas im Mittelpunkt steht [271: LAMMA, Comneni e Staufer]. Hervorzuheben ist hier die Vielfalt und der häufige Wechsel der politischen Partner (Papst, dt. Kaiser, Normannen, ital. Seestädte). Die dabei bisweilen (in lateinischen Quellen) auftretende Behauptung einer Krönungsabsicht von Komnenenkaisern in Rom (Alexios, Manuel) ist nicht stichhaltig [267: KAHL, Krönungspläne; 259: CLASSEN, Kaiserkrone; 276: LILIE, Zweikaiserproblem]. Einen brauchbaren Leitfaden durch das Gewirr der Beziehungen stellt immer noch CHALANDON [256: Les Comnène] dar, doch hat LILIE [277: Handel und Politik] wichtige neue Lösungsvorschläge für die politische Interpretation der byzantinischen Handelsprivilegien beigebracht. Eine zusammenfassende Übersicht neueren Datums ist vor allem im Rahmen der politischen Geschichte ein Desiderat [vgl. LILIE, in: JÖB 42 (1992)157–175].

b3) Die Italia Byzantina

Italien war eine Brücke zwischen dem lateinischen Westen und dem griechischen Osten [233: GUILLOU, L'Italia bizantina). Hier stießen die beiden Kulturen und Machtbereiche unmittelbar und über einen langen Zeitraum hin aufeinander [vgl. 223: CLASSEN, Italien, 110–111, der, für den Byzantinisten kaum akzeptierbar, von einer Brücke zwischen Byzanz und *Europa* spricht]. Die Gefährdung des sizilianisch-unteritalienischen Raumes seit dem 8. Jh. [230: EICKHOFF, Seekrieg] durch die Araber hat immer wieder zu einem militärischen Zusammengehen zwischen Franken und Byzantinern beigetragen [vgl. 284: OHNSORGE, Kaiserbündnis]. Die komplizierte Verwaltungseinteilung der Italia Byzantina mit Bari als Zentrum ist seit der Studie von FALKENHAUSEN [503: La dominazione], soweit dies der Quellenzustand erlaubt, geklärt. Die normannische Eroberung, deren Ausgangspunkt HOFFMANN [266: Anfänge] klargestellt hat, beendete für immer die byzantinische Herrschaft und hinterließ Papsttum und deutschem Kaiser ein Erbe, das im 11. und 12. Jh. zu ständiger Auseinandersetzung beitrug [339: DEÉR, Papsttum]. Die griechische Kultur wurde im Kampfe mit der lateinischen zwar langsam aufgerieben [690: HERDE, Papsttum], doch wirkte sie noch bis ins 14. Jh. weiter [GIGANTE, in: I Bizantini in Italia. Mailand 1982, 631–651] und hat, mit dem Zentrum in Otranto, unter Friedrich II. eine sehr eigenständige Bedeutung erlangt [327: WELLAS, Umkreis]. Besonders gewichtig ist der Beitrag dieser Region bei der Überlieferung antiker und byzantinischer Literatur [CAVALLO, in: I Bizantini in Italia. Mailand 1982, 495–612; vgl. auch A. GARYZA (Hrsg.), Contributi alla cultura greca nell'Italia Meridionale. Neapel 1989, 133–255; A. JACOB, in: Atti III Congr. Intern. Studi Salentini, Lecce 1988, 51–77] und im Rahmen der byzantinischen Schriftgeschichte [783: La Paléographie grecque et byzantine, 269–281 (A. JACOB)]. In den Personen des Johannes Italos im 11. Jh. [660: CLUCAS, Italos; 129: PODSKALSKY, Theologie, 114–116] und des Barlaam im 14. Jh. [PODSKALSKY, a. O., 126–150] leistete Unteritalien einen wichtigen Beitrag zur Erneuerung von Theologie und Philo-

Normannen

Verbreitung griechisch-byzantinischer Kultur

sophie im byzantinischen Mutterland, während der Calabrese Leonzio Pilato [824: Pertusi, Leonzio] als Lehrer Boccaccios eine der bedeutenden Persönlichkeiten der italienischen Frührenaissance war.

b4) Venedig, Pisa, Genua, Amalfi

Venedig und Byzanz

Die Geschichte der venezianisch-byzantinischen Beziehungen [jetzt umfassend 364: Nicol, Byzantium and Venice], bei der nie zu vergessen ist, daß Venedig nominell einen Teil des Byzantinischen Reiches darstellte, ist vom 6. Jh., seitdem eine Venezia „Byzantina" existierte, bis zum 12. Jh. von einer erheblichen Quellenarmut charakterisiert, die dazu führt, daß in den Darstellungen längst bekannte Fakten stets von neuem vorgebracht werden. Die archäologischen Forschungen von Dorigo [261], falls sie der nötigen Nachprüfung standhalten, lassen erstmals (im Gegensatz zu den „Gründungslegenden") eine Venezia Romana erkennen, doch legt der Autor seine Ergebnisse in einer Weise vor, daß ein Historiker nur mit Mühe Anknüpfungspunkte findet. Im allgemeinen beschränken sich die Beziehungen fast ausschließlich auf die Interpretation der Staatsverträge, die im Zusammenhang mit denen für Pisa und Genua zu betrachten sind. Lilie [277: Handel] sieht ihren politischen Hauptzweck in der Verhinderung antibyzantinischer Koalitionen und kommt zu dem von der bisherigen Forschung abweichenden Schluß, daß die Handelstätigkeit der Italiener [dazu zusammenfassend immer noch 498: Schaube, Handelsgeschichte; 485: Heyd, Histoire] der byzantinischen Wirtschaft nicht schadete, sondern sie sogar begünstigte. Diese Position stützt mit teilweise anderen Argumenten (und ohne auf Lilie ernsthaft einzugehen) Hendy [423: Byzantium]. Eher die ökonomischen als die politischen Beziehungen stehen im Mittelpunkt der Darstellung von Borsari [335]. Auf Grund der extrem schmalen Quellenbasis ist der Anteil Amalfis an Politik und Kultur des Byzantinischen Reiches nicht mehr auszumachen [vgl. 376: Schwarz, Amalfi]. Die Geschichte Pisas im Osten entbehrt noch immer eines zusammenfassenden Überblicks, da die von C. Otten-Froux angekündigte Monographie auf sich warten läßt. Besser steht es hier um Genua, dem G. Day [338] eine spezielle Studie zum 12. Jh. [vgl. dazu auch Lilie, in: JÖB 42 (1992) 159 A. 9) und S. Origone [367] eine allgemein umfassende Studie gewidmet haben. In spätbyzantinischer Zeit steht der überwiegend venezianisch beeinflußte Ägäisraum [325: Thiriet, Romanie; 474: Ashtor, Levant Trade] dem genuesischen Schwarzmeerdominium gegenüber [301: Balard, Romanie; 478: Bratianu, Recherches]. Das Vorherrschen fremder Währungssysteme, vor allem des venezianischen, auch im byzantinischen Binnenhandel, wiesen Bertelè [382: Moneta veneziana] und Schreiner [16: Texte, 353–355] nach, während Maksimović [441: Charakter] in diesem Zusammenhang die unausgeglichene Handelsbilanz betont. Vor allem genuesisches Archivmaterial, das unter der Leitung von G. Pistarino in rascher Folge erschlossen wurde, verspricht eine Erweiterung unserer Erkenntnisse der Beziehungen vom 13. bis zum 15. Jh. In den letzten Dezennien des Reiches und in postbyzantinischer Zeit erhielt Venedig eine ganz neue Bedeutung als Hort grie-

Handel der Italiener

Venedig als Zentrum griechischer Kultur

chisch-byzantinischer Bildung [818: GEANAKOPLOS, Scholars; 840: Interaction, 176–186; 870: WILSON, From Italy to Byzantium, 124–156].

b5) Die Kreuzzüge

Kreuzzugsbegriff in Byzanz

Begriff des Kreuzzuges im strengen Sinn des Wortes ist im Westen beheimatet [vgl. C. ERDMANN, Die Entstehung des Kreuzzugsgedankens. Stuttgart 1935, und A. NOTH, Heiliger Krieg und Heiliger Kampf in Islam und Christentum. Bonn 1966], doch lassen sich einige parallele Gedankengänge auch in Byzanz feststellen [A. KOLIA-DERMITZAKI, Ho byzantinos „hieros polemos" (Der byzantinische „Heilige Krieg"). Athen 1991]. In der Forschung haben immer wieder die Frage eines byzantinischen Anstoßes zu den Kreuzzügen, die Eidesleistung (1096/97) und die Ablenkung des 4. Kreuzzuges eine besondere Rolle gespielt. Es ist nicht zu leugnen, daß Kaiser Alexios im Westen um Söldner geworben hat. Die von CHARANIS [257: Byzantium] vorgetragene und vielfach akzeptierte Meinung [z. B. H.E. MAYER, Geschichte der Kreuzzüge. Stuttgart [7]1989, 13], auch in Byzanz sei man der Idee eines Kreuzzuges nicht ferne gestanden, beruht auf einer lateinerfreundlichen, griechischen Quelle des 13. Jh. (Theodoros Skutariotes), der kein Aussagewert für das 11. Jh. zukommt. Es besteht Einigkeit darüber, daß der von Alexios eigens für die Kreuzfahrer geschaffene Eid die Formen des westlichen Lehensrechtes nachahmt [578: SVORONOS, Serment, 136–138; 546: FERLUGA, Ligesse, 99–111], doch glaubt LILIE [274: Kreuzfahrerstaaten] nachweisen zu können, daß Alexios die Kreuzfahrer als Söldner betrachtete und eine tatsächliche Vergabe von Lehen nicht beabsichtigt war. Gegen diese Behauptung wandte sich MÖHRING [Rez. Lilie, HZ 34 (1982) 601–608], der für die Lehensbasis plädierte. Schließlich verteidigte LILIE [278: Thema, 125–130] ohne neue Argumente seine Position, die sich jedoch als zu kasualistisch kaum aufrechterhalten läßt. Mit dieser Thematik hat sich die Forschung auch weiterhin beschäftigt. Ohne auf die Untersuchungen von LILIE einzugehen, ist L. BUISSON (Erobererrecht, Vasallität und byzantinisches Staatsrecht auf dem ersten Kreuzzug. Hamburg 1985, 27–34) der Meinung, Alexios habe mit den Kreuzfahrern keine Lehensverträge geschlossen und sogar Antiocheia sei an Bohemund als Geschenk gegeben worden (was allerdings nicht akzeptierbar ist). Eine wegen ihres Erscheinungsortes in Australien (1984) fast unzugängliche Studie von J.H. PRYOR [hier zitiert nach 282: MÖHRING, Kreuzzug, 367] leugnet überhaupt, daß die Kreuzfahrer ein *homagium* leisteten und kommt so zu dem Schluß, daß die jenseits von Antiocheia und Laodikeia eroberten Gebiete nicht an Byzanz zurückgegeben werden mußten. Ein so weitreichendes Zugeständnis ist Alexios allerdings doch nicht zuzutrauen. Da unsere Hauptquelle in dieser Frage, das Geschichtswerk der Anna Komnene, bei aller literarischen Qualität auch parteiisch und einseitig ist, wird sich im Hinblick auf die Verträge schwerlich jemals ein Konsens erzielen lassen [vgl. zuletzt 275: LILIE, Anna Komnene, 108–148].

Byzanz und die Kreuzzüge

Eidleistung

Der 4. Kreuzzug

Zur Ablenkung des 4. Kreuzzuges stellte QUELLER [287: Controversy] 1969 die verschiedenen in der Forschung geäußerten Thesen zusammen, die von

Ch.M. Brand bis 1984 weitergeführt wurden [Medievalia et Humanistica 12 (1984) 33–45]. Kindlimann [268] hat nachgewiesen, daß sich der Griechenhaß, der hinter dem Angriff auf Konstantinopel (1204) steht, spätestens seit dem 2. Kreuzzug angestaut hatte. Große Beachtung fand innerhalb der Byzantinistik die Ansicht von Frolow [264], die Gewinnung der in Konstantinopel befindlichen Kreuzesreliquien sei ausschlaggebend für die Ablenkung gewesen. Brand [253] in seiner ausgewogenen Darstellung der byzantinischen Politik zwischen 1180 und 1204 hat die Behandlung des Ablenkungsproblems ebenso ausgeklammert wie Queller [288] in seiner für den Byzantinisten enttäuschenden Monographie zum 4. Kreuzzug. Eine eindeutige Aussage erlauben die Quellen nicht, und nur die Konvergenz verschiedener Aspekte kann zu gewissen Hypothesen führen. Wie den Untersuchungen von Maleczek [280: Petrus Capuanus, 117–157] zu entnehmen ist, kann Innozenz III. keine Schuld zugeschoben werden, wenngleich seine zögernde Haltung auf die Ausschreitungen der Kreuzfahrer manche Zweifel aufkommen lassen. Das Interesse Venedigs, durch Ausschaltung der Byzantiner *und* der westlichen Konkurrenten ein Handelsimperium zu errichten, scheint mir dagegen von ausschlaggebender Bedeutung für die Ablenkung zu sein, auch wenn die jüngste Arbeit von Queller und Madden [Byzantion 42 (1992) 433–473] diese Meinung zurückweist, da die Venezianer nur Kaiser Alexios wieder in seine Rechte einsetzen wollten.

c) Zeremonien und Imitation

„Die Bestrebung selbst, die rangälteste und reichste Macht der damaligen Welt in allen ihren Äußerungen möglichst genau nachzuahmen, bedeutet in der Geschichte des Mittelalters kaum etwas Neues" [J. Deér, Der Kaiserornat Friedrichs II. Bern 1952, 15]. Abgesehen vom Normannenhof Rogers II. [Deér, a. a. O.] gab es nirgends im Westen eine vollständige Nachahmung byzantinischer Zeremonien. Die Imitation in Teilbereichen, vor allem der Gewänder und Insignien, ist dagegen an fast allen Fürstenhöfen Europas anzutreffen. Die Anzahl der meist kunsthistorisch ausgerichteten Studien, die bestimmte Erscheinungen zurecht oder vermeintlich mit Byzanz in Verbindung bringen, ist nahezu unübersehbar geworden. Jede Zusammenfassung, selbst bibliographischer Art, fehlt. Die im folgenden erwähnten Beispiele haben daher nur punktuellen Charakter und können die Fülle der Probleme nicht einmal andeuten. Die bedeutendste Materialauswertung im Hinblick auf den byzantinischen Einfluß bringt immer noch Schramm, [570: Herrschaftszeichen], in Einzelheiten ergänzt von Deér [vgl. 537: Byzanz]. Auf die Bedeutung der Porphyrrota und ihren im Vergleich zu Byzanz völlig unterschiedlichen Gebrauch wies Schreiner [573: Kaiserzeremoniell] hin. Die Übernahme der Legimus-Formel in karolingischen Urkunden hebt Ohnsorge [Legimus, in: 176, S. 50–63; vgl. ergänzend 570: Schramm, Herrschaftszeichen, 297–302] hervor. Auch auf ottonischen Siegeln ist byzantinischer Einfluß nachweisbar [Ohnsorge , in: 176, S. 288–299]. Groß ist die Zahl von

Normannen in Sizilien

Herrschaftszeichen

Siegel und Münzen

Münzimitationen in Deutschland [387: Hahn, Denare], aber auch in den skandinavischen Ländern [391: Malmer, Monetary History; 394: Morrisson, Varanges].

Kaisersalbung

In der Kaisersalbung bietet (unabhängig von der Übernahme im 12. oder im 13. Jh.) das byzantinische Zeremoniell auch eines der ganz wenigen Beispiele für westlichen Einfluß in Byzanz [563: Ostrogorsky, Kaisersalbung; zur Einführung vgl. auch 561: Nicol, Unction].

d) Literatur und Sprache

Mangelnde Sprachkenntnisse

Die Verbreitung griechischer Literatur im Westen und lateinischer im Osten wurde, soweit nicht Übersetzungen vorlagen, durch mangelnde Sprachkenntnisse unmöglich gemacht. Die Kenntnis des Lateinischen war in gebildeten Schichten Konstantinopels noch bis ins 6. Jh. gegeben [747: Dagron, Origines], die des Griechischen im Westen beschränkte sich, wenige Personen ausgenommen, bis ins 12. Jh. auf Buchstaben und einzelne Wörter [836: Berschin, Mittelalter; 753: Kahane, Abendland, 347–498; 763: Stotz, Esse velim Graecus]. Trotzdem besteht kein Zweifel, daß das Interesse am Griechischen im Westen weit größer war als am Lateinischen im Osten.

Übersetzungstätigkeit

Dank Übersetzungen war die griechische patristische Literatur in ihren Hauptvertretern im Westen bekannt [863: Siegmund, Überlieferung; 840: Geanakoplos, Interaction, 56–61]. Der Großteil dieser Übersetzungen liegt freilich vor dem 7. Jh. und ist daher unter dem Gesichtspunkt der Kulturinterferenz weniger bedeutsam. Die Niederlassung der Italiener in der Levante seit dem späten 11. Jh. im Bunde mit den religiösen Spannungen hat die Verbreitung theologischer Literatur wieder gefördert. Die Übersetzungstätigkeit des 12. Jh. ist daher besonders hervorzuheben [830: Anastos, Aspects; 258: Classen, Burgundio]. Das Interesse des in Konstantinopel lebenden Jacobus Venetianus am griechischen Aristoteles hinterließ im Westen des 12. Jh. aber noch keine Spuren [836: Berschin, Mittelalter, 258–259], während der erbauliche Erzählstoff der Geschichte von Barlaam schon im 11. Jh. ins Lateinische übersetzt worden war und von dieser Basis aus zu einem „Bestseller" der mittelalterlichen abendländischen Literatur wurde. Die gesamte klassisch-griechische und die profane byzantinische Literatur (abgesehen von einigen Chroniken in der Übersetzung des Anastasius Bibliothecarius) sind dagegen im Westen erst in der Renaissance bekannt geworden, als im Westen (dank griechischer Lehrer) die sprachlichen Voraussetzungen existierten [840: Geanakoplos, Interaction, 61–67].

Lateinische Literatur in Byzanz

In gleicher Weise war die klassische und mittelalterliche lateinische Literatur im Osten unbekannt, weitgehend sogar die lateinische patristische [vgl. die Hinweise bei 853: Lumpe, Abendland, 311–318]. Auf die Rolle des Konzils von Lyon für das byzantinische Interesse an westlicher theologischer Literatur weist Geanakoplos [840: Interaction, 100] hin. Einen tiefer reichenden Einfluß aber verhinderte die lateinerfeindliche, hesychastische Strömung des 14. Jh. [129: Podskalsky, Theologie, 173–180], weswegen auch die Übersetzungen aus den *Sum-*

mae des Thomas von Aquin durch die Gebrüder Kydones im 14. Jh. ohne Wirkung blieben. Auch die Übersetzung profaner Werke der lateinischen Literatur (etwa der Disticha Catonis oder des Somnium Scipionis durch Maximos Planudes) während der Paläologenzeit ist von den Zeitgenossen kaum beachtet worden [859: Schmitt, Lat. Literatur].

Motive der Volksliteratur

Nicht zu leugnen ist der westliche Einfluß in der volkssprachlichen Literatur, vor allem im Roman [92: Beck, Volksliteratur, 135–147; 853: Lumpe, Abendland, 331–343], wenngleich zahlreiche Einzelheiten des Überlieferungsweges noch ungeklärt sind. Art, Umfang und Zeitpunkt des Einflusses haben hier in jüngster Zeit zu umfangreichen Diskussionen (vgl. 837: Cupane, Erotikon, mit weiterer Literatur) und sogar Kontroversen geführt (829: Agapitos gegen 831: Beaton). Es ist auch nicht zu leugnen, daß eine Wechselwirkung oder zumindest ein Interesse schon im 12. Jh. einsetzt [375: Schreiner, Byzanz und der Westen, vgl. auch E. Jeffreys, in: Byzantion 50 (1980) 482–486]. Den Kreuzzügen kommt auch in dieser Beziehung eine nicht zu unterschätzende Bedeutung zu (vgl. dazu den freilich zu sehr auf die Behandlung von Einzelobjekten konzentrierten Sammelband: 174). Es fehlen jedoch zusammenfassende Untersuchungen über die Verwendung literarischer Motive aus Byzanz im westlichen Kulturkreis, wobei das Problem von Erzählstoffen, die im gesamten Mittelmeerraum, nicht nur in Byzanz, Verbreitung fanden, besondere Beachtung verdient. Die nicht besonders befriedigende Dissertation von Seidel [861] über die Widerspiegelung von Byzanz in der französischen Literatur des 12. Jh. hat die Thematik einer Klärung nur wenig näher gebracht.

Themen der byzantinischen Literatur in der Neuzeit

Die Nachwirkung des Byzantinischen Reiches in der europäischen Literatur der Neuzeit ist noch zu untersuchen. Beispiele für die Wichtigkeit dieser Thematik haben Moravcsik [856: Quellenfrage] hinsichtlich der Interpretation des Aktes in Faust II und der Burg von Mistras sowie J. Koders Untersuchungen zu Friedrich Rückert (Rückert-Studien IV. Schweinfurth 1982) erbracht. Auch die Verarbeitung byzantinischer Stoffe in der zeitgenössischen Literatur ist nicht zu unterschätzen (vgl. etwa L. Malerba, Das griechische Feuer), doch fehlen hierzu selbst bibliographische Vorarbeiten [vgl. aber 60: Sektion 1 C].

e) Kunst und Musik

In einem bemerkenswerten Beitrag hat Grabar [923: Relations] die „Asymmetrie“ in den Kunstbeziehungen zwischen Byzanz und dem Westen betont, nämlich die Tatsache, daß kaum westlicher Einfluß in Byzanz feststellbar ist. Sie läßt sich wohl, wie auch Grabar andeutet, mit einer Festlegung auf ikonographische und architektonische Typen seit dem 8./9. Jh. erklären, während der Westen an diese Traditionen nicht gebunden war. Byzantinische Kunst wurde im Westen bis ins 12. Jh. durch „Kunstexport“ bekannt, nicht im kommerziellen Sinn, sondern

Kunstexport

in Form von (Gesandtschafts-)Geschenken. Eine nicht geringe Bedeutung, in den Einzelheiten freilich schwer nachweisbar, kommt hier dem „Brautschatz“ der

Kaiserin Theophano zu [vgl. WESTERMANN – ANGERHAUSEN, Spuren der Theophanu in der ottonischen Schatzkunst, in: 156, Bd. 2, 193–218]. Noch größer war der Einfluß auf die Buchmalerei [378: J. LOWDEN, The luxury book as diplomatic gift, 249–260, oder A. v. EUW, Der Einfluß des Ostens auf die abendländische Buchkunst des 9., 10. und 11. Jahrhunderts, in: 157, S. 177–199], doch läßt sich hier zwischen Anregung und Imitation nicht immer leicht trennen. „Östliche" Motive fanden durch die Seidengeschenke Verbreitung [vgl. L.v. WILCKENS, in: 157, S. 79–93]. Die überwiegende Mehrzahl der byzantinischen Objekte im Westen dürfte mit den Plünderungen des 4. Kreuzzuges und der Anwesenheit von Lateinern auf byzantinischem Territorium in Verbindung stehen. Eine genaue Trennung von geschenkten und geraubten Gegenständen ist nicht möglich [vgl. das Beispiel des Halberstädter Domschatzes, in: Byzantinische Kostbarkeiten. Berlin 1977, 23–24, oder: J. DEÉR, Pala d'Oro, in: BZ 62 (1969) 308–344; die Überführung der Limburger Staurothek durch Heinrich von Ulmen wird nicht mehr als Raub bewertet: H.W. KUHN, in: Jahrbuch f. Westdeutsche Landesgeschichte 10 (1984) 67–106)] Es fehlen nicht nur moderne Inventare byzantinischer Kunstgegenstände, sondern auch jeder Leitfaden, der die Fülle von Einzeluntersuchungen der Forschung zugänglich macht. Die Verbreitung von Motivkenntnissen geschah, freilich wohl nur in wenigen Fällen, auch durch Musterbücher, von denen eines erhalten blieb (896: BUCHTHAL, Musterbuch).

Der 4. Kreuzzug

Die in den Westen gelangten Objekte, selten auch die Anwesenheit byzantinischer Künstler, führen zur weiten Thematik der Nachahmung. Für Frankreich hat schon früh J. EBERSOLT [Orient et Occident. Paris [2]1954] Einwirkungen der östlichen Kunst untersucht. Es geht aber darum, nicht nur die Nachahmungen [vgl. dazu den Sammelband „Byzantinischer Kunstexport". Halle 1978], sondern auch die Umformungen zu erkennen und einzuordnen. Zu dieser Thematik verfaßte BELTING [917: Gedanken; 872: Bild, 142–263 und zuletzt 873: Bild und Kult] methodisch vorbildliche Arbeiten, die aber auch zeigen, wieviele Fragen auf diesem Gebiet noch offen sind und wohl immer offen bleiben werden.

Nachahmung byzantinischer Kunst

Die bekannteste musikalische „Entleihung" in den Westen stellt eine Orgel dar, die 757 dem Frankenkönig Pippin geschenkt wurde (Regest Nr. 329 bei 74: DÖLGER, Regesten, Teil 1), und hier im Gegensatz zu Byzanz (vgl. 935: MALIARAS, Orgel) als Kircheninstrument verwendet wurde. Ein Einfluß des byzantinischen Kirchengesangs auf die Gregorianik ist dagegen eher unwahrscheinlich und verwandtschaftliche Züge beruhen auf gemeinsamen Grundlagen [H. SCHMIDT, Gregorianik und byzantinische Musik, in 156: Begegnung, 417–432].

Der Bereich der Musik

f) Unterschiede in der Grundhaltung

Den Versuch einer vergleichenden Betrachtung zwischen Byzanz und dem Westen unternahm erstmals GEANAKOPLOS [840: Interaction]. Unterschiede können oft nur konstatiert, aber nicht erklärt werden. Sie liegen am ehesten begründet in der völlig andersgearteten staatlichen und kulturellen Genese, die selbst im einigenden Band des Christentums noch genügend Divergenzen aufwies. Ein tief verwurzeltes Überlegenheitsdenken hat Neuerungen von außen stets zurückgewiesen, besonders wenn sie aus dem Westen kamen [vgl. 493: OIKONOMIDÈS, Hommes d'affaires, 23–33]. Daher fanden theologische und philosophische Gedanken, wie sie Johannes Italos [660: CLUCAS, John Italos] oder Barlaam [129: PODSKALSKY, Theologie, 124–173] vorbrachten, nicht nur keinen Eingang, sondern wurden rasch zu Häresien abgestempelt. Die sich verstärkt seit dem 11. Jh. ausbreitende Mystik stand im Gegensatz zur weltlichen Philosophie und aristotelischen Dialektik [129: PODSKALSKY, Theologie, 119–124], und ihr Höhepunkt im 14. Jh., gefördert durch Maßnahmen des Kaisers, verhinderte ein Vordringen scholastischer Ideen [653: BECK, Humanismus; 129: PODSKALSKY, Theologie, 180–230]. Aber auch praktisch-technische Neuerungen, etwa in Schiffbau und Textilverfertigung, fanden keinen Eingang, und man weigerte sich offenbar, bei den „Lateinern" etwas zu lernen [441: MAKSIMOVIĆ, Charakter, 159]. Die Beschäftigung mit Handel und Handwerk stieß, vielleicht in Imitation des klassischen Banausos-Begriffs [vgl. GIARDINA, Modi di scambio e valori sociali nel mondo bizantino (IV-XII secolo), in: Settimane 40 (1993) 523–586], in intellektuellen Kreisen auch dann noch auf Ablehnung, als Byzanz im 14. Jh. eine wirtschaftliche Kräftigung von innen heraus dringend nötig hatte [vgl. 465: MATSCHKE, Stadtbürgertum, 270–272, 276–285]; erst im 15. Jh. war Handelstätigkeit (vielleicht nach italienischem Vorbild, stets aber in Verbindung mit Italienern) auch in der hauptstädtischen Oberschicht „hoffähig" geworden. Untersuchungen zur Grundhaltung stehen in Zusammenhang mit Fragen nach der Mentalität, wozu unter dem zu allgemeinen Stichwort „homo byzantinus" nur KAZHDAN [118: People and Power, 76–116] zusammenfassende Überlegungen angestellt hat. Die Wurzeln der unterschiedlichen Grundhaltung reichen weit in die vorbyzantinische Zeit zurück [vgl. 352: HUNGER, Graecus perfidus], das Bewußtsein, Nachkommen der Römer zu sein (s. u.), hat in den führenden Schichten ein Gefühl der Exklusivität und Superiorität gefördert, das sich mittels der Staats- und Kaiserpropaganda stufenweise auch auf die übrige Bevölkerung übertrug [vgl. auch CAVALLO in der Einleitung zu 145: L'uomo bizantino, V-XXII].

Überlegenheitsdenken

Ablehnung von Neuerungen

verschiedene Mentalitäten

5. Byzanz und die Nachbarvölker

a) Der Romaier-Begriff

Über alle Ethnika hinweg bezeichneten sich die Bewohner des Byzantinischen Reiches in den offiziellen Quellen als Rhomaioi [341: DÖLGER, Gedankenwelt, 77–80]. Darin drückt sich der Nationalismus vielleicht stärker aus als in der von AHRWEILER [89: L'idéologie, 33] hervorgehobenen „christlichen Solidarität". Es ist allerdings nicht zu bestreiten, daß im Laufe der mittelbyzantinischen Zeit der

Orthodoxie-Begriff zu einem zusätzlichen Identicum des Reichsbewohners wird. Mit dem römischen Staatsbegriff sind auch die Beziehungen von Byzanz zu anderen Staaten verbunden, die bisher unter verfassungs und völkerrechtlicher Sicht noch keine zusammenfassende Behandlung erfuhren [vgl. 365: OBOLENSKY, Principles], jüngst aber unter vielen Einzelgesichtspunkten behandelt wurden [378: Byzantine Diplomacy]. Da völkerrechtliche Normen nicht schriftlich niedergelegt wurden, ergeben sich Erkenntnisse nur aus Protokoll und Zeremoniell, die beide meist nur indirekt aus historischen Darstellungen abzuleiten sind. Abgesehen von den als gleichrangig erachteten Sasaniden [347: GÜTERBOCK, Byzanz und Persien, 4–26; 350: HELM, Untersuchungen; 608: SHAHÎD, Factor] waren alle übrigen Herrscher dem byzantinischen Kaiser untergeordnet [542: DÖLGER, Familie der Könige]. Diese Untertanenstellung findet ihren Ausdruck in der Urkundenform des Chrysobulls, das als Gnadenerweis unilateralen Charakter hatte [540: DÖLGER, Kaiserurkunde, 20–21; B. PARADISI, in: Studia et Documenta Historiae et Iuris 20 (1954) 1–126]. Wie wenig bisweilen Ideal und Wirklichkeit übereinstimmten, zeigen die Hinweise HEINEMEYERS [348: Verträge] auf den (trotz aller Ideologie) bilateralen Charakter der Abmachungen mit den italienischen Stadtstaaten und diejenigen DÖLGERS [in: 151, S. 225–244] auf einen Vertrag mit dem ägyptischen Sultan vom Ende des 13. Jh. Die Kritik von CHRYSOS (am Beispiel der Russen), den „Familienbegriff" nicht zu sehr in die Praxis auszuweiten, ist daher durchaus berechtigt [in: The Legacy of Saints Cyril and Methodius to Kiev and Moscow. Thessalonike 1992, 233–245].

Familie der Könige

Die Stellung der Ausländer, überhaupt die Frage, wer unter Ausländer einzuordnen ist, entbehrt noch einer eingehenderen Untersuchung, obwohl LOPEZ [604: Foreigners] schon wesentliche Beobachtungen (doch auf zu kleinem Raum und ohne Dokumentation) zusammengestellt hat [vgl. nun, allerdings nur zum 12. Jh., 603: LAIOU, Foreigner]. Nach einem nie schriftlich festgelegten Prinzip waren, zumindest seit mittelbyzantinischer Zeit, diejenigen Ausländer, die sich nicht durch Glaube, Sprache und Lebensweise zum byzantinischen Kulturkreis bekannten, auch wenn sie innerhalb der Grenzen des Reiches wohnten. Dies führte dazu, daß bei Eroberungen fremde Völkerschaften (oft gewaltsam) einem Assimilierungsprozeß unterworfen wurden [vgl. 592: CHARANIS, Armenians, 198–199; 593: Slavic Element, 70–71]. Eine rechtlich problematische Situation entstand gegenüber Ausländern, die als Händler im Reich weilten, während Pilger offensichtlich unbehelligt reisen konnten. Im allgemeinen waren den Händlern feste Quartiere, aus Sicherheitsgründen oft außerhalb der Städte (z. B. die Russen in Konstantinopel), zugewiesen [vgl. 190: JANIN, Constantinople Byzantine, 255–259] und ihr Aufenthalt zeitlich begrenzt [604: LOPEZ, Foreigners, 347–348]. Eine gewisse Wende trat erst seit den Handelsverträgen mit den italienischen Stadtrepubliken ein, insofern eine zeitliche Begrenzung nicht mehr gegeben zu sein scheint. Allerdings blieben die Quartiere weiterhin byzantinisches Hoheitsgebiet, und die Lateiner waren den byzantinischen Gesetzen unterworfen [vgl. 607: SCHREINER, Niederlassungen, 188–189]. In spätbyzantinischer Zeit

Ausländer

Ausländer als Händler

wurde wiederholt die Frage der nationalen Zugehörigkeit behandelt, da Byzantiner um der Handelsvorteile willen gerne eine genuesische oder venezianische „Staatsangehörigkeit" anstrebten. Erst jetzt wird auch eine juristische und hierarchische Organisation dieser Ausländergemeinden sichtbar [Balard, L'organisation des colonies étrangères dans l'empire byzantin (XIIe-XVe siècle), in: 161, Bd. 2, 261–276]. Gegen Chrysostomides [479: Privileges, 276–289] und Laiou [313: Constantinople, 184, 261, 271] weist Jacoby [Rez. Laiou in: BZ 72 (1979) 93, und 599: Vénitiens naturalisés] darauf hin, daß exakt zwischen venezianischen Bürgern (*cives*), Untergebenen (*subjecti*) und Schutzbefohlenen (*dediti protectioni*) zu unterscheiden sei, und die Vergabe des venezianischen Bürgerrechts verhältnismäßig selten geschah. Die erzählende Literatur berichtet über den Ausländer mehr als offizielle Quellen, auch wenn sich darin oft eher der Byzantiner als der Fremde widerspiegelt [605: Odorico, L'étranger] und nur von westlichen Autoren erfährt man über Byzanz auch als Ort des Exils [375: Schreiner, Byzanz und der Westen, 574 u. A. 111].

Organisation der ausländischen Gemeinden

Eine Sonderstellung, die vom verfassungsrechtlichen Standpunkt aus im einzelnen noch zu untersuchen ist, nahmen die ausländischen Söldner ein [vgl. 614: Lilie, Macht, 75–76 und 526: Oikonomidès, Armeés, 355–356]. Die häufige Vergabe von *pronoiai* auch an diesen Personenkreis trug auf jeden Fall zu ihrer Naturalisierung bei. Ende des 13. Jh. sind erstmals mit Sicherheit Zigeuner im Byzantinischen Reich nachweisbar, und der Staat bemühte sich, sie seßhaft zu machen und einer eigenen Steuer zu unterwerfen [606: Rochow – Matschke, Zigeuner].

Söldner

Zigeuner

Unter ganz anderem Aspekt als die bisher behandelten Bevölkerungsgruppen sind die Juden zu betrachten. Wie auch in anderen Staaten des Mittelalters standen sie wegen ihres Glaubens, niemals aber aus ethnischen Gründen außerhalb der Gesellschaft. Sie waren, seit Justinian, von Ämtern und Stellen in Staat und Heer ausgeschlossen, nicht dagegen von freien Berufen und, vielleicht mit Einschränkungen, der Tätigkeit in Handel und Handwerk [609: Starr, Jews, 18–26; 602: Kislinger, Gewerbetreibende]. Während Dölger [597: Frage] eine Judensteuer klar nachweisen zu können glaubt, versucht Starr [609: Jews, 11–17], allerdings nicht besonders überzeugend, die Argumente Dölgers abzuschwächen. Wohl schon seit frühmittelbyzantinischer Zeit waren den Juden eigene Quartiere in den Städten zugewiesen, von denen jenes in Konstantinopel am besten bekannt ist [598: Jacoby, Quartiers]. Obwohl sich die Forschung einig ist, daß die Stellung der Juden im Byzantinischen Reich weit besser war als in anderen christlichen Staaten, hatten sie, da nicht Rhomaioi und wegen ihres Glaubens außerhalb stehend, doch nur beschränkte Rechte. Noch ganz am Anfang steht, trotz zahlreicher antijüdischer Traktate und vieler Stellen in der erzählenden Literatur die mentalitätsgeschichtliche Untersuchung nach der Haltung der Byzantiner gegenüber den Juden [vgl. 594: Dagron, Judaïser; 595: Ders., Juifs; Ders., in: TM 11 (1991) 313–357 oder K.-P. Todt, in: JÖB 42 (1992) 177–190].

Sonderstellung der Juden

b) Missionierungen

Die Missionsgeschichte hat sich weit mehr dem Westen als dem Osten zugewandt, so daß erst Beck [654: Mission] die Grundlagen einer byzantinischen Missionsgeschichte skizzierte, wobei er auf das Prinzip hinwies, daß der Kaiser auch gleichzeitig politischer Missionar war und die Annahme des Christentums immer Beziehungen zu Kaiser und Reich schuf. Diese Thematik baute Engelhardt [673] für die frühbyzantinische Zeit (Nubien, Äthiopien, Nordafrika, Turkvölker) weiter aus und gelangte zu einer sinnvollen Systematisierung: vom Kaiser veranlaßte Missionierungen, Kaiser als Vermittler von Missionierungsunternehmen und selbständige Missionierungen. Einen ausführlichen Gesamtüberblick gibt schließlich Hannick [688: Missionen], der jüngst noch von Angenendt [648: Kaiserherrschaft, 5–11, 247–259 und 289–296] durch den wichtigen Hinweis auf die Anwesenheit des Kaisers bei der Taufe eines ungläubigen Herrschers erweitert wurde. I. Ševčenko [714: Religious Missions] hat die wesentlichen allgemeinen Gesichtspunkte noch einmal konzis zusammengefaßt.

Arten der Missionierung

Kyrillomethodianische Mission

Als byzantinische Mission schlechthin ist aber die von Konstantin (Mönchsname Kyrill) und Method zu betrachten, über welche die Literatur ins Uferlose wuchs, und Graus [685: Entwicklung, 161] daher zurecht sagt: „es (ist) heute auch dem Fachmann praktisch unmöglich..., sich in dem Gewirr der Hypothesen, Vermutungen und frei erfundenen Phantastereien auszukennen", während Stökl [718: Kyrill und Method, 23] noch drastischer vermerkt, „daß zum Thema Kyrill und Method kaum noch ein neuer Gedanke gedacht werden kann". Die Erörterung wird besonders dadurch erschwert, daß die byzantinische historische und hagiographische Literatur keinerlei Hinweise über diese Missionierung bringt und wir allein auf slawische und lateinische Quellen angewiesen sind. Als zuverlässigen Führer, vor allem im Hinblick auf die byzantinische Komponente, sei hier eher auf Dvornik [669: Légendes; 670: Missions] als auf Grivec [686] verwiesen.

Russenmission

Die Geschichte der Russenmission, in der Byzanz sich ein letztes Mal mittels der Kirche auch politischen Einfluß zu verschaffen suchte, setzt lange vor der „offiziellen" Christianisierung (988/9) ein, doch hat diese Periode, auch wegen der spärlichen und bisweilen fragwürdigen Quellenzeugnisse, wenig Beachtung gefunden [vgl. 674: Ericsson, Conversion; Schreiner, in: Byzantinobulgarica 5 (1978) 297–303; 648: Angenendt, Kaiserherrschaft, 289–296]. Die Christianisierung der Russen hat die einstige sowjetische Forschung nur am Rande erörtert, doch wurde nun nach der Änderung der politischen Verhältnisse das Millenium innerhalb und außerhalb Rußlands durch zahllose Kongresse mit einer solchen Fülle von Literatur bedacht, daß derzeit ein informativer und klarer Überblick kaum mehr möglich ist. Als zentrale Fragen stellten sich dabei die umstrittene Chronologie (eher 989 als das traditionelle 988) und der Ort (Cherson oder Kiev), zu denen die wenigen Quellen bereits in jeder Richtung untersucht wurden [vgl. den neuesten Überblick: W. Seibt, Der hist. Hintergrund und die Chronologie der Taufe der Rus', in: The Legacy of Saints Cyril and Methodius to Kiev and Moscow. Thessalonike 1992, 288–303].

c) Die slawischen Nachbarn

Slawische Besiedlung des Balkan

Zu den ältesten Streitfragen in der byzantinistischen Forschung gehört die über Art und Umfang der slawischen Niederlassungen auf dem Balkan, seit J.Ph. Fallmerayer (1830) diese Kontroverse ausgelöst hatte. Während eine slawische Besiedlung des Westens und Nordens der Balkanhalbinsel in der 1. Hälfte des 7. Jh. nicht bezweifelt wurde, blieb umstritten, inwieweit man in Griechenland zu diesem Zeitpunkt bereits von einer Ansiedlung sprechen könne und es sich nicht vielmehr nur um „Überfälle" gehandelt habe. Eine unterschiedlich lang dauernde feste Ansiedlung bleibt eine Tatsache, die sich trotz jüngst wieder geäußerter emotionaler Argumente nicht leugnen läßt. Angesichts des fast völligen Fehlens sonstiger schriftlicher Quellen kommt dem Zeugnis der sogenannten Chronik von Monembasia [6], deren Echtheit nicht mehr bezweifelt werden kann, eine ausschlaggebende Bedeutung zu. Als Korrelativ stützte sich Vasmer [248] in einer seinerzeit bahnbrechenden Arbeit auf die heute noch vorhandene slawische Toponymie, ging jedoch von der Makrotoponymie aus, deren Ergebnisse für die historische Fragestellung sehr fehlerhaft sein können. Als methodisch erfolgreicher erwies sich die von Malingoudis [200: Studien] durchgeführte Untersuchung der Mikrotoponymie, doch erlaubt auch sie keine zeitliche Fixierung der Niederlassungen, eher dagegen Einblicke in den Verlauf der Rehellenisierung [Malingoudis, in: EB 21 (1985) Heft 1, 87–91]. Dagegen sind die aus einer im gesamten Balkanraum durchgeführten linguistischen Namenuntersuchung von Schramm [204] gewonnenen Resultate so unklar, daß sie mir für die historische Forschung wenig verwertbar erscheinen. Eine nicht immer befriedigende Darstellung der slawischen Besiedlung gibt Weithmann [249; vgl. nun aber 339 a: Ditten].

Rebyzantinisierung Griechenlands

Kaum weniger in Dunkel gehüllt sind die Gründe für die (Re-)Gräzisierung dieser Gebiete, die (vom Süden der Peloponnes abgesehen) in der Mitte des 9. Jh. abgeschlossen ist. Sie ist nicht allein den Umsiedlungsmaßnahmen zuzuschreiben, auf die Charanis [222: Transfer] und mit neuen Belegen Ferluga [231: Untersuchungen] hinweisen, und auch nicht den verschiedenen Feldzügen der Kaiser. Vielmehr war kaum die gesamte ursprüngliche Bevölkerung verdrängt worden, und die verbliebenen städtischen Siedlungen hatten eine Assimilationskraft ausgeübt, die durch die Einbeziehung der slawisch besiedelten Gebiete in die Themenordnung seit dem Ende des 7. Jh. noch verstärkt wurde. Von einer nicht zu unterschätzenden, wenngleich aus den Quellen nur zu erahnenden Bedeutung bei der Eingliederung und Gräzisierung war die Christianisierung der slawischen Oberschicht [Ševčenko, in 378: Byzantine Diplomacy, 192–193].

Die Fülle der noch offenen Fragen und die Einbeziehung neuer Methodiken (Linguistik, Archäologie, Anthropologie) erweist das Slawenproblem als ständigen Forschungsgegenstand, zu dem Ditten [229: Bedeutung] eine präzise Übersicht verfaßt hat [nun auch Ders.: 339 a].

Bulgaren

Die gesamte mittelalterlich-bulgarische Geschichte ist gekennzeichnet durch eine extreme Armut an eigenen schriftlichen Geschichtsquellen, die nur geringfügig durch reiche archäologische Funde ausgeglichen werden kann. Die politische Geschichte kennen wir fast ausschließlich aus den Aussagen byzantinischer Autoren, die für das 8. und 9. Jh. durch bulgarische Inschriften in meist griechischer, selten protobulgarischer (türkischer) Sprache ergänzt werden [331: Beševliev, Inschriften]. Die Staatsgründung, in ihrer Datierung (681) unumstritten, hat im Zusammenhang mit dem Jubiläum (1981) zu einer Fülle auch kontroverser Literatur geführt [vgl. Hösch, in: Festschrift für N.R. Pribić. Neuried 1983, 517–531]. Zu den umstrittensten Fragen gehört die Grenzziehung gegenüber dem Byzantinischen Reich; Koledarov [196: Geografija] widmete ihr eine zusammenfassende Übersicht bis zum Ende des Staates (1396). Die besonders engen Beziehungen zwischen Byzanz und Bulgarien unter Zar Symeon kulminierten in der häufig diskutierten „Krönung" durch den byzantinischen Patriarchen Nikolaos Mystikos, die jedoch nicht als Krönung im byzantinischen Sinn aufzufassen ist. Umstritten sind die Anfänge des 2. Bulgarischen Reiches, die Malingoudis [281: Nachrichten] einer Klärung erheblich näherbrachte, indem er nicht nur das Datum (1186 statt 1185) richtigstellte, sondern auch die Hypothese einer „antifeudalen" Bewegung und einer übergroßen Beteiligung der Vlachen zurückwies; die dagegen von Litavrin [in: Vizantijskij Vremennik 41 (1980) 92–122] vorgebrachten Einwände können Malingoudis' Argumente nicht abschwächen. Eine starke Gräzisierungswelle ist auch im 2. Bulgarischen Reich greifbar, doch sind daneben die eigenständigen Tendenzen nicht zu übersehen [vgl. 374: Schreiner, Byzantinisierung]. Kaum mehr überschaubar ist die Fülle der archäologischen Funde, besonders aus den Zentren Pliska, Preslav und Tŭrnovo [vgl. den vierbändigen Grabungsbericht Carevgrad Tŭrnovo. Sofia 1973–84]. Eine zusammenfassende Darstellung der bulgarischen Geschichte in einer westeuropäischen Sprache fehlt, da die Arbeiten von Obolensky [366], Fine [344; 345] und Hösch [353] Bulgarien nicht isoliert, sondern im Rahmen der Balkanstaaten untersuchen, und Brownings Darstellung [336] nur das erste Bulgarische Reich (bis 1018) umfaßt. Auch die zahlreichen Aufsätze von Dujčev [153] können den Überblick nicht ersetzen, den derzeit nur die bulgarisch abgefaßte „Istorija na Bŭlgarija" [356], allerdings im Sinn der marxistischen Geschichtsbetrachtung, bringt.

Serben

Da sich erst Ende des 11. Jh. ein eigener serbischer Staat bildete, ist die Geschichte der Serben über lange Zeit ein Teil der byzantinischen Innenpolitik, und es sind in erster Linie byzantinische Quellen, die darüber berichten. Zu einer sehr kontroversen Beurteilung führte in diesem Zusammenhang die lateinisch abgefaßte Chronik des „Priesters von Diokleia", deren geschichtlichen Kern Ferluga [263: Chronik] als glaubwürdig erwies. Die universale Politik Kaiser Manuels I. hat auch den serbischen Bereich ganz in das Kräftespiel des byzantinischen Staates miteinbezogen. Zu dieser Zeit verfügte Byzanz auch, in Auseinandersetzung mit Venedig und Ungarn, über die volle Souveränität in Dalmatien [262: FERLUGA, Amministrazione]. Seine Selbständigkeit verdankte Serbien der Zerschlagung des Byzantinischen Reiches nach dem 4. Kreuzzug [321: PRINZING, Bedeutung]. In der steten Auseinandersetzung mit Byzanz hat der serbische Staat des 13. und 14. Jh. auch zahlreiche administrative Institutionen übernommen, vielleicht noch in stärkerem Umfang als das gleichzeitige Bulgarische Reich. Dazu gehören nicht nur die Ämterverwaltung [vgl. 355: JIREČEK, Staat I, 18–20; 519: DÖLGER, Herrscherkanzlei], sondern auch Formen der wirtschaftlichen und sozialen Ordnung [vgl. 445: OSTROGORSKY, Féodalité; 612: FERJANČIĆ, Despoti], die freilich in Serbien zum Teil eine andere Entwicklung genommen haben als in Byzanz. Die wirtschaftliche Bedeutung Serbiens und Dalmatiens im Rahmen der Balkanwelt hat durch FERLUGA [482] eine Zusammenfassung erfahren, die für die politische Geschichte in einer westeuropäischen Sprache noch fehlt.

Russen

Im Gegensatz zu den genannten slawischen Völkern besaß das Byzantinische Reich niemals eine gemeinsame Grenze mit den russischen Fürstentümern. Die umstrittenen Fragen der Ethnogenese (346: GOEHRKE, Ostslaventum) berühren die byzantinische Geschichte allenfalls hinsichtlich der Provenienz der ersten Angreifer im Jahr 860. Die Bedeutung dieser Beziehungen liegt in erster Linie auf dem kirchlich-kulturellen Sektor, gefolgt vom wirtschaftlichen [481: FERLUGA, Handel, 629–642; vgl. auch GIEYSZTOR, in: Settimane 40 (1993) 499–518]. Obwohl wir im Unterschied zu Bulgarien und Serbien auch über zahlreiche russische Quellen verfügen, ist die Dokumentationsbasis für die Anfänge doch relativ schmal (332: BIBIKOV, Rus', und ausführlicher 333: BIBIKOV, Quellen). Am eindeutigsten ist die gesamte Zeit über der Bezug zur byzantinischen kirchlichen Hierarchie, wenngleich die Anfänge – byzantinischer, bulgarischer, lateinischer Einfluß – in der Literatur sehr kontrovers behandelt werden [vgl. die Zusammenstellung bei 707: PODSKALSKY, Christentum, 24–28 und 648: ANGENENDT, Kaiserherrschaft, 293–295; und nun auch 712: SENYK, History]. Die fundierteste Anschauung spricht jedoch für eine Unterordnung unter Konstantinopel [707: PODSKALSKY, 28]. Die Spannungen zwischen den russischen Teilfürstentümern haben sich auch auf die Beziehungen zu Byzanz übertragen, wie S. FRANKLIN [378: Byzantine Diplomacy, 145–150] zeigte. Kenntnisse des Griechischen gehörten bis zum Ende des 11. Jh. zum Prestigedenken der Oberschicht, verschwanden dann mit wenigen Ausnahmen [vgl. die glänzende Darstellung 749: FRANKLIN, Greek], eine Situation, die in vielem an den lateinischen Westen erinnert. Die Trennung von Byzanz vollzog sich erst im 14. Jh. [699: MEYENDORFF, Rise]. Die Handelsverträge sind nur in der russischen Übersetzung der Nestorchronik erhalten und wohl in mancher Hinsicht als Paraphrase (nicht Übersetzung) des griechischen Textes zu betrachten [vgl. 501: SORLIN, Traités; 371: SACHAROV, Diplomatija (mit teilw. naiver Interpretation); 484: HELLMANN, Handelsverträge]. Noch wesentlich intensiver waren die Kontakte, die sich auf der Basis der russischen Pilger ergaben, deren Weg ins Heilige Land immer über Konstantinopel führte [vgl. G.P. MAJESKA, Russian Travellers to Constantinople. Washington 1984]. Ein zusammenfassender Überblick zur Gesamtheit der Beziehungen bleibt ein Desiderat.

d) Die nichtslawischen Völker im Norden

Ungarn

Die Beziehungen mit Ungarn hatten seit dem 9. Jh. bis zum Fall Konstantinopels Bestand [vgl. Moravcsik, in: Studia Byzantina. Amsterdam 1967, 371–382], wobei wiederum das 12. Jh. eine besondere Rolle spielt [362: Makk, Árpáds, der leider die so wichtigen kulturellen Verbindungen nicht miteinbezieht]. Der grundlegende Überblick bei Dölger [340: Ungarn] aus dem Jahr 1942 ist immer noch nicht überholt, doch verdiente die Thematik eine neue Monographie, die ausführlicher als die schon vor 30 Jahren verfaßte Zusammenfassung von Moravcsik [363: Byzantium] sein müßte. Trotz der Zuwendung zur römischen Kirche hat Byzanz nicht aufgehört, um Ungarn zu werben. Die heute noch sichtbaren Zeugnisse sind die Reste der sogenannten Monomachos-Krone, ein Geschenk Konstantins IX. [vgl. M. Bárány Oberschall, The crown of the Emperor Constantine Monomachos. Budapest 1937], und die von Kaiser Michael VII. an Geza I. gesandte Krone, deren Bestandteile in der ungarischen Königskrone weiterverwendet wurden [vgl. J. Deér, Die Heilige Krone Ungarns. Wien 1966, und Insignia Regni Hungariae I. Budapest 1983]. Darüber hinaus haben immer wieder Angehörige des Kaiserhauses durch Eheverbindungen die Beziehungen zu Ungarn gefestigt [358: Kerbl, Prinzessinnen].

Albaner

Die Geschichte der Albaner im Byzantinischen Reich ist noch zu schreiben. Sie ist, vom byzantinischen Standpunkt aus, eher die Geschichte eines Volkes als eines Staates, die ganz unter dem Aspekt von Wanderung und Ausbreitung zu sehen ist. Wichtige Voraussetzungen hat Ducellier [304: Façade] geschaffen, der die Rolle der Albaner im westlichen Balkangebiet verfolgt, doch ist für ein Gesamtbild ihre Präsenz in der Peloponnes ebenso heranzuziehen wie die Person des Skanderbeg im Kampf des Byzantinischen Reiches gegen die Türken.

Rumänische Fürstentümer

Byzanz ist aus der Geschichte des rumänischen Volkes nicht wegzudenken, obwohl es als politisches Phänomen nur sehr wenige Bezüge zu den beiden jenseits der Donau gelegenen Staaten Walachei und Moldavien hatte. Die Geschichte des byzantinischen „Rumänien“ (als erst seit 1862 existierender Begriff für die beiden mittelalterlichen Staaten an dieser Stelle trotzdem verwendet) beginnt im eigentlichen Sinn nach dem Fall Konstantinopels, insofern die orthodoxe Kultur spätbyzantinischer Prägung dort ein von den Türken weitgehend unabhängiges Refugium findet [311: Jorga, Byzance; 317: Nastase, L'héritage].

Die höchst umstrittene Frühgeschichte und Ethnogenese der Rumänen [372: Schramm, Schicksale] ist durch die Wanderbewegung der Wlachen und ihre Niederlassung in weiten Teilen Mittelgriechenlands (wo sie unter der Bezeichnung „Arumunen“ noch heute in Resten leben) auch mit der byzantinischen Geschichte verbunden [380: Winnifrith].

e) Die östlichen und südlichen Nachbarn

Auf Grund des Verlustes fast aller mittelpersischer schriftlicher Geschichtsquellen – man ist großenteils auf spätere arabische Übersetzungen angewiesen – beruhen unsere Kenntnisse über die byzantinisch-sasanidischen Beziehungen vorwiegend auf griechischen Autoren. Hervorgehoben wird dabei besonders der Einfluß des sasanidischen Militärwesens [938: Bivar, Equipment; 945: Schreiner, Ausrüstung, 217] und der Hofzeremonien [vgl. A. Alföldi, Die monarchische Repräsentation im römischen Kaiserreiche. Darmstadt 1970]. Die früher vermutete Ableitung des Themensystems aus sasanidischen Vorbildern ist jedoch abzulehnen [508: Karayannopulos, Themenordnung, 7–11].

Sasaniden

Araber

Das Vordringen der Araber auf byzantinisches Territorium ist von den Fakten her dank einer verhältnismäßig umfassenden Quellenlage relativ gut bekannt [247: Vasiliev – Canard, Byzance et les Arabes; 144: Canard, L'expansion]. Es bleiben trotzdem einige Fragen: a) auf welchen Umständen beruht der rasche Siegeszug der Araber, b) mit welchen Mitteln begegneten die Byzantiner dieser Herausforderung, und c) wie erklärt sich die erfolgreiche byzantinische Offensive seit der Mitte des 9. Jh.? In der älteren Literatur wurde vor allem die Antwort auf die Herausforderung behandelt, nämlich der Bau einer Kriegsflotte [88: Ahrweiler, Byzance, 19–35], die Errungenschaft des griechischen Feuers [939: Haldon, Solution; 942: Korres; 944: Pászthory] und ein verändertes militärisches Abwehrsystem [239: Lilie, Reaktion]. Die jüngst von Kaegi [237] untersuchten Gründe für den Siegeszug der Araber (bes. ibid. 236–287) beruhen auf einer Fülle von Faktoren, besonders der militärischen Schwäche und Konzeptlosigkeit auf byzantinischer Seite, dem Glaubenseifer der Araber, nicht aber, wie die ältere Forschung oft annahm, auf einer monophysitischen Gegnerschaft der einheimischen Christen (worauf schon, wenig beachtet, Winkelmann, in: Byzantinoslavica 40 [1979] 161–182 hingewiesen hatte). Im übrigen sind die diplomatischen Kontakte auch später nie grundsätzlich unterbrochen worden [Kennedy, in: 378, Byzantine Diplomacy, S. 133–143]. Einer genaueren Untersuchung bedürfte dagegen der militärische Aufstieg des Reiches im 9. Jh., da die Begründung in der älteren Literatur – Beilegung der inneren Spannungen seit Ende des Bilderstreites – abzulehnen ist. Ein vielfach unbearbeiteter Bereich sind, vor allem in den frühen Jahrhunderten, die Handelsbeziehungen mit den Arabern, besonders im Hinblick auf die Auswertung arabischer Quellen [vgl. 489: Lopez, L'importanza; 486: Labib, Handelsgeschichte, 1–21].

Armenier

Die Bedeutung des armenischen Elementes in der byzantinischen Geschichte ist (wenngleich manchmal mit zu großem Nachdruck) immer betont worden [vgl. die Zusammenstellung Nr. 65: Weiss, Quellenkunde, 227 und 67: Bartikian; Gerö, in: Journal of Armenian Studies 2 (1985) 13–26]. Die armenische Frage gehört eher zur byzantinischen Innen- als zur Außenpolitik [vgl. 592: Charanis, Armenians; 601: Kazhdan, Armjane], zumal die armenischen Fürstentümer immer die traurige Rolle eines Pufferstaates [vgl. 238: Laurent, L'Arménie] spielten. Die Praxis der Eingliederung in das Reich (unter Basileios II.) zeigt beispielhaft Seibt in bezug auf Vaspurakan [in: Handes Amsorya. Zeitschrift für Arm. Philologie. Wien, Bd. 92 (1978) 50–66]. Allerdings ist es nicht haltbar, in der Annexion Armeniens die eigentlichen und einzigen Ursachen für das Vordringen der Seldschuken zu sehen [so 293: Toumanoff].

Georgier

Die Rolle Georgiens im Rahmen des Byzantinischen Staates ist weitaus geringer als diejenige Armeniens. Zwei Fakten sind besonders herauszustellen: das georgische Kloster Iviron auf dem Athos [dazu die Einleitung in 23: Actes d'Iviron I, 13–32] und jenes des Georgios Pakurianos (Bačkovo-Kloster) in den Rhodopen [vgl. Lemerle, in: 272, S. 117–191] sowie die Beteiligung des georgischen Königreichs an der Begründung des trapezuntinischen Kaisertums [326: Vasiliev, Foundation].

Seldschuken

Unsere Kenntnisse von den seldschukisch-byzantinischen Beziehungen – sie umfassen einen Zeitraum von etwa 200 Jahren – verdanken wir ganz Cl. Cahen, der in Aufsätzen zahlreiche Einzelprobleme (Diplomatie in Auseinandersetzung mit den Kreuzfahrern, kulturelle und wirtschaftliche Einflüsse) berührte [143: Turcobyzantina] und in einer Monographie [255: Turkey] eine Zusammenfassung gab.

Kreuzfahrerstaaten

Die Verbindungen des Byzantinischen Reiches zu den Kreuzfahrerstaaten sind durch Lilie [274: Byzanz] erneut zum Diskussionsgegenstand geworden. Verschiedene Punkte dieser Untersuchung – sie betreffen die Rolle Pisas und das Verhältnis zwischen Saladin und Byzanz – sind in Zweifel gezogen [Möhring, in: HZ 234 (1982) 601–608] und in der Folge von Lilie [278: Thema] nochmals aufgegriffen worden. Die Auffassungen werden in gewissem Grade immer kontrovers bleiben, da sich die byzantinische und die westliche Interpretation in den Quellen des 12. Jh. nie voll decken.

Osmanen

Byzanz und das Osmanische Reich wurden bisher fast ausschließlich auf der Grundlage westlicher und byzantinischer Quellen untersucht. Neue Erkenntnisse sind aber weniger aus der osmanischen Historiographie, die allzu sehr dem Herrscherlob verpflichtet ist, zu erwarten [vgl. jedoch den Sonderfall der Eroberung Adrianopels bei 303: Beldiceanu-Steinherr, Conquête], sondern aus Urkunden und den unzähligen Registern in türkischen Archiven, deren Erforschung sich N. Beldiceanu und I. Beldiceanu-Steinherr zur Aufgabe gemacht haben und aus denen hervorgeht, wie sehr gerade die Agrarstruktur von den Eroberern übernommen wurde [vgl. auch Oikonomidès, in: Südostforschungen 45 (1986) 1–24, der auch auf umgekehrte Einflüsse hinweist]. Auf die Fülle der verstreut publizierten Ergebnisse kann an dieser Stelle nicht eingegangen werden; als ein besonders bedeutsames Beispiel sei nur auf die osmanische Durchdringung Zentralanatoliens hingewiesen [I. Beldiceanu, in: Comptes rendus de l'Acad. des Inscr. et Belles-Lettres 1982, 443–503]. Das Zusammenwirken von byzantinischen Siedlern und halbnomadischen Osmanen auf dem Sektor von Landwirtschaft und Ernährung steht offensichtlich am Anfang der osmanischen Niederlassung in Bithynien [Hopwood, in: 378: Byzantine Diplomacy, S. 151–155], die sich, neben anderen Faktoren (s. oben S. *127*), als entscheidend für den Untergang des Reiches erweisen sollte.

f) Nachbarvölker ohne feste staatliche Grenzen

Unter diese fallen ausschließlich Turkvölker, beginnend mit Hunnen [I. Bóna, Das Hunnenreich. Stuttgart 1992] und Awaren [241: Pohl, Die Awaren] über die Petschenegen und Kumanen bis zu den Mongolen im 13. Jh. Es ist nicht möglich, hier Einzelheiten zu behandeln, vielmehr sei auf die Zusammenstellung bei Moravcsik [66: Byzantinoturcica] verwiesen. Im Rahmen der byzantinischen Politik stellen die Turkvölker das instabilste Element dar und zwar in einer Weise, wie es westliche Staaten des Mittelalters nie gekannt haben [vgl. 373: Schreiner, Rolle].

g) Diplomaten und Diplomatie

Die Geschichte der Diplomatie in Byzanz ist noch zu schreiben, wenngleich inzwischen wesentliche Vorarbeiten existieren [365: Obolensky, Principles; 378: Byzantine Diplomacy; 76: Dictionary of Byzantium, 634–635]. Das byzantinische Reich kannte noch nicht das System ständiger diplomatischer Vertretungen, das sich erst im 13. Jh. im Westen entwickelte [vgl. D.E. Queller, The Office of Ambassador in the Middle Ages. Princeton 1967], sondern entsandte zu Verhandlungen und Vertragsabschlüssen jeweils eigene Vertreter. Darunter befanden sich oft hochrangige Repräsentanten des literarischen und staatlichen Lebens, die bisweilen ihre Eindrücke in Berichten hinterließen (Priskos bei den Hunnen, Leo von Synada bei Otto I. [vgl. Ševčenko, in 157: Kunst, 5–30], Theodoros Metochites und Nikephoros Gregoras bei den Serben). In mittelbyzantinischer Zeit unterstanden die Fremden, zumindest in Konstantinopel, dem Stadteparchen [2: Bd. 33: Eparchenbuch]. In spätbyzantinischer Zeit standen westliche Ausländer unter dem Schutz eines *consul* oder *bailo* [Balard, in 161: Hommes et richesses, Bd. 2, 261–276], der von der Heimatstadt auf Zeit entsandt wurde, während Byzantiner im Ausland möglicherweise einem Vertreter des fremden Staates unterstanden (im einzig belegten Fall einem *consul Grecorum* in Genua; vgl. C. Otten, in: REB 50 [1992] 241–248).

h) Literarische und künstlerische Einflüsse

Die Impulse, die von Byzanz ausgegangen sind, waren sicherlich stärker als die Rezeption fremder Einflüsse auf die eigene Kultur. Aber auch diese sind nicht zu unterschätzen, obgleich schwerer feststellbar und daher auch in der Forschung seltener behandelt.

Am nachhaltigsten war die kulturelle Einwirkung auf die orthodoxen slawischen Völker; sie fand in ihrer Gesamtheit noch keine Darstellung. Ausführlich, wenngleich nur auf der Basis von Detailstudien, ist die Übersetzungsliteratur bekanntgemacht worden [vgl. 838: Dujčev, Rapports, und besonders zu methodischen Problemen 843: Hannick, Holobolos, 23–40], die sich zum größten Teil auf kirchliche Texte beschränkt. Ein bemerkenswertes Beispiel profaner Literatur bleibt das Fragment einer russischen Übersetzung des Digenis-Epos [hrsg. in: Byzantion 10 (1935) 301–334] nach einer im Griechischen verlorenen Version. Überhaupt haben Übersetzungen in slawische (aber auch orientalische Sprachen) zahlreiche Werke bewahrt, die im griechischen Original nicht oder unvollständig erhalten sind [vgl. 843: Hannick, Holobolos; 864: Stichel, Nathanael; 847: Kakridis, Codex 88]. Immer wieder entsteht dabei die Frage, ob es sich um Übersetzungen oder Anlehnungen an byzantinische Vorbilder handelt [707: Podskalsky, Christentum, 56]. In frühaltrussischer Zeit [vgl. die Zusammenstellung im Slovar' knižnikov i knižnosti drevnej' Rusi. XI-perv. polov. XIV v. Leningrad 1987, und S. Franklin, in: Harvard Ukrainian studies 12/13 (1988/89) 830–848] stellt sich zudem das Problem einer unmittelbar byzantinischen Vorlage oder der bulgarischen Vermittlung [vgl. F. Thomson, in: Harvard Ukrainian Studies 12/13 (1988/89) 214–261]. Umgekehrt war der Einfluß der slawischen Welt auf die byzantinische Literatur wohl sehr gering [860: Schreiner, Lexik; vgl. auch Ders., in: Gedenkschrift für Reinhold Olesch. Köln 1990, 302–316].

Slawische Völker

Literatur

Obwohl unbestritten ist, daß die beiden slawischen Schriften, die glagolitische sowie die kyrillische, byzantinischer Provenienz sind, werden besonders die Elemente der Glagolica (die der Slawenmissionar Konstantin entwickelte) immer wieder diskutiert [H. Miklas, in: 168, Traditionen, S. 68–90]. Da eine Ableitung aus der Minuskel abzulehnen ist, bleibt die Theorie einer weitgehend freien Erfindung der Schriftzeichen am wahrscheinlichsten [779: Kiparsky, Theorie]. Frühe Inschriftenfunde in kyrillischer Schrift (Ende 9. Jh.) beleben auch wieder die Frage nach Ort und Zeit der Entstehung dieser Schriftform, die schnell allgemeine Verbreitung im slawischen Raum gefunden hat [K. Popkonstantinov, in: Die slawischen Sprachen 8 (1985) 167–200].

Probleme der Schrift

Besonders deutlich greifbar ist der byzantinische Einfluß in der Kunst der südslawischen Länder. Für Serbien hat Radojčić [914: Geschichte] die Grundlinien gezeichnet, die im Bereich der Malerei Hamann-Mac Lean [913: Grundlegung] und Hadermann-Misguich [899: Peinture] weiter ausbauten. Die bulgarische Kunst erfuhr durch Tschilingirov [915: Kunst] zwar eine Zusammenfassung in deutscher Sprache, doch ist deren Wert durch zahlreiche sachliche Irrtümer und Versehen in Frage gestellt. Der Bereich der slawischen Buchmalerei erhielt durch die Arbeit von Džurova [911: Kniga] eine neue Basis, die auch die eigenständigen Elemente dieser Kunstrichtung erkennen läßt. Eine klare Herausarbeitung von byzantinischem Form- und Gedankengut gegenüber anderen Einflüssen und einer nationalen Eigenentwicklung stellt aber in vielen Fällen noch eine Aufgabe der Zukunft dar [M. Restle, „Eklektizismus“ und „Synkretismus“

Kunst und Musik in den südslawischen Staaten

in der bulgarischen mittelalterlichen Kunst, in: 168: Traditionen, 61–67]. Seit den Forschungen von DEMUS [898: Paläologenstil, 22–31] wird in zunehmendem Umfang auch der Frage nach der Erhaltung byzantinischer Kunstformen nachgegangen, die zwar nicht mehr im Mutterland, aber in südslawischen Ländern nachweisbar sind (serb. Malerei der ersten Hälfte des 13. Jh.). Dort sind auch in postbyzantinischer Zeit die in Byzanz entwickelten Formen der Kunst mit besonderem Nachdruck bewahrt worden [vgl. die Fallstudie von CH. BOURAS, The Byzantine Tradition in the Church Architecture of the Balkans in the Sixteenth and Seventeenth Centuries, in: 184: YIANNIAS, Tradition, 107–149]. In ähnlicher Weise hat die byzantinische Kirchenmusik im besonderen auf die südslawischen Länder eingewirkt [vgl. CH. HANNICK, Der Einfluß von Byzanz auf die Entwicklung der bularischen Kirchenmusik, in: 168: Traditionen, 91–102, und M. VELIMIROVIĆ, Byzantine Musical Traditions among the Slavs, in: 184: YIANNIAS, Tradition, 95–105]. Hinsichtlich der „Volksmusik“ gibt es noch recht unterschiedliche Meinungen, doch ist hier ein seit früher Zeit im Balkanraum verbreitetes Substrat wahrscheinlicher als punktuell byzantinischer Einfluß [vgl. R.M. BRANDL, in: 168, Traditionen, 151–168].

Postbyzantinische Zeit

Orientalische Einflüsse

Orientalische Literaturinterferenzen im weitesten Sinn des Wortes stellen schon wegen der Vielzahl und Unterschiedlichkeit der Sprachen (Georgisch, Armenisch, Syrisch, Koptisch, Arabisch, Äthiopisch) ein besonders komplexes und unübersichtliches Kapitel ohne zuverlässigen Wegweiser dar. Eine besondere Bedeutung kommt dabei der Überlieferung der Patristik zu. Erzählstoffe fanden eine überwiegend mündliche Verbreitung und sind erst spät schriftlich greifbar [92: BECK, Volksliteratur, 35–48]. An Hand des Barlaam-"Romans“ hat W.J. AERTS die Problematik der schriftlichen Fixierung solcher Erzählungen dargestellt [155: Begegnung, 357–364]. Auch in der Epik sind Zusammenhänge mit dem Orient erkennbar [92: BECK, 75–77]. Die dogmatisch-theologische Literatur der Byzantiner kennt eine umfangreiche Auseinandersetzung mit der islamischen Theologie [851: KHOURY, Polémique, und am Einzelbeispiel gezeigt K.-P. TODT, Kaiser Johannes VI. Kantakuzenos und der Islam. Würzburg 1991]. Im Bereich der gelehrten Literatur blieb die arabische Rezeption auf eine Auswahl antiker Autoren und naturwissenschaftlicher Texte beschränkt; die genuin byzantinische Literatur fand dagegen keine Beachtung [vgl. 842: GRUNEBAUM, Parallelism, und mit interessanten neuen Hinweisen 866: STROHMAIER, Wissenschaftsbeziehungen]. Überwiegend in Detailuntersuchungen verlieren sich die gegenseitigen Kunstbeziehungen, bei denen, vor allem in den ersten Jahrhunderten des Islam, auch immer wieder von der Tätigkeit byzantinischer Meister im Kalifat die Rede ist [sehr knapp 889: TALBOT RICE, Kunst, 513–521]. Neben dem arabischen Einfluß darf jedoch die jahrhundertelang auf das Kalifat wie auf Byzanz einwirkende persische (sasanidische) Kunst nicht vergessen werden [vgl. R. ETTINGHAUSEN, From Byzantium to Sasanian Iran and The Islamic World. Three Modes of Artistic Influence. Leiden 1972, und verschiedene Aufsätze von G. DE FRANCOVICH, in: Persia, Siria, Bisanzio e il Medioevo artistico europeo. Neapel 1974].

6. Kaiser, Staat und Kirche

a) Verfassung und Verfassungsgeschichte

Probleme der Begriffsdefinition

Der Begriff „Byzantinische Verfassungsgeschichte“ ist erst in jüngster Zeit von Beck [582: Senat und Volk] geschaffen worden, wobei sich der Autor der Problematik angesichts einer fehlenden Verfassung durchaus bewußt ist. Pieler [587] sieht in einer kritischen Stellungnahme trotzdem die Möglichkeit, von einer „Verfassung im geistigen Sinn“ zu sprechen. Der von Beck am Beispiel der Wahlgruppen Heer, Volk, Senat herausgearbeitete Begriff sollte künftig auch an anderen Indikatoren bemessen werden, um so durch Zusammenstellung und Interpretation historischer Merkmale eine Vorstellung über den byzantinischen Staatsaufbau zu gewinnen. Im Gegensatz zur Antike und dem lateinischen Mittelalter fehlen in Byzanz fast vollständig staatstheoretische Schriften. Als Ausnahmen sind ein von C.M. Mazzucchi neu edierter Dialog aus dem 6. Jh. [Menae patricii ... dialogus. Mailand 1982 und dazu 566: Pertusi, Principi; 565: Il pensiero] und das Proömium zur Eisagoge (s.S. *158*) zu nennen.

Fehlende staatstheoretische Schriften

b) Der Kaiser

Kaiserzeremoniell

Das Kaisertum gehört zu den am häufigsten in der byzantinistischen Forschung behandelten Institutionen. Das Zeremoniell hat durch Treitinger [580] eine bleibende Darstellung erfahren, die nur mehr in kleinen Einzelheiten ergänzt werden kann. Voraussetzung dafür war die Überlieferung einer im 10. Jh. redigierten Schrift zum Zeremonienwesen, des sogenannten Zeremonienbuchs [3; 4], das längst einer durchgehenden Übersetzung und Kommentierung bedürfte, während die jüngst neu gefundenen Handschriftenteile des Textes kaum zu Verbesserungen beitragen. Trotz der klassischen Studie Grabars [879: L'empereur] zum Erscheinungsbild des Kaisers in der Kunst, sind gerade auf diesem Feld noch weitere Einzeluntersuchungen nötig, zu Gewändern, Krone, Szepter [vgl. 564: Pertusi, Insigne], aber auch zum Kaiserporträt als solchem, da die Arbeit von Spatharakis [904] den historischen und kulturgeschichtlichen Hintergrund zu wenig berücksichtigt [vgl. jedoch auch 556: Magdalino, The Emperor].

Kaisererhebung

In umfangreichen Quellenstudien hat Christophilopulu [535] die Kaisererhebung behandelt, ist jedoch, nach dem Urteil der Kritik [vgl. zusammenfassend J. Karayannopulos, Rez. Christophilopulu, in: BZ 50 (1957) 467–474], über eine Materialsammlung nicht weit hinaus gekommen. Alle Versuche, Veränderungen im Verfahrensmodus mit der Epochengliederung der byzantinischen Geschichte (im Sinne Ostrogorskys) in Einklang zu bringen, sind gescheitert. Zudem wird häufig vergessen, wie zufällig unsere Kenntnisse über Einzelheiten immer dann sind, wenn wir – wie in der überwiegenden Mehrzahl der Fälle – nicht über einen eigenen Krönungsbericht verfügen, sondern auf vielfach spätere Erzählungen bei den Historikern angewiesen sind. Einen Ansatz zu einer wirklich verfassungsrechtlichen Betrachtung der Ausrufung erbrachte bisher nur Beck [582: Senat und Volk], der erstmals auch die Formen der Abwahl eines Kaisers untersucht hat [a. O. 38–47], nachdem Karayannopulos [553: Kaiser, 381–382] schon auf das Recht der Abwahl, das den Entzug des göttlichen Beistandes voraussetzt, hingewiesen hatte. Allerdings sind die von Beck und auch in der ersten Auflage dieser Untersuchung gebrauchten Bezeichnungen „Kür" und „Kürfaktoren" für Byzanz besser nicht zu verwenden, weil damit ein klarer Begriff des westlichen Krönungsrechtes nach den Normen des Sachsenspiegels verwendet wird [vgl. U. Reuling, Die Kür in Deutschland und Frankreich. Göttingen 1979, und H. Jakobs, in: Deus qui mutat tempora ... Festschrift für A. Bekker. Sigmaringen 1987, 269–282], der in der byzantinischen Staatsvorstellung keinen Platz hat. Es ist daher vorzuziehen, wie auch Treitinger, von „Wahlgruppen" zu sprechen.

Formen der Krönung

Als Relikte aus der Zeit der Ausrufung im Heerlager leben Torqueskrönung (mit der Soldatenhalskette) und Schilderhebung fort. Ensslin [545: Torqueskrönung] sieht zu Recht im Nebeneinander von Torques und Diademkrönung (bis 565) keinen Widerspruch, vermutet aber ohne hinreichende Beweisgründe einen germanischen Einfluß in der Torqueszeremonie [vgl. dagegen Dölger, in: BZ 43 (1950) 147]. Die Schilderhebung, die sicherlich germanischer Herkunft ist, kann zwischen dem frühen 7. Jh. und dem 13. Jh. nicht mehr belegt werden, doch tritt eine Reihe von Forschern für die These einer Weiterexistenz des Brauches ein [vgl. J. Karayannopulos, Rez. Christophilopulu, in: BZ 50 (1957) 469 A. 4]. Weitere Kaiserzeremonien sind staatsrechtlich weniger bedeutsam, doch haben sie der Bevölkerung Macht und Reichweite des Kaisertums oft noch deutlicher vor Augen geführt. Dazu gehört, in antiker Tradition, der bis zum 12. Jh. übliche Triumpf des Kaisers nach dem eigenen oder der Feldherrn Sieg, mehrfach bildlich dargestellt und in der Forschung jüngst ausführlich behandelt [558: McCormick, Eternal Victory; 552: Hunger, Reditus Imperatoris]. Einen kaum geringeren Eindruck hinterließen allerdings auch die Trauerfeiern um den toten Kaiser [554: Karlin-Hayter, L'adieu].

Funktion des Patriarchen

Erhebliche Diskussionen verursachte die vermeintliche staatsrechtliche Bedeutung der Mitwirkung des Patriarchen bei der Krönung, die Charanis [534: Coronation] vertrat, während sie Dölger [Rez. Charanis, Coronation, in: BZ 43 (1950) 146–147] zu Recht ablehnt. Gegen Charanis wies Ensslin [543: Frage] nach, daß nicht bei der Krönung Markians (450), sondern bei der seines Nachfolgers Leon (457) erstmals der Patriarch beteiligt war. Allgemein anerkannt ist die Feststellung Ostrogorskys [563: Kaisersalbung], daß erstmals 1208 in Nikaia ein Kaiser gesalbt worden ist [vgl. aber auch 561: Nicol, Unction].

Thronfolgefragen

Obgleich eine zusammenfassende Darstellung der Thronfolgeprobleme fehlt, wurde eine Reihe wichtiger Teilbereiche schon ausführlich behandelt, etwa das Mitkaisertum, dem, teilweise in Auseinandersetzung mit Stein [576: Postconsulat] und Ostrogorsky [562: Autokrator], eine Reihe von Arbeiten Dölgers gelten [vgl. bes. 541: Mitkaisertum]. Seine Ergebnisse sind darin unumstritten, daß das Mitkaisertum allein der Nachfolgesicherung galt und die Suprematie des Hauptkaisers dadurch nie berührt wurde. Es dauerte allerdings bis ins 11. Jh., ehe der dynastische Gedanke und der Begriff der Purpurgeburt in breiteren Schichten Wurzeln faßten, wie SCHREINER [572: Herrscherbild, und 574: Famille impériale, sowie GAMILLSCHEG in 156: Kaiserin Theophanu, Bd. 2, 397–401] zeigten, obwohl de facto immer das freie Wahlrecht durch Heer, Volk und Senat erhalten blieb.

Titulatur

Eine nicht unerhebliche Rolle für das Mitkaisertum, aber auch für die internationalen Beziehungen spielt die Titulatur des Kaisers, über die in früh- und mittelbyzantinischer Zeit (bis 800) eine gründliche Untersuchung durch RÖSCH [567] vorliegt. Die Einführung des Basileus-Titels 629 ist nach CHRYSOS [536] eher als ein Rückgriff auf das hellenistische Basileus-Ideal zu verstehen denn als Ausdruck einer Gräzisierung im Byzantinischen Reich [so 128: OSTROGORSKY, Geschichte, 89–90]; da aber gerade zu dieser Zeit auch in anderen Bereichen ein Abrücken vom Lateinischen festzustellen ist, bleibt das Urteil von Chrysos doch hypothetisch [vgl. 571: SCHREINER, Megas]. In ein ganz anderes Stadium tritt der Titel nach der Kaiserkrönung Karls des Großen und der neu entstandenen Diskussion über das Zweikaiserproblem [vgl. 260: DÖLGER, Europas Gestaltung, 288–320; 538: DÖLGER, Entwicklung, und oben S. *132*].

Kaiserin

Einer gründlichen Bearbeitung bedürfen noch alle verfassungsrechtlichen Fragen, die mit der *Kaiserin* in Zusammenhang stehen, da die generellen Probleme gerade wegen der Hervorhebung einzelner Persönlichkeiten wie Theodora, der Frau Iustinians, oder Eirene, der Mutter Konstantins VI. [vgl. 243: SPECK, Konstantin VI.], nur sehr summarisch berücksichtigt worden sind [siehe aber immerhin 557: MASLEV, Stellung; 560: MISSIOU, Rolle; 533: BOSCH, Fragen]. Die Problematik kann jedoch nicht allein von Byzanz aus gesehen werden, sondern muß auch den Westen miteinbeziehen, wie dies HIESTAND [548: Eirene Basileus] getan hat. Jedenfalls müßte besonderes Augenmerk der Kaiserin als Regentin geschenkt werden. Hierbei wären nicht nur die juristischen Möglichkeiten zu berücksichtigen, sondern auch Auswirkungen in der Regierungspraxis, beispielsweise an Hand der Münzprägung, wie DÖLGER [539: Kaisertum] an einem Einzelfall gezeigt hat.

Kaiserideologie in der Rhetorik

Die Kaiserideologie, die im Zeremoniell für alle sichtbar war, fand ihren schriftlichen Ausdruck in Geschichtsschreibung, Kaiserrede und Kaiserurkunde. Ihre wichtigste Ausformung erfuhr sie in der Propagierung des Kaisers als Gotterwähltem und im Gottesgnadentum, das Eusebios in seinen Lobschriften auf Konstantin statt des heidnischen Gottkaisertums geschaffen hatte [vgl. 544: ENSSLIN, Gottkaiser]. Die Überhöhung des Kaisers ist oberstes Ziel der Rhetorik, und sie erfaßt besonders in der Kaiserurkunde einen breiten Adressatenkreis [540: DÖLGER, Kaiserurkunde; 551: HUNGER, Prooimion]. Auch die Geschichtsschreibung scheut nicht vor Legenden zurück, wenn es die göttliche Berufung des Kaisers hervorzuheben gilt [572: SCHREINER, Herrscherbild, 134–142]. Die „Göttlichkeit" des Kaisers findet ihren Ausdruck auch in einer gottähnlichen Sorge um den Menschen und Untertanen (*philanthropia*) [550: HUNGER, Philanthropia; 113: Reich, 103–107; 551: Prooimion, 103–153]. Nur die stete Betonung dieser Eigenschaften konnte das Kaisertum von den Widrigkeiten des Alltags abschirmen und es unantastbar machen [549: HUNGER, Ideologie]. Kritik erfährt nur eine konkrete Kaiserpersönlichkeit, niemals die Idee. RUBIN [568] hat Untersuchungen in diese Richtung begonnen, die TINNEFELD [579: Kaiserkritik] weiter ausbaute. Da letzterer aber ausschließlich die Aussagen der Historiker auswertete, statt Kategorien der Kritik an Hand aller Quellen aufzustellen, konnte er nur Teilbereiche der Problematik erfassen.

Grenzen der Kaisermacht

Kaiserkritik

Für die häufig diskutierte Frage nach den Grenzen der Kaisermacht ist eine Studie von KARAYANNOPULOS [553: Kaiser, bes. 377–381] grundlegend geworden: kaiserliche Macht ist Dienstleistung an Gott sowie Sorge für die Untertanen und den Staat. Hieraus resultiert auch die Fragwürdigkeit all jener Aussagen, die den Kaiser über Staat und Gesetze stellen [vgl. 547: DE FRANCISCI, Massima; 577: STEINWENTER, Nomos empsychos; 575: SIMON, Princeps]. Nichts verdeutlicht besser die gegenseitige Bindung zwischen Kaiser und Staat (Untertanen) als der Treueid, der mit BECK [532: Res Publica Romana, 19–31] doch eher als Einschränkung der Kaisermacht zu sehen ist denn als „absolute Macht des kaiserlichen Willens" [578: SVORONOS, Serment, 129]. Unter diesem verfassungsrechtlichen Aspekt sind auch die Eidesleistungen des Kaisers zu sehen [581: TROJANOS, Beitrag]. Nicht zu verkennen ist im Laufe der Jahrhunderte ein Wandel im Verhältnis Kaiser / Staat: immer weniger erscheint der Kaiser als Quelle des Gesetzes, das seinerseits zunehmend zum Gemeinschaftsvertrag der Bürgerschaft wird [vgl. 532: BECK, Res Publica Romana, 29]. Daher ist auch der Folgerung PIELERS [587: Problem, 55–56] durchaus zuzustimmen, dem Kaiser komme die Qualität eines Verfassungsorgans zu, so daß eine gesonderte Darstellung des Kaisers, wie sie in der Literatur üblich ist, nur durch den ideologischen Charakter des Kaisertums gerechtfertigt erscheinen kann.

c) Zentralismus und Partikularismus

Forschungssituation

Obwohl Byzanz von der Verfassungswirklichkeit her immer ein zentralistischer Staat blieb, lassen sich doch Elemente des Partikularismus nicht übersehen. Die damit in Zusammenhang stehenden Forschungen haben einen starken Anstoß erhalten durch den Athener Byzantinistenkongreß (1976), auf dem die verschiedenen Aspekte, freilich nur für den Zeitraum 1071–1261, behandelt und diskutiert wurden [vgl. 618: Rapports et Co-Rapports]. Dabei stellten Kazhdan und Udal'cova, sicher in Überbewertung der Realität und mit Rücksicht auf ideologische Prinzipien, die „feudalen" Kräfte als Hauptcharakteristika der zentrifugalen Strömungen in den Mittelpunkt, während Ahrweiler mehr auf Fragen der Mentalität einging und auf den zunehmenden „Autoritätsverlust" hinwies.

Emanzipation von Städten

Konkret führte der Regionalismus vor allem in der wirtschaftlichen Emanzipation einzelner Städte im 12. Jh. zu machtpolitischen Aktivitäten einflußreicher

Magnaten (oft identisch mit leitenden Provinzbeamten); in diesen Vorgängen kann man Ansätze zu territorialstaatlichen Bildungen sehen [vgl. die nur teilweise geglückte Arbeit von 613: HOFFMANN, Rudimente; nun durch die glänzende, serbisch verfaßte Studie von 617: RADIĆ, Rulers (mit kurzem engl. Resumé), ersetzt]. Auch LILIE [614: Macht] unterstreicht den Zerfall der Zentralgewalt im 12. Jh. und führt ihn auf einen Machtkampf zwischen Kaiser und Adel zurück, bei dem die führenden Familien sich in der Provinz große Territorien verschafften, und, um sich weiter behaupten zu können, an einer Schwächung der Kaisermacht interessiert waren. Der italienische Fernhandel verhalf außerdem den Provinzstädten zu einer gewissen wirtschaftlichen Blüte (vor allem im Balkanraum und dem ägäischen Küstenbereich) und trug indirekt zu einer Stützung zentrifugaler Kräfte bei.

Apanagen

Das deutlichste Beispiel für eine Verselbständigung von Reichsteilen stellt die Apanagenvergabe dar, der MAKSIMOVIĆ [615: Genese] im Zusammenhang mit der spätbyz. Provinzverwaltung eine gründliche Darstellung gewidmet hat. Unter diesen Apanagenbegriff fallen auch die Herrschaftsbereiche der „Despoten", die sogenannten Despotate, eine Institution, die in den südslawischen Ländern ebenfalls Verbreitung fand [vgl. die ergebnisreiche Arbeit von 612: FERJANČIĆ, Despoti, der aber den Apanagencharakter weniger deutlich als MAKSIMOVIĆ herausarbeitet]. Die Kaiser waren jedoch darauf bedacht, daß Apanagen nicht zu reichsunabhängigen Staatenbildungen wurden und sich das Prinzip der Erblichkeit nicht einschlich, wie SCHREINER [323: Untersuchungen] gezeigt hat. Das von Jolante (Eirene) von Montferrat (Anf. 14. Jh.) angestrebte System (vgl. oben S. 67) steht diesem Prinzip ganz entgegen [vgl. 611: BARKER, Problem, 105–108]. Einzelfragen in diesem Zusammenhang bedürfen noch einer Klärung, vor allem welche kaiserlichen Rechte (abgesehen von dem einer allgemeinen Provinzkontrolle) tatsächlich delegiert waren. Da es im 15. Jh. unter Mitgliedern der kaiserlichen Familie zu Auseinandersetzungen um die Zuteilung der „Despotate" kam, scheinen wohl vor allem finanzielle Rechte damit verbunden gewesen zu sein.

d) Staat und Kirche

Historische Grundlagen

Zu einer umfangreichen Literatur führte der Bereich Kirche und Staat. Die Grundlagen der späteren Entwicklung in konstantinischer und schon vorkonstantinischer Zeit sind von WINKELMANN [646: Probleme] behandelt worden. Er weist auf die Unvorbereitetheit der Kirche hin, die den Staat bewogen habe, die Zügel in die Hand zu nehmen. Hierdurch sei einerseits der Ausbau eines christlichen Herrscherkultes möglich geworden, aber auch eine Paganisierung der Kirche durch Masseneintritte und ein Einfluß des weltlichen Zeremoniells auf die Liturgie. Unter dem Titel „Imperium und Sacerdotium" behandelt DVORNIK [637: Philosophy, 724–850] dieselbe Problematik, stellt aber dabei vor allem Einzelfälle bis in die Epoche Justinians in den Vordergrund. Nahezu ausschließlich eine Beispielsammlung, in der der rote Faden nicht immer leicht zu erkennen ist, bildet MICHELS Darstellung der Kaisermacht in der Ostkirche [641], die bis zum Jahr 1204 reicht. Das in diesem Zusammenhang häufig verwendete Schlagwort vom Cäsaropapismus ist schwer auszurotten. In einer gründlichen Untersuchung, die die Entwicklung bis zum Ende des Byzantinischen Staates umfaßt, lehnt GEANAKOPLOS [639: Church] den Begriff entschieden ab. Am Beispiel des Verhältnisses des Kaisers zum Kirchenrecht kann BECK [636: Nomos] die schon von byzantinischen Autoren geäußerte Meinung, der Kaiser stehe über dem Kanon, zurückweisen. Staatsgesetz (*nomos*) und Kirchengesetz (*kanōn*) waren seit Justinian einander gleichgesetzt, und die Kaiser wurden auch zum Erlaß kirchlicher Gesetze aufgefordert. Es gab keine festen Kriterien, wie Konflikte zwischen den beiden Gesetzesarten ausgeglichen werden sollten [vgl. 645: TROJANOS, Nomos und Kanon, 45–46]. Auch in der Eisagōgē [so die richtige Bezeichnung des früher als Epanagōgē bezeichneten Gesetzestextes, vgl. 569: SCHMINCK, Studien, 12], die oft als Versuch des Patriarchen (Photios) zu größerem Machteinfluß gedeutet wurde [so etwa 128: OSTROGORSKY, Geschichte, 200], sieht BECK [650: Geschichte, 117] keine grundsätzlich neuen Gedankengänge, und ESSER [638] betrachtet sie als Formulierung der byzantinischen Reichsideologie, einer „Utopie mit eschatologischen Zügen", während SCHMINCK [642] wiederum sehr konkrete machtpolitische Absichten des Photios darin zu sehen glaubt. Gewiß kommt in diesem Text eine Art „Zweigewaltenlehre" zum Ausdruck, doch wendet sich TROJANOS [645: Nomos und Kanon] entschieden dagegen, Photios habe die Kaisermacht zu unterjochen beabsichtigt. Es ist freilich nicht zu leugnen, daß der Kaiser Momente der Schwäche im Patriarchat sofort ausnützte; in diesem Zusammenhang ist eine „Verzichterklärung" des Patriarchen (ca. 1380/2) zu sehen [640: LAURENT, Droits]. Die enge Verbindung von Kaiser und Patriarch drückt sich auch im Treueid aus, den der Patriarch wenigstens seit dem 9. Jh. nach den Untersuchungen von SVORONOS [578: Serment, 113–116] zu leisten hatte. Die Aufnahme von Laien aus der Umgebung des Kaisers in kirchliche Ämter ist noch nicht genügend untersucht, hat aber (ganz im Unterschied zum mittelalterlichen Westen) kaum eine bedeutende Rolle gespielt, während sich für die (gesetzlich nicht statthafte) Übernahme von Klerikern in den Staatsdienst doch verschiedene Beispiele anführen lassen [635: BECK, Kirche und Klerus].

„Cäsaropapismus"

Kaiser und Kirchenrecht

Verhältnis von Kaiser und Patriarch

Der Kaiser als Hüter der Orthodoxie ging gegen Häretiker als Staatsfeinde mit juristischen und kriegerischen Mitteln vor. Bei der Beurteilung der häretischen Bewegungen in der Sekundärliteratur treten die unterschiedlichen Standpunkte der nationalen und ideologischen Provenienz der Autoren deutlich hervor. Die Sachlage wird erschwert durch die geringen Quellenzeugnisse, die zudem weit eher den häretisch-theologischen Charakter hervorkehren als über Fragen nach den sozialen und wirtschaftlichen Hintergründen Aufschluß geben. GOUILLARD [684: L'hérésie] hat gerade diesen Gesichtspunkt des Klischee-Denkens bei der Beschreibung der Häresien besonders hervorgehoben. Für die Paulikianer liegt die Hauptquelle, Petros Sikeliotes, nun in einer ausgezeichneten Edition vor [in TM 4 (1970) 1–227, vgl. 697: LEMERLE, L'histoire]; die die Bogomilenhäresie bein-

Kaiser und Orthodoxie

Häresiebegriff

haltende Predigt des Kosmas (in altbulgarischer Sprache) haben H.C. PUECH und A. VAILLANT zugänglich gemacht [Le traité contre les Bogomiles de Cosmas le prêtre. Paris 1945]. Den wichtigsten zusammenfassenden Beitrag zur Geschichte der Paulikianer lieferte GARSOIAN [678: Heresy; 679: Reinterpretation]. Die sowjetische Forschung, deren Verdienste um die Paulikianerfrage nicht verschwiegen werden sollen, wirft diesen Arbeiten einseitige Interpretation vor, da die (in der Tat kaum eruierbare) sozialökonomische Bedeutung geleugnet wird [454: UDAL'COVA, Besonderheiten, 53–54]. Vom bulgarischen Territorium aus verbreiteten die Bogomilen ihre Lehre auch im Byzantinischen Reich [647: ANGELOV, Bogomilismus; 705: OBOLENSKY, Bogomils]. Ihre rein bulgarische Herkunft (statt einer ebenso möglichen byzantinischen) ist von HÖSCH [692: Anmerkungen] sehr in Frage gestellt worden. Es läßt sich nicht bestreiten, daß diese Lehre bei den Armen und Unterdrückten Anklang fand, daß sie auch eine antibyzantinische Stimmung in Bulgarien hervorrief [666: DUJČEV, I Bogomili, 280], inwieweit sie aber dem „Wesen" nach eine soziale Lehre war [647: ANGELOV, Bogomilismus, 41], läßt sich den Quellen nicht entnehmen, und OBOLENSKY [705: Bogomils, 137] sowie noch nachhaltiger HÖSCH [692] raten zu Zurückhaltung bei dieser Interpretation.

Paulikianer und Bogomilen

7. FREIHEIT UND ABHÄNGIGKEIT

a) Das freie Bauerntum

Ausgangspunkt fast aller Untersuchungen zur frühmittelbyzantinischen Sozialgeschichte auf dem Lande ist der Nomos Georgikos [29], wenngleich auch die zahlreichen Heiligenleben nicht unwesentliche Hinweise geben. Obwohl Ort und Zeitpunkt seiner Entstehung in der heute vorliegenden Form weithin offen bleiben, da eine Reihe von Rechtsvorschriften des 4. und 5. Jahrhunderts aufgenommen sind [SVORONOS, in: TM 8 (1981) 487–500, und L. MARGETIĆ, in: Rivista di Studi Bizantini e Slavi 5 (1989) 103–135, der eine Rechtssammlung des Präfekten von Thessaloniki aus dem 8. Jh. vermutet, welche auch in anderen Reichsteilen verwendet wurde], spiegelt der Text doch überwiegend Verhältnisse des 7. Jh. wider. Er weist unzweifelhaft auf ein freies Bauerntum hin, zu dessen Entstehung trotz umfangreicher Diskussionen nur Hypothesen geäußert werden können [vgl. die oft widersprüchlichen Meinungen von 439: LEMERLE, Agrarian History, 27–67, und 435: KÖPSTEIN, Agrarverhältnisse, 40–72]. Die Angaben dieses Dokumentes sollten aber nicht dazu verleiten, ein freies Bauerntum im *ganzen* damaligen byzantinischen Reich (bes. in weiten Teilen Kleinasiens) anzunehmen. Die freie Dorfgemeinde war der gegenseitigen Steuerhaftung unterworfen. Diese besagt, daß die Gesamtheit für die festgelegte Steuer verantwortlich ist und im Falle einer Nichterfüllung der Bezahlung durch einen einzelnen (z. B. wegen Landflucht) die ausgefallenen Teile übernehmen mußte. Die Tradierung und die

Nomos Georgikos

Gegenseitige Steuerhaftung

praktische Durchführung dieser Maßnahme stellen ein Problem dar, das heftige Kontroversen ausgelöst hat und von der Quellenlage her auch kaum endgültig zu entscheiden ist. Dölger [400: Finanzverwaltung, 128–121] und Karayannopulos [403: Steuerverantwortung], gefolgt von Weiss [456: Antike, 538–539] sehen in der Steuerhaftung eine Weiterführung der spätantiken Institution einer steuerlichen Übertragung von unbestelltem Land (*adjectio sterilium*, *epibolē*), während Lemerle [439: Agrarian History, 46–47, 79–80] und Ostrogorsky [128: Geschichte, 115 A. 3] zu bedenken geben, daß die *epibolē* eine tatsächliche Landübergabe, auf welche die Steuerleistung folgt, beinhaltet. Die Frage spielt aber eher im Streit um Kontinuitäten steuerlicher Institutionen eine Rolle als in der Wirklichkeit, in der die *epibolē* eine Art Ergänzungsabgabe für Land darstellt, das in Besitz genommen wurde, aber noch nicht individuell im Steuerregister vermerkt ist; von der alten *adjectio* ist außer dem ins Griechische übersetzten Namen wenig geblieben [429: Kaplan, Les hommes et la terre, 207–210]. Die steuerliche Situation der Landbevölkerung, die auch durch zahlreiche Sonder- und Nebenaufgaben sowie Hand- und Spanndienste geplagt war, ist nun bei Kaplan [429: bes. 205–218] mit reicher Dokumentation und knapper bei Harvey [422: Economic expansion, 102–110] dargestellt.

Allgemeine Abgaben

Soldatengüter

Eine Sonderform des freien Grundbesitzes bilden die Soldatengüter, die mit der Stellung der Rekruten zum Land- oder Seemilitärdienst verbunden waren. Ihre Entstehung sowie Art und Zeitpunkt der Bindung des Soldaten an den Besitz ist umstritten und von der Quellenlage her auch nie zweifelsfrei eruierbar. In weitgehender Ablehnung der Theorie, die in diesen Gütern eine Fortführung des spätantiken Systems der *limitanei* (Grenzsoldaten) sieht, hat Karayannopulos [508: Themenordnung, 71–88] darauf hingewiesen, daß sich die Soldatengüter aus Landschenkungen und einem freien Grunderwerb der Soldaten (aus den Ersparnissen des Soldes) von selbst entwickelt haben, und erst in ihrer letzten Phase gesetzlichen Regelungen (hinsichtlich Umfang, Erbpflicht, Militärleistungen) unterworfen waren. Demgegenüber vermutet Treadgold [516: Military Lands] eine Entstehung aus Domänenbesitz schon zur Zeit des Herakleios und betrachtet den Militärdienst als eine Art „Mietzahlung“. Diese unwahrscheinliche Hypothese wies Lilie [510: Reform II] zurück. In seiner gründlichen Untersuchung plädiert auch Kaplan [429: S. 231–255] für einen langsam gewachsenen Besitz der Soldaten, der in seinem Umfang höchst unterschiedlich war und erst im 10. Jh. in seiner definitiven Form gesetzlich festgelegt wurde.

b) Paröken

Noch mehr Fragen als die Entstehung eines freien Bauerntums wirft sein Niedergang auf. Letzterer ist mit dem Begriff des Parökentums verbunden, der zu kontroverser Beurteilung Anlaß gegeben hat. Dabei ist durchaus zu bedenken, daß das freie Bauerntum vielleicht nicht die einzige Provenienzschicht der Paröken darstellt, da die Möglichkeit einer Weiterexistenz der Kolonen (die die griechischsprachige Gesetzgebung mit *paroikoi* wiedergibt) vor allem in Kleinasien nicht auszuschließen ist. Von ausschlaggebendem Einfluß bei der Diskussion war eine schon länger zurückliegende Arbeit von OSTROGORSKY [448: Problèmes], der zu dem Schluß gekommen war, daß die Freizügigkeit in den Besitzverhältnissen immer mehr abgenommen und es in spätbyzantinischer Zeit kein freies Bauerntum mehr gegeben habe. Diese Hypothese ist in der Forschung verschiedentlich in Zweifel gezogen, detailliert aber nur von KARAYANNOPULOS [Rez. zu 448: OSTROGORSKY, Problèmes] widerlegt worden, der darauf hinweist, daß der Parökenbesitz ein (allerdings form- und vertragsloses) Pachtverhältnis war, welches zu einem teilweisen Abhängigkeitsverhältnis des Besitzers zum Eigentümer, nicht aber seiner gesamten Familie, führen konnte. Zudem war es dem Paröken möglich, neben dem Pachtland auch Landeigentum zu erwerben und darüber frei zu verfügen. Dieser Standpunkt wird im wesentlichen auch von KAPLAN in seiner weitaus ausführlicheren Behandlung des Gegenstandes vertreten [429: Les hommes et la terre, 264–275]. Es zeigt sich auch, daß hinsichtlich der Rechte der Paröken auf Grund und Boden schon die byzantinische Rechtsprechung höchst unterschiedlich urteilte [429: KAPLAN, 268]. Existenz und Umfang eines *völlig* freien Bauerntums bedürfen dagegen, wenigstens für die spätbyzantinische Zeit, noch weiterer Klärung. Sicherlich ist WEISS [457: Unfreiheit] zuzustimmen, daß die Formen der Abhängigkeit nicht übertrieben negativ gesehen werden dürfen, und sich die Probleme der Landbevölkerung nicht ausschließlich auf Fragen des sozialen Status beschränken [vgl. auch die wegen ihres nicht immer klaren Umgangs mit statistischen Methoden kritisierte Arbeit 438: LAIOU, Peasent Society]. In jedem Fall wird die fortschreitende Edition von byzantinischen Urkunden, aber auch der frühosmanischen Besitzstandsverzeichnisse noch genauere Einblicke in die sozioökonomischen Verhältnisse des Bauerntums erlauben. Die Beantwortung dieser Fragen gehört mit zu den schwierigsten Problemen der byzantinischen Sozial- und Wirtschaftsgeschichte, denen eine besondere Bedeutung zukommt angesichts der Tatsache, daß der byzantinische Staat von der Landwirtschaft – sowohl hinsichtlich der Ernährung als auch des Steueraufkommens – getragen wurde.

Freizügigkeit als Streitfrage

c) *Immunität, Pronoia, Charistikariat*

Unter den verschiedenen Formen der Vergabe von Rechten über das Land seitens der Kaiser ist die Immunität (griech. *exkusseia*) von OSTROGORSKY [446: Immunité] zusammenfassend behandelt worden. Er sah darin das Zugeständnis von Hoheitsrechten an Kirchen, Klöster und Privatpersonen, betreffend den Grundbesitz und die darauf befindlichen Personen. An dieser umfassenden Interpretationsweise sind allerdings Modifikationen nötig. „Immunität" wird nämlich nicht als Recht vergeben, sondern beinhaltet primär eine *Steuer*befreiung, wobei der Staat allerdings nur selten auf die Hauptsteuern verzichtete [siehe jetzt die knappe Zusammenstellung bei 429: KAPLAN, Les hommes et la terre, 554–558].

Immunität

Soziale Probleme konnten sich erst dann ergeben, wenn der Verzicht des Staates auch Personen berührte, die mit dem Land verbunden waren (Paröken). Es muß weitgehend offen bleiben, inwieweit in solchen Fällen auch jurisdiktionelle Rechte tatsächlich abgegeben wurden oder der Begünstigte sich diese nur anmaßte.

Pronoia

Seit der grundlegenden Darstellung von OSTROGORSKY [445: Féodalité] gehört die Pronoia zu den bekanntesten Erscheinungen des Byzantinischen Staates. Die Anfänge der Institution sind zeitlich und inhaltlich noch umstritten, nicht zuletzt weil eine Begriffsgeschichte des Wortes fehlt [vgl. 439: LEMERLE, Agrarian History, index]. Die von Ostrogorsky angeführten Beispiele aus dem 11. und frühen 12. Jh. halten einer Kritik nicht stand [439: LEMERLE, a. O., 239 A. 1; 425: HOHLWEG, Frage], doch stehen für das Ende des Jahrhunderts einige Fälle wohl außer Zweifel [422: HARVEY, Economic expansion, 72–74, der zurecht die Institution schon im *frühen* 12. Jh. annimmt]. Die Quellen lassen auch keine verbindliche Aussage zu einer ursächlichen Verknüpfung mit dem Militärdienst zu, die Ostrogorsky für gegeben hält, Hohlweg jedoch bestreitet. SVORONOS [578: Serment, 136–140] sieht (trotz unterschiedlicher Genese) eine Nähe zum westlichen Lehen, doch spricht dagegen der primär fiskalische Charakter der Pronoia, die nicht eine Vergabe von Land und Leuten, sondern von Steuereinnahmen darstellt [vgl. auch 420: GLYKATZI-AHRWEILER, Concession, 110–112]. In spätbyzantinischer Zeit war die Pronoia in Byzanz *und* den Balkanländern verbreitet [vgl. auch 512: MAKSIMOVIĆ, Administration, index], doch fehlt eine generelle Untersuchung, die auf der Basis der nun recht zahlreichen Urkunden durchaus möglich wäre.

Charistikariat

In der Art der Vergabe steht das Charistikariat, das sich überwiegend auf kirchliche Einrichtungen bezieht, der Pronoia sehr nahe [vgl. 445: OSTROGORSKY, Féodalité; 420: GLYKATZI-AHRWEILER, Concession, 107–109; 728: CHARANIS, Monastic Properties, 72–81]. Es hat im großen Zusammenhang der Stiftungen an die Kirche durch THOMAS [719: Foundations] eine ausführliche Untersuchung erfahren (der jedoch die enger gefaßte, teilweise aber zu ähnlichen Resultaten kommende Monographie von BARNANIDES [649] nicht kennt), und kann als vom Kaiser und der kirchlichen Hierarchie unterstütztes Programm zu Renovierung und Unterhalt kirchlicher Institutionen durch Privatpersonen definiert werden, das in der Folge auch Abhängigkeitsverhältnisse über Menschen mit sich brachte. THOMAS [719: S. 153–157] sieht die Entstehung in der Gesetzgebung des Kaisers Nikephoros Phokas (963–969) begründet, sein Ende um 1100 in verschiedenen Synodalbeschlüssen gegen entstandene Mißstände, obwohl formell das Charistikariat nie abgeschafft wurde.

d) Sklaven

Es besteht Einigkeit darüber, daß, zumindest seit dem 6. Jh., der Sklaverei im Byzantinischen Reich keine Bedeutung zukommt [429: KAPLAN, Les hommes et la terre, 275–277]. Die Verwendung der antiken Terminologie [vgl. 436: KÖP-

Terminologie

STEIN, Bezeichnungen] erschwert in zahlreichen Fällen die Ermittlung der sozialen Verhältnisse. Sklaven waren (fast?) immer Angehörige fremder Völkerschaften [410: BROWNING, Sklaverei; 437: KÖPSTEIN, Sklaverei]. Die in den meisten europäischen Sprachen verwendete Bezeichnung ist nicht ursprünglich griechisch (wo es überwiegend *dulos* heißt), sondern entstand (durch die Existenz slawischer Unfreier) im 11. Jh. in Unteritalien und drang von dort aus in Byzanz ein [KÖPSTEIN, in: Byz. Forschungen 7 (1980) 67–88]. Eine neuere Gesamtuntersuchung fehlt, da die Arbeit von HADJINIKOLAOU-MARAVA [421] nicht als ausreichend bezeichnet werden kann.

Fremdstämmige als Sklaven

e) Städtische Bevölkerung

Es ist zu unterscheiden zwischen Rechten, die der gesamten städtischen Bevölkerung zukommen, und solchen, die sich nur auf bestimmte Teile auswirken. Von der Quellenlage her steht immer Konstantinopel im Mittelpunkt [409: BECK, Konstantinopel; 582: Senat und Volk], so daß ein Gesamtbild notwendigerweise einseitig ausfällt. Nur in früh und in spätbyzantinischer Zeit treten ergänzend andere Städte hinzu. Die Freiheit des Stadtvolkes war weitgehend unabhängig vom sozialen Status und äußerte sich in verschiedenen Formen der politischen Betätigung, im besonderen bei der Ausrufung und Abwahl des Kaisers [582: BECK, Senat und Volk] sowie der Mitwirkung an Volksversammlungen [409: BECK, Konstantinopel, 35; 588: TSIRPANLIS, Parliaments; 586: MEDVEDEV, Assemblées]. Aufstände und Unruhen haben Ursachen, die für jeden Einzelfall herauszuarbeiten sind: Probleme der Lebensmittelverteilung, Willkür von Beamten, Unzufriedenheit mit kaiserlichen Maßnahmen [415: CHEYNET, Pouvoir]. Seit den Untersuchungen von CAMERON [412: Demes and Factions; 411: Circus Factions] muß die in der bisherigen Forschung für die früh und mittelbyzantinische Zeit angenommene Einteilung des Stadtvolkes in Demen und die Verbindung mit Zirkusparteien (einschließlich deren sozialer Gliederung) aufgegeben werden, auch wenn diese Erkenntnis z.T. auf entschiedene Ablehnung stieß [so 454: UDAL'COVA, Besonderheiten, 51]. Im Gesamtzusammenhang der byzantinischen Stadtgeschichte untersuchte jüngst K.-P. MATSCHKE [in 183: Volk und Herrschaft, 70–84] diese Fragen erneut und kommt zu dem Schluß, daß parteienähnliche Gruppierungen in Konstantinopel (und vielleicht Thessalonike) zeitweise feststellbar oder doch zu postulieren seien. Ähnlich wie der mit vermeintlich sozialen Spannungen in Verbindung gebrachte Nika-Aufstand [so zusammenfassend 418: DJAKONOV, Dimy, und als Resumee einer russischen Monographie [vgl. 413: ČEKALOVA] wird von einem Teil der Forschung auch der Zelotenaufstand in Thessalonike (1342–50) als Klassenkampf und Ausdruck des Bemühens der unteren Schichten um Selbständigkeit betrachtet [442: MATSCHKE, Fortschritt, 221–256]. Die dürftige Quellenlage wird nie zu einem Ausgleich der kontroversen Standpunkte führen, doch ist für die Zielsetzung dieses Aufstandes nicht zu vergessen, daß seine Führung immer beim Adel lag [458: WEISS, Kantakuzenos, 94–102].

Freiheit und sozialer Status

Zirkusparteien

Aufstände

Weitere Aufstände der städtischen Bevölkerung analysiert, etwas zu knapp, Cheynet [415: Pouvoir, 199–205].

Korporationen

Bei der Betrachtung des innerstädtischen Lebens sind die Formen des korporativen Zusammenschlusses von Handwerkern und Händlern wiederholt behandelt worden. Entgegen einer weit verbreiteten Meinung waren weder alle Handwerker in Korporationen zusammengeschlossen, noch kann von einer generellen Zwangsmitgliedschaft die Rede sein. Die im Eparchenbuch [2: Bd. 33] deutlich herausgestellte staatliche Kontrolle ist nicht zu leugnen, hat jedoch nur die für die Interessen des Staates relevanten Bereiche umfaßt. Zudem zeigte die minuziöse Untersuchung von Simon [468], wie vielfältig die Probleme des Zusammenwirkens der Korporationen sind. Die Produktionsfreiheiten sind größer gewesen als bisher meist angenommen und der oft postulierte Monopolcharakter bestimmter Wirtschaftszweige ist neu zu überdenken, wie Jacoby [428: Silk] zeigte. Da den westlichen Zunftordnungen analoge Texte in Byzanz fehlen, bleibt die innere Organisation der Korporationen weitgehend unbekannt [vgl. auch 467: Schreiner, Organisation]. Ein Teil der Korporationen hat sicher auch in spätbyzantinischer Zeit weiterbestanden, doch mischte sich der Staat in deren Belange nicht mehr ein [493: Oikonomidès, Hommes d'affaires, 113–114; 441: Maksimović, Charakter, 160–161] und es scheint, daß an ihre Stellen ausschließlich mit dem Warenabsatz befaßte Sozietäten traten, in denen auch Ausländer vertreten sein konnten [16: Schreiner, Texte, 404–406, 431–33].

Städtische Steuern

Händler und Handwerker hatten auch die Hauptlast der städtischen Steuern zu tragen, die noch weit weniger erforscht sind als jene der Landbevölkerung. An erster Stelle steht das Kommerkion, die allgemeine Ein- und Ausfuhrabgabe in Höhe von 10% des Warenwertes [399: Antoniadis-Bibicou, Recherches]. Über den Einfallsreichtum in der Erfindung weiterer Steuern informiert ein neu aufgefundener Text [451: Schreiner, Prostagma]. Seit dem 12. Jh., und vermehrt im 13. und 14. Jh., werden in einzelnen Städten Kaufleuten und Gewerbetreibenden besondere Steuererlasse gewährt, die teils wohl mit der italienischen Konkurrenz, teils auch mit einer Förderung des Handels in den von den Lateinern zurückgewonnenen Städten zu tun haben [441: Maksimović, Charakter, 175–180; 451: Schreiner, Prostagma]. Die besonderen Rechte und Freiheiten, die um 1392 (fast) allen Bewohnern von Monembasia zugestanden wurden, waren vorübergehend und sind keineswegs charakteristisch für die Gesamtentwicklung [633: Schreiner, Diritti], die zur Begünstigung einer kleinen Schicht in wenigen Städten und der Herausbildung von privilegierten und weniger bevorzugten Gewerbetreibenden innerhalb des Reiches führte.

Gefolgschaftswesen

Nicht ausschließlich, aber überwiegend gehörten Gruppen- und Clanbildungen zu Erscheinungsformen der städtischen Gesellschaft, in der sie zu rasch wechselnden, meist politisch bedingten Abhängigkeitsverhältnissen führten. Sie lassen sich erstmals in mittelbyzantinischer Zeit beobachten [408: Beck, Gefolgschaftswesen], begegnen auch innerhalb des Klerus [452: Tiftixoglu, Gruppenbildungen] und wirkten noch in spätbyzantinischer Zeit fort [458: Weiss, Kantakuzenos, 23–53]. Trotz mancher äußerlicher Ähnlichkeiten mit dem Gefolgschaftswesen sind keine Verbindungen zum westlichen Lehenssystem gegeben.

f) Feudalismus

Die im Vorausgehenden behandelten Phänomene werden häufig unter dem Schlagwort „Feudalismus" und „Feudalisierung des Byzantinischen Reiches" zusammengefaßt. Damit wird ein Terminus eingeführt, der unter anderen sozialen und politischen Gegebenheiten im merowingisch-fränkischen Raum entstand und von seiner Genese her nichts mit Byzanz zu tun hat. Das dem Feudalbegriff inhärente Lehensrecht hat in Byzanz nie existiert. Feudalismus ist ein Verfassungssystem, das auf einem ausgebildeten, dem Herrscher in Treue verbundenen Kriegerstand beruht, dem eine grundherrschaftlich-bäuerliche Wirtschaftsweise ein arbeitsfreies Renteneinkommen gewährt und der dadurch zu einer lokalen Herrenstellung gelangt [O. Hintze, Feudalismus-Kapitalismus. Göttingen 1970, 12–47]. Keiner dieser Definitionspunkte trifft für Byzanz zu. Es soll nicht geleugnet werden, daß manche Auswirkungen im Bereich der staatlichen Hoheitsrechte und der Stellung der Abhängigen denen des westlichen Feudalsystems ähnlich sind. Die fundamentalen Unterschiede lassen es aber nicht geraten sein, den Ausdruck „Feudalismus" unbesehen oder gar in bewußter Analogie zu den westlichen Verhältnissen auch für Byzanz zu verwenden, wie dies einst durch die marxistische Byzantinistik geschah, welche in zahlreichen Einzelarbeiten und einigen zusammenfassenden Studien das feste System eines Feudalismus in Byzanz konstruiert hat. Die globale Darstellung des Byzantinischen Reiches als eines Feudalstaates ist mit der erwähnten sachlichen Definition des Feudalbegriffes jedenfalls nicht vereinbar. Feudalismus in Byzanz und Feudalismus im Westen können keinesfalls auf einer Ebene gesehen werden.

Definitionsversuch

Freilich hat sich inzwischen der Begriff „Feudalismus" auch in der byzantinistischen Literatur schon so sehr verbreitet, daß es schwer möglich ist, ihn ganz aus der Diskussion zu verbannen. Da die ideologischen Barrieren zwischen „bürgerlicher" und „sozialistischer" Wissenschaft gefallen sind, dürfte es in Zukunft nicht zu problematisch sein, die spezielle mittelalterliche Wirtschafts- und Gesellschaftsform des byzantinischen Reiches in befriedigender Weise zu definieren, besonders angesichts der Tatsache, daß ein regional und zeitlich einheitlicher „Feudalismus" auch im Westen nicht existierte. So ist als erstes die sozio-ökonomische von der institutionell-rechtlichen Sphäre zu trennen, wie dies schon vor längerem Maksimović [441: Charakter, 154–155] vorschlug. Vielleicht können dann auch zentrale Fragen wie die der Suprematie über Grund und Boden – Kaiser [so etwa pointiert 106: Guillou, Civilisation, 243–244] oder Staat [532: Beck, Res publica Romana, 38–41, während G.G. Litavrin, Le problème de propriété d'état au Byzance, in: Byzantiaka 9 (1989) 15–46 trotz des ausdrücklichen Titels die grundsätzliche Frage nicht berührt] – vorurteilsfreier behandelt werden. Zunächst gilt allerdings auch für Byzanz noch die Feststellung von J. Gernet

neue Möglichkeiten der Beurteilung

[Die chinesische Welt. Frankfurt 1979, 56]: „Mit dem Terminus des Feudalismus wurde so oft Mißbrauch getrieben, daß er bedeutungslos geworden ist. Es ist besser, auf ihn zu verzichten und das politische und soziale System ... durch seine spezifischen Institutionen zu charakterisieren."

g) Geistige Freiheit und Unfreiheit

Eine freie Äußerung in Wort und Schrift war in Byzanz nur möglich, soweit sie Staats- und Kirchendoktrinen nicht in Frage stellte. Die von VRYONIS [The „Freedom of Expression" in Fifteenth Century Byzantium, in: La notion de liberté au Moyen Âge... Paris 1985, 261–273] vertretene gegenteilige Meinung berührt nur eine kirchenpolitische Fragestellung am Ende des byzantinischen Reiches und kann nicht global auf die gesamte Epoche bezogen werden. Während die „materielle" Freiheit (oder Unfreiheit) Gegenstand zahlreicher Untersuchungen ist, hat die geistige bis jetzt keine Darstellung erfahren. Vielleicht liegt der Grund hierfür darin, daß man dieser „modern" gestellten Frage in Byzanz nachzugehen nicht für angemessen hält, und wohl hat der Byzantiner oft dort keine Unfreiheit gesehen, wo wir sie feststellen können, schon weil er sprachlich als Gegensatz der Freiheit nur die Sklaverei (*duleia*) kannte. Aber unabhängig vom Wort bleibt das Faktum der geistigen Unfreiheit. Man begegnet ihm in erster Linie bei jenen Personen und Gruppen, die mit der offiziellen Lehrmeinung der Kirche nicht übereinstimmten, besonders den Ketzern oder jenen, die zu einem anderen Glauben (Islam, Judentum) abgefallen waren (*apostasia*). Für sie sahen die staatlichen Gesetze die Todesstrafe vor, dabei freilich (im Gegensatz zum spätmittelalterlichen Westen) selten den Feuertod, und der Kaiser ließ, wie es scheint, nur ungern und auf starken Druck der Kirche, solche Strafen durchführen [655: BECK, Actus fidei]. Gegnern innerhalb der Orthodoxie, etwa den Anhängern des Palamas im 14. Jh., drohte das Gefängnis (z. B. dem Historiker Nikephoros Gregoras) und die Kritik am Kaiser oder Opposition zu seinen Maßnahmen führte rasch ins Exil. Auf die Gefahr, die jedes offene Wort heraufbeschwor, weist Kekaumenos hin [Vademecum eines byzantinischen Aristokraten, übers. H.-G. BECK, Graz 1964, 24–25]. Die lohnende Vertiefung dieses Themas (in das auch Byzanz als Zufluchtsland aus anderen Bereichen – vgl. oben S. *142* – einzuschließen wäre) könnte Byzanz als „liberaleren" Staat erweisen als es das westliche Mittelalter war, bewiese aber m.E. umso deutlicher einen „Individualismus ohne Freiheit", den KAZHDAN [118: People, 34; und ausführlicher 432: Concepts of freedom] allein im *sozialen* Sektor gesehen hat.

Kirchlicher Einfluß

Byzanz als Exil

8. Die Literatur und ihr Leserkreis

a) Grundprobleme

Selbständigkeit der byzantinischen Literatur

Unter Hinweis auf die Durchdringung der byzantinischen Literatur mit antiken Elementen [vgl. 846: JENKINS und 862: ŠEVČENKO] wird oft auch ihr selbständiger Charakter in Frage gestellt. Eine wesentliche Rolle in der Diskussion spielte die

Rhetorik [vgl. knapp zusammenfassend 845: HUNGER, Importance], die für den Byzantiner weit weniger toter Ballast war, als dies uns heute scheinen könnte, und auch Auswirkungen auf den ikonographischen Bereich hatte [vgl. 854: MAGUIRE, Art and Eloquence]. Das Problem um den Stellenwert der Literatur im Leben bleibt aber immer noch umstritten. MANGO [855: Literature] hat sie als „Zerrspiegel" bezeichnet, die kaum das wahre Gesicht des byzantinischen Lebens erkennen lasse. Ohne sich ausdrücklich mit dieser These auseinanderzusetzen, widerspricht ihr BECK [833: Schaffen], indem er die Frage nach der Verbindlichkeit der hochsprachlichen Literatur für den Byzantiner stellt und sie im Hinblick auf die einheitlich klassisch gebildete höhere Gesellschaftsschicht positiv beantwortet. Dabei ist freilich nicht zu vergessen, wie zahlenmäßig gering diese Schicht war (s. oben S. *98* und 272: LEMERLE, Cinq Études, 196), so daß das Echo doch weniger weit reichte, als die Fülle der Produkion vermuten läßt.

Formen der literaturgeschichtlichen Darstellung

Vor diesem Hintergrund ist auch die Darstellung des literarischen Schaffens im Rahmen einer Literaturgeschichte zu sehen. KRUMBACHER (oben S. *101*) hat sie nach Personen und Gattungen gegliedert, HUNGER [112: Literatur] und vor ihm BECK [94: Kirche; 92: Volksliteratur] ausschließlich nach Gattungen. Die von der Sachkompetenz der Verfasser her notwendige Aufgliederung in theologische und profane Werke trennte wiederum zusammengehörige Genera voneinander, da sich die kirchliche Literatur in die Gattungen der hochsprachlichen einordnen läßt und sich die „Volksliteratur" vielfach nur in der Ausdrucksweise von den hochsprachlichen Genera unterscheidet. Dabei fällt auch als methodisch schwer annehmbar auf, daß in zwei parallelen Werken ein sprachliches Einteilungsprinzip („hochsprachlich") einem von der sachlichen Akzeptanz der Inhalte her („Volksliteratur") begründeten entgegengestellt wird. M. MULLETT [857: The Madness of Genre] hat dieses Vorgehen mit charakteristisch ausgewählten Beispielen und erstmals unter Bezug auf neue Erkenntnisse der allgemeinen Literaturwissenschaft (die leider in der Byzantinistik weitgehend unbekannt oder unberücksichtigt bleiben) angeprangert. BECK [92: Volksliteratur, VII-X] war sich der Problematik des überkommenen Schemas bewußt und wohl auch der diskutablen Bezeichnung „Volksliteratur", die weder (immer) volkssprachlich ist, noch „vom" Volk oder „für" das Volk geschrieben wurde. Getreu der auch vom byzantinischen Literaten stets apostrophierten Imitation und Tradierung der Antike ist vielleicht auch die Beschreibung der byzantinischen Literatur in der Moderne zu sehr dem Beispiel der antiken Literaturgeschichtsdarstellung gefolgt, in der das Prinzip der Generagliederung eher durchführbar ist als in Byzanz. Der Literat als Persönlichkeit, der meist eine Reihe von Gattungen gleichzeitig beherrscht, steht in den Darstellungen immer hintan. Um diese Schwierigkeiten zu vermeiden, plädiert KAZHDAN [848: Der Mensch; 118: People and Power, 96–116] für eine Literaturgeschichte nach übergeordneten Prinzipien, die mit dem 7. Jh. beginnen und (unter Weglassung der Fachschriften) nur „suprainformative" Texte behandeln sollte. In Form von Einzelportraits (Attaleiates, Prodromos, Eustathios) bringt er auch Beispiele für eine sozialgeschichtliche Betrachtungsweise der Literatur [850:

Begriff „Volksliteratur"

Studies]. Obwohl eine Literaturgeschichte immer den didaktisch-informativen Weg einschlagen wird, bleibt eine übergreifende Darstellung im Sinne Kazhdans eine lohnende und dringend nötige Aufgabe neben der herkömmlichen Betrachtungsweise.

b) Leserkreis

Die von Beck gestellte Frage nach der Verbindlichkeit der Literatur kann durch Untersuchungen über ihre Verbreitung und den Leserkreis beantwortet werden, wobei zwischen hochsprachlichen und volkssprachlichen Texten zu unterscheiden ist. Alle Arbeiten in diesem Bereich zeigen, daß über vage Hypothesen, die auf jeweils wenigen Einzelbeispielen beruhen, schwerlich hinauszukommen ist [808: Wilson, Books; 788: Beck, Leserkreis].

Bibliotheken und Bücherkauf

Das Problem steht natürlich auch in Verbindung mit der Lesemöglichkeit, nicht nur passiv in Bibliotheken, sondern auch aktiv durch Erwerb von Büchern. Die von Mango [804: Availability] für einen kurzen Zeitraum (8./9. Jh.) genannten Beispiele lassen sich weiterverfolgen, wie Cavallo [797: Il libro] gezeigt hat. Ein größerer Eigenbesitz war aber wegen der hohen Preise doch nur selten möglich [vgl. 799: Follieri, Un codice; 806: Schreiner, Kosten; 802: Kravari, Prix]. Alle mit diesem Komplex verbundenen Fragen sind nun zusammenfassend von Hunger [801: Schreiben und Lesen] behandelt. Die intensive kodikologische Forschung der letzten Jahre (dabei besonders die Arbeiten von Cavallo) haben viele neue Einzelerkenntnisse gebracht, die nur durch die mühevolle Prüfung von Sondereinträgen (Ränder, Vorsatzblätter) möglich sind. Hier ergibt sich für die Zukunft noch ein erfolgversprechender Arbeitsbereich.

handschriftliche Überlieferung

Ein Indikator der Interessen ist bis zu einem gewissen Grade auch die Dichte der Überlieferung, die nicht zugunsten der byzantinischen, sondern weit eher der antiken und christlichen ausfällt, und sich nie kontinuierlich verfolgen läßt, sondern immer mit bestimmten Persönlichkeiten verbunden ist [827: Wilson, Scholars]. Die Überlieferungsdichte der genuin byzantinischen Literatur ist noch schwerer auszumachen als die der klassischen, vielleicht am ehesten bei den Chroniken. Der vor mehr als dreißig Jahren verfaßte Überblick von Beck [in: Die Textüberlieferung der antiken Literatur und der Bibel. Zürich 1961, 426–450] bedürfte einer neuen Bearbeitung.

c) Ausbildung und Bibliotheken

Mit dem Leserkreis ist auch die Frage nach den Ausbildungsinstitutionen verbunden. Trotz einiger wichtiger Teiluntersuchungen ist das gesamte Problem von Grund auf neu in Angriff zu nehmen. Unsere Kenntnisse über den Elementarunterricht sind minimal, im ganzen gesehen dürfte aber die Verbreitung von Lesen und Schreiben größer als im übrigen Europa gewesen sein [vgl. 811: Browning, Literacy; 801: Hunger, Schreiben und Lesen, 76–85]. Abgesehen von Süditalien

Kenntnis von Lesen und Schreiben

[819: Guillou, L'école; 790: Canart, Le livre grec; 794: Cavallo, Cultura] gibt es keine Hinweise auf Ausbildung in Kirchen und Klöstern. Es bedarf noch genauer Nachprüfung, inwieweit die verschiedenen in der Sekundärliteratur genannten klösterlichen Scriptoria wirklich aus mehr als einem Mönch bestanden – Fonkič [800: Scriptoria] berührt diese Frage nicht – und Wilson [809: Libraries, 285–295] hebt zu Recht hervor, daß klösterliche Bildung nicht am Beispiel des Studiu-Klosters in Konstantinopel gemessen werden dürfe. Das Buch in Byzanz ist (im Gegensatz zum Westen) weit eher als bezahlter Einzelauftrag eines Bestellers entstanden denn als Arbeit im „Scriptorium" zur Verwendung in der Klosterbibliothek (vgl. 796: Cavallo, Commitenza). Klosterscriptorien

Umstritten sind die Institutionen, die höhere Bildung vermittelten, wobei zusätzliche Unklarheiten dadurch entstanden, daß in der Sekundärliteratur keine Begriffsbestimmung erfolgte, und „Hochschule", „Universität" und „Höhere Schule" ziemlich unterschiedslos verwendet werden. Die in dem noch immer häufig zitierten Werk von Fuchs [817: Schulen] postulierte *ständige* Existenz einer Universität ist unhaltbar. Lemerle [821: Humanisme, 158–165, 242–266] hält für das 9. und 10. Jh. an *kaiserlichen* Universitätsgründungen fest, die von Speck [826: Universität] jedoch in Frage gestellt werden. Aus dem 11. Jh. ist eine gut erforschte Rechtsschule bekannt, die jedoch nur vorübergehenden Bestand hatte [530: Weiss, Beamte, 28–37; 828: Wolska-Conus, L'école de droit]. Im 12. Jh. gab es wenigstens in Konstantinopel Schulen, die in Verbindung mit Kirchen standen, doch können sie m.E. nicht unter dem Begriff „Patriarchalakademie" zusammengefaßt werden [so 812: Browning, Patriarchal School]. Eine systematische theologische Ausbildung hat es dagegen in Byzanz nie gegeben [810: Beck, Bildung und Theologie]. Die in Verbindung mit dem Begriff „Patriarchalakademie" von Criscuolo [816: Chiesa ed insegnamento] durchgeführten Untersuchungen lassen keinen Zweifel, daß im 12. Jh. in Konstantinopel hohe Kleriker existierten, die zur Auslegung des Evangeliums und theologischer Schriften Vorlesungen hielten, doch gibt es keinen Hinweis auf den Zuhörerkreis. Da theologische Bildung auch Sache der Laien war, sind unter den Schülern zum wenigsten spätere Kleriker zu erwarten. Die zentrale Feststellung von Beck bleibt sicher als richtig bestehen. Die Zahl derer, die in den Genuß höherer Studien kamen, veranschlagt Lemerle [820: Gouvernement, 196] wohl zu niedrig auf gleichzeitig 200 bis 300. Eine Antwort auf die Frage, inwieweit nach dem 7. Jh. außerhalb Konstantinopels höhere Bildung möglich war, muß noch offen bleiben; nur für das nikänische Reich des 13. Jh. besitzen wir einige Hinweise [815: Constantinides, Education]. Auch die philologische Blüte im 14. Jh. in Thessalonike ist ohne höhere Bildung am Ort kaum denkbar. Begriff der höheren Bildung Kirchliche Schulen Theologische Ausbildung

Einen weithin schwer erforschbaren und daher unbekannten Bereich stellen die Bibliotheken im Byzantinischen Reich dar. Den ersten Versuch einer zusammenfassenden Darstellung unternahm Wilson [809: Libraries]; für die Verhältnisse in Konstantinopel selbst kann Manaphes [803: Bibliothēkai] herangezogen werden. Eine wirklich befriedigende Untersuchung bedarf der Auswertung von Bibliotheken

Subskriptionen und Besitznotizen, wie sie O. Volk für einen Teilbereich in seiner ungedruckten Dissertation [Die byzantinischen Klosterbibliotheken von Konstantinopel, Thessalonike und Kleinasien. München 1954] durchführte. Für Unteritalien sind durch Cavallo [794: Cultura] beste Vorarbeiten geleistet. Hand in Hand damit muß eine Erforschung der Kopierzentren erfolgen [vgl. 800: Fonkič, Scriptoria]. Sie lagen nur vereinzelt in Klöstern, weit eher dagegen im Umkreis des Kaiserhofes [vgl. 901: Belting, Bibel, 24–29] oder einflußreicher Familien [916: Belting, Buch; 920: Buchthal, Patronage]. Vorarbeiten (auch in diese Richtung) schafft das Repertorium griechischer Kopisten [775]. In jüngster Zeit wird auch der Kopistentätigkeit in der Provinz zunehmend Aufmerksamkeit geschenkt, womit das manchmal zu stark auf die Hauptstadt konzentrierte Bild der byzantinischen Kultur eine Korrektur erfährt [vgl. die Beitäge in 792: Cavallo, Bisanzio, bes. G. Prato, 48–65, und 786: Scritture ... nelle aree provinciali].

Kopierzentren

d) Schwerpunkte literarischer Tätigkeit

Die erwähnten Kopierzentren waren weder a priori auch Schwerpunkte literarischer Tätigkeit im Sinne von Neuschöpfungen noch mit Privatunterricht und literarischen Zirkeln verbunden. Eine Verbindung von literarischer und kopialer Aktivität begegnet außer in Konstantinopel (und in spätbyzantinischer Zeit in Saloniki) nachweislich nur in Süditalien [Gigante, La civiltà letteraria, in: I Bizantini in Italia. Mailand 1982, 613–651] und der spätbyzantinischen Peloponnes (Mistras) zu [vgl. F. Masai, Plethon et le platonisme de Mistra. Paris 1956; C.M. Woodhouse, Gemistos Plethon. Oxford 1986]. Für den Kaiserhof in Trapezunt und den Despotenhof in Epiros mangelt es an Beispielen.

Konstantinopel

Süditalien

Peloponnes

„Renaissance"

Daneben ist auch auf zeitliche Schwerpunkte hinzuweisen, die oft als „Renaissance" bezeichnet werden. Da Byzanz eine Kulturkontinuität zur Antike besitzt und keinen entscheidenden Bruch kennt, ist die klassische Renaissancedefinition nicht anwendbar, zumal in Byzanz auch nie die lateinische Antike miteinbegriffen ist (wie umgekehrt bei den westlichen Renaissancen des Mittelalters nie die griechische Antike). So kann man nur davon ausgehen, daß zu bestimmten Zeiten, im 9./10. Jh. und im 13./14. Jh. ein *stärkerer* Rückgriff auf die Beschäftigung mit der „antiken" Literatur (die oft nur jene des 5./6. Jh. ist) festzustellen ist, der ein gewisser Bruch vorausging, die „Dunklen Jahrhunderte" (doch mit Einschränkungen) im einen Fall, und die Eroberung Konstantinopels 1204 (mit dem stärksten Handschriftenverlust seit dem Brand der Alexandrinischen Bibliothek 48 v. Chr.) im anderen Fall [Treadgold und Ševčenko, in 867: Renaissances, 75–98 und 144–171]. Unabhängig von aller Terminologie war die literarische Bewegung der Palaiologenzeit die Voraussetzung für die von Italien ausgehende Wiedergeburt der Antike im eigentlichen Sinn [Geanakoplos, in: Rivista di Studi Bizantini e Slavi 3 (1983) 131–157, und 870: Wilson].

Byzanz und Renaissance in Italien

mündliche Überlieferung

Neben der schriftlichen literarischen Tätigkeit gab es auch eine mündliche Überlieferung, deren Spuren besonders in der Versdichtung nachgewiesen wurden. Entscheidende Anregungen mit bisweilen zu weit reichenden Folgerungen gingen hier von den australischen Literaturwissenschaftlern E. und M. Jeffreys aus, die von Beaton [831: Greek Romance, Index] einer kritischen Kontrolle unterzogen wurden. Die Forschungen in diesem Bereich sind noch ganz im Flusse.

9. Perspektiven der Byzantinistik – Neue Ansätze und Methoden

Jede Disziplin lebt von der Detailuntersuchung und von der Zusammenfassung dieser Einzelheiten. Ein Rückblick auf die letzten acht Jahre (seit der Fertigstellung der 1. Auflage dieses Buches) zeigt, daß für wichtige Bereiche solche Überblicke, die auf der Basis einer generationenlangen Detailforschung aufbauen, geschaffen wurden, etwa von Kaplan [429] über die Landwirtschaft, das wirtschaftliche Rückgrat des Byzantinischen Reiches, und die damit in Verbindung stehenden Personen, oder von Durliat [623] über die Versorgung der Städte am Übergang von der Antike zum Mittelalter. Cheynet [415] brachte eine gegliederte Analyse der Aufstände, Kaegi [237] trug dazu bei, daß das Dunkel um das arabische Vordringen ins Byzantinische Reich gelüftet wurde. Beaton [831] hat sich, unter Heranziehung neuer literaturkritischer Überlegungen, dem byzantinischen Roman gewidmet, Belting [873] stellte das Kultbild in Ost und West in einen neuen Kontext, um nur einige wenige Beispiele hier anzuführen. Ein Lexikon erschien [76], das mit wichtigen Begriffen (wie immer man auch deren Auswahl einschätzen mag) rasch Einblick in das Fach gewährt. In den Grundlagenwissenschaften ist die historische Geographie mit drei Bänden [205] und die Kodikologie [775] mit einem Band weitergeführt worden, während bei historisch relevanten Texten sogar neun neue oder verbesserte Ausgaben erschienen [2]. Zwei internationale Byzantinistenkongresse (1986, 1991) und eine schwer errechenbare Zahl an Colloquien haben eine noch kaum erfaßte Menge an Detailergebnissen erbracht.

Probleme

In ganz unterschiedlichen Bereichen zeichnen sich durch Heranziehung naturwissenschaftlicher Methoden (im Sinne einer Hilfswissenschaft) neue Ergebnisse ab: die physikalische und chemische Analyse in der Numismatik [396: Morrisson, L'or monnayé], die Anthropologie, um den *homo byzantinus* in der Realität (nicht immer nur in der Literatur) zu analysieren [882: Harrison, Excavations, Bd. 1, 374–398], die Paläobotanik hilft, frühere Vegetationsformen in Byzanz erkennen zu lassen [vgl. A. Dunn, The exploitation and control of woodland and scrubland in the Byzantine world, in: Byzantine and Modern Greek Studies 16 (1992) 235–298]. Bis vor kurzem hätte man kaum gedacht, daß die historische Klimaforschung auch bei den Überlegungen zu Epochengrenzen herangezogen werden könnte [269: Koder, Zeitenwenden].

Naturwissenschaftliche Methoden

Die Hinwendung zu den Naturwissenschaften kann auch am Beispiel der Medizin verdeutlicht werden. Ein Colloquium, schon 1983 in den Vereinigten Staaten durchgeführt [vgl. die veröffentlichten Beiträge in DOP 38 (1984)] hat eine Viel-

Medizin

falt von Fragestellungen gezeigt: Lehre und Praxis, Medizin und Magie, Medizin und Philosophie, Augenoperationen, Pharmakologie. Speziell zur Gynäkologie hat E. Kislinger [in 952: Kathēmerinē zoē, 135–145] Stellung genommen. Von der literarischen Seite her hat sich R. Volk [964: Schriften des Michael Psellos] der Medizin zugewandt. Von hier ist der Weg nicht mehr weit zur sozialen und rechtlichen Seite der Medizin: dem Krankenhauswesen [958: Miller, Hospital], der Bedeutung der Klöster für das Gesundheitswesen [738: Volk, Gesundheitswesen] oder den verschiedenen Aspekten der Abtreibung [963: Trojanos, Amblōsē; Cupane-Kislinger, in: JÖB 35 (1985) 21–49].

„Homo Byzantinus"

Nach einem Wort von André Malraux bedurfte es in Byzanz ebenso viel Einfallsreichtum, den Menschen zu vergessen, wie im alten Griechenland, ihn zu entdecken [zitiert in dem geistreichen Essai von P. Lemerle, Présence de Byzance, in: Journal des Savants (1990) 249–268], und die Byzantinistik ist nun dabei, ihn mit neuen Methoden wieder zu entdecken. In Fortsetzung der Annales-Schule hat E. Patlagean schon vor vielen Jahren in dieser Richtung zu arbeiten begonnen [450]. Die jüngsten Studien von A.P. Kazhdan sind ganz geprägt von der Suche nach dem *homo byzantinus*, der durch ihn schon zu einem Schlagwort wurde. Die „schweigende Mehrheit", die weder schreiben noch lesen konnte (und wollte), wird zu einem immer zentraleren Forschungsgegenstand. Es ist von Interesse, wie man aß und trank [953: Kislinger, Retsina et balnea; 954: Koder, Gemüse], und Problemen, die in der westlichen Mediävistik längst kein „Tabu" mehr sind, wird nun auch (wenngleich auf viel geringerer Quellenbasis) in der Byzantinistik nachgegangen, wie Liebe und außerehelichen Beziehungen [955: Laiou, Mariage; 956: Leontsini, Prostitution].

Realienkunde

In vielfältiger Weise werden auch die mit dem Menschen in Verbindung stehenden Realien (etwa Einrichtung der Häuser, Ackergeräte) erfaßt und finden nun auch Eingang in allgemeinere Lexika [76: Dictionary; 81: LMA]. In diesem Zusammenhang ist auch (trotz der zeitlichen und regionalen Begrenzung auf Ägypten) der Beitrag der Dokumenten-Papyrologie nicht zu unterschätzen. Fast ein halbes Jahrhundert nach den Pionierarbeiten von Kukules [120] scheint dessen Saat, freilich in methodisch verbesserter Weise, aufzugehen. Angeregt von der Mediävistik tritt auch immer stärker die Mentalitätsforschung in den Mittelpunkt, wenngleich diese Frage als intellektueller Gegenstand den *zeitgenössischen* „homo byzantinus" wohl recht wenig interessierte: wie wurde er von anderen gesehen und wie schätzte er die anderen ein?

Mentalitätsforschung

Byzanz und Nachbarvölker

Reziprok zu dieser Tendenz steht die Erforschung der kulturellen Beziehungen zu anderen Völkern, oft aus Anlaß eines markanten Jubiläums, etwa der Taufe der Russen 988 [vgl. Harvard Ukrainian Studies 12/13 (1988/1989)], der 800. Wiederkehr des Todes Barbarossas [vgl. Friedrich Barbarossa, hrsg. A. Haverkamp. Sigmaringen 1992] oder des 1000. Todesjahres der Kaiserin Theophano [vgl. 155: Begegnung; 156: Kaiserin Theophanu; 157: Kunst].

Kunstgeschichte

In der Beurteilung der Kunstgeschichte (für welche der Autor dieses Buches nur bedingt kompetent ist) fällt auf, daß der Großteil der Publikationen in den

Bereich der frühchristlichen Kunst und Archäologie fällt, die einen mit der Byzantinistik verwandten eigenständigen Sektor darstellt. In der byzantinischen Kunst zeigt sich eine Hinwendung zur monographischen Behandlung von Einzelbauten (freilich oft getrennt nach Architektur und Bildprogramm). Große Synthesen treten zurück: DEICHMANNS Monographie über Ravenna [875], 1989 abgeschlossen, ist nur am Rande zu nennen, da auch vom Titel her der Akzent auf der Spätantike liegt. Die Symbolik (im weitesten Sinn des Wortes) und die Ikonographie sind durch BELTING [873: Bild und Kult] magistral und methodisch richtungweisend – wissenschaftlich wohl unnachahmbar – vertreten, und für die Buchmalerei sollte man, auch wegen der methodischen Auseinandersetzung mit dem Werk des Altmeisters Kurt Weitzmann J. LOWDEN [903] nennen, nicht ohne auf die Bemerkungen von O. KRESTEN [siehe 903] hinzuweisen, um sichtbar zu machen, wie sehr eine verfeinerte philologisch-kodikologische Methodik auch (und gerade) beim Studium der Buchmalerei hilfreich, nützlich und nötig ist.

Gesamttendenz

Die Byzantinistik besteht seit nun nahezu 100 Jahren (1896) als fest etablierte Universitätsdisziplin, ist durch Handbücher und grundlegende Monographien, zuletzt auch durch ein eigenes Lexikon in ihrem Bestand zunehmend gesichert und abgegrenzt. Die Gesamttendenz der letzten Jahre (und Jahrzehnte) zeichnet sich klar ab: die Linie, die die byzantinische von der Alten Welt trennt, wird immer deutlicher. Byzanz ist in der großen Mehrzahl seiner Erscheinungsformen und Institutionen ein Kulturraum des europäischen *Mittelalters*, hier im besonderen und im Laufe der späteren Jahrhunderte in zunehmendem Maß der speziellen Formation des Mittelalters im Mittelmeerraum. Dabei bleiben die Eigenheiten seiner Randlage mit den Grenzen zu anders gearteten Ethnien und Kulturkreisen und die stärkeren Bindungen zur Alten Welt als charakteristische Unterschiede (die sich in Mentalität, Kunst und Kultur äußern) gegenüber anderen Kulturkreisen des christlichen Mittelalters bestehen. In der verstärkten Erforschung dieser dialektischen Spannung scheint der weitere Weg der Byzantinistik zu liegen.

III. Quellen und Literatur

A. QUELLEN

Es werden nur die wichtigsten Quellen verzeichnet, weitere Quellenhinweise finden sich unter Nr. 65.

1. Quellen, Quellensammlungen, Kommentare

a) Historische Quellen

1. Corpus Scriptorum Historiae Byzantinae. 50 Bde. Bonn 1828–1897 („Bonner Corpus“, CSHB), wird seit 1967 ersetzt durch:
2. Corpus Fontium Historiae Byzantinae (CFHB), mit den folgenden bisher erschienenen Bänden:
   - Bd. 1: Constantinus Porphyrogenitus, De administrando imperio, edd. Gy. Moravcsik - R.J.H. Jenkins. Washington ²1967.
   - Bd. 2: Agathiae Myrinaei historiarum libri quinque, ed. R. Keydell. Berlin 1967.
   - Bd. 2A: Agathias, The Histories, transl. by J.D. Frendo. Berlin 1975.
   - Bd. 3: Nicetae Choniatae Orationes et epistulae, ed. J.A. van Dieten. Berlin 1972.
   - Bd. 4: Ioannis Caminiatae De expugnatione Thessalonicae, ed. G. Böhlig. Berlin 1973.
   - Bd. 5: Ioannis Scylitzae Synopsis historiarum, ed. I. Thurn. Berlin 1973.
   - Bd. 6: Nicolai I Constantinopolitani Patriarchae epistolae, edd. R.J.H. Jenkins - L.G. Westerink. Washington 1973.
   - Bd. 7: Athanasii I Patriarchae Constantinopolitani epistulae CXV, ed., anglice vertit et commentario instruxit A.-M. Talbot. Washington 1975.
   - Bd. 8: Manuelis II Palaeologi epistulae, ed., anglice vertit et adnotavit G.T. Dennis. Washington 1977.
   - Bd. 9: Nicephori Bryennii historiarum libri quattuor, ed. P. Gautier. Brüssel 1975.
   - Bd. 10: Ignoti auctoris Chronica Toccorum Cephalleniensium, rec. et italice vertit J. Schirò. Rom 1975.
   - Bd. 11/1–2: Nicetae Choniatae Historia, ed. J.A. van Dieten. Berlin 1975.

Bd. 12/1–3: Chronica Byzantina Breviora, ed. P. Schreiner. 1. Einleitung und Text. 2. Historischer Kommentar. 3. Teilübersetzung, Indices. Wien 1975/1977/1979.
Bd. 13: Nikephoros Patriarch of Constantinople, Short History. Text, translation, and commentary by C. Mango. Washington 1990.
Bd. 14: Iosephi Genesii regum libri quattuor, rec. A. Lesmueller-Werner – I. Thurn. Berlin 1978.
Bd. 15: Synodicon Vetus, ed., anglice verterunt et adnotaverunt J. Duffy – J. Parker. Washington 1979.
Bd. 16/1–2: Theophylacti Achridensis orationes, tractatus, carmina; epistulae, rec., gallice vertit, notis indicibusque instruxit P. Gautier. Thessalonike 1980 und 1986.
Bd. 17: Mauricii Strategicon, ed. e introductione instruxit G.T. Dennis, germanice vertit E. Gamillscheg. Wien 1981.
Bd. 19/1: Registrum Patriarchatus Constantinopolitani. I. Documenta annorum MCCCXV – MCCCXXXI, ed. H. Hunger – O. Kresten. Wien 1981.
Bd. 20: Nicolai I Constantinopolitani Patriarchae opuscula diversa, ed. L.G. Westerink. Washington 1981.
Bd. 21: Gregorii Acindyni epistulae, ed., anglice vertit et adnotavit A. Constantinides Hero. Washington 1983.
Bd. 22: Critobuli Imbriotae Historiae, rec. D.R. Reinsch. Berlin 1983.
Bd. 23: Leonis Synadorum metropolitae et syncelli epistolae, rec., anglice vertit et commentario instruxit M. Pollard Vinson. Washington 1985.
Bd. 24/1–2: Georgii Pachymeris relationes historicas ed., introductione notisque instruxit A. Failler, gallice vertit V. Laurent. Vol. I. Libri I-III; vol. II. Libri IV-VI. Paris 1984.
Bd. 25: Three Byzantine Military Treatises. Text, translation and notes by G.T. Dennis. Washington 1985.
Bd. 26: Manuel II Palaeologus, Funeral Oration on his Brother Theodore. Intr., text, transl. and notes by J. Chrysostomides. Thessalonike 1985.
Bd. 27: Ephraem Aenii Historia Chronica, rec. O. Lampsides. Athen 1990.
Bd. 28: Constantini Porphyrogeniti tres tractatus de expeditionibus militaribus imperatoris, introductione instruxit, ed., anglice vertit et adnotavit I.F. Haldon. Wien 1990.
Bd. 29: Georgii Sphrantzae Chronicon, ed. R. Maisano. Rom, 1990.
Bd. 30: Michaelis Pselli Historia Syntomos, rec., anglice vertit et commentario instruxit W.J. Aerts. Berlin 1990.
Bd. 31/1–2: Theodori Studitae epistulae, rec. G. Fatouros. Pars 1.2. Berlin 1992.
Bd. 33: Leonis Sapientis Librum Praefecti ed. germaniceque vertit et introductione instruxit J. Koder. Wien 1991.
Bd. 34: Ioannis Mauropodis Euchaitorum Metropolitae epistulae, ed., anglice vertit et adnotavit A. Karpozilos. Thessalonike 1990.

3. Constantini Porphyrogeniti imperatoris de ceremoniis aulae byzantinae, rec. J.J. Reiske. 2 Bde. Bonn (CSHB) 1829–30 („Zeremonienbuch").
4. Constantin VII Porphyrogénète. Le livre des cérémonies, ed. A. Vogt. 4 Bde. Paris 1935–40 (unvollst. Neuausgabe mit Übers.).
5. Costantino Porfirogenito, De thematibus, ed. A. Pertusi. Vatikanstadt 1952 (mit Übers.).
6. Cronaca di Monemvasia, ed. I. Dujčev. Palermo 1976 (mit Übers.).
7. A. Cameron – J. Herrin, Constantinople in the early eighth century: the parastaseis syntomoi chronikai. Leiden 1984.
8. J. Darrouzès, Notitiae episcopatuum ecclesiae Constantinopolitanae. Textes critiques, introduction et notes. Paris 1981.
9. G. Dagron – H. Mihaescu, Le traité sur la guérilla (de velitatione) de l'empereur Nicéphore Phocas (963–969). Paris 1986.
10. E. Honigmann, Le synekdèmos d'Hiéroklès et l'opuscule géographique de Georges de Chypre. Brüssel 1939.
11. V. Laurent, Les „Mémoires" du Grand Ecclésiarque de l'Église de Constantinople, Silvestre Syropoulos, sur le Concile de Florence (1438–1439). Rom 1971.
12. P. Lemerle, Les plus anciens recueils des miracles de Saint Démétrius. 2 Bde. Paris 1979–1981.
13. G.G. Litavrin – A.P. Novosel'ceva (Hrsg.), Konstantin Bagrjanorodnyj, Ob upravlenii imperii [Konstantin Porphyrogennetos, De administrando imperio]. Moskau 1989 (mit russ. Übers.).
14. N. Oikonomidès, Les listes de préséance byzantines des IXe et Xe siècles. Paris 1972 (mit Übers.).
15. I. Rochow, Byzanz im 8. Jahrhundert in der Sicht des Theophanes. Quellenkritisch-historischer Kommentar zu den Jahren 715–813. Berlin 1991.
16. P. Schreiner, Texte zur spätbyzantinischen Finanz- und Wirtschaftsgeschichte in Handschriften der Biblioteca Vaticana. Vatikan 1991 (mit Übers.).
17. J. Verpeaux, Pseudo-Kodinos. Traité des offices. Paris 1966 (mit Übers.).

b) Juristische Quellen

18. J. B. Mansi, Sacrorum Conciliorum nova et amplissima collectio. Florenz-Venedig 1759 ff.
19. a: Acta Conciliorum Oecumenicorum, ed. E. Schwartz – J. Straub. Straßburg-Berlin 1914–1984 (erste Serie, bis 553, abgeschlossen).
    b: Acta Conciliorum Oecumenicorum, series secunda. Berlin 1984 ff. (vol. I: Concilium Lateranense a. 649 celebratum, ed. R. Riedinger).
20. K. Rhalles – M. Potles, Syntagma tōn theiōn kai hierōn kanonōn. 6 Bde. Athen 1852–1859.
21. F. Miklosich – I. Müller, Acta et diplomata graeca medii aevi sacra et profana. 6 Bde. Wien 1860–1890.
22. J. u. P. Zepos, Ius graecoromanum. 8 Bde. Athen 1931 (Nachdr. Aalen 1962).
23. Archives de l'Athos, publ. P. Lemerle u. a. Paris 1937 ff., mit den Urkundensammlungen folgender Klöster (bis 1993): II, Actes de Kutlumus (^{2}1988, ^{1}1945); III, Actes de Xeropotamou (1964); IV, Actes de Dionysiou (1968); V,

Actes de Lavra (Bd. 1, [1]1970, ersetzt [1]1935 = Bd. I der Archives de l'Athos); VI, Actes d'Esphigmenou (Paris 1973); VII, Actes du Protaton (Paris 1975); VIII, Actes de Lavra (Bd. 2, 1977); IX, Actes de Kastamonitou (1978), X, Actes de Lavra (Bd. 3, 1979); XI, Actes de Lavra (Bd. 4, 1982); XII, Actes de Saint-Pantéléèmôn (1982); XIII, Actes de Docheiariou (1984); XIV, Actes d'Iviron (Bd. 1, 1985); XV, Actes de Xénophon (1986); XVI, Actes d'Iviron (Bd. 2, 1990); XVII, Actes de Pantocrator (1991).

24. F. Dölger, Aus den Schatzkammern des Heiligen Berges. 2 Bde. München 1948.
25. Corpus des actes grecs d'Italie du sud et de Sicile. Recherches d'histoire et de géographie. Vatikanstadt 1967ff. mit den von A. Guillou herausgegebenen Urkunden folgender Kirchen und Klöster: San Nicolas di Donnoso (1967), San Nikodemo di Kellarana (1968), Theotokos di Hagia Agathè bei Oppido (1972), Metropolis di Reggio (1974), San Giovanni Theresti (1980).
26. Fontes Minores, hrsg. D. Simon. Frankfurt 1976ff. (bisher 9 Bde.).
27. Byzantina Engrapha tēs monēs Patmu. I. Autokratorika, ed. E.L. Branusē. II. Dēmosion leiturgōn, ed. M. Nystazopulu-Pelekidu [Byz. Urkunden des Patmos-Klosters, I. Kaiserliche Urkunden, II. Beamtenurkunden]. Athen 1980.
28. L. Burgmann, Ecloga. Das Gesetzbuch Leons III. und Konstantins V. Frankfurt 1983.
29. Nomos Georgikos (Vizantijskij zemledel'českij zakon), red. I.P. Medvedev. Leningrad 1984 (mit russ. Übers.).

c) Theologische Quellen

30. Acta Sanctorum. Antwerpen 1643ff. (ASS oder AASS).
31. J.P. Migne. Patrologiae cursus completus. Series graeca. 162 Bde. Paris 1857–1866 (PG).
32. A. Ehrhard, Überlieferung und Bestand der hagiographischen und homiletischen Literatur der griechischen Kirche. Leipzig – Berlin 1937–1952.
33. F. Halkin, Bibliotheca Hagiographica Graeca. 3 Bde. Brüssel 1957. 2 Suppl.Bde. Brüssel 1969/1984.
34. F. Winkelmann, Quellen zur Erforschung des monergetisch-monotheletischen Streites, in: Klio 69 (1987) 515–559.

d) Hilfswissenschaftliche Quellen

Numismatik

35. W. Hahn, Moneta Imperii Byzantini. Wien 1973ff. (bisher 3 Bde., Jahre 491–720).
36. C. Morrisson, Catalogue des monnaies byzantines de la Bibliothèque Nationale. 2 Bde. Paris 1970.

Sphragistik

37. V. Laurent, Le corpus des sceaux de l'empire byzantin. 5 Bde. Paris 1963–1972.
38. J. Nesbitt – N. Oikonomidès, Catalogue of Byzantine Seals at Dumbarton

Oaks and in the Fogg Museum of Art. Bd. 1. Washington 1991 (zukunftweisendes Standardwerk).

39. W. Seibt, Die byzantinischen Bleisiegel in Österreich. 1. Teil. Kaiserhof. Wien 1978.
40. G. Zacos - A. Vegléry, Byzantine lead seals. 3 Bde. Basel 1972.
41. G. Zacos, Byzantine lead seals. Bern 1984.

Epigraphik

42. D. Feissel - A. Philippidis-Braat, Inventaire en vue d'un recueil des inscriptions historiques de Byzance. III. Inscriptions du Péloponnèse, in: TM 9 (1985) 267–395.

Metrologie

43. E. Schilbach, Byzantinische metrologische Quellen. Thessalonike 1982.
44. Géométries du fisc byzantin, édition, traduction, commentaire par J. Lefort u. a. Paris 1991.

2. Übersetzungen

Verschiedene Autoren

45. Bibliothek der griechischen Literatur, hrsg. P. Wirth und W. Gessel, Stuttgart 1973 ff. (erschienen sind die Übers. zu Nikephoros Gregoras, teilw.; Demetrios Kydones, teilw.; Johannes Kantakuzenos, teilw.; Byzantinische Fürstenspiegel; Theophylaktos Simokates; Georgios Akropolites; Zosimos).
46. Bisanzio nella sua letteratura. A cura di U. Albini e E.V. Maltese. Mailand 1984.
47. Byzantinische Geschichtsschreiber, hrsg. E. v. Ivánka (bis Bd. 12), Graz 1954–1974, und J. Koder. Graz 1981–1986, Wien 1986 ff. (insges. 18 Bde.).
48. H.-G. Beck, Byzantinisches Lesebuch. München 1982.
49. K. Dieterich, Byzantinische Quellen zur Länder- und Völkerkunde. 2 Bde. Leipzig 1912.
50. Ders., Hofleben in Byzanz. Leipzig o.J.
51. D.J. Geanakoplos, Byzantium. Church, Society and Civilization Seen through Contemporary Eyes. Chicago 1984.
52. H. Hunger, Byzantinische Geisteswelt. Baden-Baden 1958 (Amsterdam ^{2}1967).
53. C. Mango, The art of the Byzantine Empire 312–1453. Sources and documents. Engelwood Cliffs 1972.
54. J.P. Richter, Quellen der byzantinischen Kunstgeschichte. Wien 1897.
55. F.W. Unger, Quellen der byzantinischen Kunstgeschichte, 2 Bde. Wien 1878.

Einzelautoren (Auswahl)

56. The Chronicle of Malalas. A Translation by E. Jeffreys u. a. Melbourne 1986.
57. O City of Byzantium. Annals of Niketas Choniates, transl. by H.J. Magoulias. Detroit 1984.
58. The Chronicle of Theophanes. An English Translation of anni mundi 6095–6305 (A.D. 602–813) with Introduction and Notes by H. Turtledove. Philadelphia 1982.

3. Bibliographien zu Quellen und Sekundärliteratur

59. Historische Bücherkunde. Südosteuropa I. Mittelalter. 2 Bde. Hrsg. M. Bernath. München 1978–1980.
60. Byzantinische Zeitschrift: III. Abteilung. Bibliographische Notizen.
61. Byzantinoslavica: Bibliographie.
62. H. Ditten, Die im Bonner Corpus enthaltenen Texte und neuere Ausgaben derselben, in: Miscellanea Critica. Bd. 1. Leipzig 1964, 36–78.
63. Dumbarton Oaks Bibliographies based on Byzantinische Zeitschrift, series I: Literature on Byzantine Art (1892–1967). Washington 1973. Series II: Literature in Various Byzantine Disciplines 1892–1977. vol. 1. Epigraphy. Washington 1981.
64. I.F. Fichman, Vvedenie v dokumental'nuju papirologiju [Einführung in die Dokument-Papyrologie]. Moskau 1987.
65. J. Karayannopulos - G. Weiss, Quellenkunde zur Geschichte von Byzanz (324–1453). Erster Halbband: Methodik, Typologie, Randzonen, bearb. von G. Weiss. Zweiter Halbband: Hauptquellen, allgemeine Quellenlage, bearb. von J. Karayannopulos und G. Weiss. Wiesbaden 1982.
66. G. Moravcsik, Byzantinoturcica. Bd. I. Die byzantinischen Quellen der Geschichte der Turkvölker. Berlin ^{2}1958.
67. Chr. M. Bartikian (Mpartikian), To Byzantion eis tas armenikas pēgas [Byzanz in den arm. Quellen]. Thessalonike 1981.
68. N. Oikonomidès (Hrsg.), Studies in Byzantine Sigillography. 2 Bde. Washington 1987–1990.
69. 69. Ders., Byzantine Lead Seals. Washington 1985 (Einführung).
70. Quellen zur Geschichte des frühen Byzanz (4.-9. Jahrhundert). Bestand und Probleme, hrsg. F. Winkelmann und W. Brandes. Berlin 1990.
71. W. Schule, Bibliographie der Übersetzungen griechisch-byzantinischer Quellen. Wiesbaden 1982.
72. I. Sorlin, Bulletin des publications en langues slaves. Les recherches soviétiques sur l'histoire byzantine, in: TM 10 (1987) 491–541.
73. G. Weiss, Byzanz. Kritischer Forschungs- und Literaturbericht 1968–1985. München 1986.

4. Regesten zu Quellen

74. F. Dölger, Regesten der Kaiserurkunden des Oströmischen Reiches von 565–1453. 5 Teile. München 1924–1965 (Teil 3: Regesten von 1204–1282 in 2. Aufl. 1975; Teil 2: Regesten von 1025–1204 in 2. Aufl. 1994).
75. V. Grumel - V. Laurent - J. Darrouzès, Les regestes des actes du Patriarcat de Constantinople. Vol. I: Les actes des patriarches (7 Fasz., Konstantinopel-Paris 1932–1991, bis 1453 reichend).

B. LITERATUR

Vorbemerkung: Eine allgemeine und umfassende Bibliographie zu den verschiedenen Teilfragen ist nicht beabsichtigt. Es werden jedoch auch Werke zitiert, die in Teil II nicht behandelt sind. Aufsatztitel in slawischen Sprachen und im Neugriechischen werden nur transliteriert, Buchtiteln wird zusätzlich eine Übersetzung beigegeben.

1. Lexika, Handbücher und übergreifende Literatur, Fachzeitschriften

a) Lexika

76. The Oxford Dictionary of Byzantium, hrsg. A.P. Kazhdan u. a. 3 Bde. New York – Oxford 1991.
77. Reallexikon zur byzantinischen Kunst, hrsg. M. Restle. Stuttgart 1963 ff. (bis Langhauszyklen).
78. Reallexikon für Antike und Christentum, hrsg. E. Dassmann u. a. Leipzig – Stuttgart 1941 ff. (bis Horoskop), mit (bisher) 4 Supplementen (bis Athen I).
79. Dictionnaire d'Histoire et de Géographie ecclésiastique. Paris 1912 ff. (bis Herlemundus).
80. Thrēskeutikē kai Ethnikē Enkyklopaideia. 12 Bde. Athen 1962–1968.
81. Lexikon des Mittelalters. München 1977 ff. (bis Patrimonium Sancti Petri).
82. Tusculum-Lexikon griechischer und lateinischer Autoren des Altertums und des Mittelalters. München [3]1982.
83. Lexikon für Theologie und Kirche. 14 Bde. Freiburg [2]1957–1968 (3. völlig veränd. Aufl. erscheint ab 1993).
84. Prosopographisches Lexikon der Palaiologenzeit, hrsg. E. Trapp. Wien 1976 ff. (bis Tichōmēros).
85. D.M. Nicol, A biographical dictionary of the Byzantine Empire. London 1991.
86. J.R. Martindale, The Prosopography of the Later Roman Empire. Bd. 2 (395–527) Cambridge 1980. Bd. 3 (527–641). Cambridge 1992.
87. Glossar zur frühmittelalterlichen Geschichte im östlichen Europa. Serie B. Griechische Namen bis 1025. 2 Bde. Wiesbaden 1980–1985 (A-Armenikōn thema) (wird nicht weitergeführt).

b) Übergreifende Literatur (einschl. Handbücher)

88. H. Ahrweiler, Byzance et la mer. Paris 1966.
89. Dies., L'Idéologie politique de l'Empire Byzantin. Paris 1975.
90. B. Altaner – A. Stuiber, Patrologie. Leben, Schriften und Lehre der Kirchenväter. Freiburg [8]1978.
91. A. Bakalopulos, Historia tu neu hellēnismu. 7 Bde. Thessaloniki 1961 – 1986.
92. H.-G. Beck, Geschichte der byzantinischen Volksliteratur. München 1971.

93. DERS., Das byzantinische Jahrtausend. München 1978.
94. DERS., Kirche und theologische Literatur im Byzantinischen Reich. München 1959.
95. L. BREHIER, Le monde byzantin. 3 Bde. Paris 1948–1949.
96. R. BROWNING, The Byzantine Empire. London 1980 (deutsche Übers.: Byzanz. Roms goldene Tochter. Die Geschichte des Byzantinischen Weltreiches. Bergisch Gladbach 1982).
97. G. DAGRON, Naissance d'une capitale. Constantinople et ses institutions de 330 à 451. Paris 1974.
98. F. DÖLGER – J. KARAYANNOPULOS, Byzantinische Urkundenlehre. Bd. I. Die Kaiserurkunden. München 1968.
99. A. DUCELLIER (Hrsg.), Byzance et le monde orthodoxe. Paris 1986 (dt. Übers.: Das Reich und die Stadt. Frankfurt 1990).
100. DERS. u. a., Le moyen-âge en Orient. Byzance et l'Islam. Des barbares aux Ottomans. Paris 1990.
101. E. EICKHOFF, Macht und Sendung. Byzantinische Weltpolitik. Stuttgart 1981.
102. La filologia medievale e umanistica greca e latina nel secolo XX. Atti del Congresso Internazionale ... Rom 1989. 2 Bde. Rom 1993.
103. Fischer Weltgeschichte: Byzanz. Frankfurt 1973.
104. G. FOWDEN, Empire to Commonwealth. Consequences of monotheism in late antiquity. Princeton 1993.
105. D.J. GEANAKOPLOS, Constantinople and the West. Essays on the Late Byzantium (Palaeologai) and Italian Renaissances and the Byzantine and Roman Churches. Madison 1989.
106. A. GUILLOU, La civilisation byzantine. Paris 1974.
107. V. GRUMEL, La chronologie. Paris 1958.
108. Handbuch der Ostkirchenkunde. Bd. I. Hrsg. W. NYSSEN – H.-J. SCHULZ – P. WIERTZ. Düsseldorf 1984. Bd. II. Düsseldorf 1989.
109. H.-W. HAUSSIG, Byzantinische Geschichte. Stuttgart 1969.
110. DERS., Kulturgeschichte von Byzanz. Stuttgart ^{2}1966.
111. The Cambridge Medieval History IV. The Byzantine Empire. Cambridge 1966.
112. H. HUNGER, Die hochsprachliche profane Literatur der Byzantiner. 2 Bde. München 1978.
113. DERS., Das Reich der Neuen Mitte. Graz 1965. (Die Kapitel I und II = S. 37–107 nun in überarbeiteter Fassung in: 165, Nr. 20).
114. J. IRMSCHER, Einführung in die Byzantinistik. Berlin 1971.
115. Istorija Vizantii [Geschichte von Byzanz]. 3 Bde. Moskau 1967.
116. K. KASER, Südosteuropäische Geschichte und Geschichtswissenschaft. Eine Einführung. Wien 1990.
117. A.P. KAZHDAN, Byzanz und seine Kultur. Berlin 1973.
118. A. KAZHDAN – G. CONSTABLE, People and power in Byzantium. An introduction to modern byzantine studies. Washington 1982.
119. A. KAZHDAN – A. WHARTON EPSTEIN, Change in Byzantine Culture in the Eleventh and Twelfth Centuries. Berkeley 1985.
120. PH. KUKULES, Byzantinōn bios kai politismos [Byzantinisches Leben und Zivilisation]. 9 Bde. Athen 1948–1955.

121. Kul'tura Vizantii, hrsg. Z.V. UDAL'COVA (†) u. G.G. LITAVRIN. 3 Bde. Moskau 1984–1991.
122. F.G. MAIER, Die Verwandlung der Mittelmeerwelt. Frankfurt 1968.
123. DERS., Tradition und Wandel: Über die Gründe der Widerstandskraft von Byzanz, in: HZ 218 (1974) 265–282.
124. C. MANGO, Byzantium. The Empire of the New Rome. London 1980.
125. O. MAZAL, Handbuch der Byzantinistik. Graz 1989.
126. Y.E. MEIMARIS u. a., Chronological Systems in Roman-Byzantine, Palestine and Arabia. The Evidence of the Dated Greek Inscriptions. Paris 1992 (zur frühen Chronologie).
127. G. MORAVCSIK, Einführung in die Byzantinologie. Darmstadt 1976.
128. G. OSTROGORSKY, Geschichte des Byzantinischen Staates. München [3]1963.
129. G. PODSKALSKY, Theologie und Philosophie in Byzanz. München 1977.
130. E. SCHILBACH, Byzantinische Metrologie. München 1970.
131. A. A. VASILIEV, History of the Byzantine Empire 324–1453. Madison [2]1962.
132. K. WESSEL, Die Kultur von Byzanz. Frankfurt 1970.
133. F. WINKELMANN - G. GOMOLKA-FUCHS, Frühbyzantinische Kultur. Leipzig 1987.
134. P. WIRTH, Grundzüge der Byzantinischen Geschichte. Darmstadt [2]1989.
135. SP. VRYONIS, Byzantium and Europe. London 1967.
136. K.E. ZACHARIAE VON LINGENTHAL, Geschichte des griechisch-römischen Rechts. Nachdr. d. 3. Aufl. (1892) Aalen 1955.

c) Wichtige, regelmäßig erscheinende Fachzeitschriften

137. Byzantiaka, Thessalonike 1981 ff.; Byzantina, Thessalonike 1969 ff.; Byzantine and Modern Greek Studies, Oxford 1975 ff.; Byzantinische Zeitschrift, Leipzig 1892 ff.; Byzantinoslavica, Prag 1929 ff.; Byzantion, Brüssel 1924 ff.; Byzantinische Forschungen, Amsterdam 1966 ff.; Dumbarton Oaks Papers, Washington 1941 ff.; Epetēris Hetaireias Byzantinōn Spudōn, Athen 1924 ff.; Jahrbuch d. Österr. Byzantinistik, Wien 1969 ff. (vorher Jahrbuch der Österr. Byz. Gesellschaft, Wien 1952 ff.); Revue des Études Byzantines, Paris 1949 ff.; Rivista di Bizantinistica, Bologna 1991 ff. (vorher: Rivista di Studi bizantini e slavi, Bologna 1981 ff.); Rivista di Studi Bizantini e Neoellenici, Rom 1964 ff. (vorher: Studi Bizantini e Neoellenici, Rom 1931 ff.); Vizantijskij Vremennik, St. Petersburg-Moskau 1894 ff. (unterbrochen 1929–1946); Zbornik Radova Vizantološkog Instituta, Belgrad 1952 ff.

2. AUFSATZSAMMLUNGEN UND SAMMELBÄNDE

138. M.V. ANASTOS, Studies in Byzantine Intellectual History. London 1979.
139. D. BAKER (Hrsg.), The Relations between East and West in the Middle Ages. Edinburgh 1973.
140. H.-G. BECK, Ideen und Realitaeten. London 1972.
141. R. BROWNING, Studies on Byzantine Literature and Education. London 1977.

142. A. Bryer - H. Lowry (Hrsg.), Continuity and Change in Late Byzantine and Early Ottoman Society. Birmingham – Washington 1986.
143. Cl. Cahen, Turcobyzantina et Oriens Christianus. London 1984.
144. M. Canard, L'expansion arabo-islamique et ses repercussions. London 1974.
145. G. Cavallo (Hrsg.), L'uomo bizantino. Rom – Bari 1992.
146. P. Charanis, Social, Economic and Political Life in the Byzantine Empire. London 1973.
147. Ders., Studies on the Demography of the Byzantine Empire. London 1972.
148. L. Clucas (Hrsg.), The Byzantine Legacy in Eastern Europe. New York 1988.
149. J. Deér, Byzanz und das abendländische Herrschertum. Sigmaringen 1977.
150. F. Dölger, Byzanz und die Europäische Staatenwelt. Darmstadt 1964.
151. Ders., Byzantinische Diplomatik. Ettal 1956.
152. Ders., Paraspora. Ettal 1961.
153. I. Dujčev, Medioevo bizantino-slavo. 3 Bde. Rom 1965–1971.
154. F. Dvornik, Photian and Byzantine Ecclesiastical Studies. London 1974.
155. O. Engels - P. Schreiner (Hrsg.), Die Begegnung des Westens mit dem Osten. Sigmaringen 1993.
156. A.v. Euw - P. Schreiner (Hrsg.), Kaiserin Theophanu. Begegnung des Ostens und Westens um die Wende des ersten Jahrtausends. 2 Bde. Köln 1991.
157. Dies. (Hrsg.), Kunst im Zeitalter der Theophanu. Köln 1993.
158. H. Grégoire, Autour de l'épopée byzantine. London 1975.
159. R. Guilland, Études de topographie de Constantinople byzantine. 2 Bde. Berlin – Amsterdam 1969.
160. Ders., Recherches sur les institutions byzantines. Berlin – Amsterdam 1967.
161. Hommes et richesses dans l'Empire byzantin. Tome I: IVe-VIIe siècle. Paris 1989. Tome II: VIIe-XVe siècle. Paris 1991.
162. P.E. Hübinger (Hrsg.), Bedeutung und Rolle des Islam beim Übergang vom Altertum zum Mittelalter. Darmstadt 1968.
163. Ders. (Hrsg.), Zur Frage der Periodengrenze zwischen Altertum und Mittelalter. Darmstadt 1969.
164. H. Hunger, Byzantinistische Grundlagenforschung. London 1973.
165. Ders., Epidosis. Gesammelte Schriften zur byzantinischen Geistes- und Kulturgeschichte. München 1989.
166. Ders. (Hrsg.), Das Byzantinische Herrscherbild. Darmstadt 1975.
167. D. Jacoby, Recherches sur la Méditerranée orientale du XIIe au XVe siècles. London 1979.
168. R. Lauer - P. Schreiner (Hrsg.), Kulturelle Traditionen in Bulgarien. Bericht über das Kolloquium der Südosteuropa-Kommission 16.-18. Juni 1987. Göttingen 1989.
169. A.E. Laiou - H. Maguire (Hrsg.), Byzantium, a World Civilization. Washington 1992.
170. P. Lemerle, Essais sur le monde byzantin. London 1980.
171. Ders., Le monde de Byzance: Histoire et Institutions. London 1978.
172. R.-J. Loenertz, Byzantina et Franco-Graeca. 2 Bde. Rom 1970 und 1978.
173. R.S. Lopez, Byzantium and the World around it: Economic and Institutional Relations. London 1978.

174. The Meeting of two Worlds. Cultural Exchange between East and West during the Period of the Crusades. Kalamazoo (Mich.) 1986.
175. D. Obolensky, Byzantium and the Slavs. London 1971.
176. W. Ohnsorge, Abendland und Byzanz. Darmstadt 1963.
177. Ders., Konstantinopel und der Okzident. Darmstadt 1966.
178. Ders., Ostrom und der Westen. Darmstadt 1963.
179. G. Ostrogorsky, Zur byzantinischen Geschichte. Darmstadt 1973.
180. I. Ševčenko, Ideology, Letters and Culture in the Byzantine World. London 1982.
181. Ders., Society and Intellectual Life in Late Byzantium. London 1981.
182. Ders., Byzantium and the Slavs in Letters and Culture. Cambridge (Mass.) – Neapel 1991.
183. F. Winkelmann (Hrsg.), Volk und Herrschaft im frühen Byzanz. Methodische und quellenkritische Probleme. Berlin 1991.
184. J.J Yiannias (Hrsg.), The Byzantine Tradition after the Fall of Constantinople. Charlottesville – London 1991.

3. Topographie, historische Geographie

185. A. Berger, Untersuchungen zu den Patria Konstantinupoleos. Bonn 1988.
186. G. Dagron, Constantinople Imaginaire. Études sur le recueil des Patria. Paris 1984.
187. H. Hellenkemper – F. Hild, Neue Forschungen in Kilikien. Wien 1986.
188. F. Hild, Das byzantinische Straßensystem in Kappadokien. Wien 1977.
189. E. Honigmann, Die Ostgrenze des byzantinischen Reiches von 363 bis 1071. Brüssel 1935.
190. R. Janin, Constantinople byzantine. Paris 1974.
191. Ders., Les églises et les monastères des grands centres byzantins. Paris 1975.
192. Ders., La géographie ecclésiastique de l'empire byzantin: Les églises et les monastères (de Constantinople). Paris 1969.
193. J. Koder, Negroponte. Untersuchungen zur Topographie und Siedlungsgeschichte der Insel Euboia während der Zeit der Venezianerherrschaft. Wien 1973.
194. Ders., Der Lebensraum der Byzantiner. Historisch-geographischer Abriß ihres mittelalterlichen Staates im östlichen Mittelmeeraum. Graz 1984.
195. Ders., Zu den Folgen der Gründung einer zweiten Reichshauptstadt an der „Peripherie" des Römischen Reiches am Übergang von der Antike zum Mittelalter, in: Südostforschungen 48 (1989) 1–18.
196. P. Koledarov, Političeska geografia na srednovekovnata bŭlgarskata dŭržava [Politische Geographie des mittelalterl. bulg. Staates]. 2 Bde. Sofia 1979–1989.
197. A. Külzer, Peregrinatio graeca in terram sanctam. Studien zu Pilgerführern und Reisebeschreibungen über Syrien, Palästina und den Sinai aus byzantinischer und postbyzantinischer Zeit. Frankfurt 1994.
198. E. Malamut, Les îles de l'empire byzantin. Paris 1988.

199. Dies., Sur la route des saints byzantins. Paris 1993.
200. Ph. Malingoudis, Studien zu den slavischen Ortsnamen Griechenlands. Wiesbaden 1981.
201. C. Mango, Le developpement urbain de Constantinople (IVe-VIIe siècles). Paris 1985.
202. O. Maull, Der Einfluß geographischer Faktoren auf die Geschichte des Byzantinischen Reiches, in: Südostforschungen 21 (1962) 1–21.
203. W. Müller-Wiener, Bildlexikon zur Topographie Istanbuls. Tübingen 1977.
204. G. Schramm, Eroberer und Eingesessene. Geographische Lehnnamen als Zeugen der Geschichte Südosteuropas im ersten Jahrtausend n. Chr. Stuttgart 1981.
205. Tabula Imperii Byzantini (TIB). Wien 1976 ff. (bisher erschienen die Bände: Hellas und Thessalia, Kappadokien, Nikopolis und Kephallenia, Galatien und Lykaonien, Kilikien und Isaurien, Thrakien, Phrygien und Pisidien).

4. Die Grundlinien der politischen Geschichte

a) 4. – 6. Jahrhundert

siehe auch: 347. 350. 657. 673.

206. R.C. Blockley, East Roman Foreign Policy. Formation and Conduct from Diocletian to Anastasius. Leeds 1992.
207. J.B. Bury, A History of the Later Roman Empire. 2 Bde. London 1889.
208. H. Chantraine, Konstantinopel – Vom zweiten Rom zum Neuen Rom, in: Geschichte in Wissenschaft und Unterricht 43 (1992) 3–15.
209. A. Demandt, Die Spätantike. Römische Geschichte von Diocletian bis Justinian 284–565 n. Chr. München 1989.
210. A.H.M. Jones, The later Roman empire 284–602. 3 Bde. Oxford 1964.
211. Ders., Der Niedergang und Fall des Römischen Reiches, in: Der Untergang des Römischen Reiches, hrsg. K. Christ. Darmstadt 1970, 326–347.
212. W.E. Kaegi, Byzantium and the Decline of Rome. Princeton 1968.
213. F. Kolb, Diocletian und die Erste Tetrarchie. Improvision oder Experiment in der Organisation monarchischer Herrschaft. Berlin 1987.
214. J. Martin, Spätantike und Völkerwanderung. München [2]1990.
215. N. Pigulewskaja, Byzanz auf den Wegen nach Indien. Berlin – Amsterdam 1969.
216. E. Stein, Histoire du Bas Empire. 2 Bde. Paris 1948 und 1958.
217. H. Wolfram, Die Goten. Von den Anfängen bis zur Mitte des 6. Jahrhunderts. Entwurf einer historischen Ethnographie. München [1]1990.

b) 7. – 9. Jahrhundert

siehe auch: 207. 330. 331. 356. 480.

218. M. Anastos, Leos III's edict against the images in the year 726–27 and italo-byzantine relations between 726 and 730, in: 138, Nr. VIII.
219. Ders., The Transfer of Illyricum, Calabria and Sicily in the Jurisdiction of the Patriarchate of Constantinople in 732–33, in: 138, Nr. IX.

220. Byzanz im 7. Jahrhundert. Untersuchungen zur Herausbildung des Feudalismus, von F. WINKELMANN - H. KÖPSTEIN - H. DITTEN - I. ROCHOW. Berlin 1978.
221. P. CHARANIS, On the Question of the Hellenization of Sicily and Southern Italy During the Middle Ages, in: 147, Nr. XIV.
222. DERS., The Transfer of Population as a Policy in the Byzantine Empire, in: 147, Nr. III.
223. P. CLASSEN, Italien zwischen Byzanz und dem Frankenreich, in: DERS., Ausgewählte Aufsätze. Sigmaringen 1983, 85–115.
224. DERS., Karl der Große, das Papsttum und Byzanz. Die Begründung des karolingischen Kaisertums. Sigmaringen 1985.
225. DERS., Der erste Römerzug in der Weltgeschichte, in: Ausgewählte Aufsätze. Sigmaringen 1983, 23–43.
226. J. DEÉR, Zum Patricius-Romanorum-Titel Karls des Großen, in: Archivum Historiae Pontificiae 3 (1965) 31–86.
227. DERS., Zur Praxis der Verleihung des auswärtigen Patriziats durch den byzantinischen Kaiser, in: Archivum Historiae Pontificiae 8 (1970) 7–25.
228. DERS., Die Vorrechte des Kaisers in Rom, in: Schweizer Beiträge zur allgemeinen Geschichte 15 (1957) 5–63.
229. H. DITTEN, Zur Bedeutung der Einwanderung der Slawen, in: 245, 73–160.
230. E. EICKHOFF, Seekrieg und Seepolitik zwischen Islam und Abendland. Das Mittelmeer unter byzantinischer und arabischer Hegemonie (650–1040). Berlin 1966.
231. J. FERLUGA, Untersuchungen zur byzantinischen Ansiedlungspolitik auf dem Balkan von der Mitte des 7. bis zur Mitte des 9. Jh., in: Zbornik radova 23 (1984) 49–61.
232. V. GRUMEL, L'annexion de l'Illyricum oriental, in: Recherches de science religieuse 40 (1951) 191–200.
233. A. GUILLOU, L'Italia bizantina dalla caduta di Ravenna all'arrivo dei Normanni, in: Storia d'Italia, Bd. III. Turin 1983, 1–126.
234. DERS., Régionalisme et indēpendance dans l'empire byzantin au VIIe siècle. L'exemple de l'Exarchat et de la Pentapole d'Italie. Rom 1969.
235. J. HALDON, Byzantium in the Seventh Century. Cambridge 1990.
236. R.J.H. JENKINS, Cyprus between Byzantium and Islam, A.D. 688–965, in: DERS., Studies on Byzantine History of the 9th and 10th Centuries. London 1970, Nr. 22.
237. W.E. KAEGI, Byzantium and the Early Islamic Conquest. Cambridge 1992.
238. J. LAURENT, L'Arménie entre Byzance et l'Islam depuis la conquête arabe jusqu'en 886. Nouv. éd. par M. CANARD. Lissabon 1980.
239. R.-J. LILIE, Die byzantinische Reaktion auf die Ausbreitung der Araber. München 1976.
240. DERS., Das Reich auf dem Rückzug. Byzanz und Westeuropa in den „Dunklen Jahrhunderten", in: Südostforschungen 48 (1989) 19–36.
241. W. POHL, Die Awaren. Ein Steppenvolk in Mitteleuropa 567–822 n. Chr. München 1988.
242. P. SPECK, Artavasdos. Der rechtgläubige Vorkämpfer der göttlichen Lehren. Bonn 1981.

243. DERS., Kaiser Konstantin VI. Die Legitimation einer fremden und der Versuch einer eigenen Herrschaft. München 1978.
244. A.N. STRATOS, To Byzantion ston 7on aiōna. 6 Bde. Athen 1965–1978. (Engl. Ausg.: Byzantium in the 7th century. Amsterdam 1968 ff. Bisher 5 Bde.).
245. Studien zum 7. Jahrhundert in Byzanz. Probleme der Herausbildung des Feudalismus, hrsg. H. KÖPSTEIN - F. WINKELMANN. Berlin 1976.
246. Studien zum 8. und 9. Jahrhundert in Byzanz, hrsg. H. KÖPSTEIN F. WINKELMANN. Berlin 1983.
247. A.A. VASILIEV - M. CANARD, Byzance et les Arabes. 3 Bde. Brüssel 1935–1968.
248. M. VASMER, Die Slaven in Griechenland. Berlin 1941 (Nachdruck mit einem Vorwort von H. DITTEN, Leipzig 1970).
249. M. WEITHMANN, Die slavische Bevölkerung auf der griechischen Halbinsel. München 1978 (dazu die Besprechung von PH. MALINGOUDIS, in: Zeitschrift für Balkanologie 16 [1980] 212–219).
250. F. WINKELMANN, Byzanz und die Zeit der Kaiserin Eirene, in: Klio 32 (1980) 625–631.

c) 9. Jahrhundert – 1204

siehe auch: 230. 247. 338. 342. 343. 344. 346. 348. 354. 356. 357. 361. 362. 363. 364. 367. 368. 415. 503. 504.

251. M. ANGOLD, The Byzantine Empire 1025–1204. A Political History. London 1984.
252. K. BARZOS, Hē genealogia tōn Komnēnōn [Die Genealogie der Komnenen]. 2 Bde. Thessalonike 1984.
253. CH.M. BRAND, Byzantium confronts the West 1180–1204. Cambridge (Mass.) 1968.
254. DERS., The Fourth Crusade. Some Recent Interpretations, in: Medievalia et Humanistica 12 (1984) 33–45.
255. CL. CAHEN, Pre-Ottoman Turkey. London 1968.
256. F. CHALANDON, Les Comnène. Étude sur l'empire byzantin au XIe et au XIIe siècle. 3 Bde. Paris 1900–1912.
257. P. CHARANIS, Byzantium, the West and the Origin of the First Crusade, in: 146, Nr. XIV.
258. P. CLASSEN, Burgundio von Pisa. Richter – Gesandter – Übersetzer. Heidelberg 1974.
259. DERS., Die Komnenen und die Kaiserkrone des Westens, in: DERS., Gesammelte Aufsätze. Sigmaringen 1983, 171–185.
260. F. DÖLGER, Europas Gestaltung im Spiegel der fränkisch-byzantinischen Auseinandersetzung des 9. Jahrhunderts, in: 150, 282–369.
261. VL. DORIGO, Venezia Origini. Mailand 1983.
262. J. FERLUGA, L'amministrazione Bizantina in Dalmazia. Venedig 1978.
263. DERS., Die Chronik des Priesters von Diokleia als Quelle für die byzantinische Geschichte, in: Byzantina 10 (1980) 429–460.
264. A. FROLOW, Recherches sur la déviation de la IVe croisade vers Constantinople. Paris 1955.

265. R. HIESTAND, Byzanz und das Regnum italicum im 10. Jahrhundert. Zürich 1964.
266. H. HOFFMANN, Die Anfänge der Normannen in Süditalien, in: QF 49 (1969) 95–144.
267. H.-D. KAHL, Römische Krönungspläne im Komnenenhause?, in: AKG 59 (1977) 259–320.
268. S. KINDLIMANN, Die Eroberung von Konstantinopel als politische Forderung des Westens im Hochmittelalter. Zürich 1960.
269. J. KODER, Zeitenwenden. Zur Periodisierung aus byzantinischer Sicht, in: BZ 84/85 (1991/92) 409–422.
270. J. KODER – TH. WEBER, Liutprand von Cremona in Konstantinopel. Wien 1980.
271. P. LAMMA, Comneni e Staufer. Ricerche sui rapporti fra Bisanzio e l'Occidente nel sec. XII. 2 Bde. Rom 1955–1957.
272. P. LEMERLE, Cinq études sur le XIe siècle byzantin. Paris 1977.
273. K.J. LEYSER, Ends and Means in Liudprand of Cremona, in: Byz. Forschungen 13 (1988) 119–143.
274. R.-J. LILIE, Byzanz und die Kreuzfahrerstaaten. München 1981.
275. DERS., Der erste Kreuzzug in der Darstellung Anna Komnenes, in: Poikila Byzantina 6. Varia II. Bonn 1987, 49–148.
276. DERS., Das „Zweikaiserproblem" und sein Einfluß auf die Außenpolitik der Komnenen, in: Byz. Forschungen 9 (1985) 219–243.
277. DERS., Handel und Politik zwischen dem byzantinischen Reich und den italienischen Kommunen Venedig, Pisa und Genua in der Epoche der Komnenen und der Angeloi (1081–1204). Amsterdam 1984.
278. DERS., Noch einmal zum Thema „Byzanz und die Kreuzfahrerstaaten", in: Poikila Byzantina 4. Bonn 1984, 121–174.
279. P. MAGDALINO, The Empire of Manuel I. Komnenos 1143–1180. Cambridge 1993.
280. W. MALECZEK, Petrus Capuanus. Kardinal, Legat am Vierten Kreuzzug, Theologe († 1214). Wien 1988.
281. PH. MALINGOUDIS, Die Nachrichten des Niketas Choniates über die Entstehung des zweiten bulgarischen Staates, in: Byzantina 10 (1978) 51–147.
282. H. MÖHRING, Kreuzzug und Dschihad in der mediävistischen und orientalistischen Forschung 1965–1985, in: Innsbrucker Historische Studien 10/11 (1988) 361–386.
283. W. OHNSORGE, Neue Beobachtungen zum Kaisertitel Karls des Großen, in: 178, 45–59.
284. DERS., Das Kaiserbündnis von 842–844 gegen die Sarazenen, in: 176, 131–183.
285. DERS., Das Zweikaiserproblem im früheren Mittelalter. Hildesheim 1947.
286. D.I. POLEMIS, The Doukai. A Contribution to Byzantine Prosopography. London 1968.
287. D.E. QUELLER – S.J. STRATTON, A Century of Controversy on the Fourth Crusade, in: Studies in Mediaeval and Renaissance History 6 (1969) 233–277.
288. D.E. QUELLER, The Fourth Crusade. The Conquest of Constantinople 1201–1204. Philadelphia 1977.

289. H. Roscher, Papst Innocenz III. und die Kreuzzüge. Göttingen 1969.
290. St. Runciman, Geschichte der Kreuzzüge. 3 Bde. München 1957–1960.
291. W. Seibt, Die Skleroi. Eine prosopographisch-sigillographische Studie. Wien 1976.
292. K. Setton, A History of the Crusades. 6 Bde. Madison 1969–1990.
293. C. Toumanoff, The Background to Mantzikert, in: 13th Intern. Congr. Byz. Studies. Oxford 1966, Main Papers XIII.
294. A. Toynbee, Constantine Porphyrogenitus and his World. London 1973.
295. W. Treadgold, The Byzantine Revival 780–842. Stanford 1988.
296. H. Vollrath, Konrad III. und Byzanz, in: AKG 59 (1977) 259–320.
297. Sp. Vryonis, The Decline of Medieval Hellenism in Asia Minor and the Process of Islamization from the Eleventh through the Fifteenth Century. Berkeley 1971.

d) 13.–15. Jahrhundert

siehe auch: 354. 356. 357. 367. 379. 458. 687.

298. H. Ahrweiler, L'expérience nicéenne, in: DOP 29 (1975) 21–40.
299. B. Arbel u. a. (Hrsg.), Latins and Greeks in the Eastern Mediterranean after 1204. London 1989 (= Mediterranean Historical Review 4 [1989] Heft 2).
300. M. Angold, A Byzantine Government in Exile. Government and Society under the Laskarids of Nicea (1204–1261). Oxford 1975.
301. M. Balard, La Romanie génoise. 2 Bde. Rom 1978.
302. J.W. Barker, Manuel II Palaeologus (1391–1425): A Study in Late Byzantine Statesmanship. New Brunswick 1969.
303. I. Beldiceanu-Steinherr, La conquête d'Adrianople par les Turcs, in: TM 1 (1965) 439–461.
304. A. Ducellier, La façade maritime de l'Albanie au moyen âge. Durazzo et Valona du XIe au XVe siècle. Thessalonike 1981.
305. P.W. Edbury, The Kingdom of Cyprus and the Crusades 1191–1374. Cambridge 1991.
306. A. Franchi, I Vespri Siciliani e le relazioni tra Roma e Bisanzio. Palermo 1984.
307. D.J. Geanakoplos, Emperor Michael Palaeologus and the West 1258–1282. A Study in Byzantine-Latin Relations. Hamden 21973.
308. D. Jacoby, From Byzantium to Latin Romania: Continuity and Change, in: 299, 1–44.
309. E. Janssens, Trébizonde en Colchide. Brüssel 1969.
310. A. Ilieva, Frankish Morea (1205–1262). Socio-cultural Interaction Between the Franks and the Local Population. Athen 1991.
311. N. Jorga, Byzance après Byzance. Bukarest 1971.
312. S.P. Karpov, L'impero di Trebisonda, Venezia, Genova e Roma 1204–1461. Rapporti politici, diplomatici e commerciali. Rom 1986.
313. A. Laiou, Constantinople and the Latins. The Foreign Policy of Andronicus II. 1282–1328. Cambridge (Mass.) 1972.
314. J.S. Langdon, Byzantium's Last Imperial Offensive in Asia Minor. The Documentary Evidence for and Hagiographical Lore about John III Ducas

Vatatzes' Crusade against the Turks, 1222 or 1225 to 1231. New Rochelle 1992.
315. K.-P. Matschke, Die Schlacht bei Ankara und das Schicksal von Byzanz. Studien zur spätbyzantinischen Geschichte zwischen 1402 und 1422. Weimar 1981.
316. Ders., Der Untergang einer Großmacht, in: Zeitschrift für Geschichtswissenschaft 37 (1989) 890–904.
317. D. Nastase, L'héritage impérial byzantin dans l'art et l'histoire des pays roumains. Mailand 1976.
318. D.M. Nicol, The Despotate of Epiros. 2 Bde. Oxford 1957 und 1984.
319. Ders., The Byzantine Family of Kantakouzenos. Washington 1968.
320. A.Th. Papadopulos, Versuch einer Genealogie der Palaiologen. München 1938.
321. G. Prinzing, Die Bedeutung Bulgariens und Serbiens in den Jahren 1204–1219 im Zusammenhang mit der Entstehung und Entwicklung der byzantinischen Teilstaaten nach der Einnahme Konstantinopels infolge des 4. Kreuzzuges. München 1972.
322. A.G.C. Savvides, Byzantium in the Near East: Its Relations with the Seldjuk Sultanate of Rum in Asia Minor, the Armenians of Cilicia and the Mongols, A.D. ca. 1192–1237. Thessalonike 1981.
323. P. Schreiner, Chronologische Untersuchungen zur Familie Kaiser Manuels II., in: BZ 63 (1970) 285–299.
324. G.Chr. Soulis, The Serbs and Byzantium During the Reign of Tsar Stephan Dušan (1331–1355) and His Successors. Washington 1984.
325. F. Thiriet, La Romanie vénitienne au moyen âge. Paris 1959.
326. A.A. Vasiliev, The foundation of the Empire of Trebizond, in: Speculum 11 (1936) 3–37.
327. M.B. Wellas, Griechisches aus dem Umkreis Kaiser Friedrichs II. München 1983.
328. P. Wittek, The Rise of the Ottoman Empire. London 1938.
329. D.A. Zakythinos, Le despotat grec de Morée. Bd. I. Histoire politique. Bd. II. Vie et institutions. (Verbesserte Neuauflage) London 1975 (Erstauflage 1932 und 1953).

5. Byzanz und die Nachbarvölker. Beziehungen zum Ausland (einschl. Westen)

siehe auch: 241. 255. 268. 274. 297. 307. 317. 322. 324. 325. 481. 564.

330. V. Beschevliev, Die protobulgarische Periode der bulgarischen Geschichte. Amsterdam 1980.
331. Ders., Pŭrvobŭlgarski nadpisi [protobulgarische Inschriften]. Sofia 1979.
332. M.V. Bibikov, Die alte Rus' und die russisch-byzantinischen Beziehungen im Spiegel der byzantinischen Quellen, in: JÖB 35 (1985) 197–222.
333. Ders., Byzantinische Quellen zur Geschichte der Rus', der Völker der

nördl. Schwarzmeerküste und des nördl. Kaukasus (12.-13. Jh.) (russ.), in: Drevnejšie gosudarstva na territorii SSSR. Moskau 1991, 5–98.

334. M. BORGOLTE - R. HIESTAND, Byzanz und das Abendland, in: LMA, Bd. 2 (1981) 1304–1313.

335. S. BORSARI, Venezia e Bisanzio nel XII secolo. I rapporti economici. Venezia 1988.

336. R. BROWNING, Byzantium and Bulgaria. London 1975.

337. CHEN ZHI-QIANG, Preliminary Report of the Chinese Sources about the Byzantine State, in: Byzantiaka 12 (1992) 247–258.

338. G.W. DAY, Genoa's Response to Byzantium 1155–1204. Commercial Expansion and Factionalism in a Medieval City. Urbana 1988.

339. J. DEÉR, Papsttum und Normannen. Köln 1972.

339a. H. DITTEN, Ethnische Verschiebungen zwischen der Balkanhalbinsel und Kleinasien vom Ende des 6. bis zur 2. Hälfte des 9. Jahrhunderts. Berlin 1993.

340. F. DÖLGER, Ungarn in der byzantinischen Reichspolitik, in: 152, 152–177.

341. DERS., Rom in der Gedankenwelt der Byzantiner, in: 150, 70–115.

342. V. VON FALKENHAUSEN, I Bizantini in Italia, in: G. CAVALLO u. a., I Bizantini in Italia. Mailand 1982, 1–136.

343. W. FELIX, Byzanz und die islamische Welt im frühen 11. Jahrhundert. Wien 1981.

344. J.V. FINE, The Early Medieval Balkans. A Critical Survey From the 6th to the 12th Century. Ann Arbor 1983.

345. DERS., The Late Medieval Balkans. A Critical Survey from the Late Twelfth Century to the Ottoman Conquest. Ann Arbor 1987.

346. C. GOEHRKE, Frühzeit des Ostslaventums. Unter Mitwirkung von U. KÄLIN. Darmstadt 1992.

346a. V. GJUZELEV, Bulgarien zwischen Orient und Okzident. Die Grundlagen seiner geistigen Kultur vom 13. bis zum 15. Jahrhundert. Wien / Köln 1993.

347. K. GÜTERBOCK, Byzanz und Persien in ihren diplomatisch-völkerrechtlichen Beziehungen im Zeitalter Justinians. Ein Beitrag zur Geschichte des Völkerrechts. Berlin 1906.

348. W. HEINEMEYER, Die Verträge zwischen dem Oströmischen Reiche und den italienischen Städten Genua, Pisa und Venedig vom 10. bis 12. Jahrhundert, in: Archiv f. Diplomatik 3 (1957) 79–161.

349. M. HELLMANN (Hrsg.), Handbuch der Geschichte Russlands. Bd. 1. Stuttgart 1981.

350. R. HELM, Untersuchungen über den auswärtigen diplomatischen Verkehr des spätrömischen Reiches im Zeitalter der Spätantike, in: Archiv für Urkundenforschung 12 (1932) 375–436.

351. H. HUNGER, Phaenomen Byzanz aus europäischer Sicht, in: 165, Nr. 3.

352. DERS., Graecus perfidus – Ἰταλὸς ἰταμός. Il senso dell'alterità nei rapporti greco-romani ed italo-bizantini. Rom 1987.

353. E. HÖSCH, Geschichte der Balkanländer. Von der Frühzeit bis zur Gegenwart. München ²1993.

354. C. JIREČEK, Geschichte der Serben. 2 Bde. Gotha 1918.

355. DERS., Staat und Gesellschaft im mittelalterlichen Serbien. Wien 1912–1919.

356. Istorija na Bŭlgarija [Geschichte Bulgariens]. Bd. 2 u. 3 (Mittelalter). Sofia 1981 und 1982.
357. Istorija srpskog naroda [Geschichte des serb. Volkes]. Bd. 1–2 (Mittelalter). Belgrad 1981–1982.
358. R. Kerbl, Byzantinische Prinzessinnen in Ungarn zwischen 1050 und 1200 und ihr Einfluß auf das Arpaden-Königreich. Wien 1979.
359. M. Kordosis, China and the Greek World. An Introduction to Greek-Chinese Studies with special Reference to the Chinese Sources, in: Historiko-Geographika 3 (1989–1990) 143–273.
360. R.S. Lopez, Le problème des relations anglo-byzantins du septième au dixième siècle, in: 173, Nr. IV.
361. R.-J. Lilie, Manuel I. Komnenos und Friedrich I. Barbarossa. Die deutsche und byzantinische Italienpolitik während der zweiten Hälfte des 12. Jahrhunderts in der neueren Literatur, in: JÖB 42 (1992) 157–170.
362. F. Makk, The Arpáds and the Comneni. Political Relations between Hungary and Byzantium in the 12th Century. Budapest 1989.
363. G. Moravcsik, Byzantium and the Magyars. Amsterdam 1970.
364. D.M. Nicol, Byzantium and Venice. A Study in Diplomatic and Cultural Relations. Cambridge 1988.
365. D. Obolensky, The principles and methods of Byzantine diplomacy, in: 175, Nr. I.
366. Ders., The Byzantine Commonwealth. London 1971.
367. S. Origone, Bisanzio e Genova. Genua 1992.
368. A. Poppe, The political Background to the Baptism of Rus'. Byzantine Russian Relations between 986–89, in: DOP 30 (1976) 195–244.
369. M. Rentschler, Griechische Kultur und Byzanz im Urteil westlicher Autoren des 10. Jahrhunderts, in: Saeculum 29 (1978) 324–355.
370. Ders., Griechische Kultur und Byzanz im Urteil westlicher Autoren des 11. Jahrhunderts, in: Saeculum 31 (1980) 112–155.
370a. Ders., Liutprand von Cremona. Eine Studie zum ost-westlichen Kulturgefälle im Mittelalter. Frankfurt 1981.
371. A.N. Sacharov, Diplomatija drevnej Rusi IX – pervaja polovina X v. [Die Diplomatie der alten Rus'. 9.-1. Hälfte 10. Jh.]. Moskau 1980.
372. G. Schramm, Frühe Schicksale der Rumänen. Acht Thesen zur Lokalisierung der lateinischen Kontinuität in Südosteuropa, in: Zeitschrift für Balkanologie 21 (1985) 223–241, 22 (1986) 104–125, 23 (1987) 78–94.
373. P. Schreiner, Die Rolle der Turkvölker in der byzantinischen Reichspolitik, in: Materialia Turcica 9 (1983) 10–21.
374. Ders., Die Byzantinisierung der bulgarischen Kultur, in: 168, 47–60.
375. Ders., Byzanz und der Westen: Die gegenseitige Betrachtungsweise in der Literatur des 12. Jahrhunderts, in: Friedrich Barbarossa. Handlungsspielräume und Wirkungsweisen des staufischen Kaisers. Sigmaringen 1992, 551–580.
376. U. Schwarz, Amalfi im frühen Mittelalter (9.-11. Jh.). Tübingen 1978.
377. W. Seibt, Der historische Hintergrund und die Chronologie der Taufe der Rus' (989), in: The Legacy of Saints Cyril and Methodius to Kiev and Moscow. Thessalonike 1992, 289–303.

378. J. Shepard – S. Franklin (Hrsg.), Byzantine Diplomacy. London 1992.
379. E. Werner, Die Geburt einer Großmacht – die Osmanen. Wien ^{4}1985.
380. T.-J. Winnifrith, The Vlachs. A History of a Balkan People. London 1987.

6. Wirtschafts- und Sozialgeschichte

a) Währung

381. H. Antoniadis-Bibicou, Démographie, salaires et prix à Byzance au XIe siècle, in: Annales 27 (1972) 215–246.
382. T. Bertelè, Moneta Veneziana e moneta Bizantina, in: Venezia e il Levante fino al secolo XV. Bd. 1. Florenz 1973, 3–146.
383. Ders., Numismatique Byzantine. Éd. française mise à jour et augmentée de planches par C. Morrisson. Wetteren 1978.
384. J.-Cl. Cheynet – E. Malamut – C. Morrisson, Prix et salaires à Byzance (X^{e}-XVe siècle), in: 161, 339–374.
385. Ph. Grierson, Byzantine Coins. London 1982.
386. A. Guillou u. a., La cultura bizantina. Oggetti e messaggio. Moneta ed economia. Bari 1986.
387. W. Hahn, Regensburger Denare mit dem Bildnis Kaiser Heinrichs IV. im byzantinischen Stil als Schlußmünzen in nordischen Schatzfunden, in: Les Pays du Nord et Byzance. Uppsala 1981, 117–124.
388. M.F. Hendy, Studies in the Byzantine Monetary Economy c. 300–1450. Cambridge 1985.
389. Ders., Coinage and Money in the Byzantine Empire 1081–1261. Washington 1969.
390. G. Koenig, Frühbyzantinische und sassanidische Münzen in China, in: Geld aus China [Ausstellung des Rhein. Landesmuseums Bonn]. Köln –Bonn 1982, 90–109.
391. B. Malmer, The Byzantine Empire and the Monetary History of Scandinavia during the 10th and 11th Centuries, in: Les Pays du Nord et Byzance. Uppsala 1981, 125–129.
392. C. Morrisson, La dévaluation de la monnaie byzantine au XIe siècle: essai d'interprétation, in: TM 6 (1976) 3–47.
393. Dies., La logarikè: réforme monétaire et réforme fiscale sous Alexis Ier Comnène, in: TM 7 (1979) 419–464.
394. Dies., Le rôle des Varanges dans la transmission de la monnaie byzantine en Scandinavie, in: Les Pays du Nord et Byzance. Uppsala 1981, 131–140.
395. Dies., Monnaie et prix à Byzance du Ve au VIIe siècle, in: 161, 239–260.
396. Dies. u. a., L'or monnayé. Vol. I. Purification et altérations de Rome à Byzance. Paris 1985.
397. G. Ostrogorsky, Löhne und Preise in Byzanz, in: BZ 32 (1932) 293–333.

b) Finanzen und Finanzverwaltung

398. A. Andreadis, Le montant de budget de l'Empire Byzantin, in: Revue des Études Grecques 34 (1921) 20–56 (dazu kritisch E. Stein, in: BZ 24 [1924] 377–387).

399. H. ANTONIADIS-BIBICOU, Recherches sur les douanes à Byzance. Paris 1963.
400. F. DÖLGER, Beiträge zur Geschichte der byzantinischen Finanzverwaltung besonders des 10. und 11. Jahrhunderts. Leipzig 1927 (Nachdruck Darmstadt 1960).
401. U. HILDESHEIM, Personalaspekte der frühbyzantinischen Steuerordnung. Pfaffenweiler 1988.
402. J. KARAYANNOPULOS, Das Finanzwesen des frühbyzantinischen Staates. München 1958.
403. DERS., Die kollektive Steuerverantwortung in frühbyzantinischer Zeit, in: VSWG 43 (1956) 289–322.
404. R.-J. LILIE, Die byzantinischen Staatsfinanzen im 8./9. Jahrhundert und die stratiōtika ktēmata, in: Byzantinoslavica 47 (1987) 49–55 (Kritik zu Nr. 406).
405. N. OIKONOMIDÈS, De l'impôt de distribution à l'impôt de quotité à propos du premier cadastre byzantin (7e-9e siècle), in: Zbornik radova 26 (1987) 9–19.
406. W.T. TREADGOLD, The Byzantine State Finances in the Eighth and Ninth Centuries. New York 1982.

c) Gesellschaftliche und wirtschaftliche Entwicklung in Stadt und Land

siehe auch: 29. 381. 384. 395. 397. 623. 625. 628. 649. 719. 728. 730. 925. 940. 943. 959. 961.

407. The Byzantine Aristocracy, IX to XIII centuries, hrsg. M. ANGOLD. Oxford 1984.
408. H.-G. BECK, Byzantinisches Gefolgschaftswesen, in: 140, Nr. XI.
409. DERS., Konstantinopel. Zur Sozialgeschichte einer frühmittelalterlichen Hauptstadt, in: 140, Nr. X.
410. R. BROWNING, Sklaverei im Byzantinischen Reich (600–1200) (russ.), in: VV 14 (1958) 38–55.
411. A. CAMERON, Circus Factions. Blues and Greens at Rome and Byzantium. Oxford 1976.
412. DERS., Demes and Factions, in: BZ 67 (1974) 74–91.
413. A.A. ČEKALOVA, Konstantinopel' v VI veke. Vosstanie Nika [Konstantinopel im 6. Jh. Der Nika-Aufstand]. Moskau 1986. (Kurze Zusammenfassung in: 183, 11–17).
414. P. CHARANIS, Observations on the demography of the Byzantine Empire, in: 147, Nr. I.
415. J.-CL. CHEYNET, Pouvoir et contestations à Byzance (963–1210). Paris 1990.
416. D.J. CONSTANTELOS, Poverty, Society and Philanthropy in the Late Medieval Greek World. New Rochelle 1992.
417. C. CUPANE, Una „classe sociale" dimenticata: il basso clero metropolitano, in: Studien zum Patriarchatsregister von Konstantinopel I. Wien 1981, 61–83 (SAWW 383).
418. A. P. DJAKONOV, Byzantinische Demen und Faktionen vom 5. bis 7. Jh. (russ.), in: Vizantijskij Sbornik (1945) 144–227.
419. B. FERJANČIĆ, Überblick über den Pfarrklerus im späten Byzanz (serbokr.), in: Zbornik radova 22 (1983) 59–117.

420. H. Glykatzi-Ahrweiler, La concession des droits incorporels, in: Actes du XIIe Congr. Int. Et. Byzantines. Bd. 2. Belgrad 1964, 103–114.
421. A. Hadjinicolaou-Marava, Recherches sur la vie des esclaves dans le Monde Byzantin. Athen 1950.
422. A. Harvey, Economic expansion in the Byzantine empire 900–1200. Cambridge 1989.
423. M.F. Hendy, Byzantium 1081–1204: The Economy Revisited Twenty Years on, in: Ders., The Economy, Fiscal Administration and Coinage of Byzantium. Northampton 1989, Beitrag III.
424. E. Herman, Die kirchlichen Einkünfte des byzantinischen Niederklerus, in: Or. Chr. Per. 8 (1942) 378–442.
425. A. Hohlweg, Zur Frage der Pronoia in Byzanz, in: BZ 60 (1967) 288–308.
426. L.Th. Houmanides, Byzanz im Früh-, Hoch- und Spätmittelalter, in: H. Kellenbenz (Hrsg.), Handbuch der Europäischen Wirtschafts- und Sozialgeschichte, Bd. 2. Stuttgart 1980, 471–505 (unbrauchbar).
427. D. Jacoby, La population de Constantinople à l'époque byzantine: un problème de démographie urbaine, in: Byzantion 31 (1961) 81–109.
428. Ders., Silk in Western Byzantium before the Fourth Crusade, in: BZ 84/85 (1991/92) 452–500.
429. M. Kaplan, Les hommes et la terre à Byzance du VIe au XIe siècle. Propriété et exploitation du sol. Paris 1992.
430. J. Karayannopulos, Ein Problem der spätbyzantinischen Agrargeschichte, in: JÖB 30 (1981) 207–237.
431. A. Kazhdan, Il contadino, in: 145, 45–93.
432. Ders., The concepts of freedom (eleutheria) and slavery (duleia) in Byzantium, in: La notion de la liberté au Moyen Âge, Islam, Byzance, Occident. Paris 1985, 215–226.
433. A. Kazhdan - A. Cutler, Continuity and discontinuity in Byzantine history, in: Byzantion 52 (1982) 429–478.
434. J. Koder, Überlegungen zur Bevölkerungsdichte des byzantinischen Raumes in Spätmittelalter und Frühneuzeit, in: Byz. Forschungen 12 (1987) 289–305.
435. H. Köpstein, Zu den Agrarverhältnissen, in: 245, 1–72.
436. Dies., Zum Fortleben des Wortes „dulos“ und anderer Bezeichnungen für den Sklaven im Mittel- und Neugriechischen, in: Untersuchungen ausgewählter altgriechischer sozialer Typenbegriffe. Berlin 1981, 319–353.
437. Dies., Sklaverei im ausgehenden Byzanz. Berlin 1966.
438. A.E. Laiou-Thomadakis, Peasant Society in the Late Byzantine Empire. A Social and Demographic Study. Princeton 1977.
439. P. Lemerle, The Agrarian History of Byzantium. Galway 1979.
440. G.G. Litravin, Le problème de la propriété d'état, in: Byzantiaka 9 (1989) 9–46.
441. Lj. Maksimović, Charakter der sozial-wirtschaftlichen Struktur der spätbyz. Stadt (13.-15. Jh.), in: JÖB 31/1 (1981) 149–188.
442. K.-P. Matschke, Fortschritt und Reaktion in Byzanz im 14. Jahrhundert. Berlin 1971.

443. Ders., Grund und Hauseigentum in und um Konstantinopel in spätbyzantinischer Zeit, in: Jahrbuch f. Wirtschaftsgeschichte 1984, 103–128.
444. G. Ostrogorsky, La commune rurale byzantine, in: 179, 44–71.
445. Ders., Pour l'histoire de la féodalité byzantine. Brüssel 1954.
446. Ders., Pour l'histoire de l'immunité à Byzance, in: Byzantion 28 (1958) 165–254.
447. Ders., Observations on the aristocracy in Byzantium, in: DOP 25 (1971) 1–32.
448. Ders., Quelques problèmes d'histoire de la paysannerie byzantine. Brüssel 1956. (Dazu Rezension von J. Karayannopulos, in: BZ 50 [1957] 167–182).
449. E.Sp. Papagiannē, Ta oikonomika tu engamu klēru sto Byzantio [Die wirtschaftlichen Verhältnisse des verheirateten Klerus in Byzanz]. Athen 1986.
450. E. Patlagean, Pauvreté économique et pauvreté sociale à Byzance. 4e-7e siècles. Paris 1977.
451. P. Schreiner, Ein Prostagma Andronikos' III...., in: JÖB 27 (1978) 203–228.
452. V. Tiftixoglu, Gruppenbildungen innerhalb des Konstantinopolitanischen Klerus während der Komnenenzeit, in: BZ 62 (1969) 25–72.
453. F. Tinnefeld, Die frühbyzantinische Gesellschaft. München 1977.
454. Z.V. Udal'cova, Die Besonderheiten des Feudalismus in Byzanz, in: Besonderheiten der Byzantinischen Feudalentwicklung. Berlin 1983, 11–56.
455. E. Vespignani, Il Circo e le fazioni del Circo nella storiografia bizantinistica recente, in: Rivista di Studi Bizantini e Slavi 5 (1985) 61–101 (kritischer Forschungsbericht).
456. G. Weiss, Antike und Byzanz. Die Kontinuität der Gesellschaftsstruktur, in: HZ 224 (1979) 529–560.
457. Ders., Formen der Unfreiheit in Byzanz im 14. Jahrhundert, in: Actes du XIVe Congr. Int. Et. Byz., Bd. 2. Bukarest 1975, 291–295.
458. Ders., Joannes Kantakuzenos – Aristokrat, Staatsmann, Kaiser und Mönch – in der Gesellschaftsentwicklung von Byzanz im 14. Jahrhundert. Wiesbaden 1969.
459. F. Winkelmann, Quellenstudien zur herrschenden Klasse von Byzanz im 8. und 9. Jahrhundert. Berlin 1987.

d) Handwerk und Produktion

siehe auch: 277. 315. 428. 589. 943.

460. E. Frances, La disparition des corporations byzantines, in: Actes du XIIe Congr. Int. Et. Byz. Bd. 2. Belgrad 1964, 91–101.
461. Ders., L'état et les métiers à Byzance, in: Bsl 23 (1962) 231–249.
462. E. Kislinger, Gewerbe im späten Byzanz, in: SAWW 513 (1988) 103–126.
463. M. Lombard, Les métaux dans l'ancien monde du Ve au XIe siècle. Paris 1974.
464. R.S. Lopez, The Silk Industry in the Byzantine Empire, in: 173, Nr. III.
465. K.-P. Matschke, Bemerkungen zu „Stadtbürgertum" und „stadtbürgerlichem Geist" in Byzanz, in: Jahrbuch für Geschichte des Feudalismus 8 (1984) 265–285.
466. N. Oikonomidès, Quelques boutiques de Constantinople au Xe s.: prix, loyers, imposition, in: DOP 26 (1972) 345–356.

467. P. Schreiner, Die Organisation byzantinischer Kaufleute und Handwerker, in: AAWG 183 (1989) 44–61.
468. D. Simon, Die byzantinischen Seidenzünfte, in: BZ 68 (1975) 23–46.
469. A. Stöckle, Spätrömische und byzantinische Zünfte. Leipzig 1911.
470. T. Teoteoi, Remarques sur le travail manuel à Byzance au XIVe siècle, in: Études byzantines et postbyzantines I. Bukarest 1979, 55–75.
471. Sp. Vryonis, The Question of the Byzantine Mines, in: Speculum 37/1 (1962) 1–17.
472. H. Wada, Prokops Rätselwort Serinda und die Verpflanzung des Seidenbaus von China nach dem oströmischen Reich. (Diss.) Köln 1970.
473. Ders., Sērinda. Ein Abschnitt aus der byzantinischen Seidenkultur, in: Orient 14 (Tokyo 1978) 53–69.

e) Handel

siehe auch: 277. 312. 315. 335. 338. 376. 382. 428. 602. 607. 943.

474. E. Ashtor, Levant Trade in the Later Middle Ages. Princeton 1983.
475. Ders., Quelques observations d'un orientaliste sur la thèse de Pirenne, in: Jesho 13 (1970) 166–194.
476. Ders., Nouvelles reflexions sur la thèse de Pirenne, in: Schweizerische Zeitschrift für Geschichte 20 (1970) 601–607.
477. G.F. Bass - F.H. van Doorninck, Yassi Ada. A Seventh Century Byzantine Shipwreck. College Station (Texas) 1982.
478. G.I. Bratianu, Recherches sur le commerce génois dans la Mer Noire au XIIIe siècle. Paris 1929.
479. J. Chrysostomides, Venetian Commercial Privileges under the Palaeologi, in: Studi Veneziani 12 (1970) 267–356.
480. D. Claude, Der Handel im westlichen Mittelmeer während des Frühmittelalters. Göttingen 1985.
481. J. Ferluga, Der byzantinische Handel nach dem Norden im 9. und 10. Jahrhundert, in: AAWG 156 (1987) 616–642.
482. Ders., Mercati e mercanti fra Mar Nero e Adriatico: il commercio nei Balcani dal VII all'XI secolo, in: Settimane 40 (1993) 443–498.
483. A. Giardina, Modi di scambio e valori sociali nel mondo bizantino (IV-XII secolo), in: Settimane 40 (1993) 523–586.
484. M. Hellmann, Die Handelsverträge des 10. Jahrhunderts zwischen Kiev und Byzanz, in: AAWG 156 (1987) 643–666.
485. W. Heyd, Histoire du commerce du Levant au moyen âge. 2 Bde. Leipzig 1885–1886.
486. S. Labib, Handelsgeschichte Ägyptens im Spätmittelalter. Wiesbaden 1965.
487. A. Laiou, The byzantine economy in the Mediterranean trade system, in: DOP 34/35 (1982) 177–222.
488. Dies., The Greek merchant of the Palaeologan period, in: Praktika tēs Akadēmias Athēnōn 57 (1982) 96–132.
489. R.S. Lopez, L'importanza del mondo islamico nella vita economica Europea, in: 173, Nr. XI.

490. Ders., The Role of Trade in the Economic Readjustment of Byzantium in the Seventh Century, in: 173, Nr. X.
491. K.-P. Matschke, Zum Charakter des byzantinischen Schwarzmeerhandels im 13. bis 15. Jahrhundert, in: Wissenschaftl. Zeitschrift der Karl-Marx-Univ. Leipzig, Gesellsch. und sprachwiss. Reihe 19 (1970) 447–458.
492. Ders., Geldgeschäfte, Handel und Gewerbe in spätbyzantinischen Rechenbüchern und in der spätbyzantinischen Wirklichkeit, in: Jahrbuch für Geschichte des Feudalismus 3 (1980) 181–204.
493. N. Oikonomidès, Hommes d'affaires grecs et latins à Constantinople. Montreal 1979.
494. Ders., Silk trade and production in Byzantium from the sixth to the ninth century: the seals of Kommerkiarioi, in: DOP 40 (1986) 33–53.
495. Ders., L'uomo d'affari, in: 145, 209–251.
496. Ders., Le marchand byzantin des provinces (IXe-XIe s.), in: Settimane 40 (1993) 633–665.
497. E. Patlagean, Byzance et les marchés du grand commerce, vers 830 – vers 1030. Entre Pirenne et Polanyi, in: Settimane 40 (1993) 587–632.
498. A. Schaube, Handelsgeschichte der Romanischen Völker des Mittelmeergebietes bis zum Ende der Kreuzzüge. München 1906.
499. P. Schreiner, Die Produkte der byzantinischen Landwirtschaft nach den Quellen des 13.-15. Jh., in: Bulgarian Historical Review 10, Heft 2 (1982) 88–95.
500. Ders., Zivilschiffahrt und Handelsschiffahrt in Byzanz, in: Le genti del mare Mediterraneo. Bd. I. Neapel 1981, 9–25.
501. I. Sorlin, Les traités de Byzance avec la Russie au Xe siècle, in: Cahiers du monde russe et soviétique 1961, Heft 2, 313–360; Heft 3, 447–475.
502. S.L. Teall, The Grain Supply of the Byzantine Empire 330–1025, in: DOP 13 (1959) 87–139.

7. Verwaltung

a) Die Provinz

503. V. von Falkenhausen, La dominazione bizantina nell'Italia Meridionale dall'IX all'XI secolo. Bari 1978.
504. H. Glykatzi-Ahrweiler, Recherches sur l'administration de l'Empire Byzantin aux IXe-XIe siècles, in: BCH 84 (1960) 1–111.
505. M. Grigoriu-Ioannidu, Das Seethema der Kibyrraioten. Beitrag zum Problem seiner Entstehung (neugr.), in: Byzantina 11 (1982) 201–221.
506. J.F. Haldon, Recruitment and Conscription in the Byzantine Army, c. 550–950. A Study on the Origins of the Stratiotika Ktemata. Wien 1979 (SAWW 367).
507. J. Herrin, Realities of Byzantine Provincial Government: Hellas and Peloponnesos 1180–1205, in: DOP 29 (1975) 253–286.
508. J. Karayannopulos, Die Entstehung der byzantinischen Themenordnung. München 1959.

509. J. Koder, Zur Bedeutungsentwicklung des byzantinischen Terminus thema, in: JÖB 40 (1990) 155–165.
510. R.-J. Lilie, Die zweihundertjährige Reform I / II, in: Bsl 45 (1984) 27–39, 190–201.
511. Ders., „Thrakien“ und „Thrakesion“, in: JÖB 26 (1977) 7–47.
512. Lj. Maksimović, The Byzantine Provincial Administration under the Palaiologoi. Amsterdam 1988.
513. N. Oikonomidès, L'évolution de l'organisation administrative de l'Empire Byzantin au XIe siècle (1025–1118), in: TM 6 (1976) 125–152.
514. Ders., Les premiers mentions des thèmes dans la chronique de Theophane, in: Zbornik radova 16 (1975) 1–8.
515. G. Prinzing, Studien zur Provinz- und Zentralverwaltung im Machtbereich der epirotischen Herrscher Michael I. und Theodoros Dukas, Teil I, in: Epeirōtika Chronika 24 (1982) 73–120, Teil II, ibid. 25 (1983) 37–112.
516. W.T. Treadgold, The Military Lands and the Imperial Estates in the Middle Byzantine Empire, in: Harvard Ukrainian Studies 7 (1983) 619–631.

b) Kaiserhof und Zentralverwaltung

517. H.-G. Beck, Der byzantinische „Ministerpräsident“, in: BZ 48 (1955) 309–338.
518. Ders., Theorie und Praxis im Aufbau der byzantinischen Zentralverwaltung. München 1974 (SBAW 1974, Heft 8).
519. F. Dölger, Die byzantinische und die mittelalterliche serbische Herrscherkanzlei, in: Actes du XIIe Congrès Int. Et. Byzantines 1. Belgrad 1963, 83–103.
520. A. Guillou, Il funzionario, in: 145, 291-338.
521. J.F. Haldon, Byzantine Praetorians. An Administrative, Institutional and Social Survey of the Opsikion and Tagmata, ca. 580–900. Bonn 1984.
522. A. Hohlweg, Beiträge zur Verwaltungsgeschichte des Oströmischen Reiches unter den Komnenen. München 1965.
522a. H.-J. Kühn, Die byzantinische Armee im 10. und 11. Jahrhundert. Studien zur Organisation der Tagmata. Wien 1991.
523. P. Lemerle, „Roga“ et rente d'état au Xe et XIe siècles, in: 171, Nr. XVI.
524. R.-J. Loenertz, Le Chancelier impérial à Byzance au XIVe et au XIIIe siècle, in: 172, Bd. 1, 441–465.
525. K.L. Noethlichs, Beamtentum und Dienstvergehen. Zur Staatsverwaltung in der Spätantike. Wiesbaden 1981.
526. N. Oikonomidès, A propos des armées des premiers Paléologues et des compagnies de soldats, in: TM 8 (1981) 353–371.
527. Ders., La chancellerie impériale de Byzance du 13e au 15e siècle, in: REB 43 (1985) 167–195.
528. E. Stein, Untersuchungen zur spätbyzantinischen Verfassungs und Wirtschaftsgeschichte, in: Mitteilungen zur Osmanischen Geschichte 2 (1925) 1–59 (Nachdr. Amsterdam 1962).
529. J. Verpeaux, Contribution à l'étude de l'administration byzantine: Ho mesazon, in: Bsl 16 (1955) 270–296.

530. G. WEISS, Oströmische Beamte im Spiegel der Schriften des Michael Psellos. München 1973.
531. F. WINKELMANN, Byzantinische Rang und Ämterstruktur im 8. und 9. Jahrhundert. Berlin 1985.

8. VERFASSUNGSGESCHICHTE

siehe auch: 3. 4. 227. 614. 616. 641. 879. 892.

a) Der Kaiser

532. H.-G. BECK, Res Publica Romana. Vom Staatsdenken der Byzantiner, in: 140, 379–414.
533. U.V. BOSCH, Fragen zum Frauenkaisertum, in: JÖB 32/2 (1982) 499–505.
534. P. CHARANIS, Coronation and its Constitutional Significance in the Later Roman Empire, in: 146, Nr. XIII. (Dazu Rezension F. DÖLGER, in: BZ 43 [1950] 146–147).
535. AI. CHRISTOPHILOPULU, Eklogē, anagoreusis kai stepsis tu byzantinu autokratoros [Wahl, Ausrufung und Krönung des bzy. Kaisers]. Pragmateiai tēs Akadēmias Athēnōn 22 (1956) Heft 2. (Dazu Rezension J. KARAYANNOPULOS, in: BZ 50 [1957] 467–474).
536. E.K. CHRYSOS, The title BASILEUS in the early byzantine international relations, in: DOP 32 (1978) 29–75.
537. J. DEÉR, Byzanz und die Herrschaftszeichen des Abendlandes, in: BZ 50 (1957) 405–436.
538. F. DÖLGER, Die Entwicklung der byzantinischen Kaisertitulatur und die Datierung von Kaiserdarstellungen in der byzantinischen Kleinkunst, in: 120, 130–151.
539. DERS., Zum Kaisertum der Anna von Savoyen, in: 152, 208–221, und 166, 49–53 (gekürzt).
540. DERS., Die Kaiserurkunde der Byzantiner als Ausdruck ihrer politischen Anschauungen, in: 150, 9–33.
541. DERS., Das byzantinische Mitkaisertum in den Urkunden, in: 166, 102–129, und 151, 13–48.
542. DERS., Die „Familie der Könige“ im Mittelalter, in: 150, 34–69.
543. W. ENSSLIN, Zur Frage nach der ersten Kaiserkrönung durch den Patriarchen, in: BZ 42 (1943–49) 101–115, 369–372.
544. DERS., Gottkaiser und Kaiser von Gottes Gnaden. SBAW 1943, Heft 6 (verkürzt in 166).
545. DERS., Zur Torqueskrönung und Schilderhebung bei der Kaiserwahl, in: Klio 35 (1942) 268–298.
546. J. FERLUGA, La ligesse dans l'Empire Byzantin, in: Zbornik radova 7 (1961) 97–123.
547. P. DE FRANCISCI, Intorno alla massima „princeps legibus solutus est“, in: Bulletino dell'Istituto di Diritto Romano 34 (1925) 321–343.

548. R. Hiestand, Eirene Basileus – die Frau als Herrscherin im Mittelalter, in: Der Herrscher. Leitbild und Abbild in Mittelalter und Renaissance (hrsg. H. Hecker). Düsseldorf 1990, 253–283.
549. H. Hunger, Ideologie und Systemstabilisierung im Byzantinischen Staat, in: Acta Antiqua Acad. Scient. Hung. 27 (1979) 263–272.
550. Ders., Philanthropia. Eine griechische Wortprägung auf ihrem Wege von Aischylos bis Theodoros Metochites, in: 164, Nr. XIII.
551. Ders., Prooimion. Elemente der byzantinischen Kaiseridee in den Arengen der Urkunden. Wien 1964.
552. Ders., Reditus imperatoris, in: Fest und Alltag in Byzanz (hrsg. G. Prinzing - D. Simon). München 1990, 17–35.
553. J. Karayannopulos, Der frühbyzantinische Kaiser, in: BZ 49 (1956) 369–384 und in: 166, 235–257.
554. P. Karlin-Hayter, L'adieu à l'empereur, in: Byzantion 41 (1991) 112–147.
555. P. Magdalino, Aspects of the Twelfth-Century Byzantine Kaiserkritik, in: Speculum 58 (1983) 326–346.
556. P. Magdalino - R. Nelson, The Emperor in the Art of the Twelfth Century, in: Byz. Forschungen 8 (1982) 123–183.
557. St. Maslev, Die staatsrechtliche Stellung der byzantinischen Kaiserinnen, in: Bsl 27 (1966) 308–343.
558. M. McCormick, Eternal Victory. Triumphal rulership in late antiquity, Byzantium, and the early medieval West. Cambridge 1986.
559. Ders., L'imperatore, in: 145, 339–379.
560. D. Missiou, Über die institutionelle Rolle der byzantinischen Kaiserinnen, in: JÖB 32/2 (1982) 489–498.
561. D.M. Nicol, The Unction of Emperors in Late Byzantine Coronation Ritual, in: Byzantine and Modern Greek Studies 2 (1976) 37–52.
562. G. Ostrogorsky, Autokrator und Alleinherrscher (serbokr.), in: Glas kraljevske akademije 164 (1935) 95–187.
563. Ders., Zur Kaisersalbung und Schilderhebung im spätbyzantinischen Krönungszeremoniell, in: 179, 142–152, und 166, 94–108.
564. A. Pertusi, Insigne del potere sovrano e delegato a Bisanzio e nei paesi di influenza bizantina, in: Settimane 22 (1976) 481–563.
565. Ders., Il pensiero sociale e politico a Bisanzio dal secolo VI al secolo XV, in: L. Firpo (Hrsg.), Storie delle idee politiche, economiche e sociali, Bd. 2. Turin 1983, 667–816.
566. Ders., I principi fondamentali della concezione del potere a Bisanzio. Per un commento al dialogo „Sulla scenza politica" attribuito a Pietro Patrizio, in: Bolletino dell'Istituto Stor. Ital. per il Medio Evo 60 (1968) 1–23.
567. G. Rösch, Onoma Basileias. Studien zum offiziellen Gebrauch der Kaisertitel in spätantiker und frühbyzantinischer Zeit. Wien 1978.
568. B. Rubin, Zur Kaiserkritik Ostroms, in: Studi Bizantini e Neoellenici 7 (1953) 453–462.
569. A. Schminck, Studien zu mittelbyzantinischen Rechtsbüchern. Frankfurt 1986.
570. P.E. Schramm, Herrschaftszeichen und Staatssymbolik. 3 Bde. Stuttgart 1954–1956.

571. P. Schreiner, Zur Bezeichnung „megas" und „megas Basileus" in der byzantinischen Kaisertitulatur, in: Byzantina 3 (1971) 171–192.
572. Ders., Das Herrscherbild in der byzantinischen Literatur des 9. bis 11. Jahrhunderts, in: Saeculum 35 (1984) 132–151.
573. Ders., Omphalion und rota porphyretica. Zum Kaiserzeremoniell in Konstantinopel und Rom, in: Byzance et les Slaves. Mélanges Ivan Dujčev. Paris 1979, 401–410.
574. Ders., La famille impériale à Byzance, in: Byzantion 41 (1991) 181–193.
575. D. Simon, Princeps legibus solutus. Die Stellung des byzantinischen Kaisers zum Gesetz, in: Gedächtnisschrift für Wolfgang Kunkel. Frankfurt 1984, 449–492.
576. E. Stein, Postconsulat et autokratoreia, in: Annuaire de l'Institut de Philologie et d'Histoire Orientales 2 (1933/4) 869–912.
577. A. Steinwenter, Nomos empsychos. Zur Geschichte einer politischen Theorie, in: Anzeiger der phil.-hist. Kl. d. Österr. Akad. d. Wissensch. 83 (1946) 250–268.
578. N. Svoronos, Le serment de fidélité à l'empereur byzantin et sa signification constitutionelle, in: REB 9 (1951) 106–142.
579. F. Tinnefeld, Kategorien der Kaiserkritik in der byzantinischen Historiographie von Prokop bis Niketas Choniates. München 1971.
580. O. Treitinger, Die oströmische Kaiser- und Reichsidee nach ihrer Gestaltung im höfischen Zeremoniell. Jena 1938 (Nachdruck Darmstadt 1956).
581. Sp. Trojanos, Beitrag zur Erforschung der von den byzantinischen Kaisern geleisteten eidlichen Bürgschaften (griech.), in: Epetēris tu kentru Ereunēs tēs Historias tu Hellēniku Dikaiu 12 (1965) 130–168.

b) Verfassungsorgane

582. H.-G. Beck, Senat und Volk von Konstantinopel. Probleme der byzantinischen Verfassungsgeschichte, in: 140, Nr. XII, und 166, 353–378 (gekürzt).
583. Ai. Christophilopulu, Der Senat im Byzantinischen Staat (neugr.), in: Epetēris tu kentru Ereunēs tēs Historias tu Hellēniku Dikaiu 2 (1949) 1–151.
584. M.Th. Fögen, Gesetz und Gesetzgebung in Byzanz. Versuch einer Funktionsanalyse, in: Ius Commune. Zeitschrift für Europäische Rechtsgeschichte 14 (1987) 137–158.
585. C.P. Kyrris, Gouvernés et gouvernants à Byzance pendant la révolution des Zélotes, in: Gouvernés et Gouvernants. Ohne Ort 1968, 271–330.
586. I.P. Medvedev, A propos des soi-disant assemblées représentatives à Byzance, en particulier au XIVe siècle, in: Actes du XIVe Congr. Int. Et. Byzantines. Bd. 2. Bukarest 1975, 211–216.
587. P.E. Pieler, Zum Problem der byzantinischen Verfassung, in: JÖB 19 (1970) 51–58.
588. C.N. Tsirpanlis, Byzantine parliaments and representative assemblies from 1081–1351, in: Byzantion 43 (1973) 432–481.
589. Sp. Vryonis, Byzantine demokratia and the Guilds in the Eleventh Century, in: DOP 17 (1963) 287–314.

c) Ausländer, nichtgriechische Ethnika in Byzanz. Fremde Einflüsse

siehe auch: 299. 301. 303. 304. 308. 310. 327.

590. S.B. Bowman, The Jews of Byzantium 1204–1453. Alabama 1985.
591. A. Carile, Impero Romano e Romania, in: Da Roma alla Terza Roma, Bd. 2. Rom 1982, 247–261.
592. P. Charanis, The Armenians in the Byzantine Empire, in: 147, Nr. V.
593. Ders., The Slavic Element in Byzantine Asia Minor in the Thirteenth Century, in: 147, Nr. VII.
594. G. Dagron, Judaïser, in: TM 11 (1991) 359–380.
595. Ders., Juifs et Chrétiens dans l'orient du VIIe siècle, in: TM 11 (1991) 17–273.
596. Ders., Ceux d'en face: Les peuples étrangers dans les traités militaires byzantins, in: TM 10 (1987) 207–232.
597. F. Dölger, Die Frage der Judensteuer in Byzanz, in: 152, 358–377.
598. D. Jacoby, Les quartiers juifs de Constantinople à l'époque byzantine, in: Byzantion 37 (1967) 167–227.
599. Ders., Les Vénitiens naturalisés dans l'Empire Byzantin, in: TM 8 (1981) 217–235.
600. Ders., Social Evolution in Latin Greece, in: Nr. 292, Bd. 6, 175–221.
601. A. P. Každan, Armjane v sostave gospodvojuščego klassa Vizantij XI-XII vv. [Die Armenier als Bestandteil der herrschenden Klasse in Byzanz im 11. und 12. Jh.]. Erevan 1975.
602. E. Kislinger, Jüdische Gewerbetreibende in Byzanz, in: Die Juden in ihrer mittelalterlichen Umwelt (hrsg. A. Ebenbauer - K. Zatloukal). Wien 1991, 105–111.
603. A. Laiou, The Foreigner and the Stranger in the 12th Century Byzantium: Means of Propitation and Acculturation, in: M.Th. Fögen (Hrsg.), Fremde der Gesellschaft. Frankfurt 1991, 71–98.
604. R.S. Lopez, Foreigners in Byzantium, in: 173, Nr. XIV.
605. P. Odorico, L'étranger et son imaginaire dans la littérature byzantine, in: Of Strangers and Foreigners. Berkeley 1993, 65–79.
606. I. Rochow - K.-P. Matschke, Neues zu den Zigeunern im Byzantinischen Reich um die Wende vom 13. zum 14. Jahrhundert, in: JÖB 41 (1991) 241–254.
607. P. Schreiner, Untersuchungen zu den Niederlassungen westlicher Kaufleute im Byzantinischen Reich des 11. und 12. Jahrhunderts, in: Byz. Forschungen 7 (1979) 175–191.
608. I. Shahîd, The Iranian Factor in Byzantium during the Reign of Heraclius, in: DOP 26 (1972) 293–320.
609. J. Starr, The Jews in the Byzantine Empire 641–1204. New York 1939.
610. K.-P. Todt, Kaiser Johannes VI. Kantakuzenos und die Juden, in: JÖB 42 (1992) 177–190.

d) Zentralismus und Partikularismus

siehe auch: 234. 262.

611. J. W. Barker, The problem of appanages in Byzantium during the Palaiologan period, in: Byzantina 3 (1971) 103–122.

612. B. Ferjančić, Despoti u Vizantiji i južnoslovenskim zemljama [Despoten in Byzanz und den südslav. Ländern]. Belgrad 1960.
613. J. Hoffmann, Rudimente von Territorialstaaten im Byzantinischen Reich (1071–1210). München 1974.
614. R.-J. Lilie, Des Kaisers Macht und Ohnmacht, in: Poikila Byzantina 4. Bonn 1984, 9–120.
615. Lj. Maksimović, Genese und Charakter der Apanage in Byzanz (serbokr.), in: Zbornik radova 14 / 15 (1973) 103–154.
616. G. Prinzing, Das Byzantinische Kaisertum im Umbruch. Zwischen regionaler Aufspaltung und erneuter Zentrierung in den Jahren 1204–1282, in: Legitimation und Funktion des Herrschers (hrsg. G. Gundlach - H. Weber). Stuttgart 1992, 129–183.
617. R. Radić, Lokalherrscher in Byzanz am Ende des 12. und in den ersten Jahrzehnten des 13. Jahrhunderts (serb.), in: Zbornik radova 24–25 (1986) 151–289.
618. Rapports et Co-Rapports (XVe Congr. Int. Et. Byzantines). I. Histoire. 1. Forces centrifuges et centripètes dans le monde byzantin entre 1071 et 1261 (H. Ahrweiler, V. Hrochova, J. Karayannopulos, A.P. Každan, N. Oikonomidès, Z.V. Oudaltsova). Athen 1976.

e) Die Stadt

siehe auch: 7. 185. 186. 190. 201. 203. 409. 427. 441. 443. 465. 582. 598. 878. 882. 886. 887. 954.

619. Ch. Bouras, City and Village: Urban Design and Architecture, in: JÖB 31 / 2 (1981) 611–653.
620. W. Brandes, Die Städte in Kleinasien im 7. und 8. Jahrhundert. Berlin 1989 (dazu ergänzend Ders., in: Klio 70 [1988] 176–208).
621. G. Bratianu, Privilèges et franchises municipales dans l'Empire Byzantin. Paris 1936.
622. D. Claude, Die byzantinische Stadt im 6. Jahrhundert. München 1969.
623. J. Durliat, De la ville antique à la ville byzantine. Le problème des subsistances. Paris 1990.
624. Cl. Foss, Byzantine and Turkish Sardeis. Cambridge (Mass.) 1976.
625. A.P. Každan, Derevnija i gorod v Vizantii IX-X vv. [Dorf und Stadt in Byzanz im 9. und 10. Jh.]. Moskau 1960.
626. Ders., Byzantinische Städte im 7.-9. Jh. (russ.), in: Sovjetskaja Archeologija 21 (1954) 164–183.
627. E. Kirsten, Die byzantinische Stadt, in: Berichte zum XI. Intern. Byz. Kongreß. München 1958, Heft V, 3.
628. J. Lefort, Villages de Macédoine. Paris 1982.
629. C. Mango, Le developpement urbain de Constantinople (IVe-VIIe siècle). Paris 1985.
630. G. Ostrogorsky, Byzantine cities in the early middle ages, in: 179, 99–118.
631. G. Ravegnani, Castelli e città forteficate nel VI secolo. Ravenna 1983.
632. A.I. Romančuk, Die byzantinische Provinzstadt vom 7. Jahrhundert bis zur ersten Hälfte des 9. Jahrhunderts (auf Grund von Materialien aus der Cher-

son), in: Besonderheiten der byzantinischen Feudalentwicklung. Berlin 1983, 57–68.

633. P. Schreiner, I diritti della città di Malvasia nell'epoca tardo-bizantina, in: Miscellanea di studi storici. Bd. 2. Genua 1983, 89–98.
634. H. Wolff, Die Kontinuität städtischen Lebens in den nördlichen Grenzprovinzen des römischen Reiches und das Ende der Antike, in: Kölner Forschungen, Bd. 4. Mainz 1991, 288–318.

9. Kirche und Mönchtum

a) Kirche und Kaiser

635. H.-G. Beck, Kirche und Klerus im staatlichen Leben von Byzanz, in: 140, Nr. XIV.
636. Ders., Nomos, Kanon und Staatsraison in Byzanz. SAWW 384. Wien 1981.
637. F. Dvornik, Early Christian and Byzantine Political Philosophy. Origins and Background. Bd. 2. Washington 1966.
638. A. Esser, Die Lehre der Epanagoge und eine oströmische Reichstheologie, in: Freiburger Zeitschrift für Theologie und Philosophie 10 (1963) 61–85.
639. D. Geanakoplos, Church and State in the Byzantine Empire: A Reconsideration of the Problem of Caesaropapism, in: Church History 34 (1965) 381–403.
640. V. Laurent, Les droits de l'empereur en matière ecclésiastique. L'accord de 1380/82, in: REB 13 (1955) 5–20.
641. A. Michel, Die Kaisermacht in der Ostkirche (843–1204). Darmstadt 1959.
642. A. Schminck, Rota tu volubilis, in: Cupido Legum. Frankfurt 1985, 211–234.
643. Sp. Trojanos, Hē ekklēsiastikē dikonomia mechri tu thanatu tu Iustinianu [Die kirchliche Rechtsprechung bis zum Tode Justinians]. Athen 1964.
644. Ders., Hē ekklēsiastikē diadikasia metaxy 565 kai 1204 [Das kirchliche Prozeßverfahren zwischen 565 und 1204]. Athen 1969.
645. Ders., Nomos und Kanon in Byzanz, in: Kanon. Kirche und Staat im christlichen Osten 10 (Wien 1991) 37–50.
646. F. Winkelmann, Probleme der Herausbildung der Staatskirche im römischen Reich des 4. Jahrhunderts, in: Klio 53 (1971) 281–299.

b) Kirche und Kirchengeschichte

siehe auch: 8. 108. 191. 192. 199. 218. 219. 232. 264. 280. 282. 289. 290. 292. 314. 417. 419. 424. 449. 452. 810. 812. 816. 880. 884. 891. 895. 926. 930. 934. 936. 946. 948.

647. D. Angelov, Der Bogomilismus in Bulgarien, in: Ders., Les Balkans au Moyen Âge. London 1978, Nr. I.
648. A. Angenendt, Kaiserherrschaft und Königstaufe. Kaiser, Könige und Päpste als geistliche Patrone in der abendländischen Missionsgeschichte. Berlin 1984.

649. S.L. Barnanides, Ho thesmos tēs charistikēs (dōreas) tōn monasteriōn eis tus Byzantinus [Die Schenkung von Klöstern in Byzanz]. Thessalonike 1985.
650. H.-G. Beck, Geschichte der orthodoxen Kirche im byzantinischen Reich. Göttingen 1980.
651. Ders., Byzanz und der Westen im Zeitalter des Konziliarismus, in: 140, Nr. IX.
652. Ders., Von der Fragwürdigkeit der Ikone. SBAW 1975, Heft 7.
653. Ders., Humanismus und Palamismus, in: 140, Nr. V.
654. Ders., Christliche Mission und politische Propaganda im Byzantinischen Reich, in: 140, Nr. IV.
655. Ders., Actus fidei. Wege zum Autodafé. SBAW 1987, Heft 3.
656. E. Benz, Geist und Leben der Ostkirche. München [3]1988.
657. J. Bleicken, Constantin der Große und die Christen. München 1992.
658. A. Bryer - J. Herrin (Hrsg.), Iconoclasm. Papers Given at the Ninth Spring Symposium of Byzantine Studies. Birmingham 1977.
659. P. Classen, Das Konzil von Konstantinopel 1166 und die Lateiner, in: Ausgewählte Aufsätze. Sigmaringen 1983, 117–146.
660. L. Clucas, The Trial of John Italos and the Crisis of Intellectual Values in Byzantium in the Eleventh Century. München 1981.
661. M.-H. Congourdeau, Die byzantinische Kirche von 1274–1453, in: Die Geschichte des Christentums. Bd. 6: Die Zeit der Zerreißproben (1274–1449). Freiburg 1991, 132–204.
662. J. Darrouzès, Les documents byzantins du XIIe siècle sur la primauté romaine, in: REB 23 (1965) 42–88.
663. Ders., Recherches sur les ophphikia de l'église byzantine. Paris 1970.
664. H.-Chr. Diedrich (Hrsg.), Das Glaubensleben der Ostkirche. Eine Einführung in Geschichte, Gottesdienst und Frömmigkeit der Ostkirche. München 1989.
665. A. Ducellier, L'église byzantine entre pouvoir et esprit (313–1204). Paris 1990.
666. I. Dujčev, I bogomili nei paesi slavi e la loro storia, in: 153, Bd. 1. Rom 1965, 251–282.
667. F. Dvornik, Byzanz und der römische Primat. Stuttgart 1966.
668. Ders., The Idea of Apostolicity in Byzantium and the Legend of the Apostel Andrew. Cambridge (Mass.) 1958.
669. Ders., Les légendes de Constantin et de Méthode vues de Byzance. Hattiesburg 1969 (verb. Neuaufl. d. Ausgabe Prag 1933).
670. Ders., Byzantine Missions amongst the Slavs. New Brunswick 1970.
671. Ders., The Patriarch Photios in the light of recent research, in: 154, Nr. VI.
672. Ders., The Photian Schism. History and Legend. Cambridge 1948.
673. I. Engelhardt, Mission und Politik in Byzanz. Ein Beitrag zur Strukturanalyse byzantinischer Mission zur Zeit Justins und Justinians. München 1974.
674. K. Ericsson, The Earliest Conversion of the Rus' to Christianity, in: The Slavonic and East European Review 44 (1965–66) 98–121.
675. V. von Falkenhausen, Il vescovo, in: 145, 253–290.
676. H. Fuhrmann, Das frühmittelalterliche Papsttum und die Konstantinische Schenkung, in: Settimane 20 (1973) 257–292.

677. F.R. Gahbauer, Die Pentarchietheorie. Ein Modell der Kirchenleitung von den Anfängen bis zur Gegenwart. Frankfurt 1993.
678. N.G. Garsoian, The Paulician Heresy. Paris 1967.
679. Dies., Byzantine Heresy. A Reinterpretation, in: DOP 25 (1971) 85–113.
680. J. Gauss, Ost und West in der Kirchen- und Papstgeschichte des 11. Jahrhunderts. Zürich 1967.
681. St. Gero, Byzantine Iconoclasm during the Reign of Leo III. Löwen 1973.
682. Ders., Byzantine Iconoclasm during the Reign of Constantine V. Löwen 1977.
683. J. Gill, Byzantium and the Papacy 1198–1400. New Brunswick 1979.
684. J. Gouillard, L'hérésie dans l'empire Byzantin des origins au XIIe siècle, in: TM 1 (1965) 299–324.
685. F. Graus, Die Entwicklung der Legenden der sogenannten Slavenapostel Konstantin und Method in Böhmen und Mähren, in: Jahrbücher für Geschichte Osteuropas 19 (1971) 161–211.
686. F. Grivec, Konstantin und Method. Lehrer der Slaven. Wiesbaden 1960.
687. O. Halecki, Un Empereur de Byzance à Rome. Warschau 1930.
688. Ch. Hannick, Die byzantinischen Missionen, in: Kirchengeschichte als Missionsgeschichte. Bd. 2. München 1978, 279–359.
689. F. Heiler, Die Ostkirchen. München 1971.
690. P. Herde, Das Papsttum und die griechische Kirche in Süditalien vom 11. bis zum 13. Jahrhundert, in: DA 26 (1970) 1–46.
691. E. Herman, I legati inviati da Leone IX nel 1054 a Costantinopoli erano autorizzati a scommunicare il patriarca Michele Cerulario?, in: Or.Chr.Per. 8 (1942) 209–218.
692. E. Hösch, Kritische Anmerkungen zum gegenwärtigen Stand der Bogomilenforschung, in: AAWG 177 (1989) 103–115.
693. J.M. Hussey, The Orthodox Church in the Byzantine Empire. Oxford [2]1990.
694. M. Jugie, Le Schisme de Michel Cérulaire, in: Echos d'Orient 36 (1937) 440–473.
695. P. Kawerau, Ostkirchengeschichte. Teil II. Das Christentum im oströmisch-byzantinischen Reich bis zur osmanisch-türkischen Eroberung Konstantinopels. Löwen 1982.
696. B. Leib, Rome, Kiev et Byzance à la fin du XIe siècle. Paris 1924.
697. P. Lemerle, L'histoire des Pauliciens d'Asie Mineure d'après les sources grecques, in: 170, Nr. IV.
698. R.-J. Loenertz, Constitutum Constantini. Destination, destinataires, auteur, date, in: Aevum 48 (1974) 199–245.
699. J. Meyendorff, Byzantium and the Rise of Russia. Cambridge 1981.
700. Ders., Introduction à l'étude de Grégoire Palamas. Paris 1959.
701. A. Michel, Die Rechtsgültigkeit des römischen Bannes gegen Michael Kerullarios, in: BZ 42 (1943–44) 193–205.
702. D.H. Miller, Byzantine-papal Relations During the Pontificate of Paul I.: Confirmation and Completion of the Roman Revolution of the Eighth Century, in: BZ 68 (1975) 47–62.
703. L. Müller, Die Taufe Rußlands. Die Frühgeschichte des russischen Christentums bis zum Jahr 988. München 1987.

704. W. NORDEN, Das Papsttum und Byzanz. Berlin 1903.
705. D. OBOLENSKY, The Bogomils. A Study in Balkan Neo-Manichaeism. London 1948.
706. W. OHNSORGE, Das Constitutum Constantini und seine Entstehung, in: 177, 93–162.
707. G. PODSKALSKY, Christentum und theologische Literatur in der Kiever Rus' (988–1237). München 1982.
708. B. ROBERG, Die Union zwischen der griechischen und der lateinischen Kirche auf dem II. Konzil von Lyon. Bonn 1964.
709. DERS., Das zweite Konzil von Lyon (1274). Paderborn 1990.
710. P. SCHREINER, Der byzantinische Bilderstreit: kritische Analyse der zeitgenössischen Meinungen und das Urteil der Nachwelt bis heute, in: Settimane 34 (1988) 319–427.
711. H.-J. SCHULZ, Die byzantinische Liturgie. Trier 1980.
712. S. SENYK, A History of the Church in Ukraine. Bd. 1. To the End of the Thirteenth Century. Rom 1993.
713. K. SETTON, The Papacy and the Levant (1204–1566). 2 Bde. Philadelphia 1976–78.
714. I. ŠEVČENKO, Religious Missions seen from Byzantium, in: Harvard Ukrainian Studies 12/13 (1988/89) 7–27.
715. J. SPITERIS, La critica bizantina del primato Romano nel sec. XII. Rom 1979.
716. D. STEIN, Der Beginn des byzantinischen Bilderstreites und seine Entwicklung bis in die 40er Jahre des 8. Jahrhunderts. München 1980.
717. A. STICKLER, Die Beziehungen zwischen West- und Ostkirche im Lichte der Quellen, in: Pro Oriente 13 (1991) 162–174.
718. G. STÖKL, Kyrill und Method – Slawenlehrer oder Slawenapostel. Wirklichkeit und Legende, in: Kirche im Osten 23 (1980) 13–31.
719. J.PH. THOMAS, Private Religious Foundations in the Byzantine Empire. Washington 1987.
720. F. TINNEFELD, Michael I. Kerullarios, Patriarch von Konstantinopel (1043–1058). Kritische Überlegungen zu einer Biographie, in: JÖB 39 (1989) 95–127.
721. DERS., Faktoren des Aufstiegs zur Patriarchenwürde im späten Byzanz, in: JÖB 36 (1986) 89–115.
722. H.G. THÜMMEL, Die Frühgeschichte der ostkirchlichen Bilderlehre. Texte und Untersuchungen zur Zeit vor dem Bilderstreit. Berlin 1992.
723. SP. TROJANOS, Kirche und Staat. Die Berührungspunkte der beiden Rechtsordnungen in Byzanz, in: Ostkirchliche Studien 37 (1988) 291–296.
724. V. VODOFF, Naissance de la chrétienté russe. La conversion du prince Vladimir de Kiev (988) et ses conséquences (XI-XIIIe siècle). Paris 1988.
725. F. WINKELMANN, Die östlichen Kirchen in der Epoche der christologischen Auseinandersetzungen. Berlin 1980.

c) Mönchtum

siehe auch: 416. 823.

726. E. AMAND DE MANDIETA, Mount Athos. The Garden of the Panhagia. Berlin 1972.

727. S. Borsari, Il monachesimo Bizantino nella Sicilia e nell'Italia meridionale prenormanne. Neapel 1963.
728. P. Charanis, The monastic properties and the state in the Byzantine Empire, in: 146, Nr. I.
729. Ders., The monk as an element of Byzantine Society, in: 146, Nr. II.
730. D.J. Constantelos, Byzantine philanthropy and social welfare. New Brunswick 1968.
731. H. Delehaye, Les Saints Stylites. Brüssel 1923.
732. G. Ferrari, Early Roman Monasteries. Vatikan 1957.
733. J. Grosdidier de Matons, Les thèmes d'édifications dans la vie d'André Salos, in: TM 4 (1970) 277–328.
734. A. Guillou, Grecs d'Italie du Sud et de Sicile au Moyen Âge: Les moines, in: MEFRM 75 (1965) 79–110.
735. R. Orestano, Beni dei monaci e monasteri nella legislazione Giustinianea, in: Studi in onore di Pietro de Francisci. Bd. 3. Mailand 1956, 561–593.
736. A. Pertusi, Rapporti tra il monachesimo italo-greco ed il monachesimo bizantino, in: La chiesa greca in Italia. Bd. 2. Padua 1972, 473–520.
737. J. Sansterre, Les moines grecs et orientaux à Rome aux époques byzantine et carolingienne. 2 Bde. Brüssel 1983.
738. R. Volk, Gesundheitswesen und Wohltätigkeit im Spiegel der byzantinischen Klostertypika. München 1983.

10. Kulturelles und geistiges Leben

a) Sprache

Lexikalische Hilfsmittel

739. Ch. DuCange, Glossarium ad scriptores mediae et infimae graecitatis. Lyon 1688 (Nachdr. Graz 1958).
740. E. Kriaras, Lexiko tēs mesaiōnikēs hellēnikēs dēmodus grammateias [Lexikon der mittelgriechischen Volkssprache]. Thessalonike 1968 ff. (bisher 13 Bände, bis ox-).
741. E. Trapp u. a., Lexikon zur byzantinischen Gräzität. Wien 1994 ff. (1. Fasz. *A-apo*).
742. E. Trapp u. a., Studien zur byzantinischen Lexikographie. Wien 1988 (mit Wortindex 203–222).
743. Lexicographica Byzantina. Beiträge zum Symposium zur byzantinischen Lexikographie (Wien 1. – 4. 3. 1989), hrsg. W. Hörandner u. E. Trapp. Wien 1991.

Allgemeine Darstellungen zur Sprache

744. R. Browning, Medieval and Modern Greek. Cambridge [2]1983.
745. Ders., Greek Diglossy Yesterday and Today, in: Intern. Journal Soc. Lang. 35 (1982) 49–68.
746. M. Cortelazzo, L'influsso linguistico greco a Venezia. Bologna 1970.
747. G. Dagron, Aux origines de la civilisation byzantine: langue de culture et langue d'état, in: RH 241 (1964) 23–56.

748. K. Dieterich, Untersuchungen zur Geschichte der griechischen Sprache von der hellenistischen Zeit bis zum 10. Jahrhundert n. Chr. Leipzig 1898.
749. S. Franklin, Greek in the Kievan Rus' , in: DOP 46 (1992) 69–81.
750. H. Hunger, Anonyme Metaphrase zu Anna Komnene, Alexias XI-XIII. Ein Beitrag zur Erschließung der byzantinischen Umgangssprache. Wien 1981.
751. Ders., Stilstufen in der Geschichtsschreibung des 12. Jahrhunderts: Anna Komnene und Michael Glykas, in: Byzantine Studies – Études Byzantines 5 (1978) 139–170.
752. Ders. und I. Ševčenko, Des Nikephoros Blemmydes Basilikos Andrias und dessen Metaphrase von Georgios Galesiotes und Georgios Oinaiotes. Ein weiterer Beitrag zum Verständnis der byzantinischen Schrift-Koine. Wien 1986.
753. H. und R. Kahane, Abendland und Byzanz, Sprache, in: Reallexikon der Byzantinistik, Bd. 1. Amsterdam 1968, 345–639.
754. H. und R. Kahane - A. Tietze, The Lingua Franca in the Levant: Turkish Nautical Terms of Italian and Greek Origin. Urbana 1958.
755. E. Kriaras, Diglossie des derniers siècles de Byzance: naissance de la littérature néo-hellénique, in: 14th Intern. Congress of Byz. Studies. Oxford 1966, Main Papers IX.
756. G. Makris, Ein griechischer Lingua Franca-Text, in: Miscellanea Bibliothecae Apostolicae Vaticanae, 2. Vatikan 1988, 187–223.
757. O. Parangèli, Storia linguistica e storia politica nell'Italia meridionale. Florenz 1960.
758. St. B. Psaltes, Grammatik der byzantinischen Chroniken. Leipzig 1913.
759. R.H. Robins, The Byzantine Grammarians. Their Place in History. Berlin 1993.
760. G. Rohlfs, Neue Beiträge zur Kenntnis der unteritalienischen Gräzität. SBAW 1962, Heft 5.
761. Ders., Historische Sprachschichten im modernen Sizilien. SBAW 1975, Heft 3.
762. I. Ševčenko, Levels of Style in Byzantine Prose, in: JÖB 31 / 1 (1981) 289–312.
763. P. Stotz, Esse velim Graecus. Griechischer Glanz und griechische Irrlichter im mittelalterlichen Latein, in: 155, S. 433–451.
764. P. Wirth, Die sprachliche Situation im umrissenen Zeitalter. Renaissance des Attizismus. Herausbildung der neugriechischen Volkssprache, in: XVe Congrès Intern. Et. Byz. Athen 1976. Rapports et Co-Rapports II, 1.

Metrik

765. Ch. Hannick, Zur Metrik des Kontakion, in: Byzantios. Festschrift für H. Hunger zum 70. Geburtstag. Wien 1984, 107–119.
766. W. Hörandner, Der Prosarhythmus in der rhetorischen Literatur der Byzantiner. Wien 1981.
767. J. Koder, Kontakion und politischer Vers, in: JÖB 33 (1983) 45–56.
768. C. Pochert, Die Reimbildung in der spät- und postbyzantinischen Volksliteratur. Köln 1991.

b) Handschriften

Paläographie und Kodikologie
siehe auch: 901–905. 916. 920.

769. B. Atsalos, La terminologie du livre-manuscript à l'époque byzantine. Thessalonike 1971.
770. C.M. Briquet, Les filigranes. Dictionnaire historique des marques du papier. 4 Bde. Paris 1907 (erweiterter Nachdruck Amsterdam 1968).
771. P. Canart, Paleografia e codicologia greca. Una rassegna bibliografica. Vatikan 1991.
772. A. Dain, Les manuscrits. Paris ³1975.
773. R. Devreesse, Introduction à l'étude des manuscrits grecs. Paris 1954.
774. E. Follieri, Codices graeci Bibliothecae Vaticanae selecti. Vatikan 1969.
775. E. Gamillscheg - D. Harlfinger, Repertorium der griechischen Kopisten 800–1600. 1. Teil: Handschriften aus Bibliotheken Großbritanniens. 3 Bde. Wien 1981. – 2. Teil: Handschriften aus Bibliotheken Frankreichs und Nachträge zu den Bibliotheken Großbritanniens. 3 Bde. Wien 1989.
776. V. Gardthausen, Griechische Paläographie. 2 Bde. Leipzig 1913 (Nachdr. Leipzig 1978); dazu B. Noack, Indices. Leipzig 1913 (Nachdr. Amsterdam 1983).
777. D. Harlfinger (Hrsg.), Griechische Kodikologie und Textüberlieferung. Darmstadt 1980.
778. H. Hunger, Griechische Paläographie, in: Die Textüberlieferung der antiken Literatur und der Bibel. Zürich 1961, 72–107.
779. V. Kiparsky, Tschernochvostoffs Theorie über den Ursprung des glagolitischen Alphabets, in: Cyrillo-Methodiana. Köln 1964, 392–410.
780. E. Mioni, Introduzione alla paleografia greca. Padua 1973.
781. Al.N. Oikonomides, Abbreviations in Greek Inscriptions: Papyri, Manuscripts and Early Printed Books. Chicago 1974.
782. Paleografia e codicologia greca. Atti del II colloquio internazionale (Wolfenbüttel / Berlin 1983). Alessandria 1991.
783. La Paléographie grecque et byzantine. Paris 1977.
784. M. Richard, Répertoire des bibliothèques et des catalogues de manuscrits grecs. Paris 1958. Supplément I. Paris 1964.
785. C.H. Roberts - T.C. Skeat, The Birth of the Codex. London 1983.
786. Scritture, libri e testi nelle aree provinciali di Bisanzio (hrsg. G. Cavallo - G. de Gregorio - M. Maniaci). Spoleto 1991.
787. M. Vogel - V. Gardthausen, Die griechischen Schreiber des Mittelalters und der Renaissance. Leipzig 1909 (Nachdr. Hildesheim 1966).

Bibliotheken und Buchkultur

788. H.-G. Beck, Der Leserkreis der byzantinischen „Volksliteratur" im Licht der handschriftlichen Überlieferung, in: 789, 47–67.
789. Byzantine Books and Bookmen. A Dumbarton Oaks Colloquium. Washington 1975.
790. P. Canart, Le livre grec en Italie méridionale, in: Scrittura e Civiltà 2 (1978) 103–162.

791. G. CAVALLO (Hrsg.), Le biblioteche nel mondo antico e medievale. Rom 1989.
792. DERS. (Hrsg.), Bisanzio fuori di Bisanzio. Palermo 1991.
793. DERS., Conservazione e perdita dei testi greci, fattori materiali, sociali, culturali, in: Tradizione dei classici, trasformazione della cultura. Rom 1986, 83–172.
794. DERS., Cultura scritta e conservazione del sapere: dalla Grecia antica all'Occidente medievale, in: La memoria del sapere. Rom – Bari 1988, 29–67.
795. DERS., La cultura italo-greca nella produzione libraria, in: I Bizantini in Italia. Mailand 1982, 495–612.
796. DERS., Forme e ideologia della commitenza libraria tra oriente e occidente, in: Settimane 39 (1992) 617–643.
797. DERS., Il libro come oggetto d'uso nel mondo bizantino, in JÖB 31 / 2 (1981) 395–423.
798. DERS., Modelli bibliotecari in occidente e in oriente nel medievo, in: Byzantiaka 11 (1991) 49–59.
799. E. FOLLIERI, Un codice di Areta troppo a buon mercato, in: Archeologia Classica 25–26 (1973–1974) 262–279.
800. B. FONKIČ, Scriptoria Bizantini. Risultate e prospettive della ricerca, in: Rivista di Studi Bizantini e Neoellenici 17–19 (1980–1982) 73–118.
801. H. HUNGER, Schreiben und Lesen in Byzanz. Die byzantinische Buchkultur. München 1989.
802. V. KRAVARI, Note sur le prix des manuscrits (IXe-XVe siècle), in: 161, Bd. 2, 375–384.
803. K.A. MANAPHES, Hai en Kōnstantinupolei bibliothēkai autokratorikai kai patriarchikē kai peri tōn en autais cheirographōn mechri tēs halōseos (1453) [Die kaiserlichen Bibliotheken in Konstantinopel und die Patriarchalbibliothek und die in ihnen befindlichen Handschriften bis zur Eroberung]. Athen 1972.
804. C. MANGO, The availability of Books in the Byzantine Empire, A.D. 750–850, in: 789, 29–45.
805. O. MAZAL, Byzanz und das Abendland. Katalog einer Ausstellung der Handschriften- und Inkunabelsammlung der Österr. Nationalbibliothek. Wien 1981.
806. P. SCHREINER, Kosten der Handschriftenerstellung in Byzanz, in: Buch- und Bibliothekswissenschaft im Informationszeitalter. Intern. Festschrift für P. Kaegbein zum 65. Geburtstag. München 1990, 331–344.
807. C. WENDEL, Kleine Schriften zum antiken Buch- und Bibliothekswesen. Köln 1974.
808. N.G. WILSON, Books and Readers, in: 789, 1–15.
809. DERS., The Libraries of the Byzantine World, in: Greek, Roman and Byzantine Studies 8 (1967) 53–80 (sowie in ital. Übers. in: 791, 79–111).

c) Bildung und Unterricht

siehe auch: 801.
810. H.-G. BECK, Bildung und Theologie im frühmittelalterlichen Byzanz, in: 140, Nr. III.

811. R. BROWNING, Literacy in the Byzantine World, in: Byzantine and Modern Greek Studies 4 (1978) 39–54.
812. DERS., The Patriarchal School at Constantinople in the Twelfth Century, in: 141, Nr. X.
813. DERS., Byzantinische Schulen und Schulmeister, in: Das Altertum 9 (1963) 105–118.
814. DERS., L'insegnante, in: 145, 129–164.
815. C.N. CONSTANTINIDES, Higher education in Byzantium in the Thirteenth and Early Fourteenth Centuries (1204–1310). Nikosia 1982.
816. U. CRISCUOLO, Chiesa ed insegnamento a Bisanzio nel XII secolo: sul problema della cosidetta „Accademia patriarcale", in: Siculorum Gymnasium 28 (1975) 373–390.
817. F. FUCHS, Die höheren Schulen von Konstantinopel im Mittelalter. Leipzig 1926.
818. D.J. GEANAKOPLOS, Greek Scholars in Venice. Cambridge (Mass.) 1962.
819. A. GUILLOU, L'école dans l'Italie Byzantine, in: Settimane 19 (1972) 291–311.
820. P. LEMERLE, „Le gouvernement des philosophes". L'enseignement, les écoles, la culture, in: 272, 193–248.
821. DERS., Le premier humanisme byzantin. Notes et remarques sur enseignement et culture à Byzance des origines au Xe siècle. Paris 1971.
822. M. MULLET, Writing in Early Medieval Byzantium, in: R. MCKITTERICK, The Uses of Literacy in Early Medieval Europe. Cambridge 1990, 156–185.
823. N. OIKONOMIDÈS, Mount Athos: Levels of Literacy, in: DOP 42 (1988) 167–178.
824. A. PERTUSI, Leonzio Pilato fra Petrarca e Boccaccio. Venedig 1964.
825. P. SCHREINER, Zwei Bilder aus dem byzantinischen Schulleben, in: Byzantina 13 (1985) 283–290.
826. P. SPECK, Die Kaiserliche Universität von Konstantinopel. München 1974.
827. N.G. WILSON, Scholars of Byzantium. London 1983.
828. W. WOLSKA-CONUS, L'école de droit et l'enseignement du droit à Byzance au XIe siècle. Xiphilin et Psellos, in: TM 7 (1979) 1–107.

d) Allg. Tendenzen der byz. Literatur und Bezüge zu anderen Kulturkreisen

siehe auch: 258.

829. P.A. AGAPITOS – O.L. SMITH, The Study of Medieval Greek Romance. Kopenhagen 1992 (Kritik zu 831).
830. M. ANASTOS, Some Aspects of Byzantine Influence on Western Thought, in: 138, Nr. XII.
831. R. BEATON, The Medieval Greek Romance. Cambridge 1989.
832. H.-G. BECK, Theodoros Metochites. Die Krise des byzantinischen Weltbildes im 14. Jahrhundert. München 1952.
833. DERS., Das literarische Schaffen der Byzantiner. Wege zu seinem Verständnis. SAWW 294, Heft 4. Wien 1974.
834. DERS., Überlieferungsgeschichte der byzantinischen Literatur, in: Die Textüberlieferung der antiken Literatur und der Bibel. Zürich 1961, 423–510.

835. W. BERSCHIN, Abendland und Byzanz, Literatur, in: Reallexikon der Byzantinistik. Bd. 1. Amsterdam 1968, 227–304.
836. DERS., Griechisch-lateinisches Mittelalter. Von Hieronymus zu Nikolaus von Kues. Bern 1980.
837. C. CUPANE, Byzantinisches Erotikon: Ansichten und Einsichten, in: JÖB 37 (1987) 213–233 (Ergänzungen und Kritik zu 947).
838. I. DUJČEV, Les rapports littéraires byzantino-slaves, in: 153, Bd. 2. Rom 1968, 3–27, 589–594.
839. V. VON FALKENHAUSEN, Magna Graecia Bizantina e tradizione classica, in: Magna Graecia Bizantina. Neapel 1978, 61–90.
840. D.J. GEANAKOPLOS, Interaction of the „Sibling" Byzantine and Western Cultures in the Middle Ages and Italian Renaissance (330–1600). New Haven 1976.
841. J. GROSDIDIER DE MATONS, Courants archaisants et populaires dans la langue et la littérature, in: XVe Congrès Intern. Et. Byz. Athen 1976, Rapports et Co-Rapports II,1.
842. G.E. VON GRUNEBAUM, Parallelism, Convergence and Influence in the Relations of Arab and Byzantine Philosophy, Literature and Piety, in: DOP 18 (1964) 89–111.
843. CH. HANNICK, Maximos Holobolos in der kirchenslavischen homiletischen Literatur. Wien 1981.
844. W. HÖRANDNER, Traditionelle und populäre Züge in der Profandichtung der Komnenenzeit, in: XVe Congrès Int. Et. Byz. Athen 1976. Rapports et Co-Rapports II,1.
845. H. HUNGER, The Classical Tradition in Byzantine Literatur: The Importance of Rhetoric, in: Byzantium and the Classical Tradition. Birmingham 1979, 35–47.
846. R.J.H. JENKINS, The Hellenistic Origins of Byzantine Literature, in: DOP 17 (1963) 37–52.
847. I. KAKRIDIS, Codex 88 des Klosters Dečani und seine griechischen Vorlagen. Ein Kapitel der serbisch-byzantinischen Literaturbeziehungen im 14. Jahrhundert. München 1988.
848. A. KAZHDAN, Der Mensch in der byzantinischen Literaturgeschichte, in: JÖB 28 (1979) 1–21.
849. DERS., La produzione intellettuale a Bisanzio. Libri e scrittori in una società colta. Neapel 1983.
850. DERS., Studies on Byzantine Literature of the Eleventh and Twelfth Century. Cambridge 1984.
851. A.-TH. KHOURY, Polémique byzantine contre l'Islam. Leiden 1972.
852. J.N. LJUBARSKIJ, Neue Tendenzen in der Erforschung der byzantinischen Historiographie, in: Klio 69 (1987) 560–566.
853. A. LUMPE, Abendland und Byzanz. Literatur und Sprache, in: Reallexikon der Byzantinistik. Bd. 1. Amsterdam 1968, 304–345.
854. H. MAGUIRE, Art and Eloquence in Byzantium. Princeton 1981.
855. C. MANGO, Byzantine Literature as a Distorting Mirror. Oxford 1975.
856. G. MORAVCSIK, Zur Quellenfrage der Helena-Episode in Goethes Faust, in: Byz. Neugr. Jahrbücher 8 (1931) 41–56.

857. M. Mullett, The Madness of Genre, in: DOP 46 (1992) 233–243.
858. S.V. Poljakova, Zur Frage nach den byzantinisch-französischen Literaturbeziehungen (russ.), in: VV 37 (1976) 114–122.
859. W.O. Schmitt, Die lateinische Literatur in Byzanz, in: JÖBG 17 (1968) 127–147.
860. P. Schreiner, Slavische Lexik bei byzantinischen Autoren, in: Festschrift H. Bräuer. Köln 1986, 479–490.
861. I. Seidel, Byzanz im Spiegel der literarischen Entwicklung Frankreichs im 12. Jahrhundert. Frankfurt 1977.
862. I. Ševčenko, A Shadow Outline of Virtue. The Classical Heritage of Greek Christian Literature (Second to Seventh Century), in: Age of Spirituality. A Symposium. New York 1980, 53–73.
863. A. Siegmund, Die Überlieferung der griechischen christlichen Literatur in der lateinischen Kirche bis zum 12. Jahrhundert. München 1949.
864. R. Stichel, Nathanael unter dem Feigenbaum. Wiesbaden 1985.
865. Ders., Studien zum Verhältnis von Text und Bild spät und nachbyzantinischer Vergänglichkeitsdarstellungen. Wien 1971.
866. G. Strohmaier, Byzantinisch-arabische Wissenschaftsbeziehungen in der Zeit des Ikonoklasmus in: 246, 179–183.
867. W. Treadgold (Hrsg.), Renaissances Before the Renaissance. Cultural Revivals of Late Antiquity and the Middle Ages. Stanford 1984.
868. F. Winkelmann, Rolle und Problematik der Behandlung der Kirchengeschichte in der byzantinischen Historiographie, in: Klio 66 (1984) 257–269.
869. Ders., Die Kirchengeschichtswerke im Oströmischen Reich, in: Bsl 37 (1976) 1–10, 172–190.
869a. Ders., Grundprobleme christlicher Historiographie in ihrer Frühphase, in: JÖB 42 (1992) 13–27.
870. N.G. Wilson, From Byzantium to Italy. London 1992.

e) Kunst und Archäologie

allgemeine Darstellungen

871. J. Beckwith, Early Christian and Byzantine Art. Harmandsworth 1970.
872. H. Belting, Das Bild und sein Publikum im Mittelalter. Berlin 1981.
873. Ders., Bild und Kult. Eine Geschichte des Bildes vor dem Zeitalter der Kunst. München 1990.
874. F.W. Deichmann, Einführung in die christliche Archäologie. Darmstadt 1983.
875. Ders., Ravenna. Hauptstadt des spätantiken Abendlandes. Bd. I, Wiesbaden 1969, Bd. II,1 (1974), II,2 (1976), II,3 (1989).
876. Ders., Zur Frage der Gesamtschau der frühchristlichen und frühbyzantinischen Kunst, in: BZ 63 (1970) 43–68.
877. A. Effenberger, Frühchristliche Kunst und Kultur von den Anfängen bis ins 7. Jahrhundert. München 1986.
878. Cl. Foss, Byzantine and Turkish Sardis. Cambridge (Mass.) 1976.
879. A. Grabar, L'empereur dans l'art byzantin. Straßburg 1936 (Nachdr. London 1971).

880. DERS., L'iconoclasme byzantin. Dossier archéologique. Paris 1957.
881. DERS., Byzantium from the Death of Theodosios to the Rise of Islam. London 1966.
882. R.M. HARRISSON, Excavations at Saraçhane in Istanbul. Bd. 1, Princeton 1986; Bd. 2 (von J.W. HEYES), Princeton 1992.
883. C. MANGO, The Art of the Byzantine Empire: 312–1453, Sources and Documents in the History of Art. Englewood Cliffs 1972.
884. K. ONASCH, Kunst und Liturgie der Ostkirche in Stichworten. Wien 1981.
885. W. RADT, Die byzantinische Wohnstadt von Pergamon, in: Wohnungsbau im Altertum. Berlin 1978, 199–223.
886. K. RHEIDT, Byzantinische Wohnhäuser des 11. bis 14. Jahrhunderts in Pergamon, in: DOP 44 (1990) 195–204.
887. DERS., Altertümer von Pergamon. Bd. XV, 2: Die Stadtgrabung. Teil 2: Die byzantinische Wohnstadt. Berlin 1991.
888. J. RUSSEL, Transformations in Early Byzantine Urban Life: The Contribution and Limitations of Archeological Evidence, in: The 17th Intern. Byz. Congr., Major Papers. Washington 1986, 137–154.
889. D. TALBOT RICE, Byzantinische Kunst. München 1964.
890. W.F. VOLBACH - J. LAFONTAINE-DOSOGNE, Byzanz und der christliche Osten. Berlin 1968.
891. CH. WALTER, Art and Ritual of the Byzantine Church. London 1982.
892. K. WESSEL, Kaiserbild, in: 77, Bd. 4. Stuttgart 1976, 722–853.

Baukunst

893. R. KRAUTHEIMER, Early Christian and Byzantine Architecture. Harmandsworth ²1975.
894. C. MANGO, Byzantinische Architektur. Stuttgart 1975.
895. V. RUGGERI, Byzantine Religious Architecture (582–867): Its History and Structural Elements. Rom 1991.

Malerei und Mosaik
siehe auch: 652.

896. H. BUCHTHAL, The „Musterbuch" of Wolfenbüttel and its Position in the Art of the Thirteenth Century. Wien 1979.
897. O. DEMUS, Byzantine Mosaic Decoration. Aspects of Monumental Art in Byzantium. London 1948.
898. DERS., Die Entstehung des Paläologenstils in der Malerei, in: Berichte zum XI. Intern. Byzantinistenkongreß. München 1958, Heft IV, 2.
899. L. HADERMANN-MISGUICH, La peinture monumentale tardocomnène et ses prolongements au XIIIe siècle, in: XVe Congrès Intern. Et. Byz. III. Art et archéologie. Athen 1976, 99–127.
900. V. LAZAREV, Storia della pittura bizantina. Turin 1967.

Buchkunst

901. H. BELTING - G. CAVALLO, Die Bibel des Niketas, ein Werk der höfischen Buchkunst in Byzanz und sein antikes Vorbild. Wiesbaden 1979.
902. I. HUTTER, Corpus der byzantinischen Miniaturenhandschriften. Stuttgart 1977 ff. (bisher 4 Bde., Oxforder Bibliotheken, teilw.).

903. J. Lowden, The Octateuchs. A Study in Byzantine Manuscript Illustration. Pennsylvania 1992. (siehe dazu O. Kresten, Oktateuch-Probleme: Bemerkungen zu einer Neuerscheinung, in: BZ 84/85 [1991/92] 501–511).
904. I. Spatharakis, The Portrait in Byzantine Illuminated Manuscripts. Leiden 1976.
905. K. Weitzmann, The Study of Byzantine Book Illumination. Past, Present, and Future, in: The Place of Book Illumination in Byzantine Art. Princeton 1975, 1–60.

Kleinkunst

906. V.P. Darkevič, Svetskoe iskusstvo Vizantii [Weltliche Kunst aus Byzanz]. Moskau 1975.
907. A. Goldschmidt - K. Weitzmann, Die byzantinischen Elfenbeinskulpturen des X.-XIII. Jahrhunderts. 2 Bde. Berlin 1930–1934.
908. J. Lafontaine-Dosogne, Die byzantinische Kunst nach dem Ikonoklasmus bis zur Mitte des 11. Jahrhunderts: Miniaturen, Elfenbein, Goldarbeiten, Email, Glas, Kristall, Stoffe, in: 156, Bd. 2, 63–85.
909. K. Wessel, Die byzantinische Emailkunst vom 5. bis 13. Jahrhundert. Recklinghausen 1967.

Byzantinische und byzantinisch beeinflußte Kunst in den Nachbarländern

910. V. Djurić, Byzantinische Fresken in Jugoslavien. Herrsching o.J.
911. A. Džurova, 1000 godini bŭlgarska rukopisna kniga. Ornament i miniatura [1000 Jahre bulg. Handschriften. Ornament und Miniatur]. Sofia 1981.
912. H. Faensen – W. Iwanov - K.G. Beyer, Altrussische Baukunst. Berlin 1972.
913. R. Hamann-MacLean, Grundlegung zu einer Geschichte der mittelalterlichen Monumentalmalerei in Serbien und Makedonien vom 11. bis zum frühen 14. Jahrhundert. Gießen 1963.
914. S. Radojčić, Geschichte der serbischen Kunst. Berlin 1969.
915. A. Tschilingirov, Die Kunst des christlichen Mittelalters in Bulgarien. München 1979.

Der geistes- und sozialgeschichtliche Hintergrund der byzantinischen Kunst

siehe auch: 556. 558. 580. 710. 712. 716. 722. 854. 864. 865.

916. H. Belting, Das illuminierte Buch in der spätbyzantinischen Gesellschaft. Heidelberg 1970.
917. Ders., Zwischen Gotik und Byzanz. Gedanken zur Geschichte der sächsischen Buchmalerei im 13. Jahrhundert, in: Zeitschrift für Kunstgeschichte 41 (1978) 217–257.
918. Ders., Problemi vecchi e nuovi sull'arte della cosidetta „Rinascenza Macedone" a Bisanzio, in: XXIX Corso di Cultura sull'Arte Ravennate. Ravenna 1982, 31–57.
919. Ders., Kunst oder Objekt-Stil. Fragen zur Funktion der „Kunst" in der Makedonischen Renaissance, in: Byzanz und der Westen. Wien 1984, 65–83.
920. H. Buchthal - H. Belting, Patronage in the Thirteenth Century Constantinople. An Atelier of Late Byzantine Book Illumination and Calligraphy. Washington 1978.
921. R. Cormack, Writing in Gold. Byzantine Society and its Icons. London 1985.

922. A. CUTLER – J.W. NESBITT, L'arte bizantina e il suo pubblico. Turin 1986.
923. A. GRABAR, L'asymétrie des relations de Byzance et de l'occident dans le domaine des arts au moyen âge, in: Byzanz und der Westen. Wien 1984, 9–24.
924. DERS., Notes et réflexions sur l'art chrétien de la Basse Antiquité et du Moyen Âge, in: Cahiers archéologiques 35 (1987) 5–7.
925. S. KALOPISSI-VERTI, Dedicatory Inscriptions and Donor Portraits in Thirteenth-Century Churches of Greece. Wien 1992.
926. E. KITZINGER, The Cult of Images in the Age before Iconoclasm, in: DOP 8 (1954) 82–150.
927. DERS., The Hellenistic Heritage in Byzantine Art, in: DOP 17 (1963) 95–115.
928. DERS., The Hellenistic Heritage in Byzantine Art Reconsidered, in: JÖB 31/2 (1981) 657–675.
929. K. WEITZMANN, Geistige Grundlagen und Wesen der makedonischen Renaissance. Köln 1963.
930. F. WINKELMANN, „Über die körperlichen Merkmale der gottbeseelten Väter". Zu einem Malerbuch aus der Zeit zwischen 836 und 913, in: Feste und Alltag in Byzanz (hrsg. G. PRINZING – D. SIMON). München 1990, 107–127.

f) Musik

931. F. DÖLGER, Zur Ausführung weltlicher Musik am byzantinischen Kaiserhof, in: 152, 306–318.
932. J. HANDSCHIN, Das Zeremonienwerk Kaiser Konstantins und die sangbare Dichtung. Basel 1942.
933. CH. HANNICK, Byzantinische Musik, in: 112, Bd. 2, 181–218.
934. E. JAMMERS, Kirchenmusik, in: Reallexikon der Byzantinistik. Bd. 1. Amsterdam 1968, 169–227.
935. N. MALIARAS, Die Orgel im Byzantinischen Hofzeremoniell des 9. und 10. Jahrhunderts. Eine Quellenuntersuchung. München 1991.
936. E. WELLESZ, A History of Byzantine Music and Hymnography. Oxford 1961.

g) Materielle Kultur

siehe auch: 471. 477.

937. V. ASCHOFF, Über den byzantinischen Feuertelegraphen und Leon den Mathematiker, in: Deutsches Museum. Abhandlungen und Berichte 48 (München 1980) Heft 1.
938. A.D.H. BIVAR, Cavalry Equipment and tactics on the Euphrates frontier, in: DOP 26 (1972) 271–291.
939. J. HALDON – M. BYRNE, A Possible Solution of the Problem of Greek Fire, in: BZ 70 (1977) 91–99.
940. J. HENNING, Südosteuropa zwischen Antike und Mittelalter. Archäologische Beiträge zur Landwirtschaft des 1. Jahrtausends u.Z. Berlin 1987.
941. T.G. KOLIAS, Byzantinische Waffen. Ein Beitrag zur byzantinischen Waffenkunde von den Anfängen bis zur lateinischen Eroberung. Wien 1988.
942. TH.K. KORRES, Hygron Pyr. Hena hoplo tēs byzantinēs nautikēs taktikēs

[Das flüssige Feuer. Eine Waffe der byzantinischen Seetaktik]. Thessalonike 1989.

943. G. Makris, Studien zur spätbyzantinischen Schiffahrt. Genua 1988.
944. E. Pászthory, Über das griechische Feuer. Die Analyse eines spätantiken Waffensystems, in: Antike Welt 17 / 2 (1986) 27–37.
945. P. Schreiner, Zur Ausrüstung des Kriegers in Byzanz, im Kiever Rußland und in Nordeuropa nach bildlichen und literarischen Quellen, in: Les Pays du Nord et Byzance. Uppsala 1981, 215–236.

h) Alltagsleben und Volkskultur

siehe auch: 416. 738. 837.

946. J. Beaucamp, Le statut de la femme à Byzance (4e-7e siècle). Bd. 1: Le droit impérial. Paris 1990. Bd. 2: Les pratiques sociales. Paris 1992.
947. H.-G. Beck, Byzantinisches Erotikon. München 1986.
948. Ders., Orthodoxie und Alltag, in: Byzance. Hommage à A.N. Stratos. Bd. 2. Athen 1986, 329–346.
949. C. Cupane - E. Kislinger, Bemerkungen zur Abtreibung in Byzanz, in: JÖB 35 (1985) 21–49.
950. C. Cupane, La magia a Bisanzio nel secolo XIV: azione e reazione, in: JÖB 29 (1980) 237–262.
951. H. Hepper, Alltag am Balkan 14. bis 16. Jahrhundert. Ein bibliographischer Versuch. Krems 1989.
952. Hē kathēmerinē zoē sto Byzantio. Athen 1989 (Kongreßakten mit 45 themenbezogenen Beiträgen).
953. E. Kislinger, Retsina e balnea: consumo e commercio del vino a Bisanzio, in: Homo Edens II: Storia del vino. Mailand 1990, 77–84.
954. J. Koder, Gemüse in Byzanz. Die Versorgung Konstantinopels mit Frischgemüse im Lichte der Geoponika. Wien 1993.
955. A.E. Laiou, Mariage, Amour et parenté à Byzance aux XIe-XIIIe siècles. Paris 1992.
956. St. Leontsini, Die Prostitution im frühen Byzanz. Wien 1989.
957. C. Mango, Daily Life in Byzantium, in: JÖB 31 / 1 (1981) 337–353.
958. T.S. Miller, The Birth of the Hospital in the Byzantine Empire. Baltimore 1985 (vgl. dazu die kritischen Anmerkungen von V. Nutton, in: Medical History 30 [1986] 218–221).
959. N. Oikonomidès, Middle Byzantine Provincial Recruits: Salary and Armament, in: Gonimos. Neoplatonic and Byzantine Studies to L.G. Westerink. Buffalo 1988, 121–136.
960. E. Patlagean, Byzantium in the Tenth and Eleventh Centuries, in: A History of Private Life. Bd. 1. Cambridge 1987, 551–641.
961. G. Ravegnani, Soldati di Bisanzio in età Giustinianea. Rom 1988.
962. T. Talbot Rice, Everyday Life in Byzantium. London 1967.
963. Sp. Trojanos, Hē amblosē sto byzantino dikaio [Die Abtreibung im byzantinischen Recht], in: Byzantiaka 4 (1984) 171–189.
964. R. Volk, Der medizinische Inhalt der Schriften des Michael Psellos. München 1990.

ANHANG

Siglen

AAWG	Abhandlungen der Akademie der Wissenschaften in Göttingen (Philologisch-Historische Klasse, 3. Folge)
AKG	Archiv für Kulturgeschichte
BCH	Bulletin de Correspondance Hellénique
Bsl	Byzantinoslavica
BZ	Byzantinische Zeitschrift
DA	Deutsches Archiv zur Erforschung des Mittelalters
DOP	Dumbarton Oaks Papers
EB	Études Balkaniques
HJb	Historisches Jahrbuch der Görres-Gesellschaft
HZ	Historische Zeitschrift
JÖB	Jahrbuch der Österreichischen Byzantinistik
JÖBG	Jahrbuch der Österreichischen Byzantinischen Gesellschaft
LMA	Lexikon des Mittelalters
MEFRM	Mélanges de l'école française de Rome, Moyen Âge
Or. Chr. Per.	Orientalia Christiana Periodica
QF	Quellen und Forschungen aus italienischen Archiven und Bibliotheken
REB	Revue des études byzantines
RH	Revue historique
RSBS	Rivista di Studi Bizantini e Slavi
SAWW	Sitzungsberichte Akad. d. Wissenschaften Wien, Phil.-Hist. Klasse
SBAW	Sitzungsberichte Bayer. Akademie d. Wissenschaften, Phil.-Hist. Klasse
Settimane	Settimane di Studio del Centro Italiano di Studi sull'Alto Medioevo (Spoleto)
TM	Travaux et Mémoires
VSWG	Vierteljahrschrift für Sozial- und Wirtschaftsgeschichte
VV	Vizantijskij Vremennik
ZfG	Zeitschrift für Geschichtswissenschaft
ZPE	Zeitschrift für Papyrologie und Epigraphik

HERRSCHERLISTEN

1. Byzantinische Herrscher

324-337	Konstantin I. (d. Große)
337-361	Konstantios
361-363	Julian
363-364	Jovian
364-378	Valens
379-395	Theodosios I.
395-408	Arkadios
408-450	Theodosios II.
450-457	Markian
457-474	Leon I.
474	Leon II.
474-475	Zenon
475-476	Basiliskos
476-491	Zenon (nochmals)
491–518	Anastasios I.
518-527	Justin I.
527-565	Justinian I.
565–578	Justin II.
578-582	Tiberios I.
582-602	Maurikios
602-610	Phokas
610–641	Herakleios
641	Konstantin III. und Heraklonas
641	Heraklonas
641-668	Konstans II.
668–685	Konstantin IV.
685-695	Justinian II.
695-698	Leontios
698-705	Tiberios II.
705-711	Justinian II. (nochmals)
711- 713	Philippikos
713-715	Anastasios II.
715-717	Theodosios III.
717-741	Leon III.
741-775	Konstantin V.
775-780	Leon IV.
780-797	Konstantin VI.
797-802	Eirene
802–811	Nikephoros I.
811	Staurakios
811-813	Michael I. Rangabe
813-820	Leon V.
820-829	Michael II.
829-842	Theophilos
842-867	Michael III.
867–886	Basileios I.
886-912	Leon VI.
912-913	Alexander
913-959	Konstantin VII. „Porphyrogennetos"
920-944	Romanos I. Lakapenos
959-963	Romanos II.
963-969	Nikephoros II. Phokas
969-976	Johannes I. Tzimiskes
976–1025	Basileios II.
1025–1028	Konstantin VIII.
1028–1034	Romanos III. Argyros
1034–1041	Michael IV.
1041–1042	Michael V.
1042	Zoe und Theodora
1042–1055	Konstantin IX. Monomachos
1055–1056	Theodora (nochmals)
1056–1057	Michael VI.
1057–1059	Isaak I. Komnenos
1059–1067	Konstantin X. Dukas
1068–1071	Romanos IV. Diogenes
1071–1078	Michael VII. Dukas
1078–1081	Nikephoros III. Botaneiates
1081–1118	Alexios I. Komnenos
1118–1143	Johannes II. Komnenos
1143–1180	Manuel I. Komnenos
1180–1183	Alexios II. Komnenos
1183–1185	Andronikos I. Komnenos
1185–1195	Isaak II. Angelos
1195–1203	Alexios III. Komnenos
1203–1204	Isaak II. (nochmals) und Alexios IV. Angeloi
1204	Alexios V. Murtzuphlos
1204–1222	Theodoros I. Laskaris

1222–1254	Johannes III. Dukas Vatatzes
1254–1258	Theodoros II. Laskaris
1258–1261	Johannes IV. Laskaris
1259–1282	Michael VIII. Palaiologos
1282–1328	Andronikos II. Palaiologos
1328–1341	Andronikos III. Palaiologos
1341–1391	Johannes V. Palaiologos
1347–1354	Johannes VI. Kantakuzenos (Gegenks.)
1376–1379	Andronikos IV. Palaiologos (Gegenks.)
1390	Johannes VII. Palaiologos (Gegenks.)
1391–1425	Manuel II. Palaiologos
1425–1448	Johannes VIII. Palaiologos
1449–1453	Konstantin XI. Palaiologos

2. Bedeutende bulgarische Herrscher

1. Bulgarisches Reich

803–814	Krum
814-831	Omurtag
831-836	Malamir
836-852	Presijan
852-889	Boris (Michael)
889–893	Vladimir
893-927	Symeon
927-969	Peter
976–1014	Samuel

2. Bulgarisches Reich

1186–1196	Asen I.
1197–1207	Kalojan
1207–1218	Boril
1218–1241	Ivan Asen II.
1241–1246	Koloman I.
1246–1256	Michael II. Asen
1257–1277	Konstantin Asen
1280–1292	Georg I. Terter
1300–1321	Theodor Svetoslav
1323–1330	Michael Šišman
1331–1371	Ivan Alexander
1371–1395	Ivan Šišman

3. Bedeutende serbische Herrscher

1166–1196	Stephan Nemanja
1196–1228	Stephan der Erstgekrönte
1243–1276	Stephan Uroš I.
1276–1282	Stephan Dragutin
1282–1321	Stephan Uroš II. Milutin
1321–1331	Stephan Uroš III. Dečanski
1331–1355	Stephan Dušan (Zar seit 1346)
1355–1371	Stephan Uroš
1371–1389	Knez (Fürst) Lazar
1389–1427	Stephan Lazarević
1427–1456	Georg Branković

4. Osmanische Herrscher

1284(?)-1324	Osman
1324-1362	Orchan
1362–1389	Murad I.
1389–1402	Bajezid I.
1402–1411	Sülejman
1411–1413	Musa
1413–1421	Mehmed I.
1421–1451	Murad II.
1451–1481	Mehmed II. der Eroberer

STAMMTAFELN

Vereinfachte Darstellungen nach V. Grumel, La chronologie. Paris 1958, 360–361 und G. Ostrogorsky, Geschichte des byzantinischen Staates. München [3]1963, 475–478; ausführliche genealogische Tafeln siehe oben Teil III, Nr. 68, 187, 252, 253. Regierende Kaiser (bis 476 auch des Westens) in Großbuchstaben.

1. Konstantinische Dynastie (324 – 363)

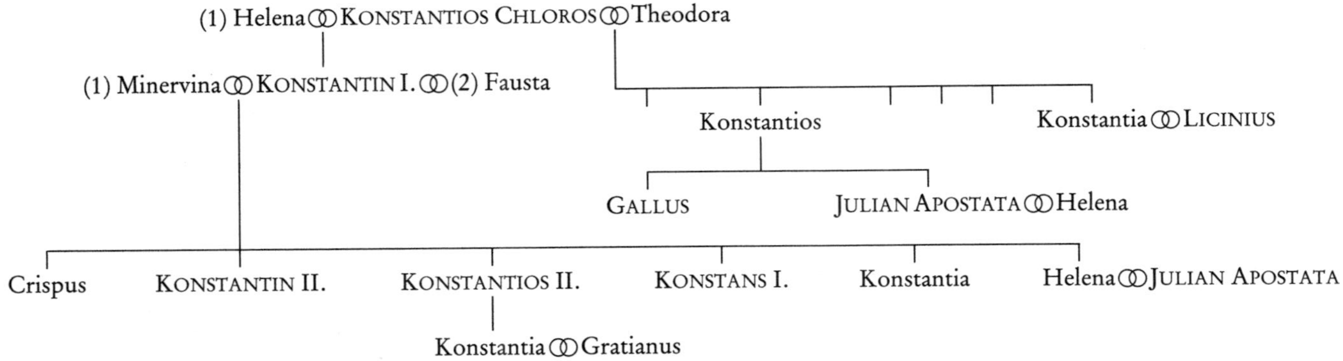

2. Valentinianische Dynastie (364 – 384)

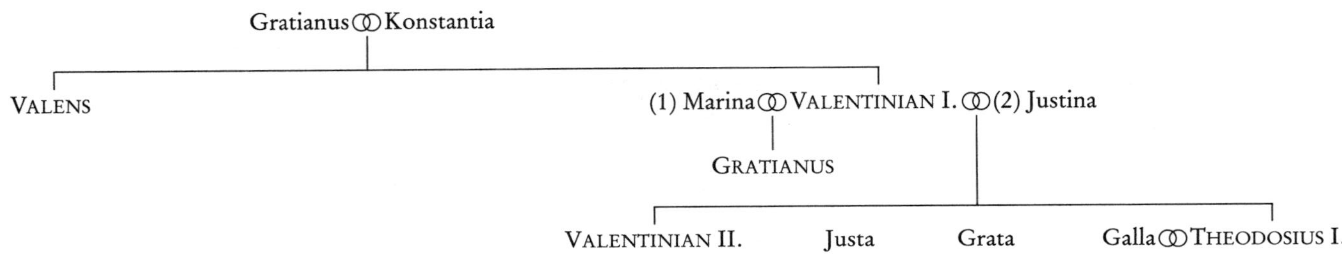

3. Theodosianische Dynastie (394 – 455)

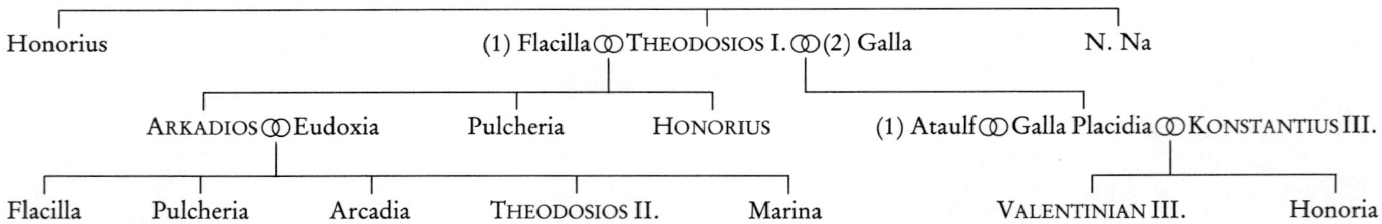

4. Dynastie des Leon (457 – 518)

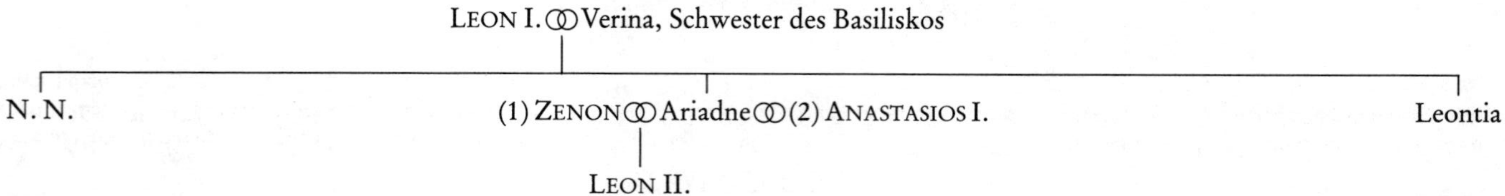

5. Dynastie des Justinian (518 – 602)

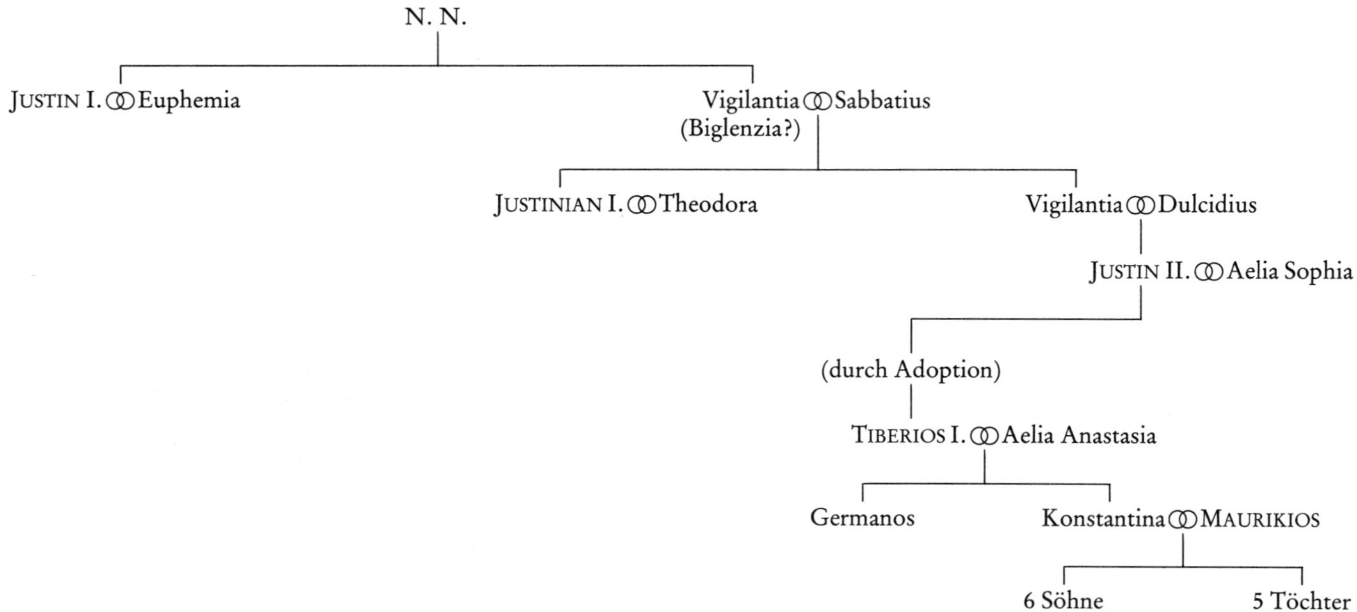

6. Dynastie des Herakleios (610 – 711)

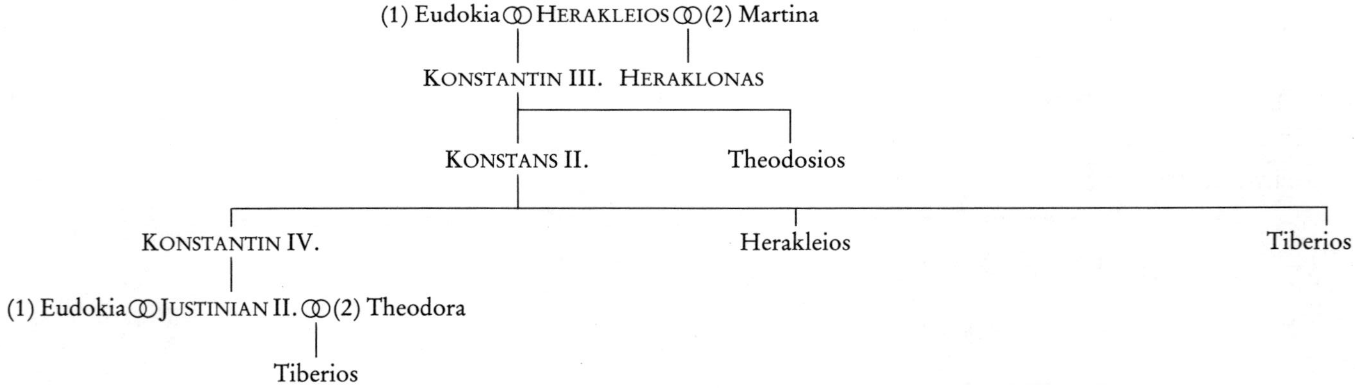

7. Syrische Dynastie (717 – 802)

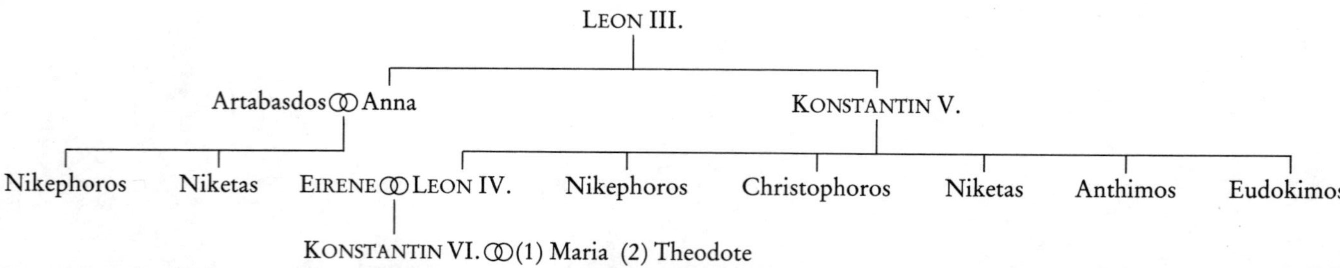

8. Amorische Dynastie (820 – 867)

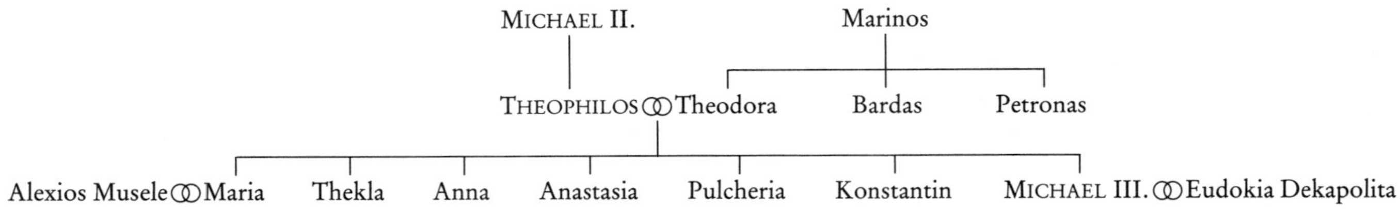

9. Makedonische Dynastie (867 – 1056)

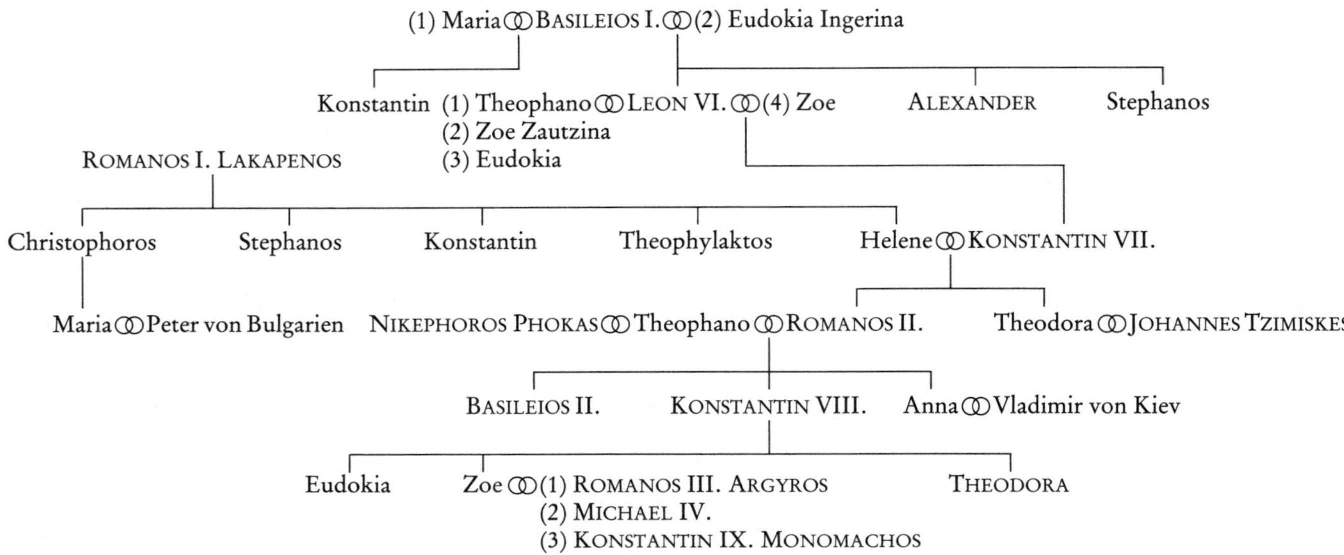

10. *Dynastie der Dukas (1059 – 1078)*

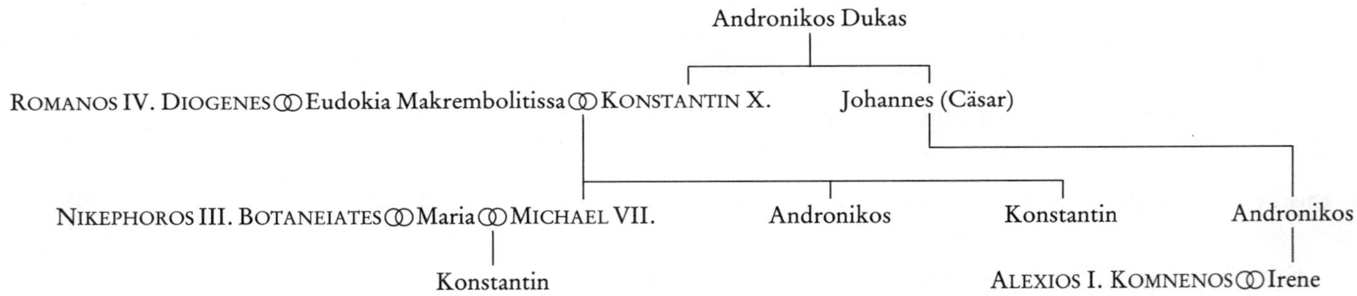

11. *Dynastie der Komnenen (1081 – 1185)*

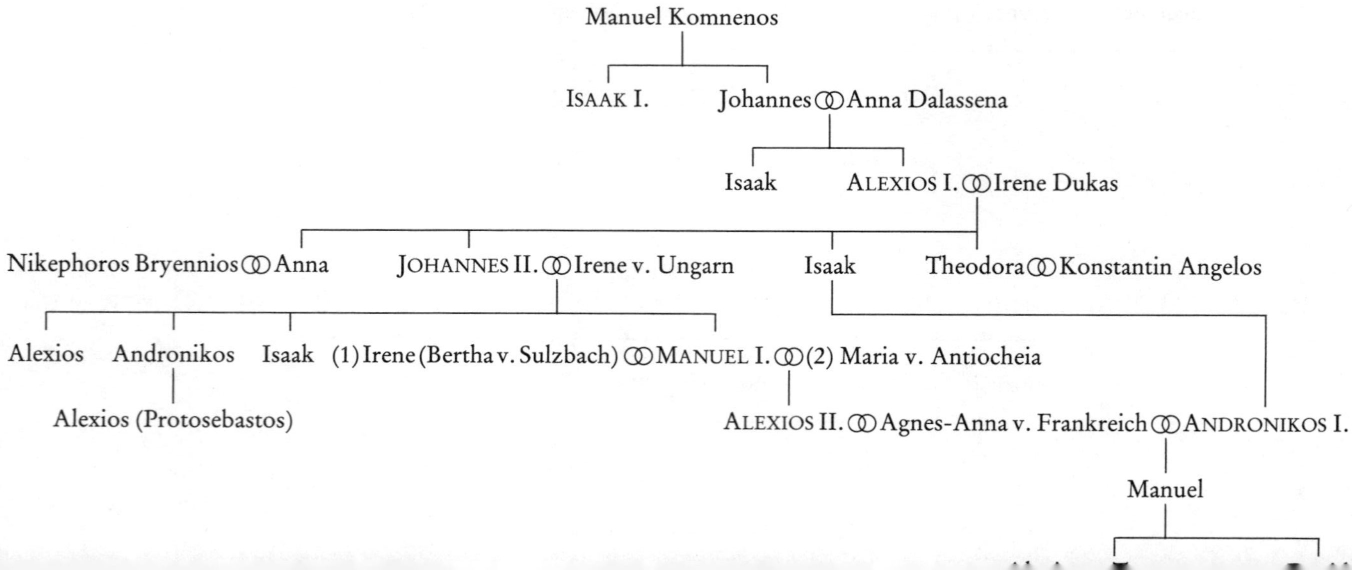

12. *Dynastie der Angeloi (1185 – 1204)*

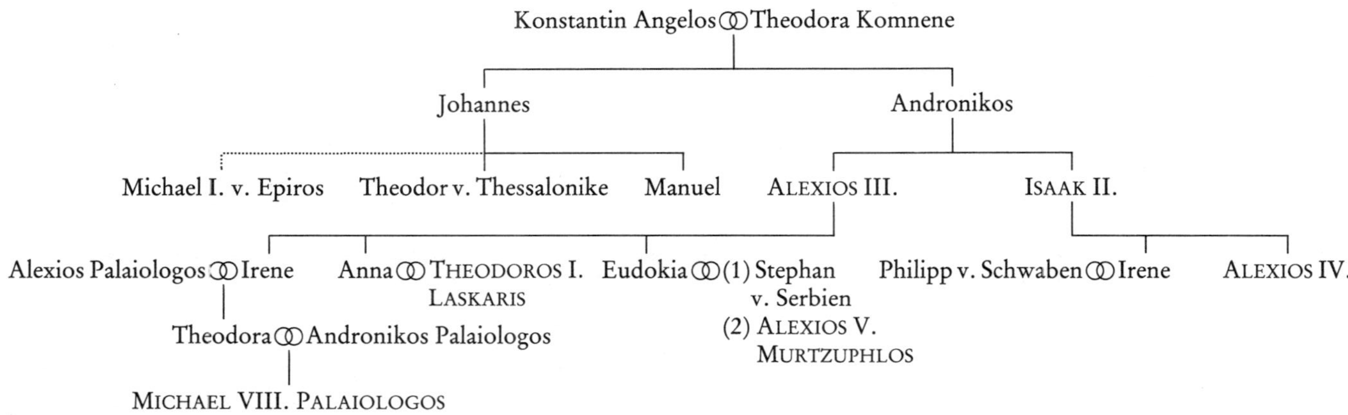

13. *Dynastie der Laskaris (1204 – 1261)*

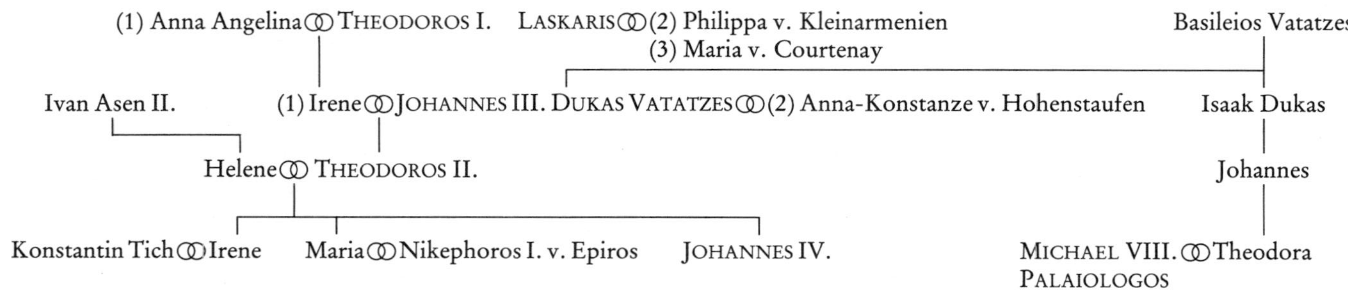

14. Dynastie der Palaiologen (1261 – 1453)

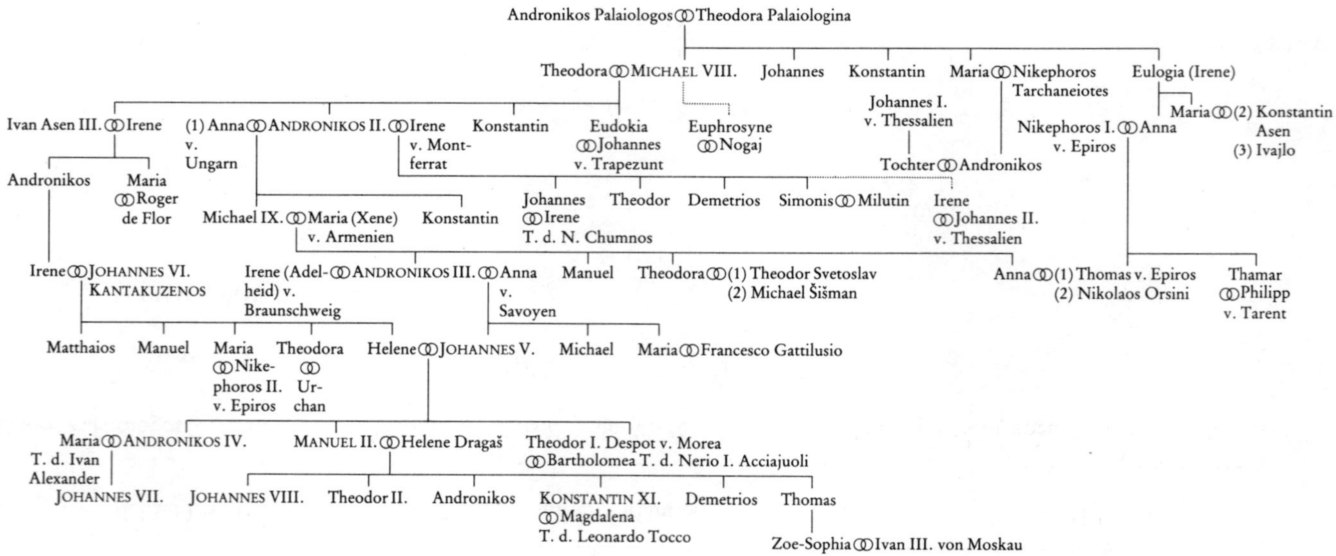

ZEITTAFEL

324	Grundsteinlegung Konstantinopels (November)
325	Synode von Nikaia (gegen Areios)
330	Einweihung Konstantinopels (11. Mai)
361–363	heidnische Reaktion unter Julian Apostata
378	Schlacht bei Adrianopel gegen die Westgoten und Tod des Kaisers Valens
381	Synode von Konstantinopel (Ehrenrang Konstantinopels nach Rom)
395	sog. Theodosianische Reichsteilung
431	Synode von Ephesos (gegen Nestorios)
438	Codex Theodosianus
451	Synode von Chalkedon (gegen die Monophysiten; Sanktionierung des Konstantinopolitanischen Patriarchats)
476	Ende des Weströmischen Reiches
493	Reich Theoderichs in Italien (Ravenna)
529	Schließung der Akademie in Athen Publikation des Codex Justinianus
532	Niederschlagung des Nika-Aufstandes durch Justinian. Friede mit Hosrau I.
533/34	Unterwerfung des Vandalenreiches in Nordafrika durch Belisar
535	Beginn des Feldzuges gegen die Ostgoten in Italien
553	Synode von Konstantinopel (gegen verschiedene häretische Strömungen)
554	Landung einer byzantinischen Flotte in Spanien
555	endgültige Unterwerfung der Ostgoten
562	„Fünfzigjähriger“ Frieden mit den Sasaniden
572–90	erneuter Krieg gegen das sasanidische Reich
582–602	Krieg des Maurikios gegen Awaren und Slawen auf dem Balkan
614	Sasaniden erobern Jerusalem
626	Belagerung Konstantinopels durch Awaren und Sasaniden
630	Aufrichtung des hl. Kreuzes in Jerusalem
634	Vordringen der Araber auf das Reichsgebiet
674	erste arabische Belagerung Konstantinopels. Verwendung des „griechischen Feuers“
680	(sechste) Synode von Konstantinopel (gegen Monotheleten und Monenergeten)
681	Friedensschluß mit den Bulgaren und Anerkennung ihrer Niederlassung auf Reichsterritorium (Pliska und Preslav)
692	Synode „in Trullo“ (Kuppelsaal des Kaiserpalastes): Erlaß wichtiger kirchenrechtlicher Bestimmungen
717	zweite Belagerung Konstantinopels durch die Araber
726	bilderfeindliche Reden Leons III. („Beginn“ des Bilderstreites)
741	Erlaß von Rechtsbestimmungen (Ekloga; alte Datierung „726“)

751	Eroberung Ravennas durch die Langobarden. Ende des Exarchats
754	bilderfeindliche (Lokal-)Synode in Konstantinopel
763	Sieg Konstantins V. über die Bulgaren
787	(siebte) Synode in Nikaia (Wiederherstellung des Bilderkultes)
797	Blendung Konstantins VI. Eirene Alleinherrscherin
800	Krönung Karls d. Großen
811	Tod des Kaisers Nikephoros in der Schlacht gegen den Bulgarenkhan Krum
815	Lokalsynode in Konstantinopel verwirft erneut den Bilderkult
823	Sieg Michaels II. im Bürgerkrieg gegen den Usurpator Thomas
827	Landung der Araber (Aglabiten) auf Sizilien
831	Eroberung von Palermo durch die Araber
838	Niederlage gegen die Araber und Eroberung von Amorion
843	Lokalsynode in Konstantinopel und endgültige Wiederherstellung des Bilderkultes
858–67	erstes Patriarchat des Photios
860	Angriff der Russen auf Konstantinopel
863	Sieg gegen den Emir Omar von Melitene. Mährenmission der beiden Brüder Kyrill und Method
864/866	Taufe des Bulgarenkhans Boris-Michael
869/70	Synode in Konstantinopel (später von der byz. Kirche nicht anerkannt) und Verurteilung des Photios. Beschlußfassung über die Zugehörigkeit Bulgariens zum Patriarchat Konstantinopel
872	Sieg über die Paulikianer und Zerstörung von Thephrike
877–886	zweites Patriarchat des Photios
878	Eroberung von Syrakus durch die Araber
879/80	Synode in Konstantinopel zur Rehabilitierung des Photios
904	arabische Eroberung von Thessalonike
911	(erster) russisch-byzantinischer Handelsvertrag
913	Zar Symeon wird in Konstantinopel empfangen
917	Niederlage der Byzantiner gegen Zar Symeon
934	Novelle des Kaisers Romanos Lakapenos gegen die „Reichen"
944	der Feldherr Johannes Kurkuas bringt das wundertätige Christusbild von Edessa nach Konstantinopel
961	Rückeroberung der Insel Kreta
965	Zypern wird wieder byzantinisch
968	Bulgarien von den Truppen des Kiever Fürsten Svjatoslav besetzt
969	Antiocheia rückerobert
971	Sieg des Johannes Tzimiskes über Svjatoslav
972	Vermählung der Theophano mit Otto II.
976–989	Kämpfe des Kaisers Basileios II. mit kleinasiatischen Magnaten
988	Sieg über Bardas Skleros dank der Hilfe Vladimirs von Kiev. Anna, Schwester Basileios' II., heiratet Vladimir. Christianisierung Rußlands
992	Handelsvertrag mit Venedig
1014	Sieg des Basileios über die Truppen Samuels
1018–1186	Bulgarien Bestandteil des Byzantinischen Reiches

1032	der Feldherr Georgios Maniakes erobert Edessa (Syrien)
1040/41	Aufstand des Peter Deljan im Westteil der Balkanhalbinsel
1042	Flottenexpedition des Georgios Maniakes nach Sizilien
1043–58	Michael Kerullarios, Patriarch
1045	Schulgründungen in Konstantinopel (Johannes Mauropus, Michael Psellos, Johannes Xiphilinos)
1047	Aufstand des Leon Tornikes
1054	Niederlegung der päpstlichen Bannbulle auf dem Altar der Hagia Sophia (16. Juli)
1064	Belgrad von den Ungarn besetzt. Plünderungszüge der Uzen auf der Balkanhalbinsel
1067	Kaisareia von den Seldschuken erstürmt
1071	Niederlage des Kaisers Romanos IV. gegen die Seldschuken bei Mantzikert (19. August) und dessen Gefangennahme. Errichtung des Sultanats von Rum. Bari von Robert Guiscard erobert.
1081	Belagerung Dyrrhachions durch Robert Guiscard. Venezianische Flottenhilfe
1082	venezianisch-byzantinischer Handelsvertrag. Prozeß gegen Johannes Italos
1091	kumanisch-byzantinischer Sieg über die Petschenegen
1094	Auseinandersetzung mit serbischen Fürsten
1096	Teilnehmer des 1. Kreuzzuges vor Konstantinopel
1097	Verträge Alexios' I. mit den Führern des Kreuzzugheeres. Rückgewinnung von Nikaia
1098	Einnahme Antiocheias
1099	Eroberung von Jerusalem und Gründung eines Königreiches
1107	Bohemund von Tarent belagert Dyrrhachion
1108	Bohemund unterwirft sich Alexios I. (Vertrag von Devol)
1111	Handelsvertrag mit Pisa
1122	Sieg Johannes' II. über die Petschenegen
1126	Bestätigung der venezianischen Privilegien
1136	Erneuerung des Vertrages von 1111 mit Pisa
1137	Feldzug Johannes' II. nach Kleinarmenien und Syrien
1142/43	erneuter Feldzug Johannes' nach Kilikien
1146	Vermählung Manuels I. mit Berta von Sulzbach
1147	Teilnehmer des 2. Kreuzzuges vor Konstantinopel. Roger II. erobert Korfu, Korinth und Theben
1147/48	Erneuerung der Verträge mit Venedig
1149	Korfu mit venezianischer Hilfe rückerobert
1155/56	byzantinischer Feldzug nach Mittel- und Süditalien
1158	Friedensvertrag zwischen Byzanz und dem Normannenkönig Wilhelm I.
1159	Manuel I. in Antiocheia
1164	Vertrag mit Ungarn. Bela als byz. Thronfolger in Konstantinopel
1166	Stephan Nemanja wird Groß-Župan von Rascien
1167	Dalmatien, Kroatien, Bosnien unter byzantinischer Oberhoheit
1169/70	Handelsvertrag mit Genua

1170	erneuter Vertrag mit Pisa
1171	Vertreibung der Venezianer aus dem Byz. Reich
1176	Vernichtung der byz. Armee bei Myriokephalon
1181	Dalmatien und Kroatien fallen an Ungarn
1182	Lateinerpogrom in Konstantinopel
1183	Stephan Nemanja sichert seinem Herrschaftsbereich die Unabhängigkeit von Byzanz
1184	Isaak Komnenos usurpiert Zypern
1185	Normannische Eroberung von Dyrrhachion und Thessalonike
1186	der Aufstand der Brüder Peter und Asen führt zur Gründung des 2. Bulgarischen Reiches (Hauptstadt Tŭrnovo)
1187 u. 1189	neue Handelsverträge mit Venedig
1190	Friedrich I. und das Kreuzfahrerheer im Byz. Reich
1191	Richard Löwenherz erobert Zypern
1192	Handelsverträge mit Pisa und Genua
1196	Erhebung der „Alamannensteuer“
1198	weiterer Handelsvertrag mit Venedig
1203	Kreuzfahrerflotte vor Konstantinopel (24. Juni)
1204	Eroberung Konstantinopels durch die Kreuzfahrer (13. April)
1204	Eroberung Trapezunts durch Alexios und David Komnenos. Gründung des Kaiserreiches Trapezunt
1205	Niederlage des lat. Kaisers Balduin gegen die Bulgaren
1211	Sieg des nikänischen Kaisers Theodoros Laskaris gegen den Seldschukensultan von Ikonion
1214	Friedensvertrag zwischen dem lat. Kaiserreich und Theodoros Laskaris
1219	Sava in Nikaia zum autokephalen Erzbischof Serbiens geweiht
1224	Theodoros Angelos, Herrscher von Epiros, erobert Thessalonike und läßt sich zum Kaiser ausrufen. Ende des lat. Kaiserreiches von Thessalonike
1230	Niederlage des Theodoros Angelos gegen die Bulgaren (Klokotnica) und Ende des epirotischen Kaiserreiches
1235	Schaffung eines orthodoxen Patriarchts in Tŭrnovo mit Billigung des nikänischen Kaisers
1242/43	Einbruch der Mongolen in Kleinasien
1244	Vermählung des nikänischen Kaisers Johannes III. mit Konstanze von Hohenstaufen
1246	Johannes III. erobert Thessalonike
1259	Sieg Michaels VIII. Palaiologos in der Ebene von Pelagonia gegen die lat.-serb. Koalition
1261	Vertrag von Nymphaion mit den Genuesen. Rückgewinnung Konstantinopels (25. Juli). Abtretung peloponnesischer Besitzungen des Guillaume de Villehardouin an die Byzantiner
1272	Michael VIII. erklärt sich auf dem Konzil von Lyon zur Annahme der Union bereit. Widerstand im Reich
1282	Sizilianische Vesper (29. März)
1297	Friede zwischen Andronikos II. und dem Serbenkönig Milutin.

	Eheliche Verbindung mit Andronikos' Tochter Simonis (1299).
1302	Ende des genuesisch-venezianisch-byzantinischen Krieges. Neue Privilegien für Venedig. Erstmalige Nennung der Osman-Türken
1304	Vordringen türkischer Scharen bis zum Bosporos. Raubzug der katalanischen Compagnie
1307	Friede mit dem wiedererstarkten Bulgarenreich
1311	Katalanische Compagnie erobert Athen
1321–28	Bürgerkrieg zwischen Andronikos II. und Andronikos III.
1326	osmanische Eroberung von Brussa
1331	Nikaia von Osmanen erobert
1341–57	Bürgerkriege im Byz. Reich. Hesychastenstreit
1342–50	Zelotenunruhen in Thessalonike
1346	Stephan Dušan läßt sich zum Zaren der Serben krönen
1354	Türken lassen sich in Thrakien nieder
1366	Reise Johannes' V. Palaiologos nach Ungarn
1369	Adrianopel von Truppen des Osmanensultan erobert. Reise Johannes' V. nach Italien und Glaubensbekenntnis in Rom
1371	Sieg des Sultan Murad I. über die Serben an der Marica
1387	(1.) Eroberung von Thessalonike durch die Osmanen
1389	Schlacht auf dem Amselfeld. Tod des Sultan Murad
1393	Eroberung von Tŭrnovo durch die Osmanen. Ende des Bulgarischen Reiches (1396)
1394–1402	Belagerung Konstantinopels durch die Osmanen
1396	Niederlage des abendländischens Heeres unter Sigismund gegen die Osmanen bei Nikopolis
1399–1403	Reise Kaiser Manuels in den Westen
1402	Schlacht bei Ankara (28. Juli): Timur Lenk besiegt Bajezid
1403	osm.-byz. Friedensvertrag. Rückgabe von Thessalonike
1422	Belagerung Konstantinopels durch Murad II. Beginn osmanischer Raubzüge in die Peloponnes
1423	Übergabe von Thessalonike an die Venezianer. Reise des Thronfolgers Johannes (VIII.) nach Venedig und Ungarn
1430	(2.) Eroberung von Thessalonike durch die Osmanen. Einnahme von Jannina
1438/39	Kaiser Johannes VIII. und Patriarch Joseph zur Teilnahme am Konzil von Ferrara/Florenz in Italien
1444	Schlacht bei Varna (10. November). Scheitern des letzten „Kreuzzuges"
1453	Eroberung Konstantinopels (29. Mai)
1460	Peloponnes von den Osmanen erobert
1461	Osmanen erobern Trapezunt (August/September)

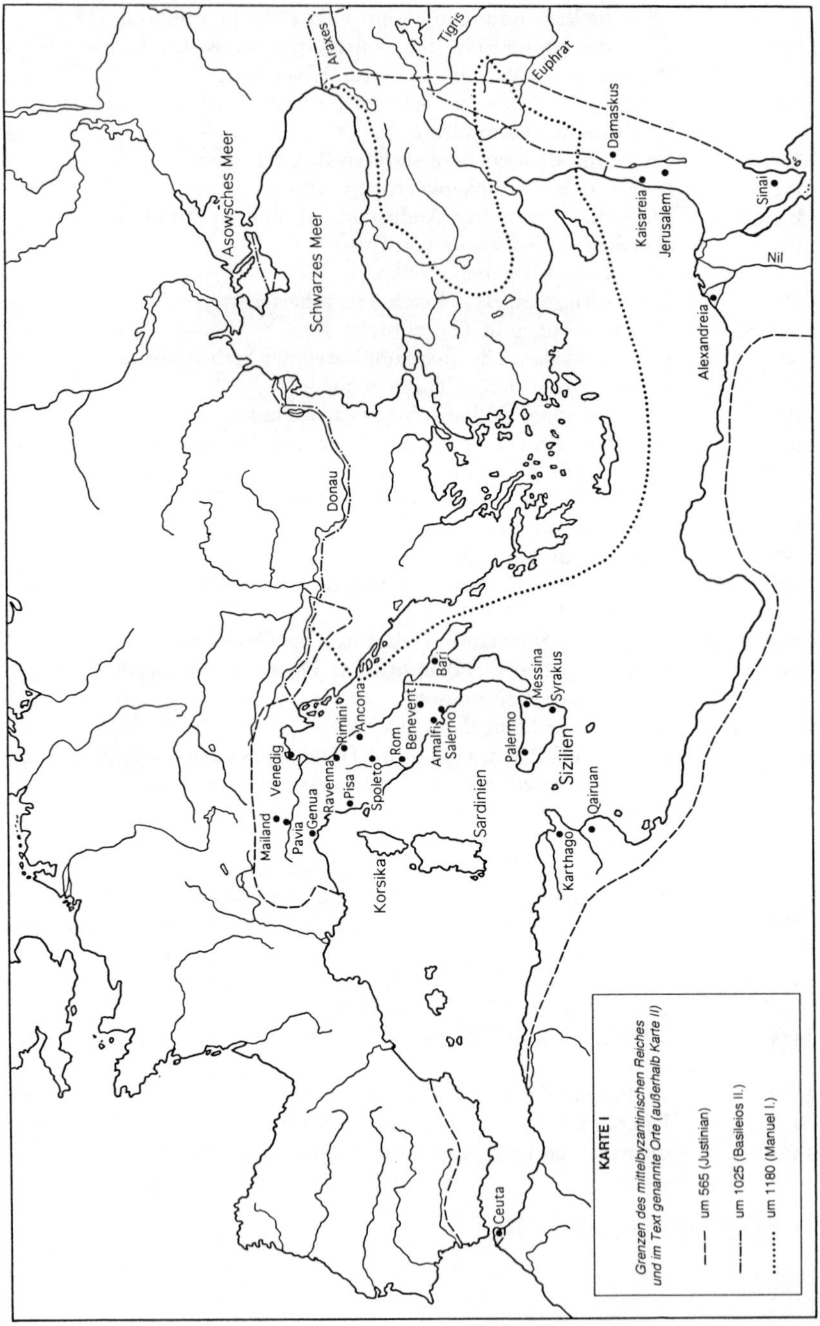
KARTE I
Grenzen des mittelbyzantinischen Reiches und im Text genannte Orte (außerhalb Karte II)
um 565 (Justinian)
um 1025 (Basileios II.)
um 1180 (Manuel I.)
Araxes
Tigris
Euphrat
Damaskus
Kaisareia
Jerusalem
Sinai
Nil
Alexandreia
Asowsches Meer
Schwarzes Meer
Donau
Bari
Messina
Syrakus
Palermo
Sizilien
Benevent
Rom
Amalfi
Salerno
Ancona
Rimini
Ravenna
Pisa
Spoleto
Venedig
Genua
Mailand
Pavia
Korsika
Sardinien
Qairuan
Karthago
Ceuta

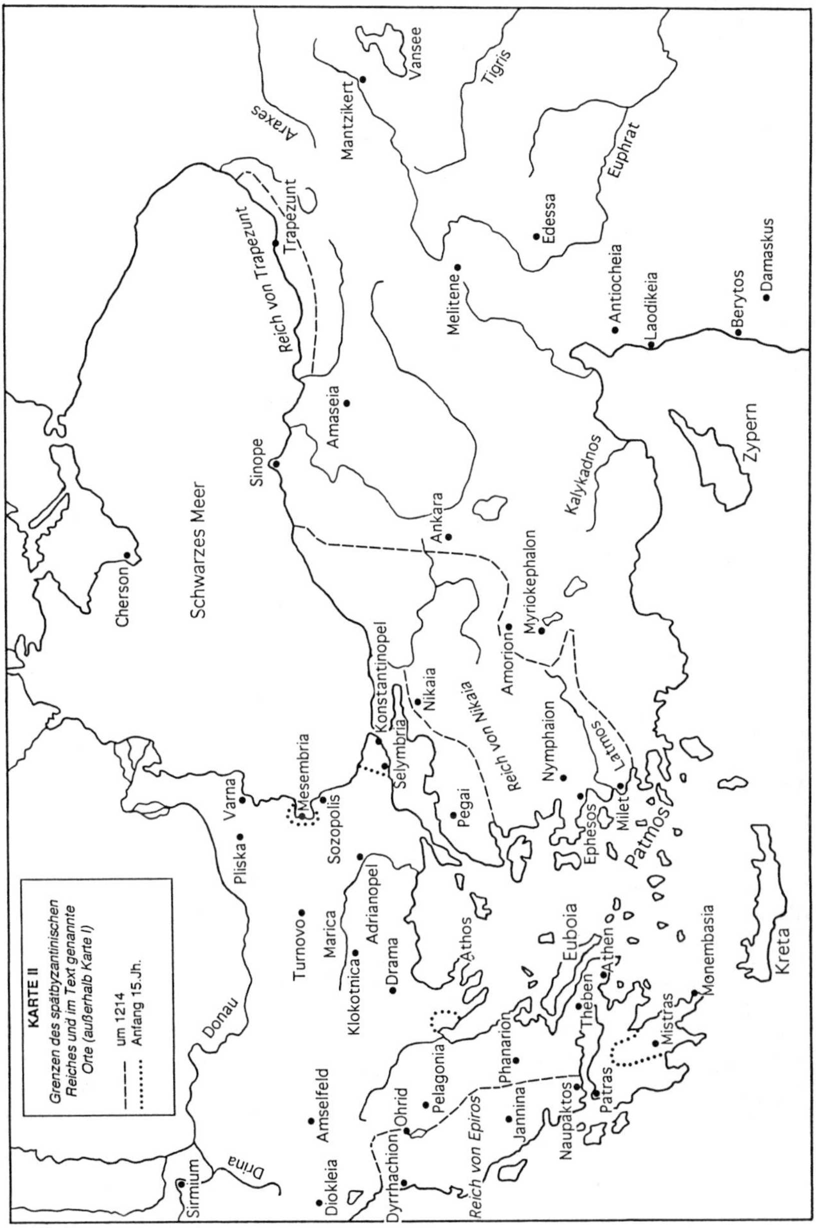
KARTE II
Grenzen des spätbyzantinischen Reiches und im Text genannte Orte (außerhalb Karte I)
um 1214
Anfang 15. Jh.
Schwarzes Meer
Cherson
Sinope
Amaseia
Reich von Trapezunt
Trapezunt
Araxes
Mantzikert
Vansee
Tigris
Euphrat
Edessa
Melitene
Antiocheia
Laodikeia
Berytos
Damaskus
Zypern
Kalykadnos
Ankara
Myriokephalon
Amorion
Nikaia
Reich von Nikaia
Nymphaion
Latmos
Milet
Ephesos
Patmos
Pegai
Konstantinopel
Selymbria
Mesembria
Varna
Sozopolis
Pliska
Donau
Turnovo
Marica
Adrianopel
Klokotnica
Drama
Athos
Euboia
Athen
Theben
Monembasia
Kreta
Mistras
Phanarion
Pelagonia
Patras
Naupaktos
Jannina
Reich von Epiros
Ohrid
Amselfeld
Dyrrhachion
Diokleia
Drina
Sirmium

Register

PERSONEN- UND SACHREGISTER

Kopierzentren 170

AUTORENVERZEICHNIS